# 高速公路施工现场安全检查手册

江苏省交通工程建设局 等 组织编写

人民交通出版社股份有限公司

北 京

## 内 容 提 要

本手册为高速公路施工现场安全检查表格汇编，共包含：通用篇、路基路面工程篇、桥梁工程篇、隧道工程篇、房建工程篇五部分。通用篇内容包括：两区三场建设，临时设施，临时用电，消防，安全标牌，安全防护，机械设备，起重吊装，模板、支架、脚手架，基坑工程，特殊路段；路基路面工程篇内容包括：路基工程，路面工程，涵洞、通道；桥梁工程篇内容包括：下部结构、上部结构、其他；隧道工程篇内容包括：隧道主体工程、其他；房建工程篇内容包括：机械设备，安全防护，操作平台，临时用电，模板、支架、脚手架，钢结构吊装。

本手册为现行标准规范等相关条款汇总，各条款对应标准规范等名称在条款末以缩写引出，具体名称在各表后列出。

本手册可供高速公路现场管理机构、施工单位、监理单位和安全咨询单位相关人员使用。

### 图书在版编目(CIP)数据

高速公路施工现场安全检查手册／江苏省交通工程建设局等组织编写. —北京：人民交通出版社股份有限公司，2021.10（2024.9重印）

ISBN 978-7-114-17648-7

Ⅰ.①高⋯ Ⅱ.①江⋯ Ⅲ.①高速公路—施工现场—安全检查—手册 Ⅳ.①U415.12-62

中国版本图书馆 CIP 数据核字(2021)第 189208 号

Gaosu Gonglu Shigong Xianchang Anquan Jiancha Shouce

| 书　　名： | 高速公路施工现场安全检查手册 |
| --- | --- |
| 著　作　者： | 江苏省交通工程建设局　等 |
| 责任编辑： | 岑　瑜 |
| 责任校对： | 孙国靖　龙　雪 |
| 责任印制： | 刘高彤 |
| 出版发行： | 人民交通出版社股份有限公司 |
| 地　　址： | (100011)北京市朝阳区安定门外外馆斜街 3 号 |
| 网　　址： | http://www.ccpcl.com.cn |
| 销售电话： | (010)59757973 |
| 总 经 销： | 人民交通出版社股份有限公司发行部 |
| 经　　销： | 各地新华书店 |
| 印　　刷： | 北京虎彩文化传播有限公司 |
| 开　　本： | 787×1092　1/16 |
| 印　　张： | 21 |
| 字　　数： | 518 千 |
| 版　　次： | 2021 年 10 月　第 1 版 |
| 印　　次： | 2024 年 9 月　第 5 次印刷 |
| 书　　号： | ISBN 978-7-114-17648-7 |
| 定　　价： | 82.00 元 |

(有印刷、装订质量问题的图书由本公司负责调换)

# 《高速公路施工现场质量检查手册》编写委员会

主　　编：蒋振雄

副 主 编：赵　偲　刘世同

编　　委：袁振中　方海东　孙广滨　刘亚楼
　　　　　李耀隆　张　宇

编写人员：刘世同　袁振中　罗庆凯　王沈伟
　　　　　曹圣华　张翰林　潘　钢　张嘉琦
　　　　　郁炳生　张　慧　杨　鹏　刘　威
　　　　　刘　骞　张粹星　原素明　赵　敏
　　　　　薄冠中　姚彬彬

# PREFACE 前言

安全生产事关人民群众生命财产安全,事关改革发展稳定大局。党中央、国务院围绕安全生产工作作出一系列重大决策部署,推动我国安全生产工作取得积极成效。

近年来,交通工程建设领域安全生产工作成效显著,但总体形势依然严峻复杂,施工现场仍存在诸多安全隐患,本质安全水平还有待提高。当前,正处于交通运输基础设施发展、服务水平提高和转型发展的黄金时期,江苏省作为首批交通强国建设试点地区,以高质量发展为导向,以交通运输现代化为目标,全面加快现代综合交通运输体系建设,对安全生产工作提出了新的更高要求。

江苏省交通工程建设局作为江苏交通基础设施建设的主力军,长期奋战在高速公路建设的主战场,对安全生产工作的重要性有着深刻的认识。为进一步规范施工现场安全生产行为,提升工程安全管理水平,推动交通重点工程建设高质量发展,江苏省交通工程建设局立足施工现场,针对施工过程中存在的典型安全问题和现场常见隐患,组织编写了《高速公路施工现场安全检查手册》。

《高速公路施工现场安全检查手册》主要包含通用篇、路基路面工程篇、桥梁工程篇、隧道工程篇、房建工程篇内容,以《公路工程施工安全技术规范》(JTG F90)为基础,同时参照国务院、交通运输部、住房和城乡建设部、江苏省交通工程建设局制定、出版的各类行业标准、地方标准、团体标准、指南及文件,梳理出对应规范、标准的相关条款要求,形成现场安全检查清单。同时,为方便一线人员携带和查阅,根据施工现场实际使用需求,编写了便携版的《高速公路施工现场安全检查手册(口袋书)》,并配套研发了"施工现场安全检查手册"App。

"施工现场安全检查手册"App涵盖现场检查与电子书两大模块。现场检查模块包含问题提交、电子签名、自动流转、整改追踪、统计分析等功能,帮助检查人员提升检查效率。"电子书"模块对手册内容进行全面电子化,具备智能搜索、在线查阅、随手记录等功能,项目各级参建人员均可使用该功能学习检查手册,强化知识储备。

手册编写及手机App开发过程中得到各级领导和专家的悉心指导,在此深表感谢！由于篇幅限制,对于本手册未涵盖的内容,在实际操作过程中应根据有关法律、法规和相关标准、规程执行。各有关单位和从业人员在使用过程中,如发现问题或提出改进意见,请函告江苏省交通工程建设局(地址:南京市石鼓路69号,邮编:210004)。

本手册编制单位:江苏省交通工程建设局

华设设计集团股份有限公司

中交一公局第二工程有限公司

江苏煜顺工程检测技术服务公司

App下载请扫描:

编 者

2021年6月

# C O N T E N T S 目录

第一篇　通用篇 ·················································································· **001**

 第一节　两区三场建设 ································································· 003
  1.1　临时用房 ········································································· 003
  1.2　三场建设 ········································································· 006

 第二节　临时设施 ········································································ 009
  1.3　临时设施 ········································································· 009

 第三节　临时用电 ········································································ 012
  1.4　临时用电 ········································································· 012

 第四节　消防 ·············································································· 021
  1.5　消防 ················································································ 021

 第五节　安全标牌 ········································································ 028
  1.6　安全标牌 ········································································· 028

 第六节　安全防护 ········································································ 032
  1.7　安全防护 ········································································· 032

 第七节　机械设备 ········································································ 041
  1.8　门式起重机 ···································································· 041
  1.9　架桥机 ············································································ 047
  1.10　塔式起重机 ·································································· 053
  1.11　履带式起重机 ······························································· 060
  1.12　施工升降机 ·································································· 062

1.13　电动单梁式起重机、叉车 ·················································· 066
　　1.14　主要设备 ························································································ 068
　　1.15　一般设备 ························································································ 074

第八节　起重吊装 ······················································································· 081
　　1.16　起重吊装 ························································································ 081

第九节　模板、支架、脚手架 ······························································· 086
　　1.17　模板 ································································································ 086
　　1.18　支架 ································································································ 092
　　1.19　扣件式钢管脚手架 ········································································ 096
　　1.20　盘扣式钢管脚手架 ········································································ 105

第十节　基坑工程 ······················································································· 109
　　1.21　基坑支护 ························································································ 109
　　1.22　基坑降排水 ···················································································· 114
　　1.23　基坑开挖 ························································································ 116
　　1.24　基坑监测 ························································································ 120

第十一节　特殊路段 ··················································································· 122
　　1.25　边通车边施工 ················································································ 122
　　1.26　跨线施工 ························································································ 125

## 第二篇　路基路面工程篇 ·································································· 127

第一节　路基工程 ······················································································· 129
　　2.1　路基工程 ·························································································· 129
　　2.2　路基常用设备 ·················································································· 134

第二节　路面工程 ······················································································· 140
　　2.3　路面工程 ·························································································· 140
　　2.4　路面常用设备 ·················································································· 149

### 第三节　涵洞、通道 · · · · · · 155
　　2.5　涵洞、通道 · · · · · · 155

## 第三篇　桥梁工程篇 · · · · · · **157**

### 第一节　下部结构 · · · · · · 159
　　3.1　现场通用 · · · · · · 159
　　3.2　钻孔桩 · · · · · · 163
　　3.3　沉入桩 · · · · · · 167
　　3.4　围堰 · · · · · · 169
　　3.5　承台与扩大基础 · · · · · · 172
　　3.6　墩台及盖(系)梁工程 · · · · · · 176
　　3.7　高墩 · · · · · · 182

### 第二节　上部结构 · · · · · · 186
　　3.8　梁板预制、安装 · · · · · · 186
　　3.9　支架现浇梁 · · · · · · 192
　　3.10　悬臂浇筑 · · · · · · 197
　　3.11　悬臂预制拼装 · · · · · · 201
　　3.12　钢箱梁 · · · · · · 204
　　3.13　钢桁梁 · · · · · · 207
　　3.14　钢混组合结构 · · · · · · 209
　　3.15　拱桥 · · · · · · 212

### 第三节　其他 · · · · · · 214
　　3.16　移动模架 · · · · · · 214
　　3.17　桥面及附属工程 · · · · · · 216
　　3.18　拆除工程 · · · · · · 218

## 第四篇 隧道工程篇 ·········································································· **227**

### 第一节 隧道主体工程 ································································ 229
- 4.1 现场通用 ····································································· 229
- 4.2 洞口与明洞 ································································· 233
- 4.3 隧道开挖 ····································································· 236
- 4.4 隧道支护、衬砌 ·························································· 238
- 4.5 辅助坑道 ····································································· 242

### 第二节 其他 ··················································································· 246
- 4.6 防水、排水 ································································· 246
- 4.7 通风、防尘及防有害气体 ············································ 248
- 4.8 风、水、电供应 ·························································· 250
- 4.9 不良地质和特殊性岩土 ················································ 253

## 第五篇 房建工程篇 ·········································································· **259**

### 第一节 机械设备 ········································································ 261
- 5.1 物料提升机 ································································· 261
- 5.2 塔式起重机 ································································· 264

### 第二节 安全防护 ········································································ 271
- 5.3 安全防护 ····································································· 271

### 第三节 操作平台 ········································································ 279
- 5.4 操作平台 ····································································· 279

### 第四节 临时用电 ········································································ 283
- 5.5 临时用电 ····································································· 283

### 第五节 模板、支架、脚手架 ······················································ 288
- 5.6 模板 ············································································ 288

| | 5.7 支架 | 294 |
| | 5.8 扣件式钢管脚手架 | 299 |
| | 5.9 盘扣式钢管脚手架 | 309 |
| 第六节 | 钢结构吊装 | 313 |
| | 5.10 钢结构吊装 | 313 |

**引用相关法律法规、规范、文件名录** ......... **319**

# 第一篇
# 通用篇

# 第一节　两区三场建设

## 1.1　临 时 用 房

项目标段：_____　　　　检查部位：_____

| 项目 | 序号 | 常见隐患涉及条款 | 检查结果 | 问题描述 |
|---|---|---|---|---|
| □一般规定 | 1.1.1 | 施工现场生产区、生活区、办公区应分开设置,距离集中爆破区应不小于500m。(JTG F90:4.1.2) | □符合<br>□不符合 | |
| | 1.1.2 | 易燃易爆危险品库房与在建工程的防火间距不应小于15m,可燃材料堆场及其加工场、固定动火作业场与在建工程的防火间距不应小于10m,其他临时用房、临时设施与在建工程的防火间距不应小于6m。(GB 50720:3.2.1) | □符合<br>□不符合 | |
| | 1.1.3 | 厨房灶具、烟道等高温部位应采取防火隔热措施。(JGJ/T 188:6.0.6) | □符合<br>□不符合 | |
| | 1.1.4 | 宿舍区应挂设治安、卫生、防火管理制度;严禁使用通铺;室内严禁存放易燃、易爆物品,严禁乱拉电线、明火做饭和使用大功率电器设备。(部指南:8.2.1-9) | □符合<br>□不符合 | |
| | 1.1.5 | 食堂内,应挂设卫生管理责任制度,炊事员(包括工作人员)应持有健康证,工作时必须戴帽子、口罩,穿工作服。(部指南:8.2.1-9) | □符合<br>□不符合 | |
| | 1.1.6 | 燃气罐应单独设置存放间,存放间应通风良好并严禁存放其他物品。(部指南:8.2.1-9) | □符合<br>□不符合 | |
| | 1.1.7 | 食堂应配备排风和冷藏设施,地面铺设防滑地砖。(省指南:3.1.2.5) | □符合<br>□不符合 | |
| | 1.1.8 | 建筑工地食堂(供餐人数超过100人),每餐次的食品成品应留样。其他餐饮服务提供者宜根据供餐对象、供餐人数、食品品种、食品安全控制能力和有关规定,进行食品成品留样。(餐饮服务食品安全操作规范:7.9.1)<br>应将留样食品按照品种分别盛放于清洗消毒后的专用密闭容器内,在专用冷藏设备中冷藏存放48h以上。每个品种的留样量应能满足检验检测需要,且不少于125g。(餐饮服务食品安全操作规范:7.9.2) | □符合<br>□不符合 | |

续上表

| 项目 | 序号 | 常见隐患涉及条款 | 检查结果 | 问题描述 |
|---|---|---|---|---|
| ☐一般规定 | 1.1.9 | 临时用房结构牢固,具有抗台风及暴雨雪的能力,屋顶应采用人字形,并加设缆风绳或其他稳固措施。(省指南:3.1.2.2-(1)) | ☐符合<br>☐不符合 | |
| | 1.1.10 | 临时用房间距须满足消防要求规定的净距且不小于7.0m。宿舍及办公用房与在建工程的间距应不小于10.0m,且不应与厨房操作间、锅炉房、变配电房等组合建造。(省指南:3.1.2.2-(2)) | ☐符合<br>☐不符合 | |
| ☐项目经理部驻地 | 1.1.11 | 项目经理部驻地(活动板房)搭建不应超过两层。(省指南:3.1.2.1) | ☐符合<br>☐不符合 | |
| | 1.1.12 | 项目经理部容纳50人以上的大会议室应设置两个门,门向外开启。(省指南:3.1.2.3) | ☐符合<br>☐不符合 | |
| | 1.1.13 | 宿舍、办公用房在200$m^2$以下时应配置两具MF/ABC4灭火器,每增加100$m^2$时,增配1具MF/ABC4灭火器。(省指南:3.1.2.6-(1)) | ☐符合<br>☐不符合 | |
| | 1.1.14 | 会议室、食堂、配电房、材料库等须单独配置两具MF/ABC4灭火器。(省指南:3.1.2.6-(2)) | ☐符合<br>☐不符合 | |
| ☐工地试验室 | 1.1.15 | 试验区与生活区应分开设置,间距不小于15m。(省指南:3.1.3.1) | ☐符合<br>☐不符合 | |
| | 1.1.16 | 试验室应配置独立的专用电力线路,标准养护室等湿度大的环境应使用电缆线及密闭照明灯具。固定电源插座宜高出地面1.0m。(省指南:3.1.3.3) | ☐符合<br>☐不符合 | |
| | 1.1.17 | 试验室办公用房在200$m^2$以下时应配置两具MF/ABC4灭火器,每增加100$m^2$时,增配1具MF/ABC4灭火器。(省指南:3.1.3.4-(1)) | ☐符合<br>☐不符合 | |
| | 1.1.18 | 沥青室、沥青混合料室、可燃溶剂存放区、配电房等应单独配置两具MF/ABC4灭火器,试验室应备有不少于0.5$m^3$消防砂,同时备有消防桶、消防锹等工具。(省指南:3.1.3.4-(2)) | ☐符合<br>☐不符合 | |
| | 1.1.19 | 压力机、万能试验机等设备应设置便于操作的金属防护罩或防护网,防止试件飞溅伤害人员或设备,防护网(罩)网眼尺寸不大于10.0mm×10.0mm。(省指南:3.1.3.5-(2)) | ☐符合<br>☐不符合 | |
| | 1.1.20 | 沥青室、沥青混合料室等存在有害气体的场所应安装大功率通风橱或排气扇。(省指南:3.1.3.5-(4)) | ☐符合<br>☐不符合 | |
| | 1.1.21 | 试验人员接触电炉、烘箱等高温设备或进行沥青、化学试验操作时,必须正确佩戴相应的防护用品。(省指南:3.1.3.5-(5)) | ☐符合<br>☐不符合 | |

续上表

| 项目 | 序号 | 常见隐患涉及条款 | 检查结果 | 问题描述 |
|---|---|---|---|---|
| □施工现场临时用房 | 1.1.22 | 室内配线不应使用可移动硬质护套线,不得悬空乱拉。(省指南:3.1.4.4) | □符合<br>□不符合 | |
| | 1.1.23 | 现场临时值班房不得使用电磁炉、电炉、煤气灶等炉具。(省指南:3.1.4.5) | □符合<br>□不符合 | |
| | 1.1.24 | 用作堆放材料、工具、小型机具的临时用房严禁住人,不得堆放易燃易爆物品。(省指南:3.1.4.6) | □符合<br>□不符合 | |
| | 1.1.25 | 现场临时值班房与氧气库、乙炔库的间距不应小于20.0m,与木材加工场、钢筋加工场、木材库的间距不应小于15.0m,与临时油库的间距不应小于50.0m。(省指南:3.1.4.7) | □符合<br>□不符合 | |
| | 1.1.26 | 现场临时用房配置的灭火器数量不得少于两具MF/ABC2灭火器。(省指南:3.1.4.8) | □符合<br>□不符合 | |
| □其他 | 1.1.27 | | | |

规范性引用文件:
《建设工程施工现场消防安全技术规范》(GB 50720—2011)
《施工现场临时建筑物技术规程》(JGJ/T 188—2009)
《公路工程施工安全技术规范》(JTG F90—2015)
《餐饮服务食品安全操作规范》(国家市场监督管理总局公告2018年第12号)
《公路工程建设现场安全管理标准化指南》(苏交建质〔2012〕16号)
交通运输部《公路水运工程施工安全标准化指南》

总体评价:1. 本次检查____项,符合____项,不符合____项,符合率为____%。
2. 针对不符合项中(填序号)_____,立即整改。
3. 针对不符合项中(填序号)_____,限期____日内整改。
4. 针对__(填写停工范围)__,停工整改。
5. 整改情况于____日内,书面反馈至检查单位。
6. 其他_____

检查单位:_____  受检单位:_____

检查人员:_____  受检人员:_____

检查日期:_____  签收日期:_____

## 1.2 三 场 建 设

项目标段：_____  检查部位：_____

| 项目 | 序号 | 常见隐患涉及条款 | 检查结果 | 问题描述 |
|---|---|---|---|---|
| ☐ 一般规定 | 1.2.1 | 施工现场原材料、半成品、成品、预制构件等堆放及机械、设备停放应整齐、稳固、规范、标识清楚,且不得侵占场内道路或影响安全。(JTG F90:4.1.5) | ☐符合<br>☐不符合 | |
| | 1.2.2 | 材料加工场内应设置明显的安全警示标志及相关工种的操作规程。(JTG F90:4.1.6-2) | ☐符合<br>☐不符合 | |
| | 1.2.3 | 材料加工棚应采取防雨雪、防风等措施。(JTG F90:4.1.6-3) | ☐符合<br>☐不符合 | |
| | 1.2.4 | 施工现场出入口、施工起重机械等设备出入通道口和沿线交叉口应设置安全标志,安全标志包括禁止标志、警告标志、指令标志和提示标志。(公路水运工程施工安全标准化指南:9.1-1) | ☐符合<br>☐不符合 | |
| | 1.2.5 | 可燃材料存放、加工和使用区域灭火器每 $75m^2$ 应不少于 2 具;动火作业区域、易燃易爆危险品存放和使用场所等重点防火部位的灭火器数量每 $50m^2$ 应不少于 3 具。(公路水运工程施工安全标准化指南:8.2.7) | ☐符合<br>☐不符合 | |
| | 1.2.6 | 在"两区三厂"人员相对集中的位置,配置消防水泵一台及不小于 $20m^3$ 消防水池一个, $2m^3$ 的消防砂池一个。("两区三厂"建设安全标准化指南:4.3.2-2-2)) | ☐符合<br>☐不符合 | |
| ☐ 拌和场 | 1.2.7 | 拌和场应当划分生活区、拌和作业区、材料存放区及机械设备停放区等。(省指南:3.1.5.4-(1)) | ☐符合<br>☐不符合 | |
| | 1.2.8 | 拌和场临时用房与沥青、导热油存放区间距不小于 50.0m,油罐周围应采用围墙或通透式围栏进行隔离,并设置禁止、警告标志。(省指南:3.1.5.4-(2)) | ☐符合<br>☐不符合 | |
| | 1.2.9 | 拌和场进、出口宜分开设置,宽度不小于 6.0m;只设置 1 个出入口时,应在现场内设置车辆运行的运输通道和消防通道。出入口应设置禁止、警告、指令标志。(省指南:3.1.5.4-(3)) | ☐符合<br>☐不符合 | |
| | 1.2.10 | 拌和场储料仓搭设钢结构顶棚时,顶棚高度不小于 7.0m,满足防台、防雨雪等要求。(省指南:3.1.5.4-(4)) | ☐符合<br>☐不符合 | |
| | 1.2.11 | 生活区与拌和区距离不应小于单个储料罐高度,且不少于 20m。("两区三厂"建设安全标准化指南:4.3.1-2)) | ☐符合<br>☐不符合 | |

续上表

| 项目 | 序号 | 常见隐患涉及条款 | 检查结果 | 问题描述 |
|---|---|---|---|---|
| □拌和场 | 1.2.12 | 水泥混凝土、水稳拌和场作业区、沥青拌和场作业区每100m²配置1具MF/ABC4灭火器,且不少于两具。(省指南:3.1.5.5-(1)) | □符合<br>□不符合 | |
| | 1.2.13 | 沥青存放区、导热油存放区及燃油存放区每处配置两具MFT/ABC20灭火器,还应备有不少于0.5m³消防砂,并备有消防桶、消防锹等工具。(省指南:3.1.5.5-(2)) | □符合<br>□不符合 | |
| | 1.2.14 | 特种作业人员应持证上岗。(省指南:3.1.5.6-(1)) | □符合<br>□不符合 | |
| | 1.2.15 | 拌和楼安装、拆除作业区应设置警戒线,由专人负责警戒,防止无关人员进入施工现场。(省指南:3.1.5.6-(2)) | □符合<br>□不符合 | |
| | 1.2.16 | 拌和场内的设备应在相应位置设置安全操作规程牌。(省指南:3.1.5.8) | □符合<br>□不符合 | |
| | 1.2.17 | 拌和和起重设备应设置防倾覆和防雷设施。(JTG F90:4.1.7-4) | □符合<br>□不符合 | |
| | 1.2.18 | 拌和场车辆行驶路线、配电房、油库、作业区等危险部位设置警示、指示标牌。(省指南:3.1.5.9) | □符合<br>□不符合 | |
| | 1.2.19 | 料仓墙体外围应设警戒区,距离宜不小于墙高2倍。(JTG F90:4.1.7-3) | □符合<br>□不符合 | |
| □预制场 | 1.2.20 | 预制场门式起重机轨道应水平,轨道铺设应顺直,轨道的两端应设置车挡。(省指南:3.1.6.3-(4)) | □符合<br>□不符合 | |
| | 1.2.21 | 预制梁作业区应每150.0m²配备一具MF/ABC4灭火器,且不得少于两具。(省指南:3.1.6.4) | □符合<br>□不符合 | |
| | 1.2.22 | 预制场进出口处、运梁通道、门式起重机运行轨道、配电房等危险场所设置警告标志、指示标志牌。(省指南:3.1.6.5) | □符合<br>□不符合 | |
| | 1.2.23 | T梁严禁叠放,箱梁叠放不应超过2层,空心板梁叠放不应超过3层。("两区三厂"建设安全标准化指南:8.2.2-3) | □符合<br>□不符合 | |
| □钢筋加工场 | 1.2.24 | 钢筋堆放高度不应大于2m,对于捆绑的圆形箍筋和钢筋笼,其叠放层数不应大于2层。("两区三厂"建设安全标准化指南:8.2.2-1) | □符合<br>□不符合 | |
| | 1.2.25 | 钢筋加工棚150.0m²以下时应配置两具MF/ABC4灭火器,每增加100.0m²时,增配1具MF/ABC4灭火器。(省指南:3.1.7.6) | □符合<br>□不符合 | |

续上表

| 项目 | 序号 | 常见隐患涉及条款 | 检查结果 | 问题描述 |
|---|---|---|---|---|
| ☐ 钢筋加工场 | 1.2.26 | 钢筋加工棚内应设置钢筋加工机械安全操作规程牌。(省指南:3.1.7.7) | ☐符合<br>☐不符合 | |
| | 1.2.27 | 钢筋加工场出入口、施工车辆行驶道路、焊接作业区、配电设施、乙炔库、氧气库等危险场所应设置警告标志牌。(省指南:3.1.7.8) | ☐符合<br>☐不符合 | |
| ☐ 其他 | 1.2.28 | | | |

规范性引用文件：
《公路工程施工安全技术规范》(JTG F90—2015)
《公路工程建设现场安全管理标准化指南》(苏交建质〔2012〕16号)
交通运输部《"两区三厂"建设安全标准化指南》
交通运输部《公路水运工程施工安全标准化指南》

总体评价：1. 本次检查____项，符合____项，不符合____项，符合率为____%。
    2. 针对不符合项中(填序号)_____，立即整改。
    3. 针对不符合项中(填序号)_____，限期____日内整改。
    4. 针对__(填写停工范围)_____，停工整改。
    5. 整改情况于____日内，书面反馈至检查单位。
    6. 其他_____

检查单位：_____　　　受检单位：_____

检查人员：_____　　　受检人员：_____

检查日期：_____　　　签收日期：_____

# 第二节 临时设施

## 1.3 临时设施

项目标段：_____ 检查部位：_____

| 项目 | 序号 | 常见隐患涉及条款 | 检查结果 | 问题描述 |
|---|---|---|---|---|
| □一般规定 | 1.3.1 | 临时设施须设置在安全地段，避开高压线、滑坡、泥石流、爆破区、洪水位下、强风口、取(弃)土场等危险区域。(省指南:3.1.1.2) | □符合<br>□不符合 | |
| | 1.3.2 | 施工现场出入口、施工起重机械等设备出入通道口和沿线交叉口应设置安全标志，安全标志包括禁止标志、警告标志、指令标志和提示标志。(部指南:9.1-1) | □符合<br>□不符合 | |
| □施工便桥(便道) | 1.3.3 | 沿沟槽铺设临时便道时，路边与槽边的距离不得小于1.5m，并设安全标志；便道边坡高度大于2.0m或邻近河岸须设防护栏杆和警示标志。(省指南:3.1.8.3-(3)) | □符合<br>□不符合 | |
| | 1.3.4 | 临时便道下穿各种架空管线、建(构)筑物时，其净空应满足车辆通行安全要求。当净空不满足要求时，应在醒目位置设立限高、限宽标志。(省指南:3.1.8.3-(4)) | □符合<br>□不符合 | |
| | 1.3.5 | 汽车便桥净宽宜不小于4.0m。(省指南:3.1.8.3-(5)) | □符合<br>□不符合 | |
| | 1.3.6 | 便桥两侧须设防护栏杆，桥面应具有良好的防滑性能，钢质桥面应设防滑条。(省指南:3.1.8.3-(6)) | □符合<br>□不符合 | |
| | 1.3.7 | 双车道施工便道宽度不宜小于6.5m。(JTG F90:4.2.1-1) | □符合<br>□不符合 | |
| | 1.3.8 | 单车道施工便道宽度不宜小于4.5m，并宜设置错车道，错车道应设在视野良好地段，间距不宜大于300m。设置错车道路段的施工便道宽度不宜小于6.5m，有效长度宜不小于20m。(JTG F90:4.2.1-2) | □符合<br>□不符合 | |
| | 1.3.9 | 施工便道在急弯、陡坡、连续转弯等危险路段应进行硬化，设置警示标志，并根据需要设置防护设施。(JTG F90:4.2.1-5) | □符合<br>□不符合 | |
| | 1.3.10 | 施工便道中易发生落石、滑坡等危险路段应根据需要设置防护设施。(JTG F90:4.2.1-6) | □符合<br>□不符合 | |

续上表

| 项目 | 序号 | 常见隐患涉及条款 | 检查结果 | 问题描述 |
|---|---|---|---|---|
| 施工便桥（便道） | 1.3.11 | 施工便道与既有道路平面交叉处应设置道口警示标志，有高度限制的应设置限高架。（JTG F90：4.2.2） | □符合<br>□不符合 | |
| | 1.3.12 | 施工便桥应设置限宽、限速、限载标志，建成后应验收。（JTG F90：4.2.3） | □符合<br>□不符合 | |
| | 1.3.13 | 应在两侧护栏的适当位置布置一定数量的照明灯具和设置醒目的警示反光标志；水上便桥护栏应每50m布置一个救生圈。（部指南：8.2.5-13） | □符合<br>□不符合 | |
| 栈桥、临时码头 | 1.3.14 | 临时码头应设置安全警示标志，配备相应的安全防护设施。（JTG F90：4.3.3） | □符合<br>□不符合 | |
| | 1.3.15 | 通航水域搭设的栈桥和栈桥码头应按要求设置航行警示标志。（JTG F90：4.3.4-1） | □符合<br>□不符合 | |
| | 1.3.16 | 栈桥和栈桥码头应设置防船舶碰撞、防人员触电及落水等安全警示标志和救生器材。（JTG F90：4.3.4-3） | □符合<br>□不符合 | |
| | 1.3.17 | 栈桥上车辆和人员行走区域的面板应满铺，并应与下部结构连接牢固。悬臂板应采取有效的加固措施。（JTG F90：4.3.4-4） | □符合<br>□不符合 | |
| | 1.3.18 | 栈桥两侧和栈桥码头四周应设置高度不低于1.2m的防护栏杆。防护栏杆上杆任何部位应能承受1000N的外力。（JTG F90：4.3.4-5） | □符合<br>□不符合 | |
| | 1.3.19 | 长距离栈桥应设置会车、掉头区域。（JTG F90：4.3.4-7） | □符合<br>□不符合 | |
| | 1.3.20 | 码头的附属设备，如跳板、支撑、船环、柱桩等应牢固可靠。（省指南：3.1.9.3-(1)） | □符合<br>□不符合 | |
| | 1.3.21 | 栈桥桥面不得堆放杂物、机具等，不得影响通行，严禁堆放易燃易爆物品。（省指南：3.1.9.3-(2)） | □符合<br>□不符合 | |
| | 1.3.22 | 栈桥两侧每隔25m应分别配置1只救生圈，救生圈应方便取用。（省指南：3.1.9.4） | □符合<br>□不符合 | |
| | 1.3.23 | 通过栈桥的电线、电缆应绝缘良好，并通过绝缘子或橡胶套管固定在栈桥的一侧，栈桥应使用密闭照明灯具。（省指南：3.1.9.5） | □符合<br>□不符合 | |
| | 1.3.24 | 栈桥、码头的入口处应设置限重、限速等安全警示标牌。（省指南：3.1.9.6） | □符合<br>□不符合 | |

续上表

| 项目 | 序号 | 常见隐患涉及条款 | 检查结果 | 问题描述 |
|---|---|---|---|---|
| □其他 | 1.3.25 | | | |

规范性引用文件:
《公路工程施工安全技术规范》(JTG F90—2015)
《公路工程建设现场安全管理标准化指南》(苏交建质〔2012〕16号)
交通运输部《公路水运工程施工安全标准化指南》

总体评价:1. 本次检查____项,符合____项,不符合____项,符合率为____%。
　　　　2. 针对不符合项中(填序号)_____,立即整改。
　　　　3. 针对不符合项中(填序号)_____,限期____日内整改。
　　　　4. 针对__(填写停工范围)__,停工整改。
　　　　5. 整改情况于____日内,书面反馈至检查单位。
　　　　6. 其他_____

检查单位:_____　　受检单位:_____

检查人员:_____　　受检人员:_____

检查日期:_____　　签收日期:_____

# 第三节 临时用电

## 1.4 临时用电

项目标段：_____  检查部位：_____

| 项目 | 序号 | 常见隐患涉及条款 | 检查结果 | 问题描述 |
|---|---|---|---|---|
| ☐ 一般规定 | 1.4.1 | 建筑施工现场临时用电工程专用的电源中性点直接接地的220/380V三相四线制低压电力系统，必须采用三级配电系统。（JGJ 46：1.0.3-1） | ☐符合<br>☐不符合 | |
| | 1.4.2 | 建筑施工现场临时用电工程专用的电源中性点直接接地的220/380V三相四线制低压电力系统，必须采用TN-S接零保护系统。（JGJ 46：1.0.3-2） | ☐符合<br>☐不符合 | |
| | 1.4.3 | 建筑施工现场临时用电工程专用的电源中性点直接接地的220/380V三相四线制低压电力系统，必须采用二级漏电保护系统。（JGJ 46：1.0.3-3） | ☐符合<br>☐不符合 | |
| | 1.4.4 | 电工作业人员必须持证上岗。项目经理部须为电工作业人员配备符合国家标准的电工作业安全防护用品。（省指南：3.2.1.5） | ☐符合<br>☐不符合 | |
| | 1.4.5 | 临时用电设施应在醒目位置设置"禁止攀爬""小心触电，请勿靠近"等禁止、警告标志牌。（省指南：3.2.1.9） | ☐符合<br>☐不符合 | |
| ☐ 配电设施 | 1.4.6 | 变压器应设置安全防护屏障或网栅围栏，屏障宜采用砖墙，高度不低于2.5m。（省指南：3.2.2.1-1） | ☐符合<br>☐不符合 | |
| | 1.4.7 | 室内变压器的外廓与变压器室墙壁、门的净距离分别不小于0.6m和0.8m，并留有足够空间的检修通道。（省指南：3.2.2.1-2） | ☐符合<br>☐不符合 | |
| | 1.4.8 | 变压器台座应高于室外地面0.6m，并设置集中沟、挡油墙。（省指南：3.2.2.1-3） | ☐符合<br>☐不符合 | |
| | 1.4.9 | 发电机房大门向外开启，排烟管道须伸出室外。发电机房内不得堆放杂物，严禁存放储油桶，并采取漏油收集措施。（省指南：3.2.2.2-1） | ☐符合<br>☐不符合 | |
| | 1.4.10 | 发电机电源须与外电线路电源联锁，严禁并列运行。还应设短路保护、过载保护及低压保护装置。（省指南：3.2.2.2-2） | ☐符合<br>☐不符合 | |

续上表

| 项目 | 序号 | 常见隐患涉及条款 | 检查结果 | 问题描述 |
|---|---|---|---|---|
| □配电设施 | 1.4.11 | 配电室建设应采用砖混结构,室内须设置配电柜布线地沟,周边须设置不小于0.3m×0.3m的排水沟,并保持排水通畅。配电房与变压器的水平安全距离应在3m以上。(省指南:3.2.2.3-2) | □符合<br>□不符合 | |
| | 1.4.12 | 配电柜正面的操作通道宽度,单列布置或双列背对背布置不小于1.5m,双列面对面布置不小于2.0m;配电柜后面的维护通道宽度,单列布置或双列面对面布置不小于0.8m,双列背对背布置不小于1.5m;配电柜侧面的维护通道宽度不小于1.0m。(省指南:3.2.2.3-3) | □符合<br>□不符合 | |
| | 1.4.13 | 配电室内的裸母线与地面垂直距离小于2.5m时,应采用遮栏隔离,遮栏下面通道的高度不小于1.9m。(省指南:3.2.2.3-4) | □符合<br>□不符合 | |
| | 1.4.14 | 配电柜和控制柜应做好接地保护。(省指南:3.2.2.3-5) | □符合<br>□不符合 | |
| | 1.4.15 | 配电室的建筑物和构筑物室内配置砂箱和可用于扑灭电气火灾的灭火器。(JGJ 46:6.1.4-10) | □符合<br>□不符合 | |
| | 1.4.16 | 配电室的照明分别设置正常照明和事故照明。(JGJ 46:6.1.4-12) | □符合<br>□不符合 | |
| □外电线路防护 | 1.4.17 | 在建工程不得在外电架空线路正下方施工、搭设作业棚、建造生活设施或堆放构件、架具、材料及其他杂物等。(JGJ 46:4.1.1) | □符合<br>□不符合 | |
| | 1.4.18 | 起重机严禁越过无防护设施的外电架空线路作业。(省指南:3.2.3.2) | □符合<br>□不符合 | |
| | 1.4.19 | 现场开挖沟槽的边缘与埋地外电缆沟槽边缘之间的距离不得小于0.5m。(省指南:3.2.3.3) | □符合<br>□不符合 | |
| | 1.4.20 | 达不到所规定的安全距离时,必须采取绝缘隔离防护措施,防护设施顶面必须采用木、竹或其他绝缘材料搭设,宽度应超过架空线路两侧各0.75m左右,长度应超过横跨道路两侧各1.0m,并悬挂昼夜醒目的"高压危险"等警告标志。(省指南:3.2.3.4) | □符合<br>□不符合 | |
| | 1.4.21 | 在建工程(含脚手架)的周边与1kV以内外电架空线路的边线之间最小安全操作距离为4m;与1~10kV外电架空线路的边线之间最小安全操作距离为6m;与35~110kV外电架空线路的边线之间最小安全操作距离为8m。(JGJ 46:4.1.2) | □符合<br>□不符合 | |
| | 1.4.22 | 施工现场的机动车道与架空线路交叉时,1kV以内外电架空线路与路面最小垂直距离为6m;1~10kV外电架空线路与路面最小垂直距离为7m。(JGJ 46:4.1.3) | □符合<br>□不符合 | |

续上表

| 项目 | 序号 | 常见隐患涉及条款 | 检查结果 | 问题描述 |
|---|---|---|---|---|
| ☐外电线路防护 | 1.4.23 | 起重机与1kV以内外电架空线路边线之间垂直及水平方向最小安全距离为1.5m;与10kV外电架空线路边线之间水平方向最小安全距离为2m,垂直方向为3m;与35kV外电架空线路边线之间水平方向最小安全距离为3.5m,垂直方向为4m。(JGJ 46:4.1.4) | ☐符合<br>☐不符合 | |
| | 1.4.24 | 起重机与110kV外电架空线路的边线之间水平方向最小安全距离为4m,垂直方向为5m;与220kV外电架空线路的边线之间水平方向最小安全距离为6m,垂直方向为6m;与330kV外电架空线路的边线之间水平方向最小安全距离为7m,垂直方向为7m;与500kV外电架空线路的边线之间水平方向最小安全距离为8.5m,垂直方向为8.5m。(JGJ 46:4.1.4) | ☐符合<br>☐不符合 | |
| | 1.4.25 | 在建工程(含脚手架)、施工现场机动车道、起重机与架空线路安全距离不足,应采取绝缘隔离防护措施,并应悬挂醒目的警告标志。(JGJ 46:4.1.6) | ☐符合<br>☐不符合 | |
| | 1.4.26 | 在外电架空线路附近开挖沟槽时,必须采取加固措施,防止外电架空线路电杆倾斜、悬倒。(JGJ 46:4.1.8) | ☐符合<br>☐不符合 | |
| ☐配电线路 | 1.4.27 | 架空线路须固定在针式绝缘子或蝶式绝缘子上,电线与横担的距离不少于50.0mm。架空线路绑线材质与导线相同,直径不小于2.0mm,绑扎长度不小于0.15m。(省指南:3.2.4.1-2) | ☐符合<br>☐不符合 | |
| | 1.4.28 | 架空线路的挡距不得大于35.0m,线间距不得小于0.3m。(省指南:3.2.4.1-6) | ☐符合<br>☐不符合 | |
| | 1.4.29 | 架空电缆应沿电杆、支架或墙壁敷设,并采用绝缘卡固定,绑扎线须采用绝缘线。橡皮电缆的最大弧垂距地不得小于2.5m。(省指南:3.2.4.2-4) | ☐符合<br>☐不符合 | |
| | 1.4.30 | 进户线的室外端应采用绝缘子固定,过墙应穿管保护,距地面不得小于2.5m,并应采取防雨措施。(省指南:3.2.4.3-1) | ☐符合<br>☐不符合 | |
| | 1.4.31 | 室内须采用绝缘铜导线、塑料夹等敷设,距地面的高度不得小于2.5m,管内、槽板内不得有接头,接头应放在接线或分线盒内。(省指南:3.2.4.3-2) | ☐符合<br>☐不符合 | |
| | 1.4.32 | 室内配线所用铜线截面应不小于$1.5mm^2$。(省指南:3.2.4.3-3) | ☐符合<br>☐不符合 | |
| | 1.4.33 | 室外灯具距地面不小于3.0m,室内灯具不小于2.4m。(省指南:3.2.4.3-4) | ☐符合<br>☐不符合 | |
| | 1.4.34 | 各种用电设备、灯具的相线经开关控制,不得将相线直接引入灯具。(省指南:3.2.4.3-5) | ☐符合<br>☐不符合 | |

续上表

| 项目 | 序号 | 常见隐患涉及条款 | 检查结果 | 问题描述 |
|---|---|---|---|---|
| □配电线路 | 1.4.35 | 架空线必须架设在专用电杆上,严禁架设在树木、脚手架及其他设施上。(JGJ 46:7.1.2) | □符合<br>□不符合 | |
| | 1.4.36 | 电缆中必须包含全部工作芯线和用作保护零线或保护线的芯线。需要三相四线制配电的电缆线路必须采用五芯电缆。五芯电缆必须包含淡蓝、绿/黄两种颜色绝缘芯线。淡蓝色芯线必须用作 N 线;绿/黄双色芯线必须用作 PE 线,严禁混用。(JGJ 46:7.2.1) | □符合<br>□不符合 | |
| | 1.4.37 | 电缆线路应采用埋地或架空敷设,严禁沿地面明设,并应避免机械损伤和介质腐蚀。埋地电缆路径应设方位标志。(JGJ 46:7.2.3) | □符合<br>□不符合 | |
| | 1.4.38 | 电缆直接埋地敷设的深度不应小于 0.7m,并应在电缆紧邻上、下、左、右侧均匀敷设不小于 50mm 厚的细砂,然后覆盖砖或混凝土板等硬质保护层。(JGJ 46:7.2.5) | □符合<br>□不符合 | |
| | 1.4.39 | 埋地电缆在穿越建筑物、构筑物、道路、易受机械损伤、介质腐蚀场所及引出地面从 2.0m 高到地下 0.2m 处,必须加设防护套管,防护套管内径不应小于电缆外径的 1.5 倍。(JGJ 46:7.2.6) | □符合<br>□不符合 | |
| □配电箱及开关箱 | 1.4.40 | 配电箱、开关箱应装设在干燥、通风及常温场所,不得装设在有严重损伤作用的瓦斯、烟气、潮气及其他有害介质中,亦不得装设在易受外来固体物撞击、强烈振动、液体浸溅及热源烘烤场所。否则,应予清除或做防护处理。(JGJ 46:8.1.5) | □符合<br>□不符合 | |
| | 1.4.41 | 总配电箱以下可设若干分配电箱;分配电箱以下可设若干开关箱。总配电箱应设在靠近电源的区域,分配电箱应设在用电设备或负荷相对集中的区域,分配电箱与开关箱的距离不得超过 30m,开关箱与其控制的固定式用电设备的水平距离不宜超过 3m。(JGJ 46:8.1.2) | □符合<br>□不符合 | |
| | 1.4.42 | 每台用电设备必须有各自专用的开关箱,严禁用同一个开关箱直接控制 2 台及 2 台以上用电设备(含插座)。(JGJ 46:8.1.3) | □符合<br>□不符合 | |
| | 1.4.43 | 动力配电箱与照明配电箱宜分别设置。当合并设置为同一配电箱时,动力和照明应分路配电;动力开关箱与照明开关箱必须分设。(JGJ 46:8.1.4) | □符合<br>□不符合 | |
| | 1.4.44 | 配电箱、开关箱应装设端正、牢固。固定式配电箱、开关箱的中心点与地面的垂直距离应为 1.4~1.6m。移动式配电箱、开关箱应装设在坚固、稳定的支架上。其中心点与地面的垂直距离宜为 0.8~1.6m。(JGJ 46:8.1.8) | □符合<br>□不符合 | |

续上表

| 项目 | 序号 | 常见隐患涉及条款 | 检查结果 | 问题描述 |
|---|---|---|---|---|
| 配电箱及开关箱 | 1.4.45 | 配电箱、开关箱内的电器(含插座)应按其规定位置紧固在电器安装板上,不得歪斜和松动。(JGJ 46:8.1.10) | □符合<br>□不符合 | |
| | 1.4.46 | 配电箱的电器安装板上必须分设N线端子板和PE线端子板。N线端子板必须与金属电器安装板绝缘;PE线端子板必须与金属电器安装板做电气连接。进出线中的N线必须通过N线端子板连接,PE线必须通过PE线端子板连接。(JGJ 46:8.1.11) | □符合<br>□不符合 | |
| | 1.4.47 | 配电箱、开关箱的金属箱体、金属电器安装板以及电器正常不带电的金属底座、外壳等必须通过PE线端子板与PE线做电气连接,金属箱门与金属箱体必须通过采用编织软铜线做电气连接。(JGJ 46:8.1.13) | □符合<br>□不符合 | |
| | 1.4.48 | 配电箱、开关箱外形结构应能防雨、防尘。(JGJ 46:8.1.17) | □符合<br>□不符合 | |
| | 1.4.49 | 开关箱中漏电保护器的额定漏电动作电流不应大于30mA,额定漏电动作时间不应大于0.1s。使用于潮湿或有腐蚀介质场所的漏电保护器应采用防溅型产品,其额定漏电动作电流不应大于15mA,额定漏电动作时间不应大于0.1s。(JGJ 46:8.2.10) | □符合<br>□不符合 | |
| | 1.4.50 | 总配电箱中漏电保护器的额定漏电动作电流应大于30mA,额定漏电动作时间应大于0.1s,但其额定漏电动作电流与额定漏电动作时间的乘积不应大于30mA·s。(JGJ 46:8.2.11) | □符合<br>□不符合 | |
| | 1.4.51 | 配电箱、开关箱的电源进线端严禁采用插头和插座做活动连接。(JGJ 46:8.2.15) | □符合<br>□不符合 | |
| | 1.4.52 | 配电箱、开关箱应有名称、用途、分路标记及系统接线图。(JGJ 46:8.3.1) | □符合<br>□不符合 | |
| | 1.4.53 | 对配电箱、开关箱进行定期维修、检查时,必须将其前一级相应的电源隔离开关分闸断电,并悬挂"禁止合闸,有人工作"停电标志牌,严禁带电作业。(JGJ 46:8.3.4) | □符合<br>□不符合 | |
| | 1.4.54 | 配电箱、开关箱内不得放置任何杂物,并应保持整洁。(JGJ 46:8.3.8) | □符合<br>□不符合 | |
| | 1.4.55 | 漏电保护器每天使用前应启动漏电试验按钮试跳一次,试跳不正常时严禁继续使用。(JGJ 46:8.3.10) | □符合<br>□不符合 | |
| | 1.4.56 | 配电箱、开关箱应选用专业厂家生产的定型产品,其电器元件必须通过国家"3C"认证。(DB32/T 2618:5.2.8) | □符合<br>□不符合 | |

续上表

| 项目 | 序号 | 常见隐患涉及条款 | 检查结果 | 问题描述 |
|---|---|---|---|---|
| 接地与防雷 | 1.4.57 | 在施工现场专用变压器的供电的 TN-S 接零保护系统中,电气设备的金属外壳必须与保护零线连接。(JGJ 46:5.1.1) | □符合<br>□不符合 | |
| | 1.4.58 | 当施工现场与外电线路共用同一供电系统时,电气设备的接地、接零保护应与原系统保持一致。不得一部分设备做保护接零,另一部分设备做保护接地。采用 TN 系统做保护接零时,工作零线(N 线)必须通过总漏电保护器,保护零线(PE 线)必须由电源进线零线重复接地处或总漏电保护器电源侧零线处,引出形成局部 TN-S 接零保护系统。(JGJ 46:5.1.2) | □符合<br>□不符合 | |
| | 1.4.59 | 在 TN 接零保护系统中,通过总漏电保护器的工作零线与保护零线之间不得再做电气连接。(JGJ 46:5.1.3) | □符合<br>□不符合 | |
| | 1.4.60 | 在 TN 接零保护系统中,PE 零线应单独敷设。重复接地线必须与 PE 线相连接,严禁与 N 线相连接。(JGJ 46:5.1.4) | □符合<br>□不符合 | |
| | 1.4.61 | 施工现场的临时用电电力系统严禁利用大地做相线或零线。(JGJ 46:5.1.6) | □符合<br>□不符合 | |
| | 1.4.62 | 保护零线必须采用绝缘导线。配电装置和电动机械相连接的 PE 线应为截面不小于 $2.5mm^2$ 的绝缘多股铜线。手持式电动工具的 PE 线应为截面不小于 $1.5mm^2$ 的绝缘多股铜线。(JGJ 46:5.1.9) | □符合<br>□不符合 | |
| | 1.4.63 | PE 线上严禁装设开关或熔断器,严禁通过工作电流且严禁断线。(JGJ 46:5.1.10) | □符合<br>□不符合 | |
| | 1.4.64 | 隧道等潮湿或条件特别恶劣施工现场的电气设备必须采用保护接零。(JGJ 46:5.2.2) | □符合<br>□不符合 | |
| | 1.4.65 | TN 系统中的保护零线除必须在配电室或总配电箱处做重复接地外,还必须在配电系统的中间处和末端处做重复接地。(JGJ 46:5.3.2) | □符合<br>□不符合 | |
| | 1.4.66 | 在 TN 系统中,保护零线每一处重复接地装置的接地电阻值不应大于 10Ω。在工作接地电阻值允许达到 10Ω 的电力系统中,所有重复接地的等效电阻值不应大于 10Ω。(JGJ 46:5.3.2) | □符合<br>□不符合 | |
| | 1.4.67 | 在 TN 系统中,严禁将单独敷设的工作零线再做重复接地。(JGJ 46:5.3.3) | □符合<br>□不符合 | |
| | 1.4.68 | 每一接地装置的接地线应采用 2 根及以上导体,在不同点与接地体做电气连接。不得采用铝导体做接地体或地下接地线。垂直接地体宜采用角钢、钢管或光面圆钢,不得采用螺纹钢。接地可利用自然接地体,但应保证其电气连接和热稳定。(JGJ 46:5.3.4) | □符合<br>□不符合 | |

续上表

| 项目 | 序号 | 常见隐患涉及条款 | 检查结果 | 问题描述 |
|---|---|---|---|---|
| 接地与防雷 | 1.4.69 | 移动式发电机供电的用电设备,其金属外壳或底座应与发电机电源的接地装置有可靠的电气连接。(JGJ 46:5.3.5) | □符合<br>□不符合 | |
| | 1.4.70 | 施工现场内所有防雷装置的冲击接地电阻值不得大于30Ω。(JGJ 46:5.4.6) | □符合<br>□不符合 | |
| | 1.4.71 | 做防雷接地机械上的电气设备,所连接的PE线必须同时做重复接地,同一台机械电气设备的重复接地和机械的防雷接地可共用同一接地体,但接地电阻应符合重复接地电阻值的要求。(JGJ 46:5.4.7) | □符合<br>□不符合 | |
| 现场照明 | 1.4.72 | 在坑、洞、井内作业、夜间施工或厂房、道路、仓库、办公室、食堂、宿舍、料具堆放场及自然采光差等场所,应设一般照明、局部照明或混合照明。在一个工作场所内,不得只设局部照明。停电后,操作人员需及时撤离施工现场,必须装设自备电源的应急照明。(JGJ 46:10.1.1) | □符合<br>□不符合 | |
| | 1.4.73 | 照明器的选择必须按下列环境条件确定:<br>1 正常湿度一般场所,选用开启式照明器;<br>2 潮湿或特别潮湿场所,选用密闭型防水照明器或配有防水灯头的开启式照明器;<br>3 含有大量尘埃但无爆炸和火灾危险的场所,选用防尘型照明器。(JGJ 46:10.1.3) | □符合<br>□不符合 | |
| | 1.4.74 | 照明器的选择必须按下列环境条件确定:<br>4 有爆炸和火灾危险的场所,按危险场所等级选用防爆型照明器;<br>5 存在较强振动的场所,选用防振型照明器;<br>6 有酸碱等强腐蚀介质场所,选用耐酸碱型照明器。(JGJ 46:10.1.3) | □符合<br>□不符合 | |
| | 1.4.75 | 行灯灯体与手柄应坚固、绝缘良好并耐热耐潮湿。(JGJ 46:10.2.3-2) | □符合<br>□不符合 | |
| | 1.4.76 | 行灯灯头与灯体结合牢固,灯头无开关。(JGJ 46:10.2.3-3) | □符合<br>□不符合 | |
| | 1.4.77 | 行灯灯泡外部有金属保护网。(JGJ 46:10.2.3-4) | □符合<br>□不符合 | |
| | 1.4.78 | 行灯金属网、反光罩、悬吊挂钩固定在灯具的绝缘部位上。(JGJ 46:10.2.3-5) | □符合<br>□不符合 | |

续上表

| 项目 | 序号 | 常见隐患涉及条款 | 检查结果 | 问题描述 |
|---|---|---|---|---|
| ☐现场照明 | 1.4.79 | 室外220V灯具距地面不得低于3m,室内220V灯具距地面不得低于2.5m。普通灯具与易燃物距离不宜小于300mm;聚光灯等高热灯具与易燃物距离不宜小于500mm,且不得直接照射易燃物。达不到规定安全距离时,应采取隔热措施。(JGJ 46:10.3.2) | ☐符合<br>☐不符合 | |
| | 1.4.80 | 灯具内的接线必须牢固,灯具外的接线必须做可靠的防水绝缘包扎。(JGJ 46:10.3.8) | ☐符合<br>☐不符合 | |
| ☐用电设备 | 1.4.81 | 携带式变压器的一次侧电源线应采用橡皮护套或塑料护套铜芯软电缆,中间不得有接头,长度不宜超过3m,其中绿/黄双色线只可作PE线使用,电源插销应有保护触头。(JGJ 46:10.2.7) | ☐符合<br>☐不符合 | |
| | 1.4.82 | 对夜间影响飞机或车辆通行的在建工程及机械设备,必须设置醒目的红色信号灯,其电源应设在施工现场总电源开关的前侧,并应设置外电线路停止供电时的应急自备电源。(JGJ 46:10.3.11) | ☐符合<br>☐不符合 | |
| | 1.4.83 | 交流电焊机械应配装防二次侧触电保护器。(JGJ 46:9.5.3) | ☐符合<br>☐不符合 | |
| | 1.4.84 | 电焊机械应放置在防雨、干燥和通风良好的地方。焊接现场不得有易燃、易爆物品。(JGJ 46:9.5.1) | ☐符合<br>☐不符合 | |
| | 1.4.85 | 交流弧焊机变压器的一次侧电源线长度不应大于5m,其电源进线处必须设置防护罩。(JGJ 46:9.5.2) | ☐符合<br>☐不符合 | |
| | 1.4.86 | 电焊机械的二次线应采用防水橡皮护套铜芯软电缆,电缆长度不应大于30m,不得采用金属构件或结构钢筋代替二次线的地线。(JGJ 46:9.5.4) | ☐符合<br>☐不符合 | |
| | 1.4.87 | 使用电焊机械焊接时必须穿戴防护用品。严禁露天冒雨从事电焊作业。(JGJ 46:9.5.5) | ☐符合<br>☐不符合 | |
| | 1.4.88 | 混凝土搅拌机、插入式振动器、平板振动器、地面抹光机、水磨石机、钢筋加工机械、木工机械、盾构机械的负荷线必须采用耐气候型橡皮护套铜芯软电缆,并不得有任何破损和接头。(JGJ 46:9.7.2) | ☐符合<br>☐不符合 | |
| | 1.4.89 | 水泵的负荷线必须采用防水橡皮护套铜芯软电缆,严禁有任何破损和接头,并不得承受任何外力。盾构机械的负荷线必须固定牢固,距地高度不得小于2.5m。(JGJ 46:9.7.2) | ☐符合<br>☐不符合 | |
| | 1.4.90 | 对混凝土搅拌机、钢筋加工机械、木工机械、盾构机械等设备进行清理、检查、维修时,必须首先将其开关箱分闸断电,呈现可见电源分断点,并关门上锁。(JGJ 46:9.7.3) | ☐符合<br>☐不符合 | |

续上表

| 项目 | 序号 | 常见隐患涉及条款 | 检查结果 | 问题描述 |
|---|---|---|---|---|
| □ 使用与维护 | 1.4.91 | 配电箱、开关箱箱门应配锁,并应由专人负责。(JGJ 46:8.3.2) | □符合<br>□不符合 | |
| □ 使用与维护 | 1.4.92 | 配电箱、开关箱应定期检查、维修。检查、维修人员必须是专业电工;检查、维修时必须按规定穿、戴绝缘鞋、手套,必须使用电工绝缘工具,并应做检查、维修工作记录。(JGJ 46:8.3.3) | □符合<br>□不符合 | |
| □ 其他 | 1.4.93 | | | |

规范性引用文件:
《施工现场临时用电安全技术规范》(JGJ 46—2005)
《公路工程建设现场安全管理标准化指南》(苏交建质〔2012〕16号)
《江苏省高速公路建设工程施工安全技术规程》(DB32/T 2618—2014)

总体评价:1. 本次检查____项,符合____项,不符合____项,符合率为____%。
2. 针对不符合项中(填序号)_____,立即整改。
3. 针对不符合项中(填序号)_____,限期____日内整改。
4. 针对__(填写停工范围)__,停工整改。
5. 整改情况于____日内,书面反馈至检查单位。
6. 其他_____

检查单位:_____  受检单位:_____

检查人员:_____  受检人员:_____

检查日期:_____  签收日期:_____

# 第四节 消　　防

## 1.5　消　　防

项目标段：_____　　　　检查部位：_____

| 项目 | 序号 | 常见隐患涉及条款 | 检查结果 | 问题描述 |
|---|---|---|---|---|
| □总平面布局 | 1.5.1 | 临时用房、临时设施的布置应满足现场防火、灭火及人员安全疏散的要求。（GB 50720：3.1.1） | □符合<br>□不符合 | |
| | 1.5.2 | 易燃易爆危险品库房应远离明火作业区、人员密集区和建筑物相对集中区。（GB 50720：3.1.6） | □符合<br>□不符合 | |
| | 1.5.3 | 可燃材料堆场及其加工场、易燃易爆危险品库房不应布置在架空电力线下。（GB 50720：3.1.7） | □符合<br>□不符合 | |
| | 1.5.4 | 易燃易爆危险品库房与在建工程的防火间距不应小于15m，可燃材料堆场及其加工场、固定动火作业场与在建工程的防火间距不应小于10m，其他临时用房、临时设施与在建工程的防火间距不应小于6m。（GB 50720：3.2.1） | □符合<br>□不符合 | |
| | 1.5.5 | 临时消防车道的净宽度和净空高度均不应小于4m。（GB 50720：3.3.2-2） | □符合<br>□不符合 | |
| | 1.5.6 | 临时消防车道的右侧应设置消防车行进路线指示标识。（GB 50720：3.3.2-3） | □符合<br>□不符合 | |
| □临时用房防火 | 1.5.7 | 宿舍、办公用房建筑构件的燃烧性能等级应为A级。当采用金属夹芯板材时，其芯材的燃烧性能等级应为A级。（GB 50720：4.2.1-1） | □符合<br>□不符合 | |
| | 1.5.8 | 宿舍、办公用房建筑层数不应超过3层，每层建筑面积不应大于300$m^2$。（GB 50720：4.2.1-2） | □符合<br>□不符合 | |
| | 1.5.9 | 宿舍、办公用房层数为3层或每层建筑面积大于200$m^2$时，应设置至少2部疏散楼梯，房间疏散门至疏散楼梯的最大距离不应大于25m。（GB 50720：4.2.1-3） | □符合<br>□不符合 | |
| | 1.5.10 | 宿舍、办公用房单面布置用房时，疏散走道的净宽度不应小于1.0m；双面布置用房时，疏散走道的净宽度不应小于1.5m。（GB 50720：4.2.1-4） | □符合<br>□不符合 | |

续上表

| 项目 | 序号 | 常见隐患涉及条款 | 检查结果 | 问题描述 |
|---|---|---|---|---|
| 临时用房防火 | 1.5.11 | 宿舍、办公用房疏散楼梯的净宽度不应小于疏散走道的净宽度。（GB 50720：4.2.1-5） | □符合<br>□不符合 | |
| | 1.5.12 | 宿舍房间的建筑面积不应大于30m²,其他房间的建筑面积不宜大于100 m²。（GB 50720：4.2.1-6） | □符合<br>□不符合 | |
| | 1.5.13 | 宿舍、办公用房的房间内任一点至最近疏散门的距离不应大于15m,房门的净宽度不应小于0.8m;房间建筑面积超过50m²时,房门的净宽度不应小于1.2m。（GB 50720：4.2.1-7） | □符合<br>□不符合 | |
| | 1.5.14 | 宿舍、办公用房的隔墙应从楼地面基层隔断至顶板基层底面。（GB 50720：4.2.1-8） | □符合<br>□不符合 | |
| | 1.5.15 | 发电机房、变配电房、厨房操作间、锅炉房、可燃材料库房及易燃易爆危险品库房等建筑构件的燃烧性能等级应为A级。（GB 50720：4.2.2-1） | □符合<br>□不符合 | |
| | 1.5.16 | 发电机房、变配电房、厨房操作间、锅炉房、可燃材料库房及易燃易爆危险品库房层数应为1层,建筑面积不应大于200m²。（GB 50720：4.2.2-2） | □符合<br>□不符合 | |
| | 1.5.17 | 可燃材料库房单个房间的建筑面积不应超过30m²,易燃易爆危险品库房单个房间的建筑面积不应超过20m²。（GB 50720：4.2.2-3） | □符合<br>□不符合 | |
| | 1.5.18 | 发电机房、变配电房、厨房操作间、锅炉房、可燃材料库房及易燃易爆危险品库房的房间内任一点至最近疏散门的距离不应大于10m,房门的净宽度不应小于0.8m。（GB 50720：4.2.2-4） | □符合<br>□不符合 | |
| 在建工程防火 | 1.5.19 | 设置在地面上的临时疏散通道,其净宽度不应小于1.5m;利用在建工程施工完毕的水平结构、楼梯作临时疏散通道时,其净宽度不宜小于1.0m;用于疏散的爬梯及设置在脚手架上的临时疏散通道,其净宽度不应小于0.6m。（GB 50720：4.3.2-2） | □符合<br>□不符合 | |
| | 1.5.20 | 临时用房每层建筑面积大于200.0m²时,应设置至少两部疏散楼梯,房间疏散门至疏散楼梯的最大距离不应大于25.0m。（省指南：3.6.2.8-(1)） | □符合<br>□不符合 | |
| | 1.5.21 | 楼梯的最小净宽不应小于0.9m,倾斜角一般不宜大于45°,栏杆扶手高度不应小于1.1m。疏散楼梯不应采用螺旋楼梯和扇形踏步。楼梯间不应有影响安全疏散的突出物或堆积物。（省指南：3.6.2.8-(2)） | □符合<br>□不符合 | |
| | 1.5.22 | 疏散通道应设置明显的疏散指示标识和照明设施。作业层的醒目位置应设置安全疏散示意图。（省指南：3.6.2.8-(6)） | □符合<br>□不符合 | |

续上表

| 项目 | 序号 | 常见隐患涉及条款 | 检查结果 | 问题描述 |
|---|---|---|---|---|
| □在建工程防火 | 1.5.23 | 下列安全防护网应采用阻燃型安全防护网：<br>1 高层建筑外脚手架的安全防护网。<br>2 既有建筑外墙改造时，其外脚手架的安全防护网。<br>(GB 50720:4.3.5) | □符合<br>□不符合 | |
| | 1.5.24 | 作业场所应设置明显的疏散指示标志，其指示方向应指向最近的临时疏散通道入口。(GB 50720:4.3.6) | □符合<br>□不符合 | |
| | 1.5.25 | 作业层的醒目位置应设置安全疏散示意图。(GB 50720:4.3.7) | □符合<br>□不符合 | |
| □临时消防设施 | 1.5.26 | 施工现场应设置灭火器、临时消防给水系统和应急照明等临时消防设施。(GB 50720:5.1.1) | □符合<br>□不符合 | |
| | 1.5.27 | 易燃易爆危险品存放及使用场所应配置灭火器。(GB 50720:5.2.1.1) | □符合<br>□不符合 | |
| | 1.5.28 | 动火作业场所应配置灭火器。(GB 50720:5.2.1.2) | □符合<br>□不符合 | |
| | 1.5.29 | 可燃材料存放、加工及使用场所配置灭火器。(GB 50720:5.2.1.3) | □符合<br>□不符合 | |
| | 1.5.30 | 厨房操作间、锅炉房、发电机房、变配电房、设备用房、办公用房、宿舍等临时用房应配置灭火器。(GB 50720:5.2.1.4) | □符合<br>□不符合 | |
| | 1.5.31 | 其他具有火灾危险的场所应配置灭火器。(GB 50720:5.2.1.5) | □符合<br>□不符合 | |
| | 1.5.32 | 灭火器应设置在位置明显和便于取用的地点，手提式灭火器最大保护水平距离不得大于20.0m，推车式灭火器最大保护水平距离不得大于12.0m。(省指南:3.6.2.3-1) | □符合<br>□不符合 | |
| | 1.5.33 | 灭火器的摆放应稳固，其铭牌应朝外。手提式灭火器宜设置在灭火器箱内或挂钩、托架上，其顶部离地面高度不应大于1.5m，底部离地面高度不宜小于80.0mm。灭火器不得上锁。(省指南:3.6.2.3-2) | □符合<br>□不符合 | |
| | 1.5.34 | 灭火器不得设置在超出其使用温度范围的地点。灭火器设置在室外时，应有相应的保护措施。(省指南:3.6.2.3-3) | □符合<br>□不符合 | |
| | 1.5.35 | 每个设置点的灭火器数量不少于两具且不宜多于5具。(省指南:3.6.2.3-4) | □符合<br>□不符合 | |

续上表

| 项目 | 序号 | 常见隐患涉及条款 | 检查结果 | 问题描述 |
|---|---|---|---|---|
| 防火管理一般规定 | 1.5.36 | 施工单位应做好施工现场临时消防设施的日常维护工作,对已失效、损坏或丢失的消防设施应及时更换、修复或补充。(GB 50720:6.4.2) | □符合<br>□不符合 | |
| | 1.5.37 | 临时消防车道、临时疏散通道、安全出口应保持畅通,不得遮挡、挪动疏散指示标识,不得挪用消防设施。(GB 50720:6.4.3) | □符合<br>□不符合 | |
| | 1.5.38 | 施工期间,不应拆除临时消防设施及临时疏散设施。(GB 50720:6.4.4) | □符合<br>□不符合 | |
| 可燃物及易燃易爆危险品管理 | 1.5.39 | 可燃材料及易燃易爆危险品进场后,可燃材料宜存放于库房内,露天存放时,应分类成垛堆放,垛高不应超过2m,单垛体积不应超过50m³,垛与垛之间的最小间距不小于2m,且应采用不燃或难燃材料覆盖;易燃易爆危险品应分类专库储存,库房内应通风良好,并应设置严禁明火标志。(GB 50720:6.2.2) | □符合<br>□不符合 | |
| | 1.5.40 | 室内使用油漆及其有机溶剂、乙二胺、冷底子油等易挥发产生易燃气体的物资作业时,应保持良好通风,作业场所严禁明火。(GB 50720:6.2.3) | □符合<br>□不符合 | |
| | 1.5.41 | 施工产生的可燃、易燃建筑垃圾或余料,应及时清理。(GB 50720:6.2.4) | □符合<br>□不符合 | |
| 用火管理 | 1.5.42 | 可燃材料及易燃易爆危险品应分类存放。存放区的消防器材配置合理,并设置严禁烟火标志。(省指南:3.6.2.4-1) | □符合<br>□不符合 | |
| | 1.5.43 | 焊接、切割、烘烤或加热等动火作业前,应对作业现场的可燃物进行清理;作业现场及其附近无法移走的可燃物应采用不燃材料对其覆盖或隔离。(GB 50720:6.3.1.3) | □符合<br>□不符合 | |
| | 1.5.44 | 裸露的可燃材料上严禁直接进行动火作业。(GB 50720:6.3.1.5) | □符合<br>□不符合 | |
| | 1.5.45 | 五级(含五级)以上风力时,应停止焊接、切割等室外动火作业;确需动火作业时,应采取可靠的挡风措施。(GB 50720:6.3.1.7) | □符合<br>□不符合 | |
| | 1.5.46 | 动火作业后,应对现场进行检查,并应在确认无火灾危险后,动火操作人员再离开。(GB 50720:6.3.1.8) | □符合<br>□不符合 | |
| | 1.5.47 | 具有火灾、爆炸危险的场所严禁明火。(GB 50720:6.3.1.9) | □符合<br>□不符合 | |
| | 1.5.48 | 施工现场不应采用明火取暖。(GB 50720:6.3.1.10) | □符合<br>□不符合 | |

续上表

| 项目 | 序号 | 常见隐患涉及条款 | 检查结果 | 问题描述 |
|---|---|---|---|---|
| ☐用火管理 | 1.5.49 | 厨房操作间炉灶使用完毕后,应将炉火熄灭,排油烟机及油烟管道应定期清理油垢。(GB 50720:6.3.1.11) | ☐符合<br>☐不符合 | |
| | 1.5.50 | 焊接、切割、烘烤或加热等动火作业应配备灭火器材,并应设置动火监护人进行现场监护,每个动火作业点均应设置1个监护人。(GB 50720:6.3.1.6) | ☐符合<br>☐不符合 | |
| | 1.5.51 | 氧气瓶、乙炔瓶在储运和使用过程中,应保持直立状态,并采取防倾倒措施;乙炔瓶严禁横躺卧放;夏季应采取防止暴晒措施。(DB32/T 2618:5.4.2.2) | ☐符合<br>☐不符合 | |
| | 1.5.52 | 储装气体的罐瓶及其附件应合格、完好和有效;严禁使用减压器及其他附件缺损的氧气瓶,严禁使用乙炔专用减压器、回火防止器及其他附件缺损的乙炔瓶。(GB 50720:6.3.3-1) | ☐符合<br>☐不符合 | |
| | 1.5.53 | 严禁碰撞、敲打、抛掷、滚动气瓶。(GB 50720:6.3.3-2-2) | ☐符合<br>☐不符合 | |
| | 1.5.54 | 气瓶应远离火源,与火源的距离不应小于10m,并应采取避免高温和防止暴晒的措施。(GB 50720:6.3.3-2-3) | ☐符合<br>☐不符合 | |
| | 1.5.55 | 燃气储装瓶罐应设置防静电装置。(GB 50720:6.3.3-2-4) | ☐符合<br>☐不符合 | |
| | 1.5.56 | 气瓶应分类储存,库房内应通风良好;空瓶和实瓶同库存放时,应分开放置,空瓶和实瓶的间距不应小于1.5m。(GB 50720:6.3.3-3) | ☐符合<br>☐不符合 | |
| | 1.5.57 | 严禁使用已老化的橡皮气管。(GB 50720:6.3.3-4-1) | ☐符合<br>☐不符合 | |
| | 1.5.58 | 冬季使用气瓶,气瓶的瓶阀、减压器等发生冻结时,严禁用火烘烤或用铁器敲击瓶阀,严禁猛拧减压器的调节螺丝。(GB 50720:6.3.3-4-3) | ☐符合<br>☐不符合 | |
| | 1.5.59 | 氧气瓶内剩余气体的压力不应小于0.1MPa。(GB 50720:6.3.3-4-4) | ☐符合<br>☐不符合 | |
| | 1.5.60 | 气瓶用后应及时归库。(GB 50720:6.3.3-4-5) | ☐符合<br>☐不符合 | |
| ☐用电管理 | 1.5.61 | 电气线路应具有相应的绝缘强度和机械强度,严禁使用绝缘老化或失去绝缘性能的电气线路,严禁在电气线路上悬挂物品。破损、烧焦的插座、插头应及时更换。(GB 50720:6.3.2-2) | ☐符合<br>☐不符合 | |

续上表

| 项目 | 序号 | 常见隐患涉及条款 | 检查结果 | 问题描述 |
|---|---|---|---|---|
| □用电管理 | 1.5.62 | 可燃材料库房不应使用高热灯具,易燃易爆危险品库房内应使用防爆灯具。(GB 50720:6.3.2-6) | □符合<br>□不符合 | |
| | 1.5.63 | 电气设备不应超负荷运行或带故障使用。(GB 50720:6.3.2-8) | □符合<br>□不符合 | |
| □消防安全标志 | 1.5.64 | 消防安全标志应设在醒目位置。标志的正面或其邻近不得有妨碍视读的障碍物,尽量用最少的标志把必需的信息表达清楚。标志一般不应设置在可移动的物体上。(省指南:3.6.3.2-(1)) | □符合<br>□不符合 | |
| | 1.5.65 | 疏散标志牌应用不燃材料制作,其他标志牌应符合防火要求。(省指南:3.6.3.2-(2)) | □符合<br>□不符合 | |
| | 1.5.66 | 室外附着在建筑物上的消防标志牌,其中心点距地面的高度不应小于1.3m。室外用标志杆固定的标志牌的下边缘距地面高度应大于1.2m。(省指南:3.6.3.2-(3)) | □符合<br>□不符合 | |
| | 1.5.67 | 两个以上消防安全标志可以设置在一根标志杆上,但最多不能超过4个。应按照警告标志(三角形)、禁止标志(圆环加斜线)、提示标志(正方形)的顺序先上后下、先左后右地排列。(省指南:3.6.3.2-(4)) | □符合<br>□不符合 | |
| | 1.5.68 | 施工现场的重点防火部位或区域应设置防火警示标识。(GB 50720:6.4.1) | □符合<br>□不符合 | |
| | 1.5.69 | 紧急出口或疏散通道中的单向门必须在门上设置"推开"标志,在其反面应设置"拉开"标志。(GB 15630:5.2) | □符合<br>□不符合 | |
| | 1.5.70 | 疏散通道或消防车道的醒目处应设置"禁止阻塞"标志。(GB 15630:5.4) | □符合<br>□不符合 | |
| □其他 | 1.5.71 | | | |

规范性引用文件:
《建设工程施工现场消防安全技术规范》(GB 50720—2011)
《消防安全标志设置要求》(GB 15630—1995)
《公路工程建设现场安全管理标准化指南》(苏交建质〔2012〕16号)
《江苏省高速公路建设工程施工安全技术规程》(DB32/T 2618—2014)

续上表

| 总体评价:1. 本次检查____项,符合____项,不符合____项,符合率为____%。
2. 针对不符合项中(填序号)_____,立即整改。
3. 针对不符合项中(填序号)_____,限期____日内整改。
4. 针对__(填写停工范围)__,停工整改。
5. 整改情况于____日内,书面反馈至检查单位。
6. 其他_____ |

检查单位:_____    受检单位:_____

检查人员:_____    受检人员:_____

检查日期:_____    签收日期:_____

# 第五节 安 全 标 牌

## 1.6 安 全 标 牌

项目标段：_____    检查部位：_____

| 项目 | 序号 | 常见隐患涉及条款 | 检查结果 | 问题描述 |
|---|---|---|---|---|
| ☐ 一般规定 | 1.6.1 | 通道口、楼梯口、电梯口和孔洞口应设置安全标志。（JGJ 348：3.0.2.1） | ☐符合<br>☐不符合 | |
| | 1.6.2 | 基坑和基槽外围、管沟和水池边沿应设置安全标志。（JGJ 348：3.0.2.2） | ☐符合<br>☐不符合 | |
| | 1.6.3 | 高差超过1.5m的临边部位应设置安全标志。（JGJ 348：3.0.2.3） | ☐符合<br>☐不符合 | |
| | 1.6.4 | 爆破、起重、拆除和其他各种危险作业场所应设置安全标志。（JGJ 348：3.0.2.4） | ☐符合<br>☐不符合 | |
| | 1.6.5 | 爆破物、易燃物、危险气体、危险液体和其他有毒有害危险品存放处设置安全标志。（JGJ 348：3.0.2.5） | ☐符合<br>☐不符合 | |
| | 1.6.6 | 施工现场其他可能导致人身伤害的危险部位或场所应设置安全标志。（JGJ 348：3.0.2.7） | ☐符合<br>☐不符合 | |
| ☐ 标志的载体与版面布置 | 1.6.7 | 有触电危险的场所使用绝缘材料。（省指南：3.9.2.2） | ☐符合<br>☐不符合 | |
| | 1.6.8 | 标志的版面布置应简洁美观、导向明确、无歧义。（JGJ 348：6.2.3） | ☐符合<br>☐不符合 | |
| ☐ 标志的位置设置 | 1.6.9 | 标志标牌安装须稳固,满足抗风、抗拔、抗撞等要求。（省指南：3.9.5.3） | ☐符合<br>☐不符合 | |
| | 1.6.10 | 标志牌不宜设在门、窗、架等可移动的物体上,标志牌前不得放置妨碍认读的障碍物。（省指南：3.9.6.3） | ☐符合<br>☐不符合 | |

续上表

| 项目 | 序号 | 常见隐患涉及条款 | 检查结果 | 问题描述 |
|---|---|---|---|---|
| 标志的位置设置 | 1.6.11 | 当采用悬挂方式安装时,在防护栏上的悬挂高度为1.2m;采用粘贴方式时,粘贴在表面平整的硬质底板或墙面上,粘贴高度宜为1.6m;当采用竖立方式安装时,支撑件要牢固可靠,标志距离地面高度为0.8m。(省指南:3.9.6.4) | □符合<br>□不符合 | |
| | 1.6.12 | 项目经理部驻地内应设置质量安全责任公示牌、场地布置图、场内道路设导向牌限速牌等,食堂等处设置"讲究卫生""节约用水""小心滑倒"等标牌。(省指南:3.9.7.4-1) | □符合<br>□不符合 | |
| | 1.6.13 | 试验室相应位置应设置"严禁烟火""须戴高温防护手套""当心有害气体"等标牌,力学试验设备安全操作规程牌。(省指南:3.9.7.4-2) | □符合<br>□不符合 | |
| | 1.6.14 | 钢筋加工场设置材料标识牌、成品堆放区检验标识牌、各种设备安全操作规程牌,氧气、乙炔存放点应悬挂相应标牌。(省指南:3.9.7.4-3) | □符合<br>□不符合 | |
| | 1.6.15 | 木材加工场应悬挂"严禁烟火"等消防标志牌及各种设备安全操作规程牌。(省指南:3.9.7.4-4) | □符合<br>□不符合 | |
| | 1.6.16 | 预制(板)梁场进出口处、主要施工点应设置"施工重地,注意安全"警告牌,起重作业区设置安全风险告知牌,张拉台座两端应设置"张拉危险,请勿靠近"标牌,起重设备安全操作规程牌。(省指南:3.9.7.4-5) | □符合<br>□不符合 | |
| | 1.6.17 | 拌和场出入口处应设置"施工重地,闲人免进"标牌。拌和楼操作室及磅房等应悬挂"机房重地,闲人免进"标志。拌和场内设置各种设备安全操作规程牌,场内危险场所设置"禁止停留""当心落物"等警示标牌,沉淀池附近悬挂"沉淀池危险,请勿靠近"标牌。(省指南:3.9.7.4-6) | □符合<br>□不符合 | |
| | 1.6.18 | 油库区应设置"保持清洁""严禁堆放杂物及易燃物""油库重地,闲人勿进"以及消防标志牌等。(省指南:3.9.7.4-7) | □符合<br>□不符合 | |
| | 1.6.19 | 施工便道出入口、交叉路口以及与学校、村庄相交的道口等处应设置限速、"危险地段,注意安全"等标志牌。跨航道便桥上,应设置限载、限速标志牌以及各种警示标牌。(省指南:3.9.7.4-8) | □符合<br>□不符合 | |
| | 1.6.20 | 基坑周边明显位置应设"当心坑洞""基坑危险,请勿靠近"等警示标志牌,夜间应悬挂警示灯。泥浆池周边应设置的安全防护栏上醒目处悬挂"泥浆池危险,请勿靠近"等标牌。(省指南:3.9.7.4-9) | □符合<br>□不符合 | |

续上表

| 项目 | 序号 | 常见隐患涉及条款 | 检查结果 | 问题描述 |
|---|---|---|---|---|
| 标志的位置设置 | 1.6.21 | 取土坑周围应设置"施工重地,注意安全"的警告标志,并在周围醒目位置设置"取土坑危险 禁止游泳"的标志牌。(省指南:3.9.7.4-9) | □符合<br>□不符合 | |
| | 1.6.22 | 高处作业上下通道口、高空作业区域等应在相应位置设置"必须戴安全帽""须系安全带""须穿防滑鞋"等标志及"禁止抛物""施工重地,无关人员严禁入内"等标牌。跨道路、跨航道高处施工作业区应设置"禁止掉落焊花""上方施工 注意安全"等标牌。(省指南:3.9.7.4-10) | □符合<br>□不符合 | |
| | 1.6.23 | 结构物、大型设备拆除现场应在安全围栏上设置"施工现场闲人免进""拆除现场危险 请勿靠近"等标志牌。(省指南:3.9.7.4-11) | □符合<br>□不符合 | |
| | 1.6.24 | 隧道施工洞口上部固定悬挂"须正确佩戴安全防护用品""注意安全"等指令、警告标志。隧道内应设指路导向牌,各种隧道施工设备应在相应位置设置安全操作规程牌。(省指南:3.9.7.4-12) | □符合<br>□不符合 | |
| | 1.6.25 | 水上施工平台出入口明显位置设置"水上施工 注意安全""水上作业 须穿好救生衣"等警示标牌。施工平台周围的防护栏杆上应设置"当心落水"等警告标志牌。(省指南:3.9.7.4-13) | □符合<br>□不符合 | |
| | 1.6.26 | 水上作业危险区域应设置醒目的安全警示标志。在航道周边施工的水中钻孔平台上下游两侧设置"减速慢行"等警示标志,钻孔平台四周应设置警示灯。(省指南:3.9.7.4-14) | □符合<br>□不符合 | |
| | 1.6.27 | 施工现场内的变、配电站均应设置栅栏围护,栅栏四周应各悬挂一块"当心触电"的警告标志。埋地电缆路径应设方位标志与"下有电缆,严禁开挖"的警示标志。(省指南:3.9.7.4-15) | □符合<br>□不符合 | |
| | 1.6.28 | 在电器集中地段,应设置醒目的"禁止用水灭火"的警示牌。发电机房应悬挂"小心,有触电危险"标志牌。高压线附近应在醒目位置设置"高压危险"警告牌。(省指南:3.9.7.4-15) | □符合<br>□不符合 | |
| | 1.6.29 | 高压配电设备应设置"高压危险"等警告标志。电工维修作业时,应设置"禁止合闸,正在维修"标志。所有临时用电场所应设置"当心触电"警告标志。重点防火部位及灭火器配置点应设相应的消防安全标志。(省指南:3.9.7.4-16) | □符合<br>□不符合 | |
| | 1.6.30 | 施工单位项目部驻地、工区驻地、隧道洞口、大型桥梁、互通立交、港口施工区、预制场、拌和场、钢筋加工场等集中作业区域应设置工程概况牌、质量安全目标牌、管理人员名单及监督电话牌、安全文明施工牌、重大风险源告知牌和施工现场布置图等。(省指南:9.3) | □符合<br>□不符合 | |

续上表

| 项目 | 序号 | 常见隐患涉及条款 | 检查结果 | 问题描述 |
|---|---|---|---|---|
| □ 标志的位置设置 | 1.6.31 | 安全标志应设在与安全有关的醒目位置。(JGJ 348:6.3.1) | □符合<br>□不符合 | |
| | 1.6.32 | 当多个安全标志在同一处设置时,应按禁止、警告、指令、提示类型的顺序,先左后右、先上后下地排列。(JGJ 348:6.3.6) | □符合<br>□不符合 | |
| □ 固定方式 | 1.6.33 | 施工现场安全标志不得擅自拆除。(JGJ 348:7.0.2) | □符合<br>□不符合 | |
| □ 其他 | 1.6.34 | | | |

规范性引用文件:
《建筑工程施工现场标志设置技术规程》(JGJ 348—2014)
《公路工程建设现场安全管理标准化指南》(苏交建质〔2012〕16 号)

总体评价:1. 本次检查____项,符合____项,不符合____项,符合率为____%。
   2. 针对不符合项中(填序号)_____,立即整改。
   3. 针对不符合项中(填序号)_____,限期____日内整改。
   4. 针对____(填写停工范围)____,停工整改。
   5. 整改情况于____日内,书面反馈至检查单位。
   6. 其他_____

检查单位:_____　　受检单位:_____

检查人员:_____　　受检人员:_____

检查日期:_____　　签收日期:_____

# 第六节 安全防护

## 1.7 安全防护

项目标段：_____　　　　检查部位：_____

| 项目 | 序号 | 常见隐患涉及条款 | 检查结果 | 问题描述 |
|---|---|---|---|---|
| 一般规定 | 1.7.1 | 项目经理部必须做好施工现场的安全防护工作，对起重、钢筋、模板、支架、脚手架、焊接等作业中的主要危险点，对高空、临边、洞口、水上、水下、拆除等工程危险作业场所及边通车边施工、边通航边施工等施工危险区域应当设置符合相关要求的安全防护设施。（省指南：3.4.1.1） | □符合<br>□不符合 | |
| | 1.7.2 | 因作业要求，临时拆除或变动安全防护设施时，必须经施工负责人同意，并采取相应的可靠措施，作业后应立即恢复。（省指南：3.4.1.4） | □符合<br>□不符合 | |
| | 1.7.3 | 项目部对检查中发现已损坏或缺失的防护设施必须及时更新和完善，危及人身安全时，必须立即停止作业。（省指南：3.4.1.5） | □符合<br>□不符合 | |
| | 1.7.4 | 施工现场需设置警戒区时，警戒区距作业区须保持安全距离。警戒区应采用移动式防护栏杆、拉警戒带等方式，并设置警示警告标志。（省指南：3.4.1.6） | □符合<br>□不符合 | |
| | 1.7.5 | 高处作业下方警戒区设置应符合现行《高处作业分级》（GB 3608）的有关规定。（JTG F90：5.7.3）<br>可能坠落范围半径的规定 $R$ 根据 $h_b$ 规定如下：<br>a) 当 $2m \leq h_b \leq 5m$ 时，$R$ 为3m；<br>b) 当 $5m < h_b \leq 15m$ 时，$R$ 为4m；<br>c) 当 $15m < h_b \leq 30m$ 时，$R$ 为5m；<br>d) 当 $h_b > 30m$ 时，$R$ 为6m。（GB/T 3608：A.1） | □符合<br>□不符合 | |
| | 1.7.6 | 高处作业人员不得沿立杆或栏杆攀登。（JTG F90：5.7.4） | □符合<br>□不符合 | |

续上表

| 项目 | 序号 | 常见隐患涉及条款 | 检查结果 | 问题描述 |
|---|---|---|---|---|
| 个人劳动防护 | 1.7.7 | 在有粉尘的施工作业场所,项目部应按要求为作业人员配备符合相关标准的防尘口罩,纱布口罩不得当作防尘口罩使用。(省指南:3.4.2.2-(2)-①) | □符合<br>□不符合 | |
| | 1.7.8 | 高处或高空作业人员应根据不同的作业条件合理选用相应种类的安全带,作业前必须戴好安全帽,穿好防滑鞋,佩戴安全带。(省指南:3.4.2.2-(2)-②) | □符合<br>□不符合 | |
| | 1.7.9 | 混凝土工在进行振捣作业时,应佩戴防噪声耳塞,在进行混凝土凿毛等作业时,应佩戴防尘口罩。(省指南:3.4.2.2-(2)-③) | □符合<br>□不符合 | |
| | 1.7.10 | 沥青作业人员在进行沥青混凝土搅拌和摊铺作业时,应穿戴棉质工作服、帆布长手套、防尘口罩、护目镜和帆布鞋盖等。(省指南:3.4.2.2-(2)-④) | □符合<br>□不符合 | |
| | 1.7.11 | 隧道钻爆作业人员进洞钻孔和清渣时,必须戴防尘口罩。在富含有害气体和瓦斯隧道或深井作业时,应为作业人员配备自给式空气呼吸器或长管面具。(省指南:3.4.2.2-(2)-⑤) | □符合<br>□不符合 | |
| | 1.7.12 | 接触危险化学品、民爆物品人员,或在瓦斯隧道作业的人员,必须穿防静电工作服、防静电鞋和防静电手套。(省指南:3.4.2.2-(2)-⑥) | □符合<br>□不符合 | |
| | 1.7.13 | 进入水上施工作业的人员,必须按规定穿戴救生衣。(省指南:3.4.2.2-(2)-⑦) | □符合<br>□不符合 | |
| | 1.7.14 | 对眼部可能受铁屑等杂物飞溅伤害的工种,使用普通玻璃镜片受冲击后易碎,会引起佩戴者眼睛间接受伤,必须佩戴防冲击眼镜。(省指南:3.4.2.2-(2)-⑧) | □符合<br>□不符合 | |
| | 1.7.15 | 电工作业时必须戴绝缘手套,穿绝缘鞋。(省指南:3.4.2.2-(2)-⑨) | □符合<br>□不符合 | |
| | 1.7.16 | 现场人员须正确佩戴安全帽,系牢下颚带,松紧应适度。(省指南:3.4.2.3-(1)) | □符合<br>□不符合 | |
| | 1.7.17 | 现场管理机构的工作人员应佩戴红色安全帽,总监办的监理人员应佩戴白色安全帽。项目经理部管理人员应佩戴红色安全帽,安全员及特种作业人员应佩戴黄色安全帽,其他作业人员应佩戴蓝色安全帽。(省指南:3.4.2.2-(4)-②) | □符合<br>□不符合 | |
| | 1.7.18 | 应定期检查安全帽有无龟裂、下凹、裂痕和磨损等,发现有损伤情况应立即更换。任何受过重击、有裂痕的安全帽,不论有无损坏现象,均应报废。(省指南:3.4.2.3-(2)) | □符合<br>□不符合 | |
| | 1.7.19 | 安全带使用前应检查安全带缝制部分和挂钩部分以及绳带有无变质、卡环有无裂纹、卡簧弹跳性是否良好。(省指南:3.4.2.3-(4)) | □符合<br>□不符合 | |

续上表

| 项目 | 序号 | 常见隐患涉及条款 | 检查结果 | 问题描述 |
|---|---|---|---|---|
| □个人劳动防护 | 1.7.20 | 安全带除应定期检验外,使用前尚应进行检查。织带磨损、灼伤、酸碱腐蚀或出现明显变硬、发脆以及金属部件磨损出现明显缺陷或受到冲击后发生明显变形的,应及时报废。(JTG F90:5.7.8.1) | □符合<br>□不符合 | |
| | 1.7.21 | 安全带应高挂低用,并应扣牢在牢固的物体上。(JTG F90:5.7.8.2) | □符合<br>□不符合 | |
| | 1.7.22 | 安全带的安全绳不得打结使用,安全绳上不得挂钩。(JTG F90:5.7.8.3) | □符合<br>□不符合 | |
| | 1.7.23 | 缺少或不易设置安全带吊点的工作场所宜设置安全带母索。(JTG F90:5.7.8.4) | □符合<br>□不符合 | |
| | 1.7.24 | 安全带的各部件不得随意更换或拆除。(JTG F90:5.7.8.5) | □符合<br>□不符合 | |
| | 1.7.25 | 安全绳有效长度不应大于2m,有两根安全绳的安全带,单根绳的有效长度不应大于1.2m。(JTG F90:5.7.8.6) | □符合<br>□不符合 | |
| □人行通道 | 1.7.26 | 水平通道应采用型钢制作,并固定牢靠,宽度不小于1m,满铺厚度不小于5cm的脚手板,脚手板绑扎牢固,临边应设置防护栏杆、挡脚板、密目式安全网。(省指南:3.4.3.3) | □符合<br>□不符合 | |
| | 1.7.27 | 上下通道应为钢质,宽度不小于0.9m,坡度不应大于1:1。高度在6.0m以下时,可采用一字形梯道;高度在6.0m以上时,应采用之字形梯道或转梯。(省指南:3.4.3.4) | □符合<br>□不符合 | |
| | 1.7.28 | 上下通道临边应设置防护栏杆、密目式安全网。踏步间距不大于0.25m,踏步宽度不小于0.25m,宜采用花纹钢板,应优先选用专业厂家生产的定型产品。(省指南:3.4.3.4) | □符合<br>□不符合 | |
| | 1.7.29 | 钢斜梯使用应符合下列规定:<br>1 长度不宜大于5m,扶手高度宜为0.9m,踏步高度不宜大于0.2m,梯宽宜为0.6~1.1m。<br>2 长度大于5m的应设梯间平台,并分段设梯。(JTG F90:5.7.11) | □符合<br>□不符合 | |
| | 1.7.30 | 钢直梯应符合下列规定:<br>1 攀登高度不宜大于8m,踏棍间距宜为0.3m,梯宽宜为0.6~1.1m。<br>2 高度大于2m应设护笼,护笼间距宜为0.5m,直径宜为0.75m,并设纵向连接。<br>3 高度大于8m应设梯间平台,并分段设梯。<br>4 高度大于15m每5m设一梯间平台,平台应设防护栏杆。(JTG F90:5.7.12) | □符合<br>□不符合 | |

续上表

| 项目 | 序号 | 常见隐患涉及条款 | 检查结果 | 问题描述 |
|---|---|---|---|---|
| □人行通道 | 1.7.31 | 梯脚底部应坚实,梯子的上端应有固定措施。(省指南:3.4.3.5) | □符合<br>□不符合 | |
| | 1.7.32 | 人行塔梯安装时,顶部和各节平台应满铺防滑面板并牢固固定,四周应设置安全护栏。(JTG F90:5.7.16.1) | □符合<br>□不符合 | |
| | 1.7.33 | 人行塔梯基础应稳固,四脚应垫平,并应与基础固定。(JTG F90:5.7.16.2) | □符合<br>□不符合 | |
| | 1.7.34 | 人行塔梯安装时,塔梯连接螺栓应紧固,并应采取防退扣措施。(JTG F90:5.7.16.3) | □符合<br>□不符合 | |
| | 1.7.35 | 人行塔梯高度超过5m应设连墙件。(JTG F90:5.7.16.4) | □符合<br>□不符合 | |
| | 1.7.36 | 人行塔梯安装时,用电线路不宜装设在塔梯上,必须装设时,线路与塔体间应绝缘。(JTG F90:5.7.16.5) | □符合<br>□不符合 | |
| | 1.7.37 | 人行塔梯通往作业面通道的两侧宜用钢丝网封闭。(JTG F90:5.7.16.6) | □符合<br>□不符合 | |
| | 1.7.38 | 应根据需要在爬梯口、转梯口设置人员出入的防护棚或安全通道。安全通道的设置应能保证人员出入的安全和畅通,高度不低于2.5m,宽度不小于1.5m,采用钢管,以扣件固定,上面覆盖严密固定的木板或竹胶板,木板厚度不小于30.0mm。(省指南:3.4.3.6) | □符合<br>□不符合 | |
| | 1.7.39 | 防护棚宽度应大于通道口宽度。(JGJ 59:3.13.3.6-3) | □符合<br>□不符合 | |
| | 1.7.40 | 建筑物高度超过30m时,通道口防护顶棚应采用双层防护。(JGJ 59:3.13.3.6-4) | □符合<br>□不符合 | |
| | 1.7.41 | 严禁在非正规通道登高或跨越。(省指南:3.4.3.8) | □符合<br>□不符合 | |
| | 1.7.42 | 在建工程的预留洞口、楼梯口、电梯井口,应有防护措施。(JGJ 59:3.13.3.5-1) | □符合<br>□不符合 | |
| □洞口防护 | 1.7.43 | 墙面等处落地的竖向洞口、窗台高度低于800mm的竖向洞口及框架结构在浇筑完混凝土未砌筑墙体时的洞口,应按临边防护要求设置临时防护栏杆。(JGJ 80:4.2.5) | □符合<br>□不符合 | |
| | 1.7.44 | 当竖向洞口短边边长小于500mm时,应采取封堵措施;当垂直洞口短边边长大于或等于500mm时,应在临空一侧设置高度不小于1.2m的防护栏杆,并应采用密目式安全立网或工具式栏板封闭,设置挡脚板。(JGJ 80:4.2.1-1) | □符合<br>□不符合 | |

续上表

| 项目 | 序号 | 常见隐患涉及条款 | 检查结果 | 问题描述 |
|---|---|---|---|---|
| ☐洞口防护 | 1.7.45 | 当非竖向洞口短边边长为25~500mm时,应采用承载力满足使用要求的盖板覆盖,盖板四周搁置应均衡,且应防止盖板移位。(JGJ 80:4.2.1-2) | ☐符合<br>☐不符合 | |
| | 1.7.46 | 当非竖向洞口短边边长为500~1500mm时,应采用盖板覆盖或防护栏杆等措施,并应固定牢固。(JGJ 80:4.2.1-3) | ☐符合<br>☐不符合 | |
| | 1.7.47 | 当非竖向洞口短边边长大于或等于1500mm时,应在洞口作业侧设置高度不小于1.2m的防护栏杆,洞口应采用安全平网封闭。(JGJ 80:4.2.1-4) | ☐符合<br>☐不符合 | |
| | 1.7.48 | 施工现场人行通道、施工通道、车辆行驶等道路附近的各类孔、洞口处,应设置安全标志,夜间应设置红色警示灯。(省指南:3.4.4.3-(2)) | ☐符合<br>☐不符合 | |
| | 1.7.49 | 电梯井口应设置防护门,其高度不应小于1.5m,防护门底端距地面高度不应大于50mm。(JGJ 80:4.2.2) | ☐符合<br>☐不符合 | |
| | 1.7.50 | 电梯井道内应每隔2层且不大于10m加设一道安全平网。(JGJ 80:4.2.3) | ☐符合<br>☐不符合 | |
| | 1.7.51 | 电梯井道内的施工层上部,应设置隔离防护设施。(JGJ 80:4.2.3) | ☐符合<br>☐不符合 | |
| | 1.7.52 | 防护栏杆下方有人员通行或作业时,应在防护栏杆下边沿设置高度不小于0.18m的挡脚板,并挂密目式安全网。(省指南:3.4.4.2-(2)) | ☐符合<br>☐不符合 | |
| ☐临边防护 | 1.7.53 | 临边作业的防护栏杆应由横杆、立杆及挡脚板组成。(JGJ 80:4.3.1) | ☐符合<br>☐不符合 | |
| | 1.7.54 | 临边作业须沿周边设置防护栏杆。临水面的作业区、泥浆池及取土坑周边危险区域也必须设置防护栏杆。(省指南:3.4.4.2-(1)) | ☐符合<br>☐不符合 | |
| | 1.7.55 | 防护栏杆应为两道横杆,上杆距地面高度应为1.2m,下杆应在上杆和挡脚板中间设置;当防护栏杆高度大于1.2m时,应增设横杆,横杆间距不大于600mm;防护栏杆立杆间距不应大于2m;挡脚板高度不应小于180mm。(JGJ 80:4.3.1-1~4.3.1-4) | ☐符合<br>☐不符合 | |
| | 1.7.56 | 横杆和挡脚板应搭设在栏杆柱的内侧。所有栏杆应刷红白相间警示漆,红、白漆间距均为0.3m。(省指南:3.4.4.2-(3)) | ☐符合<br>☐不符合 | |
| | 1.7.57 | 防护栏杆的横杆及柱应采用建筑钢管,以扣件等可靠连接。(省指南:3.4.4.2-(4)) | ☐符合<br>☐不符合 | |

续上表

| 项目 | 序号 | 常见隐患涉及条款 | 检查结果 | 问题描述 |
|---|---|---|---|---|
| □临边防护 | 1.7.58 | 基坑四周栏杆柱固定时,应打入地面0.5~0.7m,钢管离边口的距离不小于0.5m;当基坑周边采用板桩时,钢管可打在板桩外侧;栏杆柱在混凝土桥面或墩柱固定时,可与预埋件焊牢。必要时应加设斜撑。(省指南:3.4.4.2-(5)) | □符合<br>□不符合 | |
| | 1.7.59 | 临边防护栏杆应严密、连续。(JGJ 59:3.13.3.4-2) | □符合<br>□不符合 | |
| | 1.7.60 | 防护栏杆的立杆和横杆的设置、固定及连接,应确保防护栏杆在上下横杆和立杆任何部位处,均能承受任何方向1kN的外力作用。当栏杆所处位置有发生人群拥挤、物件碰撞等可能时,应加大横杆截面或加密立杆间距。(JGJ 80:4.3.4) | □符合<br>□不符合 | |
| | 1.7.61 | 防护栏杆应张挂密目式安全立网或其他材料封闭。(JGJ 80:4.3.5) | □符合<br>□不符合 | |
| □攀登作业 | 1.7.62 | 折梯使用时上部夹角以35°~45°为宜,设有可靠的拉撑装置。(JGJ 59:3.13.3.7-2) | □符合<br>□不符合 | |
| | 1.7.63 | 当安装钢柱或钢结构时,应使用梯子或其他登高设施。当钢柱或钢结构接高时,应设置操作平台。当无电焊防风要求时,操作平台的防护栏杆高度不应小于1.2m;有电焊防风要求时,操作平台的防护栏杆高度不应小于1.8m。(JGJ 80:5.1.9) | □符合<br>□不符合 | |
| | 1.7.64 | 深基坑施工,应设置扶梯、入坑踏步及专用载人设备或斜道等,采用斜道时,应加设间距不大于400mm的防滑条等防滑措施。严禁沿坑壁、支撑或乘运土工具上下。(JGJ 80:5.1.11) | □符合<br>□不符合 | |
| | 1.7.65 | 安全网安装应系挂安全网的受力主绳,不得系挂网格绳。安装完毕应进行检查、验收。(JTG F90:5.7.7-1) | □符合<br>□不符合 | |
| | 1.7.66 | 安全网安装或拆除应根据现场条件采取防坠落安全措施。(JTG F90:5.7.7-2) | □符合<br>□不符合 | |
| | 1.7.67 | 作业面与坠落高度基准面高差超过2m且无临边防护装置时,临边应挂设水平安全网。作业面与水平安全网之间的高差不得超过3.0m,水平安全网与坠落高度基准面的距离不得小于0.2m。(JTG F90:5.7.7-3) | □符合<br>□不符合 | |
| | 1.7.68 | 严禁在未固定、无防护的构件及安装中的管道上作业或通行。(JGJ 80:5.2.3) | □符合<br>□不符合 | |

续上表

| 项目 | 序号 | 常见隐患涉及条款 | 检查结果 | 问题描述 |
|---|---|---|---|---|
| 悬空作业 | 1.7.69 | 模板支撑应按规定的程序进行,不得在连接件和支撑件上攀登上下,不得在上下同一垂直面上装拆模板。(JGJ 80:5.2.5-(1)) | □符合<br>□不符合 | |
| | 1.7.70 | 在2m以上高处搭设与拆除柱模板及悬挑式模板时,应设置操作平台。(JGJ 80:5.2.5-(2)) | □符合<br>□不符合 | |
| | 1.7.71 | 在进行高处拆模作业时应配置登高用具或搭设支架。(JGJ 80:5.2.5-(3)) | □符合<br>□不符合 | |
| | 1.7.72 | 绑扎立柱和墙体钢筋,不得站在钢筋骨架上或攀登骨架。(JGJ 80:5.2.6-(1)) | □符合<br>□不符合 | |
| | 1.7.73 | 在2m以上的高处绑扎柱钢筋时,应搭设操作平台。(JGJ 80:5.2.6-(2)) | □符合<br>□不符合 | |
| | 1.7.74 | 在高处进行预应力张拉时,应搭设有防护挡板的操作平台。(JGJ 80:5.2.6-(3)) | □符合<br>□不符合 | |
| | 1.7.75 | 浇筑高度2m以上的混凝土结构构件时,应设置脚手架或操作平台。(JGJ 80:5.2.7-(1)) | □符合<br>□不符合 | |
| | 1.7.76 | 悬挑的混凝土梁、檐、外墙和边柱等结构施工时,应搭设脚手架或操作平台,并应设置防护栏杆,采用密目式安全立网封闭。(JGJ 80:5.2.7-(2)) | □符合<br>□不符合 | |
| | 1.7.77 | 在坡度大于25°的屋面上作业,当无外脚手架时,应在屋檐边设置不低于1.5m高的防护栏杆,并应采用密目式安全立网全封闭。(JGJ 80:5.2.8-(1)) | □符合<br>□不符合 | |
| | 1.7.78 | 在轻质型材等屋面上作业,应搭设临时走道板,不得在轻质型材上行走,安装压型板前,应采取在梁下支设安全平网或搭设脚手架等安全防护措施。(JGJ 80:5.2.8-(2)) | □符合<br>□不符合 | |
| | 1.7.79 | 门窗作业时,应有防坠落措施,操作人员在无安全防护措施情况下,不得站立在橔子、阳台栏板上作业。(JGJ 80:5.2.9-(1)) | □符合<br>□不符合 | |
| | 1.7.80 | 高处作业不得使用座板式单人吊具,不得使用自制吊篮。(JGJ 80:5.2.9-(2)) | □符合<br>□不符合 | |
| | 1.7.81 | 索塔、横梁等悬空作业,应形成绕索塔塔身封闭的高空作业系统,每层施工面应设置安全立网和平网,立网高度不得小于1.5m,平网应随施工高度提升,网格、网距、受力等应符合要求。(JTG F90:8.13.1.4) | □符合<br>□不符合 | |

续上表

| 项目 | 序号 | 常见隐患涉及条款 | 检查结果 | 问题描述 |
|---|---|---|---|---|
| □水上作业 | 1.7.82 | 水上作业人员应正确穿戴救生衣等个人安全防护用品。（JTG F90：5.8.3） | □符合<br>□不符合 | |
| | 1.7.83 | 工程船舶甲板、通道和作业场所应根据需要设有防滑装置。施工船舶楼梯、走廊等应保持通畅，梯口应急场所应设有醒目的安全警示标志。（JTG F90：5.8.6） | □符合<br>□不符合 | |
| | 1.7.84 | 工程船舶必须在核定航区和作业水域内作业。（JTG F90：5.8.7） | □符合<br>□不符合 | |
| | 1.7.85 | 工程船舶作业、航行或停泊时，应按规定显示号灯或号型。（JTG F90：5.8.8） | □符合<br>□不符合 | |
| | 1.7.86 | 在狭窄水道和来往船舶频繁的水域施工时，应设专人值守通信频道。（JTG F90：5.8.10） | □符合<br>□不符合 | |
| | 1.7.87 | 遇雨、雾、霾等能见度不良天气时，工程船舶和施工区域应显示规定的信号，必要时应停止航行或作业。（JTG F90：5.8.11） | □符合<br>□不符合 | |
| | 1.7.88 | 靠泊船舶上下人或两船间倒运货物，应搭设跳板、扶手及安全网。（JTG F90：5.8.13） | □符合<br>□不符合 | |
| | 1.7.89 | 定位船及抛锚作业船，其锚链、锚缆滚滑区域不得站人，锚缆伸出的水域应设置警示标志。（JTG F90：5.8.15） | □符合<br>□不符合 | |
| □其他 | 1.7.90 | | | |

规范性引用文件：
《高处作业分级》（GB/T 3608—2008）
《建筑施工安全检查标准》（JGJ 59—2011）
《建筑施工高处作业安全技术规范》（JGJ 80—2016）
《公路工程施工安全技术规范》（JTG F90—2015）
《公路工程建设现场安全管理标准化指南》（苏交建质〔2012〕16号）

续上表

| 总体评价:1. 本次检查____项,符合____项,不符合____项,符合率为____%。<br>2. 针对不符合项中(填序号)_____,立即整改。<br>3. 针对不符合项中(填序号)_____,限期____日内整改。<br>4. 针对 __(填写停工范围)__ ,停工整改。<br>5. 整改情况于____日内,书面反馈至检查单位。<br>6. 其他_____ |
|---|

检查单位:_____　　受检单位:_____

检查人员:_____　　受检人员:_____

检查日期:_____　　签收日期:_____

# 第七节 机械设备

## 1.8 门式起重机

项目标段：_____　　检查部位：_____

| 项目 | 序号 | 常见隐患涉及条款 | 检查结果 | 问题描述 |
|---|---|---|---|---|
| □工作环境 | 1.8.1 | 起重机运行轨道的接地电阻值不应大于4Ω。（GB/T 14406：5.1.3） | □符合<br>□不符合 | |
| | 1.8.2 | 起重机馈电裸滑线距地面高度大于3.5m；距汽车通道高度大于6m；距一般管道的安全距离大于1m；距氧气管道及设备大于1.5m；距易燃气体及液体管道大于3m。（GB 6067.1：15.3.2） | □符合<br>□不符合 | |
| □轨道及基础 | 1.8.3 | 两平行轨道的接头位置沿轨道纵向应相互错开，其错开的距离不应等于起重机前后车轮的轮距。（GB 50278：3.0.7） | □符合<br>□不符合 | |
| | 1.8.4 | 轨道接头应符合下列规定：<br>2　接头采用鱼尾板连接时，轨道接头高低差及侧向错位不应大于1mm，间隙不应大于2mm。（GB 50278：3.0.8） | □符合<br>□不符合 | |
| | 1.8.5 | 轨道接头应符合下列规定：<br>4　用垫板支承的方钢轨道，接头处沿轨道纵向的垫板宽度应为其他垫板宽度的2倍。（GB 50278：3.0.8） | □符合<br>□不符合 | |
| | 1.8.6 | 在钢起重机梁上敷设钢轨时，钢轨底面应与钢起重机梁顶面贴紧。当有间隙，且大于200mm时，应加垫板垫实，垫板长度不应小于100mm，宽度应大于轨道底面10～20mm；每组垫板不应超过3层，垫好后应与钢起重机梁焊接固定。（GB 50278：3.0.12） | □符合<br>□不符合 | |
| | 1.8.7 | 轨道经调整符合要求后，应紧固螺栓。（GB 50278：3.0.13） | □符合<br>□不符合 | |
| | 1.8.8 | 轨道两端的车挡应在吊装起重机前安装好，同一跨端轨道上的车挡与起重机的缓冲器均应接触良好。（GB 50278：3.0.14） | □符合<br>□不符合 | |

续上表

| 项目 | 序号 | 常见隐患涉及条款 | 检查结果 | 问题描述 |
|---|---|---|---|---|
| 金属结构 / 司机室 | 1.8.9 | 应设有门锁、灭火器和电铃或警报器,必要时还应设置通信装置。(GB/T 14406:5.4.4.2) | □符合<br>□不符合 | |
| | 1.8.10 | 应在司机方便操作的地方设置急停开关和接通、断开起重机总电源的开关(照明信号除外)。(GB/T 14406:5.4.4.4) | □符合<br>□不符合 | |
| | 1.8.11 | 取物装置和司机室间的外廓间距,在任何情况下都不应小于0.4m。(GB/T 14406:5.4.4.5) | □符合<br>□不符合 | |
| 通道与平台 | 1.8.12 | 起重机上所有操作部位以及要求经常检查和保养的部位(包括臂架顶端的滑轮和运动部分),凡离地面距离超过2m的,都应通过斜梯(或楼梯)、平台、通道或直梯到达,梯级的两边应装设护栏。不论起重机在什么位置,通道、斜梯(或楼梯)、平台都应有安全入口。(GB 6067.1:3.6.1) | □符合<br>□不符合 | |
| | 1.8.13 | 任何通道基面上的孔隙,包括人员可能停留区域之上的走道、驻脚台或平台底面上的狭缝或空隙,都应满足如下要求:<br>a)不允许直径为20mm的球体通过;<br>b)当长度等于或大于200mm时,其最大宽度为12mm。<br>(GB 6067.1:3.6.5) | □符合<br>□不符合 | |
| | 1.8.14 | 通道离下方裸露动力线的高度小于0.5m时,应在这些区域采用实体式地板;当通道靠近动力线时,应对这些动力线加以保护。(GB 6067.1:3.6.6) | □符合<br>□不符合 | |
| 斜梯与直梯 | 1.8.15 | 斜梯两侧应设置栏杆,两侧栏杆的间距:主要斜梯不应小于0.6m;其他斜梯可取为0.5m。斜梯的一侧靠墙壁时,只在另一侧设置栏杆,栏杆高度不小于1m。(GB 6067.1:3.7.1.2) | □符合<br>□不符合 | |
| | 1.8.16 | 梯级踏板表面应防滑。(GB 6067.1:3.7.1.4) | □符合<br>□不符合 | |
| | 1.8.17 | 高度2m以上的直梯应有护圈,护圈从2.0m高度起开始安装,护圈直径宜取为0.6~0.8m。(GB 6067.1:3.7.2.3) | □符合<br>□不符合 | |
| 栏杆 | 1.8.18 | 在起重机上的以下部位应装设栏杆:<br>—用于进行起重机安装、拆卸、试验、维修和保养,且高于地面2m的工作部位;<br>—通往离地面高度2m以上的操作室、检修保养部位的通道;<br>—在起重机上存在跌落高度大于1m的危险通道及平台。<br>(GB 6067.1:3.8.1) | □符合<br>□不符合 | |

续上表

| 项目 | | 序号 | 常见隐患涉及条款 | 检查结果 | 问题描述 |
|---|---|---|---|---|---|
| □金属结构 | □栏杆 | 1.8.19 | 栏杆的设置应满足以下要求：<br>——栏杆上部表面的高度不低于1m，栏杆下部有高度不低于0.1m的踢脚板，在踢脚板与手扶栏杆之间有不少于一根的中间横杆，它与踢脚板或手扶栏杆的距离不得大于0.5m；对净高不超过1.3m的通道，手扶栏杆的高度可以为0.8m。（GB 6067.1：3.8.2） | □符合<br>□不符合 | |
| | | 1.8.20 | 栏杆的设置应满足以下要求：<br>——栏杆允许开口，但开口处应有防止人员跌落的保护措施；<br>——在沿建筑物墙壁或实体墙结构设置的通道上，允许用扶手代替栏杆，这些扶手的中断长度（例如为让开建筑物的柱子、门孔）不宜超过1m。（GB 6067.1：3.8.2） | □符合<br>□不符合 | |
| | □金属结构的修复与报废 | 1.8.21 | 主要受力构件产生裂纹时，应根据受力情况和裂纹情况采取阻止措施，并采取加强或改变应力分布措施，或停止使用。（GB 6067.1：3.9.3） | □符合<br>□不符合 | |
| | | 1.8.22 | 主要受力构件因产生塑性变形，使工作机构不能正常地安全运行时，如不能修复，应报废。（GB 6067.1：3.9.4） | □符合<br>□不符合 | |
| □零部件 | □钢丝绳 | 1.8.23 | 起升机构和非平衡变幅机构不应使用接长的钢丝绳。（GB 6067.1：4.2.1.3） | □符合<br>□不符合 | |
| | | 1.8.24 | 钢丝绳端部的固定和连接应符合如下要求：<br>绳夹连接时，钢丝绳公称直径小于或等于19mm时，绳夹数量不少于3个；钢丝绳公称直径在19～32mm时，绳夹数量不少于4个；钢丝绳公称直径在32～38mm时，绳夹数量不少于5个。（钢丝绳夹夹座应在受力绳头一边；每两个钢丝绳夹的间距不应小于钢丝绳直径的6倍。）（GB 6067.1：4.2.1.5-a） | □符合<br>□不符合 | |
| | | 1.8.25 | 钢丝绳端部的固定和连接应符合如下要求：<br>用编结连接时，编结长度不应小于钢丝绳直径的15倍，并且不小于300mm。（GB 6067.1：4.2.1.5-a） | □符合<br>□不符合 | |
| | □吊钩 | 1.8.26 | 应采用防脱绳带闭锁装置的吊钩。（GB 6067.1：4.2.2.3） | □符合<br>□不符合 | |
| | | 1.8.27 | 在可分吊具上，应永久性地标明其自重和能起吊物品的最大质量。（GB 6067.1：4.2.2.5） | □符合<br>□不符合 | |
| | | 1.8.28 | 锻造吊钩的标志应永久、清晰。（GB 6067.1：4.2.2.7） | □符合<br>□不符合 | |

续上表

| 项目 | 序号 | 常见隐患涉及条款 | 检查结果 | 问题描述 |
|---|---|---|---|---|
| □零部件 | 1.8.29 | 检查吊钩的表面不应有裂纹,如有裂纹,则应报废。(GB/T 10051.3:3.2.1) | □符合<br>□不符合 | |
| □吊钩 | 1.8.30 | 片式吊钩缺陷不得补焊。(GB 6067.1:4.2.2.9) | □符合<br>□不符合 | |
| | 1.8.31 | 片式吊钩出现下列情况之一时,应更换:<br>a)表面裂纹;<br>b)每一钩片侧向变形的弯曲半径小于板厚的10倍;<br>c)危险断面的总磨损量达名义尺寸的5%。(GB 6067.1:4.2.2.10) | □符合<br>□不符合 | |
| □卷筒 | 1.8.32 | 钢丝绳在卷筒上应能按顺序整齐排列。只缠绕一层钢丝绳的卷筒,应作出绳槽。用于多层缠绕的卷筒,应采用适用的排绳装置或便于钢丝绳自动转层缠绕的凸缘导板结构等措施。(GB 6067.1:4.2.4.1) | □符合<br>□不符合 | |
| | 1.8.33 | 多层缠绕的卷筒,应有防止钢丝绳从卷筒端部滑落的凸缘。当钢丝绳全部缠绕在卷筒后,凸缘应超出最外面一层钢丝绳,超出的高度不应小于钢丝绳直径的1.5倍。(GB 6067.1:4.2.4.2) | □符合<br>□不符合 | |
| □滑轮 | 1.8.34 | 滑轮应有防止钢丝绳脱出绳槽的装置或结构。在滑轮罩的侧板和圆弧顶板等处与滑轮本体的间隙不应超过钢丝绳公称直径的0.5倍。(GB 6067.1:4.2.5.1) | □符合<br>□不符合 | |
| | 1.8.35 | 人手可触及的滑轮组,应设置滑轮罩壳。(GB 6067.1:4.2.5.2) | □符合<br>□不符合 | |
| □电气保护 | 1.8.36 | 起重机械本体的金属结构应与供电线路的保护导线可靠连接。起重机械的钢轨可连接到保护接地电路上。但是,它们不能取代从电源到起重机械的保护导线(如电缆、集电导线或滑触线)。司机室与起重机本体接地点之间应用双保护导线连接。(GB 6067.1:8.8.2) | □符合<br>□不符合 | |
| | 1.8.37 | 在每个引入电源点,外部保护导线端子应使用字母PE来标明。其他位置的保护导线端子应使用图示符号日或用字母PE,或用黄/绿双色组合标记。(GB 6067.1:8.8.5) | □符合<br>□不符合 | |
| | 1.8.38 | 对于保护接零系统,起重机械的重复接地或防雷接地的接地电阻不大于10Ω;对于保护接地系统的接地电阻不大于4Ω。(GB 6067.1:8.8.8) | □符合<br>□不符合 | |
| □安全装置 | 1.8.39 | 起升高度限位器<br>起升机构均应装设起升高度限位器。(GB 6067.1:9.2.1) | □符合<br>□不符合 | |

续上表

| 项目 | 序号 | 常见隐患涉及条款 | 检查结果 | 问题描述 |
|---|---|---|---|---|
| ☐安全装置 | 1.8.40 | 运行行程限位器<br>起重机和起重小车(悬挂型电动葫芦运行小车除外),应在每个运行方向装设运行行程限位器,在达到设计规定的极限位置时自动切断前进方向的动力源。(GB 6067.1:9.2.2) | ☐符合<br>☐不符合 | |
| | 1.8.41 | 防碰撞装置<br>当两台或两台以上的起重机械或起重小车运行在同一轨道上时,应装设防碰撞装置。(GB 6067.1:9.2.9) | ☐符合<br>☐不符合 | |
| | 1.8.42 | 缓冲器及端部止挡<br>在轨道上运行的起重机的运行机构、起重小车的运行机构及起重机的变幅机构等均应装设缓冲器或缓冲装置,缓冲器或缓冲装置可以安装在起重机上或轨道端部止挡装置上。(GB 6067.1:9.2.10) | ☐符合<br>☐不符合 | |
| | 1.8.43 | 室外工作的轨道式起重机应装设可靠的抗风防滑装置,并应满足规定的工作状态和非工作状态抗风防滑要求。(GB 6067.1:9.4.1.1) | ☐符合<br>☐不符合 | |
| | 1.8.44 | 吊装作业停止后,应将起重机停放在停机线上,用夹轨器锁紧,将吊钩升到上部位置,并将控制器拨到零位,切断电源,闭门窗。(省指南:3.3.2.15-6) | ☐符合<br>☐不符合 | |
| | 1.8.45 | 对于室外作业的高大起重机(起升高度大于12m)应安装风速仪,风速仪应安装在起重机上部迎风处。(GB 6067.1:9.6.1.1) | ☐符合<br>☐不符合 | |
| | 1.8.46 | 轨道清扫器<br>当物料有可能积存在轨道上成为运行的障碍时,在轨道上行驶的起重机和起重小车,在台车架(或端梁)下面和小车架下面应装设轨道清扫器,其扫轨板底面与轨道顶面之间的间隙一般为5~10mm。(GB 6067.1:9.6.2) | ☐符合<br>☐不符合 | |
| | 1.8.47 | 防护罩<br>在正常工作或维修时,为防止异物进入或防止其运行对人员可能造成危险的零部件,应设有保护装置。起重机上外露的、有可能伤人的运动零部件,如开式齿轮、联轴器、传动轴、链轮、链条、传动带、皮带轮等,均应装设防护罩/栏。(GB 6067.1:9.6.7) | ☐符合<br>☐不符合 | |
| | 1.8.48 | 防护罩<br>在露天工作的起重机上的电气设备应采取防雨措施。(GB 6067.1:9.6.7) | ☐符合<br>☐不符合 | |
| | 1.8.49 | 起重机的总高度大于30m,且周围无高于起重机最高点的建筑物和其他设施,应在其端部和顶部装设障碍灯。(GB/T 14406:5.4.8.5) | ☐符合<br>☐不符合 | |
| | 1.8.50 | 应装设起重机运行声光报警器。(GB/T 14406:5.4.8.7) | ☐符合<br>☐不符合 | |

续上表

| 项目 | 序号 | 常见隐患涉及条款 | 检查结果 | 问题描述 |
|---|---|---|---|---|
| □标记、标牌与安全标志 | 1.8.51 | 起重机应在适当的位置设标记、标牌(额定起重量、制造商名称、主要性能参数等)。(GB 6067.1:10.1.1~3) | □符合<br>□不符合 | |
| | 1.8.52 | 起重机上的电气设备中可能触及的带电裸露部分,应设防止触电的防护措施、安全标志或警示牌。(GB/T 14406:5.4.8.4) | □符合<br>□不符合 | |
| | 1.8.53 | 应在起重机的合适位置或工作区域设有明显的文字安全警示标志。(GB 6067.1:10.1.4) | □符合<br>□不符合 | |
| | 1.8.54 | 采用高压供电的起重机械,应在高压供电位置及高压控制设备设置警示标志。(GB 6067.1:10.1.5) | □符合<br>□不符合 | |
| | 1.8.55 | 特种设备的安全操作规程应悬挂于设备操作室或主要工作场所。(省指南:3.3.1.4) | □符合<br>□不符合 | |
| □安装、拆除、验收 | 1.8.56 | 总监办应派员旁站特种设备的拆装过程。(省指南:3.3.1.3) | □符合<br>□不符合 | |
| | 1.8.57 | 特种设备使用单位应当依法取得特种设备使用登记证书,并将登记标志置于该特种设备的显著位置。(公路水运工程安全生产监督管理办法:第十八条) | □符合<br>□不符合 | |
| □其他 | 1.8.58 | | | |

规范性引用文件:
《起重机械安全规程 第1部分:总则》(GB 6067.1—2010)
《通用门式起重机》(GB/T 14406—2011)
《起重设备安装工程施工及验收规范》(GB 50278—2010)
《起重吊钩 第3部分:锻造吊钩使用检查》(GB/T 10051.3—2010)
《公路工程建设现场安全管理标准化指南》(苏交建质〔2012〕16号)
《公路水运工程安全生产监督管理办法》(交通运输部令2017年第25号)

总体评价:1. 本次检查____项,符合____项,不符合____项,符合率为____%。
2. 针对不符合项中(填序号)_____,立即整改。
3. 针对不符合项中(填序号)_____,限期____日内整改。
4. 针对__(填写停工范围)__,停工整改。
5. 整改情况于____日内,书面反馈至检查单位。
6. 其他_____

检查单位:_____ 受检单位:_____

检查人员:_____ 受检人员:_____

检查日期:_____ 签收日期:_____

## 1.9 架 桥 机

项目标段：_____　　　　检查部位：_____

| 项目 | 序号 | 常见隐患涉及条款 | 检查结果 | 问题描述 |
|---|---|---|---|---|
| □工作环境 | 1.9.1 | 起重机械各运动部分的下界限线与下方的一般出入区之间的垂直距离不应小于1.7m，与通常不准人出入的下方的固定或活动部分及与栏杆顶部的垂直距离不应小于0.5m。(GB 6067.1：10.2.2) | □符合<br>□不符合 | |
| | 1.9.2 | 馈电裸滑线距地面高度大于3.5m；距汽车通道高度大于6m；距一般管道的安全距离大于1m；距氧气管道及设备大于1.5m；距易燃气体及液体管道大于3m。(GB 6067.1：15.3.2) | □符合<br>□不符合 | |
| □轨道及基础 | 1.9.3 | 两平行轨道的接头位置沿轨道纵向应相互错开，其错开的距离不应等于起重机前后车轮的轮距。(GB 50278：3.0.7) | □符合<br>□不符合 | |
| | 1.9.4 | 在钢起重机梁上敷设钢轨时，钢轨底面应与钢起重机梁顶面贴紧。当有间隙，且大于200mm时，应加垫板垫实，垫板长度不应小于100mm，宽度应大于轨道底面10~20mm；每组垫板不应超过3层，垫好后应与钢起重机梁焊接固定。(GB 50278：3.0.12) | □符合<br>□不符合 | |
| | 1.9.5 | 轨道经调整符合要求后，应紧固螺栓。(GB 50278：3.0.13) | □符合<br>□不符合 | |
| | 1.9.6 | 轨道两端的车挡应在吊装起重机前安装好，同一跨端轨道上的车挡与起重机的缓冲器均应接触良好。(GB 50278：3.0.14) | □符合<br>□不符合 | |
| □金属结构 | 1.9.7 | 架桥机上所有操作部位以及要求经常检查和保养的部位，凡与桥面(地面、墩、台)距离超过2m的，都应能通过斜梯、平台、通道或直梯到达。(GB 26469：3.6.1) | □符合<br>□不符合 | |
| □通道与平台 | 1.9.8 | 外设通道和平台的净空高度不应低于1.8m。运动部分附近的通道和平台的净宽度不应小于0.5m；如果设有扶手或栏杆，在高度不超过0.6m的范围内，通道的净宽度可减至0.4m。固定部分之间的通道净宽度不应小于0.4m。(GB 26469：3.6.2) | □符合<br>□不符合 | |
| | 1.9.9 | 通道基面应具有防滑性能。(GB/T 26470：5.8.3.10) | □符合<br>□不符合 | |
| □斜梯与直梯 | 1.9.10 | 斜梯的倾斜角不宜超过65°。特殊情况下，倾斜角也不应超过75°(超过75°时按直梯设计)。(GB 26469：3.7.1.1) | □符合<br>□不符合 | |
| | 1.9.11 | 斜梯两侧应设置栏杆，两侧栏杆的间距：主要斜梯不应小于0.6m；其他斜梯可取为0.5m，斜梯的一侧靠机体时，只在另一侧设置栏杆，栏杆高度不小于1m。(GB 26469：3.7.1.2) | □符合<br>□不符合 | |

续上表

| 项目 | | 序号 | 常见隐患涉及条款 | 检查结果 | 问题描述 |
|---|---|---|---|---|---|
| □金属结构 | □斜梯与直梯 | 1.9.12 | 梯级的净宽度不应小于0.32m,斜梯上梯级的进深不应小于梯级的高度,连续布置的梯级,其高度和进深均应为相同尺寸。(GB 26469:3.7.1.3) | □符合<br>□不符合 | |
| | | 1.9.13 | 梯级踏板表面应防滑。(GB 26469:3.7.1.4) | □符合<br>□不符合 | |
| | □栏杆 | 1.9.14 | 在架桥机的以下部位应装设栏杆:<br>a)用于进行架桥机安装、拆装、试验、维修和保养,且高于桥面2m的工作部位;<br>b)通往离桥面高度2m以上的检修保养部位的通道。(GB 26469:3.8.1) | □符合<br>□不符合 | |
| | | 1.9.15 | 栏杆上部表面的高度不低于1m,栏杆下部有高度不低于0.1m的踢脚板,在踢脚板与手扶栏杆之间有不少于一根的中间横杆,它与踢脚板或手扶栏杆的距离不得大于0.5m。(GB/T 26470:5.8.3.11) | □符合<br>□不符合 | |
| | | 1.9.16 | 在无法装设栏杆的情况下,应装设护绳,护绳高度不宜低于1m。护绳任意位置应能承受5000N的外力,护绳宜采用钢丝绳或链条。(GB/T 26470:5.8.3.13) | □符合<br>□不符合 | |
| | □金属结构的修复与报废 | 1.9.17 | 主要受力构件因产生塑性变形,使工作机构不能正常地安全运行时,如不能修复,应报废。(GB 26469:3.9.4) | □符合<br>□不符合 | |
| □零部件 | □吊具 | 1.9.18 | 吊杆、吊杆螺母表面应光洁,无剥裂、锐角、毛刺、裂纹等。(GB 26469:4.1.1) | □符合<br>□不符合 | |
| | | 1.9.19 | 吊杆、吊杆螺母出现下述情况之一时,应报废:<br>a)裂纹;<br>b)产生明显变形。(GB 26469:4.1.5) | □符合<br>□不符合 | |
| | | 1.9.20 | 在可分吊具上,应永久性地标明其自重和能起吊物品的最大质量。(GB 26469:4.1.11) | □符合<br>□不符合 | |
| | □钢丝绳 | 1.9.21 | 起升机构和非平衡变幅机构不应使用接长的钢丝绳。(GB 6067.1:4.2.1.3) | □符合<br>□不符合 | |

续上表

| 项目 | 序号 | 常见隐患涉及条款 | 检查结果 | 问题描述 |
|---|---|---|---|---|
| □零部件 / □钢丝绳 | 1.9.22 | 钢丝绳端部的固定和连接应符合如下要求：<br>绳夹连接时，钢丝绳公称直径小于或等于19mm时，绳夹数量不少于3个；钢丝绳公称直径在19~32mm时，绳夹数量不少于4个；钢丝绳公称直径在32~38mm时，绳夹数量不少于5个。（钢丝绳夹夹座应在受力绳头一边；每两个钢丝绳夹的间距不应小于钢丝绳直径的6倍。）(GB 6067.1:4.2.1.5-a) | □符合<br>□不符合 | |
| | 1.9.23 | 钢丝绳端部的固定和连接应符合如下要求：<br>用编结连接时，编结长度不应小于钢丝绳直径的15倍，并且不小于300mm。(GB 6067.1:4.2.1.5) | □符合<br>□不符合 | |
| | 1.9.24 | 当吊具处于工作位置最低点时，在卷筒上缠绕的钢丝绳，除固定绳尾的圈数外不应少于2圈。(GB/T 26470:5.4.5.3) | □符合<br>□不符合 | |
| □卷筒 | 1.9.25 | 钢丝绳在卷筒上应能按顺序整齐排列。只缠绕一层钢丝绳的卷筒，应作出绳槽。用于多层缠绕的卷筒，应采用适用的排绳装置或便于钢丝绳自动转层缠绕的凸缘导板结构等措施。(GB 6067.1:4.2.4.1) | □符合<br>□不符合 | |
| | 1.9.26 | 多层缠绕的卷筒，端部应有防止钢丝绳从卷筒端部滑落的凸缘。当钢丝绳全部缠绕在卷筒后，凸缘应超出最外面一层钢丝绳，超出的高度不应小于钢丝绳直径的1.5倍。(GB/T 26470:5.4.4.7) | □符合<br>□不符合 | |
| □滑轮 | 1.9.27 | 滑轮槽应光洁平滑，不得有损伤钢丝绳的缺陷。(GB 26469:4.4.1) | □符合<br>□不符合 | |
| | 1.9.28 | 人手可触及的滑轮组，应设置滑轮罩壳。对可能摔落到地面的滑轮组，其滑轮罩壳应有足够的强度和刚性。(GB 6067.1:4.2.5.2) | □符合<br>□不符合 | |
| □制动器 | 1.9.29 | 控制制动器的操纵部位，如踏板、操纵手柄等，应有防滑性能。(GB 26469:4.5.5) | □符合<br>□不符合 | |
| □横移轨道 | 1.9.30 | 架桥机横移轨道应和运行车轮相适应，横移轨道及轨道梁应可靠垫实。(GB 26469:4.8) | □符合<br>□不符合 | |
| | 1.9.31 | 架桥机垫木应使用硬杂木，一般不多于三层。(部指南:12.6) | □符合<br>□不符合 | |
| □液压系统 | 1.9.32 | 支腿油缸处于支承状态时，液控单向阀必须保证可靠地工作。支腿油缸应有机械支承装置，架梁状态，应由支腿油缸支承转化为机械支承。(GB 26469:5.4) | □符合<br>□不符合 | |

续上表

| 项目 | 序号 | 常见隐患涉及条款 | 检查结果 | 问题描述 |
|---|---|---|---|---|
| □电气保护 | 1.9.33 | 架桥机进线处应设主隔离开关,或采取其他隔离措施。(GB 26469:6.5.1) | □符合<br>□不符合 | |
| | 1.9.34 | 架桥机应设漏电保护。(GB 26469:6.5.7) | □符合<br>□不符合 | |
| | 1.9.35 | 起重机械本体的金属结构应与供电线路的保护导线可靠连接。它们不能取代从电源到起重机械的保护导线。司机室与起重机本体接地点之间应用双保护导线连接。(GB 6067.1:8.8.2) | □符合<br>□不符合 | |
| | 1.9.36 | 起重机械所有电气设备外壳、金属导线管、金属支架及金属线槽均应根据配电网情况进行可靠接地(保护接地或保护接零)。(GB 6067.1:8.8.3) | □符合<br>□不符合 | |
| | 1.9.37 | 在每个引入电源点,外部保护导线端子应使用字母 PE 来标明。其他位置的保护导线端子应使用字母 PE,或用黄/绿双色组合标记。(GB 6067.1:8.8.5) | □符合<br>□不符合 | |
| | 1.9.38 | 对于保护接零系统,起重机械的重复接地或防雷接地的接地电阻不大于 10Ω;对于保护接地系统的接地电阻不大于 4Ω。(GB 6067.1:8.8.8) | □符合<br>□不符合 | |
| □安全装置 | 1.9.39 | 起升机构应装设起升高度限制器。当吊具上升到设计规定的上极限位置时,应能自动切断起升电源。在此极限位置的上方,还应留有足够的高度,以适应起升制动行程的要求。(GB 26469:7.2.1) | □符合<br>□不符合 | |
| | 1.9.40 | 应在架桥机整机横移和吊梁小车每个运动方向装设运行行程限位器或采取限位措施。(GB 26469:7.2.2) | □符合<br>□不符合 | |
| | 1.9.41 | 当两台或两台以上的起重小车运行在同一轨道上时,应装设防碰撞装置。(GB 6067.1:9.2.9) | □符合<br>□不符合 | |
| | 1.9.42 | 在轨道上运行的架桥机的运行机构、吊梁小车的运行机构等均应装设缓冲器或缓冲装置。轨道端部止挡装置应牢固可靠,防止脱轨。(GB 6067.1) | □符合<br>□不符合 | |
| | 1.9.43 | 下导梁在固定状态下须实施锚定。架桥机过孔状态下应对非运动支腿实施锚定。架梁状态下应对主梁与支腿间进行固定连接。(GB 26469:7.2.4) | □符合<br>□不符合 | |
| | 1.9.44 | 锚定装置应确保架桥机在下列情况下整机及相关部件的安全可靠:<br>a)架桥机进入非工作状态且锚定时;<br>b)架桥机处于工作状态,架桥机进行正常作业并实施锚定时。(GB 26469:7.2.4) | □符合<br>□不符合 | |

续上表

| 项目 | 序号 | 常见隐患涉及条款 | 检查结果 | 问题描述 |
|---|---|---|---|---|
| □安全装置 | 1.9.45 | 架桥机应装设可靠的抗风防滑装置。(GB 26469:7.3.1) | □符合<br>□不符合 | |
| | 1.9.46 | 架桥机必须在司机操作处、承载支腿处等可方便控制的位置设置紧急停止开关,在紧急情况下,应能够停止所有运动驱动装置。紧急停止开关应为红色,并且不能自动复位。(GB 26469:7.5) | □符合<br>□不符合 | |
| | 1.9.47 | 架桥机应配备风速仪。(GB 26469:7.6.1) | □符合<br>□不符合 | |
| | 1.9.48 | 在正常工作或维修时,为防止异物进入或防止其运行对人员可能造成危险,零部件应设有保护装置。吊梁小车上外露的、有可能伤人的运动零部件,如开式齿轮、联轴器、传动轴、链轮、链条等,均应装设防护罩。(GB 26469:7.6.2) | □符合<br>□不符合 | |
| | 1.9.49 | 吊装作业停止后,应将起重机停放在停机线上,用夹轨器锁紧,将吊钩升到上部位置,并将控制器拨到零位,切断电源,关闭门窗。(省指南:3.3.2.15) | □符合<br>□不符合 | |
| □标记、标牌与安全标志 | 1.9.50 | 起重机应在适当的位置设标记、标牌(额定起重量、制造商名称、主要性能参数等)。(GB 6067.1:10.1.1~3) | □符合<br>□不符合 | |
| | 1.9.51 | 应在起重机的合适位置或工作区域设有明显的文字安全警示标志。(GB 6067.1:10.1.4) | □符合<br>□不符合 | |
| | 1.9.52 | 采用高压供电的起重机械,应在高压供电位置及高压控制设备设置警示标志。(GB 6067.1:10.1.5) | □符合<br>□不符合 | |
| □架桥机使用 | 1.9.53 | 架桥机纵向移动应一次到位,不得中途停顿。起吊天车提升与携梁行走不得同时进行,天车携梁应平稳前移。停止作业的架桥机应临时锚固。(JTG F90:8.11.3) | □符合<br>□不符合 | |
| | 1.9.54 | 采用拖拉喂梁时,应保证前吊梁小车与运梁车驮梁小车行走的同步。(GB 26469:13.2.4) | □符合<br>□不符合 | |
| □安装、拆除、验收 | 1.9.55 | 总监办应派员旁站特种设备的拆装过程。(省指南:3.3.1.3) | □符合<br>□不符合 | |
| | 1.9.56 | 特种设备使用单位应当依法取得特种设备使用登记证书,并将登记标志置于该特种设备的显著位置。(公路水运工程安全生产监督管理办法:第十八条) | □符合<br>□不符合 | |
| | 1.9.57 | 特种设备的安全操作规程应悬挂于设备操作室或主要工作场所。(省指南:3.3.1.4) | □符合<br>□不符合 | |

续上表

| 项目 | 序号 | 常见隐患涉及条款 | 检查结果 | 问题描述 |
|---|---|---|---|---|
| ☐ 其他 | 1.9.58 | | | |

规范性引用文件:
《起重机械安全规程 第1部分:总则》(GB 6067.1—2010)
《架桥机安全规程》(GB 26469—2011)
《架桥机通用技术条件》(GB/T 26470—2011)
《起重设备安装工程施工及验收规范》(GB 50278—2010)
《公路工程施工安全技术规范》(JTG F90—2015)
《公路工程建设现场安全管理标准化指南》(苏交建质〔2012〕16号)
《公路水运工程安全生产监督管理办法》(交通运输部令2017年第25号)
交通运输部《公路水运工程施工安全标准化指南》

总体评价:1. 本次检查____项,符合____项,不符合____项,符合率为____%。
    2. 针对不符合项中(填序号)_____,立即整改。
    3. 针对不符合项中(填序号)_____,限期____日内整改。
    4. 针对___(填写停工范围)___,停工整改。
    5. 整改情况于____日内,书面反馈至检查单位。
    6. 其他_____

检查单位:_____　　　受检单位:_____

检查人员:_____　　　受检人员:_____

检查日期:_____　　　签收日期:_____

## 1.10 塔式起重机

项目标段：_____　　　　　检查部位：_____

| 项目 | 序号 | 常见隐患涉及条款 | 检查结果 | 问题描述 |
|---|---|---|---|---|
| 工作环境 | 1.10.1 | 塔机的尾部与周围建筑物及其外围施工设施之间的安全距离不小于0.6m。（GB 5144:10.3） | □符合<br>□不符合 | |
| 工作环境 | 1.10.2 | 起重机械各运动部分的上界限线与上方的固定或活动部分之间的垂直距离，在保养区域和维修平台等处不应小于0.5m。如果不会对人员产生危险，这个距离可以减小到0.1m。（GB 6067.1:10.2.3） | □符合<br>□不符合 | |
| 工作环境 | 1.10.3 | 两台塔机之间的最小架设距离应保证处于低位塔机的起重臂端部与另一台塔机的塔身之间至少有2m的距离，处于高位塔机的最低位置的部件（吊钩升至最高点或平衡重的最低部位）与低位塔机中处于最高位置部件之间的垂直距离不应小于2m。（GB 5144:10.5） | □符合<br>□不符合 | |
| 工作环境 | 1.10.4 | 塔机轨道敷设应符合下列要求：<br>a）轨道应通过垫块与轨枕可靠地连接，每间隔6m应设一个轨距拉杆。钢轨接头处应有轨枕支承，不应悬空。在使用过程中轨道不应移动。<br>b）轨距允许误差不大于公称值的1/1000，其绝对值不大于6mm。（GB 5144:10.8） | □符合<br>□不符合 | |
| 工作环境 | 1.10.5 | 塔机轨道敷设应符合下列要求：<br>c）钢轨接头间隙不大于4mm，与另一侧钢轨接头的错开距离不小于1.5m，接头处两轨顶高度差不大于2mm。<br>d）在轨道全程中，轨道顶面任意两点的高度差应小于100mm。（GB 5144:10.8） | □符合<br>□不符合 | |
| 金属结构 / 司机室 | 1.10.6 | 司机室门、窗玻璃应使用钢化玻璃或夹层玻璃。司机室正面玻璃应设有雨刷器。（GB 5144:4.6.2） | □符合<br>□不符合 | |
| 金属结构 / 司机室 | 1.10.7 | 司机室的落地窗应设有防护栏杆。（GB 5144:4.6.7） | □符合<br>□不符合 | |
| 金属结构 / 通道与平台 | 1.10.8 | 离地面2m以上的平台和走道应用金属材料制作，并具有防滑性能。（GB 5144:4.4.2） | □符合<br>□不符合 | |
| 金属结构 / 通道与平台 | 1.10.9 | 平台和走道宽度不应小于500mm，局部有妨碍处可以降至400mm。（GB 5144:4.4.3） | □符合<br>□不符合 | |

续上表

| 项目 | | 序号 | 常见隐患涉及条款 | 检查结果 | 问题描述 |
|---|---|---|---|---|---|
| □金属结构 | □通道与平台 | 1.10.10 | 平台或走道的边缘应设置不小于100mm高的踢脚板。在需要操作人员穿越的地方,踢脚板的高度可以降低。(GB 5144:4.4.4) | □符合<br>□不符合 | |
| | □斜梯与直梯 | 1.10.11 | 高于地面2m以上的直梯应设置护圈,护圈应满足下列条件:<br>a)直径为600~800mm;<br>b)侧面应用3条或5条沿护圈圆周方向均布的竖向板条连接。(GB 5144:4.3.4) | □符合<br>□不符合 | |
| | | 1.10.12 | 高于地面2m以上的直梯应设置护圈,护圈应满足下列条件:<br>c)最大间距:侧面有3条竖向板条时为900mm,侧面有5条竖向板条时为1500mm;<br>d)任何一个0.1m的范围内可以承受1000N的垂直力时,无永久变形。(GB 5144:4.3.4) | □符合<br>□不符合 | |
| | | 1.10.13 | 斜梯两侧应设置栏杆,两侧栏杆的间距:主要斜梯不应小于0.6m;其他斜梯可取为0.5m。斜梯的一侧靠墙壁时,只在另一侧设置栏杆,栏杆高度不小于1m。(GB 6067.1:3.7.1.2) | □符合<br>□不符合 | |
| | | 1.10.14 | 梯级踏板表面应防滑。(GB 6067.1:3.7.1.4) | □符合<br>□不符合 | |
| | | 1.10.15 | 在起重机上的以下部位应装设栏杆:<br>—用于进行起重机安装、拆卸、试验、维修和保养,且高于地面2m的工作部位;<br>—通往离地面高度2m以上的操作室、检修保养部位的通道;<br>—在起重机上存在跌落高度大于1m的危险通道及平台。<br>(GB 6067.1:3.8.1) | □符合<br>□不符合 | |
| | □栏杆 | 1.10.16 | 栏杆的设置应满足以下要求:<br>—栏杆上部表面的高度不低于1m,栏杆下部有高度不低于0.1m的踢脚板,在踢脚板与手扶栏杆之间有不少于一根的中间横杆,它与踢脚板或手扶栏杆的距离不得大于0.5m;对净高不超过1.3m的通道,手扶栏杆的高度可以为0.8m;<br>—在手扶栏杆无永久变形。(GB 6067.1:3.8.2) | □符合<br>□不符合 | |
| | | 1.10.17 | 栏杆的设置应满足以下要求:<br>—栏杆允许开口,但开口处应有防止人员跌落的保护措施;<br>—在沿建筑物墙壁或实体墙结构设置的通道上,允许用扶手代替栏杆,这些扶手的中断长度(例如为让开建筑物的柱子、门孔)不宜超过1m。(GB 6067.1:3.8.2) | □符合<br>□不符合 | |

续上表

| 项目 | | 序号 | 常见隐患涉及条款 | 检查结果 | 问题描述 |
|---|---|---|---|---|---|
| □金属结构 | □金属结构的修复与报废 | 1.10.18 | 塔机的结构件及焊缝出现裂纹时,应根据受力和裂纹情况采取加强或重新施焊等措施,并在使用中定期观察其发展。对无法消除裂纹影响的应予以报废。(GB 5144:4.7.3) | □符合<br>□不符合 | |
| | | 1.10.19 | 主要受力构件因产生塑性变形,使工作机构不能正常地安全运行时,如不能修复,应报废。(GB 6067.1:3.9.4) | □符合<br>□不符合 | |
| □零部件 | □钢丝绳 | 1.10.20 | 钢丝绳端部的固定和连接应符合如下要求:<br>绳夹连接时,钢丝绳公称直径小于或等于19mm时,绳夹数量不少于3个;钢丝绳公称直径在19～32mm时,绳夹数量不少于4个;钢丝绳公称直径在32～38mm时,绳夹数量不少于5个。(钢丝绳夹夹座应在受力绳头一边;每两个钢丝绳夹的间距不应小于钢丝绳直径的6倍。)(GB 6067.1:4.2.1.5) | □符合<br>□不符合 | |
| | | 1.10.21 | 钢丝绳端部的固定和连接应符合如下要求:<br>用编结连接时,编结长度不应小于钢丝绳直径的15倍,并且不小于300mm。(GB 6067.1:4.2.1.5) | □符合<br>□不符合 | |
| | □吊钩 | 1.10.22 | 应采用防脱绳带闭锁装置的吊钩。(GB 6067.1:4.2.2.3) | □符合<br>□不符合 | |
| | | 1.10.23 | 在可分吊具上,应永久性地标明其自重和能起吊物品的最大质量。(GB 6067.1:4.2.2.5) | □符合<br>□不符合 | |
| | | 1.10.24 | 锻造吊钩的标志应永久、清晰。(GB 6067.1:4.2.2.7) | □符合<br>□不符合 | |
| | | 1.10.25 | 表面裂纹<br>检查吊钩的表面不应有裂纹,如有裂纹,则应报废。(GB/T 10051.3:3.2.1) | □符合<br>□不符合 | |
| | | 1.10.26 | 片式吊钩缺陷不得补焊。(GB 6067.1:4.2.2.9) | □符合<br>□不符合 | |
| | | 1.10.27 | 片式吊钩出现下列情况之一时,应更换:<br>a)表面裂纹;<br>b)每一钩片侧向变形的弯曲半径小于板厚的10倍;<br>c)危险断面的总磨损量达名义尺寸的5%。(GB 6067.1:4.2.2.10) | □符合<br>□不符合 | |

续上表

| 项目 | | 序号 | 常见隐患涉及条款 | 检查结果 | 问题描述 |
|---|---|---|---|---|---|
| □零部件 | □卷筒 | 1.10.28 | 卷筒两侧边缘超过最外层钢丝绳的高度不应小于钢丝绳直径的2倍。（GB 5144:5.4.2） | □符合<br>□不符合 | |
| | | 1.10.29 | 钢丝绳在卷筒上的固定应安全可靠。钢丝绳在放出最大工作长度后，卷筒上的钢丝绳至少应保留3圈。（GB 5144:5.4.3） | □符合<br>□不符合 | |
| | □滑轮 | 1.10.30 | 滑轮应有防止钢丝绳脱出绳槽的装置或结构。在滑轮罩的侧板和圆弧顶板等处与滑轮本体的间隙不应超过钢丝绳公称直径的0.5倍。（GB 6067.1:4.2.5.1） | □符合<br>□不符合 | |
| | | 1.10.31 | 人手可触及的滑轮组，应设置滑轮罩壳。（GB 6067.1:4.2.5.2） | □符合<br>□不符合 | |
| □电气保护 | | 1.10.32 | 塔机的金属结构、轨道、所有电气设备的金属外壳，金属线管、安全照明的变压器低压侧等均应可靠接地，接地电阻不大于4Ω，重复接地电阻不大于10Ω。（GB 5144:8.1.3） | □符合<br>□不符合 | |
| | | 1.10.33 | 起重机械所有电气设备外壳、金属导线管、金属支架及金属线槽均应根据配电网情况进行可靠接地(保护接地或保护接零)。（GB 6067.1:8.8.3） | □符合<br>□不符合 | |
| | | 1.10.34 | 严禁用起重机械金属结构和接地线作为载流零线(电气系统电压为安全电压除外)。（GB 6067.1:8.8.4） | □符合<br>□不符合 | |
| | | 1.10.35 | 塔机电源进线处宜设主隔离开关，或采取其他隔离措施。隔离开关应有明显标记。（GB 5144:8.3.3） | □符合<br>□不符合 | |
| | | 1.10.36 | 电线若敷设于金属管中，则金属管应经防腐处理。如用金属线槽或金属软管代替，应有良好的防雨及防腐措施。（GB 5144:8.5.2） | □符合<br>□不符合 | |
| | | 1.10.37 | 导线的连接及分支处的室外接线盒应防水，导线孔应有护套。（GB 5144:8.5.3） | □符合<br>□不符合 | |
| □安全装置 | | 1.10.38 | 塔机应安装起重量限制器。（GB 5144:6.1.1） | □符合<br>□不符合 | |
| | | 1.10.39 | 塔机应安装起重力矩限制器。（GB 5144:6.2.1） | □符合<br>□不符合 | |
| | | 1.10.40 | 轨道式塔机行走机构应在每个运行方向设置行程限位开关。在轨道上应安装限位开关碰铁，其安装位置应充分考虑塔机的制动行程，保证塔机在与止挡装置或与同一轨道上其他塔机相距大于1m处能完全停住，此时电缆还应有足够的富余长度。（GB 5144:6.3.1） | □符合<br>□不符合 | |

续上表

| 项目 | 序号 | 常见隐患涉及条款 | 检查结果 | 问题描述 |
|---|---|---|---|---|
| □安全装置 | 1.10.41 | 小车变幅的塔机,应设置小车行程限位开关。(GB 5144:6.3.2.1) | □符合<br>□不符合 | |
| | 1.10.42 | 塔机应安装吊钩上极限位置的起升高度限位器。(GB 5144:6.3.3.1) | □符合<br>□不符合 | |
| | 1.10.43 | 吊钩升至起重臂下端最小距离为80cm;限位开关动作后保证小车停车后距端部缓冲装置最小距离为20cm。(JGJ 196:附录A) | □符合<br>□不符合 | |
| | 1.10.44 | 回转部分不设集电器的塔机,应安装回转限位器。塔机回转部分在非工作状态下应能自由旋转;对有自锁作用的回转机构,应安装安全极限力矩联轴器。(GB 5144:6.3.4) | □符合<br>□不符合 | |
| | 1.10.45 | 小车变幅的塔机,变幅的双向均应设置断绳保护装置。(GB 5144:6.4) | □符合<br>□不符合 | |
| | 1.10.46 | 小车变幅的塔机,应设置变幅小车断轴保护装置,即使轮轴断裂,小车也不会掉落。(GB 5144:6.5) | □符合<br>□不符合 | |
| | 1.10.47 | 吊钩应设防钢丝绳脱钩的装置。(GB 5144:6.6) | □符合<br>□不符合 | |
| | 1.10.48 | 起重臂根部铰点高度大于50m的塔机,应配备风速仪。(GB 5144:6.7) | □符合<br>□不符合 | |
| | 1.10.49 | 轨道式塔机应安装夹轨器,使塔机在非工作状态下不能在轨道上移动。(GB 5144:6.8) | □符合<br>□不符合 | |
| | 1.10.50 | 塔机行走和小车变幅的轨道行程末端均需设置止挡装置。缓冲器安装在止挡装置或塔机(变幅小车)上,当塔机(变幅小车)与止挡装置撞击时,缓冲器应使塔机(变幅小车)较平稳地停车而不产生猛烈的冲击。(GB 5144:6.9) | □符合<br>□不符合 | |
| | 1.10.51 | 轨道式塔机的台车架上应安装排障清轨板,清轨板与轨道之间的间隙不应大于5mm。(GB 5144:6.10) | □符合<br>□不符合 | |
| | 1.10.52 | 操纵系统中应设有能对工作场地起警报作用的声响信号。(GB 5144:8.2.5) | □符合<br>□不符合 | |
| | 1.10.53 | 塔机应有良好的照明。照明的供电不受停机影响。(GB 5144:8.4.1) | □符合<br>□不符合 | |
| | 1.10.54 | 塔顶高度大于30m且高于周围建筑物的塔机,应在塔顶和臂架端部安装红色障碍指示灯,该指示灯的供电不应受停机的影响。(GB 5144:8.4.5) | □符合<br>□不符合 | |

续上表

| 项目 | 序号 | 常见隐患涉及条款 | 检查结果 | 问题描述 |
|---|---|---|---|---|
| □安全装置 | 1.10.55 | 在正常工作或维修时,为防止异物进入或防止其运行对人员可能造成危险的零部件,应设有保护装置。起重机上外露的、可能伤人的运动零部件,如开式齿轮、联轴器、传动轴、链轮、链条、传动带、皮带轮等,均应装设防护罩/栏。(GB 6067.1:9.6.7) | □符合<br>□不符合 | |
| | 1.10.56 | 在露天工作的起重机上的电气设备应采取防雨措施。(GB 6067.1:9.6.7) | □符合<br>□不符合 | |
| | 1.10.57 | 当塔式起重机作附着使用时,附着装置的设置和自由端高度等应符合使用说明书的规定。(JGJ 196:3.3.1) | □符合<br>□不符合 | |
| □标记、标牌与安全标志 | 1.10.58 | 起重机应在适当的位置设标记、标牌(额定起重量、制造商名称、主要性能参数等)。(GB 6067.1:10.1.1~3) | □符合<br>□不符合 | |
| | 1.10.59 | 应在起重机的合适位置或工作区域设有明显的文字安全警示标志。(GB 6067.1:10.1.4) | □符合<br>□不符合 | |
| | 1.10.60 | 采用高压供电的起重机械,应在高压供电位置及高压控制设备设置警示标志。(GB 6067.1:10.1.5) | □符合<br>□不符合 | |
| □安装、拆卸、验收 | 1.10.61 | 总监办应派员旁站特种设备的拆装过程。(省指南:3.3.1.3) | □符合<br>□不符合 | |
| | 1.10.62 | 特种设备的安全操作规程应悬挂于设备操作室或主要工作场所。(省指南:3.3.1.4) | □符合<br>□不符合 | |
| | 1.10.63 | 特种设备使用单位应当依法取得特种设备使用登记证书,并将登记标志置于该特种设备的显著位置。(公路水运工程安全生产监督管理办法:第十八条) | □符合<br>□不符合 | |
| □其他 | 1.10.64 | | | |

规范性引用文件:
《塔式起重机安全规程》(GB 5144—2006)
《起重机械安全规程 第1部分:总则》(GB 6067.1—2010)
《建筑施工塔式起重机安装、使用、拆卸安全技术规程》(JGJ 196—2010)
《起重吊钩 第3部分:锻造吊钩使用检查》(GB/T 10051.3—2010)
《公路工程建设现场安全管理标准化指南》(苏交建质〔2012〕16号)
《公路水运工程安全生产监督管理办法》(交通运输部令2017年第25号)

续上表

总体评价:1. 本次检查____项,符合____项,不符合____项,符合率为____%。
    2. 针对不符合项中(填序号)_____,立即整改。
    3. 针对不符合项中(填序号)_____,限期____日内整改。
    4. 针对__(填写停工范围)__,停工整改。
    5. 整改情况于____日内,书面反馈至检查单位。
    6. 其他_____

检查单位:_____  受检单位:_____

检查人员:_____  受检人员:_____

检查日期:_____  签收日期:_____

## 1.11 履带式起重机

项目标段：＿＿＿＿＿＿＿＿＿＿＿＿＿＿＿＿　　检查部位：＿＿＿＿＿＿＿＿＿＿＿＿＿＿＿＿

| 项目 | 序号 | 常见隐患涉及条款 | 检查结果 | 问题描述 |
|---|---|---|---|---|
| □人员 | 1.11.1 | 起重机操作人员、起重信号工、司索工等特种作业人员必须持特种作业操作资格证上岗。严禁非起重机驾驶人员驾驶、操作起重机。（JGJ 276：3.0.2） | □符合<br>□不符合 | |
| □吊索吊具 | 1.11.2 | 吊索的绳环或两端的绳套可采用压接接头，压接接头的长度不应小于钢丝绳直径的20倍，且不应小于300mm。（JGJ 276：4.3.1-3） | □符合<br>□不符合 | |
| | 1.11.3 | 钢丝绳端部的固定和连接应符合如下要求：<br>绳夹连接时，钢丝绳公称直径小于或等于19mm时，绳夹数量不少于3个；钢丝绳公称直径在19～32mm时，绳夹数量不少于4个；钢丝绳公称直径在32～38mm时，绳夹数量不少于5个。（钢丝绳夹夹座应在受力绳头一边；每两个钢丝绳夹的间距不应小于钢丝绳直径的6倍。）（GB 6067.1：4.2.1.5） | □符合<br>□不符合 | |
| | 1.11.4 | 钢丝绳端部的固定和连接应符合如下要求：<br>用编结连接时，编结长度不应小于钢丝绳直径的15倍，并且不小于300mm。（GB 6067.1：4.2.1.5） | □符合<br>□不符合 | |
| | 1.11.5 | 吊装绳扣的扣头部位出现断丝时，应切弃断丝部分重新插扣。钢丝绳的断丝数量少于报废标准，但断丝聚集在小于6倍绳径的长度范围内或集中在任一绳股里，亦应予报废。（部指南：12.2-(6)） | □符合<br>□不符合 | |
| | 1.11.6 | 吊钩、吊环应定期检查，表面应光滑，不得有剥痕、刻痕、锐角、裂纹。（部指南：12.2） | □符合<br>□不符合 | |
| | 1.11.7 | 一台起重设备的两个主吊钩起吊同一重物时，两钩升降应协调，两吊索开口度不应大于60°，且每个钩的吊重不得大于其额定负荷。卸扣使用时不得超过规定载荷，严禁钢丝绳在卸扣两侧起重。（部指南：12.2-(8)） | □符合<br>□不符合 | |
| | 1.11.8 | 起重机的吊钩和吊环严禁补焊。当出现下列情况之一时，应予更换：<br>①表面有裂纹、破口；<br>②钩尾和螺纹部分等危险截面及钩颈有永久变形。（部指南：12.2-(9)） | □符合<br>□不符合 | |
| | 1.11.9 | 吊索与所吊构件间的水平夹角宜大于45°。（JGJ 276：4.3.1-5） | □符合<br>□不符合 | |

续上表

| 项目 | 序号 | 常见隐患涉及条款 | 检查结果 | 问题描述 |
|---|---|---|---|---|
| ☐ 吊索吊具 | 1.11.10 | 吊钩应有制造厂的合格证明书,表面应光滑,不得有裂纹、刻痕、剥裂、锐角等现象。吊钩每次使用前应检查一次,不合格者应停止使用。(JGJ 276:4.3.2-3) | ☐符合<br>☐不符合 | |
| | 1.11.11 | 活动卡环在绑扎时,起吊后销子的尾部应朝下,吊索在受力后应压紧销子,其容许荷载应按出厂说明书采用。(JGJ 276:4.3.2-4) | ☐符合<br>☐不符合 | |
| ☐ 警戒监护 | 1.11.12 | 吊装作业应设警戒区,警戒区不得小于起吊物坠落影响范围。(JTG F90:5.6.4) | ☐符合<br>☐不符合 | |
| | 1.11.13 | 警戒区应设专人监护。(JGJ 59:3.18.4-4) | ☐符合<br>☐不符合 | |
| ☐ 维护保养 | 1.11.14 | 高处检修作业,应设安全通道梯子、支架、吊台或吊架。夜间检修的作业场所,应有足够亮度的照明灯具。(部指南:3.3.1.6) | ☐符合<br>☐不符合 | |
| ☐ 其他 | 1.11.15 | | | |

规范性引用文件:
《公路工程施工安全技术规范》(JTG F90—2015)
《建筑施工起重吊装工程安全技术规范》(JGJ 276—2012)
《建筑施工安全检查标准》(JGJ 59—2011)
《起重机械安全规程 第1部分:总则》(GB 6067.1—2010)
交通运输部《公路水运工程施工安全标准化指南》

总体评价:1. 本次检查____项,符合____项,不符合____项,符合率为____%。
2. 针对不符合项中(填序号)_____,立即整改。
3. 针对不符合项中(填序号)_____,限期____日内整改。
4. 针对____(填写停工范围),停工整改。
5. 整改情况于____日内,书面反馈至检查单位。
6. 其他_____

检查单位:_____ 受检单位:_____

检查人员:_____ 受检人员:_____

检查日期:_____ 签收日期:_____

## 1.12 施工升降机

项目标段：_____　　　　检查部位：_____

| 项目 | 序号 | 常见隐患涉及条款 | 检查结果 | 问题描述 |
|---|---|---|---|---|
| □ 安全装置 | 1.12.1 | 卷扬机卷筒、滑轮、曳引轮等应有防脱绳装置。（JGJ 215：4.2.26-4） | □符合<br>□不符合 | |
| | 1.12.2 | 卷扬机的传动部位应安装牢固的防护罩；卷扬机卷筒旋转方向应与操纵开关上指示方向一致。卷扬机钢丝绳在地面上运行区域内应有相应的安全保护措施。（JGJ 215：4.2.26-7） | □符合<br>□不符合 | |
| | 1.12.3 | 吊笼的控制装置应安装非自动复位型的急停开关,任何时候均可切断控制电路停止吊笼运行。（JGJ 59：3.16.3.1） | □符合<br>□不符合 | |
| | 1.12.4 | 底架应安装吊笼和对重缓冲器。（JGJ 59：3.16.3.1） | □符合<br>□不符合 | |
| | 1.12.5 | 应安装非自动复位型极限开关并应灵敏可靠。（JGJ 59：3.16.3.2） | □符合<br>□不符合 | |
| | 1.12.6 | 严禁用行程限位开关作为停止运行的控制开关。（JGJ 215：5.2.10） | □符合<br>□不符合 | |
| | 1.12.7 | 施工升降机必须安装防坠安全器。防坠安全器应在一年有效标定期内使用。（JGJ 215：4.1.7） | □符合<br>□不符合 | |
| □ 防护设施 | 1.12.8 | 吊笼和对重升降通道周围应安装地面防护围栏,围栏门应安装机电联锁装置并应灵敏可靠。（JGJ 59：3.16.3.3） | □符合<br>□不符合 | |
| | 1.12.9 | 当建筑物超过2层时,施工升降机地面通道上方应搭设防护棚。当建筑物高度超过24m时,应设置双层防护棚。（JGJ 215：5.2.6） | □符合<br>□不符合 | |
| | 1.12.10 | 停层平台两侧应设置防护栏杆、挡脚板,平台脚手板应铺满、铺平。（JGJ 59：3.16.3.3） | □符合<br>□不符合 | |
| | 1.12.11 | 层门高度在1.1~1.2m之间。（GB 26557：5.5.3.9.1） | □符合<br>□不符合 | |
| | 1.12.12 | 当吊笼边缘与层站边缘或吊笼与层门之间的水平距离大于150mm且无其他结构有效防护时,应配备层站入口侧面防护装置。侧面防护装置的高度应在1.1~1.2m之间,中间高度设横杆,护脚板至少高于地面150mm。（GB 26557：5.5.3.9.4） | □符合<br>□不符合 | |

续上表

| 项目 | 序号 | 常见隐患涉及条款 | 检查结果 | 问题描述 |
|---|---|---|---|---|
| □防护设施 | 1.12.13 | 电梯四周5.0m内不得有易燃易爆及其他杂物,不得在此范围内挖坑、沟、槽,电梯出入口应设防护棚。严禁在电梯井架、支撑上设置缆绳、标语等。(省指南:3.3.4.5) | □符合<br>□不符合 | |
| | 1.12.14 | 同一施工现场的各种起重机与电梯保持5.0m以上安全距离,并有可靠的防撞措施。(省指南:3.3.4.6) | □符合<br>□不符合 | |
| □附着 | 1.12.15 | 附墙架应采用配套标准产品。(JGJ 59:3.16.3.4) | □符合<br>□不符合 | |
| | 1.12.16 | 施工升降机吊笼运行时钢丝绳不得与遮掩物或其他物件发生碰触或摩擦。(JGJ 215:5.2.36-2) | □符合<br>□不符合 | |
| | 1.12.17 | 当吊笼位于地面时,最后缠绕在卷扬机卷筒上的钢丝绳不应少于3圈,且卷扬机卷筒上钢丝绳应无乱绳现象。(JGJ 215:5.2.36-3) | □符合<br>□不符合 | |
| | 1.12.18 | 对重除导向轮、滑靴外应设有防脱轨保护装置。(JGJ 59:3.16.3.5) | □符合<br>□不符合 | |
| □钢丝绳 | 1.12.19 | 悬挂用钢丝绳应不少于两根,且相互独立。(GB 26557:5.7.3.2.1.2) | □符合<br>□不符合 | |
| | 1.12.20 | 钢丝绳末端连接(固定)的强度应不小于钢丝绳最小破断载荷的80%。如果钢丝绳的末端固定在升降机的驱动卷筒上,则卷筒上应至少保留两圈钢丝绳。(GB 26557:5.7.3.2.1.6) | □符合<br>□不符合 | |
| □使用 | 1.12.21 | 施工升降机司机应持有建筑施工特种作业操作资格证书,不得无证操作。(JGJ 215:5.1.1) | □符合<br>□不符合 | |
| | 1.12.22 | 不得使用有故障的施工升降机。(JGJ 215:5.2.1) | □符合<br>□不符合 | |
| | 1.12.23 | 施工升降机司机严禁酒后作业。工作时间内司机不应与其他人员闲谈,不应有妨碍施工升降机运行的行为。(JGJ 215:5.2.18) | □符合<br>□不符合 | |
| | 1.12.24 | 工作时间内司机不得擅自离开施工升降机。当有特殊情况需离开时,应将施工升降机停到最底层,关闭电源并锁好吊笼门。(JGJ 215:5.2.23) | □符合<br>□不符合 | |
| | 1.12.25 | 操作手动开关的施工升降机时,不得利用机电联锁开动或停止施工升降机。(JGJ 215:5.2.24) | □符合<br>□不符合 | |

续上表

| 项目 | 序号 | 常见隐患涉及条款 | 检查结果 | 问题描述 |
|---|---|---|---|---|
| ☐ 使用 | 1.12.26 | 作业结束后应将施工升降机返回最底层停放,将各控制开关拨到零位,切断电源,锁好开关箱、吊笼门和地面防护围栏门。(JGJ 215:5.2.35) | ☐符合<br>☐不符合 | |
| | 1.12.27 | 严禁在施工升降机运行中进行保养、维修作业。(JGJ 215:5.3.9) | ☐符合<br>☐不符合 | |
| | 1.12.28 | 施工电梯的日常检查维护应委托有资质的单位进行。(省指南:3.3.4.3) | ☐符合<br>☐不符合 | |
| | 1.12.29 | 电梯内荷载应均匀分布,严禁超载和人货混装。运送物料不得伸出护网。(省指南:3.3.4.7-(2)) | ☐符合<br>☐不符合 | |
| | 1.12.30 | 在大雾、雷雨、6级以上大风及导轨架、电缆结冰时,必须停止运行。(省指南:3.3.4.7-(5)) | ☐符合<br>☐不符合 | |
| ☐ 安装、拆卸、验收 | 1.12.31 | 施工电梯安装与拆除须由相应资质的专业队伍承担。电梯安装完毕后,经质量技术监督部门(市场监督管理部门)检测合格后方可使用。检测合格标志应置于轿厢内明显位置。(省指南:3.3.4.2) | ☐符合<br>☐不符合 | |
| | 1.12.32 | 总监办应派员旁站特种设备的拆装过程。(省指南:3.3.1.3) | ☐符合<br>☐不符合 | |
| | 1.12.33 | 安装单位的专业技术人员、专职安全生产管理人员应进行现场监督。(JGJ 215:4.2.2) | ☐符合<br>☐不符合 | |
| | 1.12.34 | 进入现场的安装作业人员应佩戴安全防护用品,高处作业人员应系安全带,穿防滑鞋。作业人员严禁酒后作业。(JGJ 215:4.2.4) | ☐符合<br>☐不符合 | |
| | 1.12.35 | 传递工具或器材不得采用投掷的方式。(JGJ 215:4.2.11) | ☐符合<br>☐不符合 | |
| | 1.12.36 | 当安装吊杆上有悬挂物时,严禁开动施工升降机。严禁超载使用安装吊杆。(JGJ 215:4.2.15) | ☐符合<br>☐不符合 | |
| | 1.12.37 | 施工升降机安装、拆卸项目应配备与承担项目相适应的专业安装作业人员以及专业安装技术人员。施工升降机的安装拆卸工、电工、司机等应具有建筑施工特种作业操作资格证书。(JGJ 215:3.0.2) | ☐符合<br>☐不符合 | |
| | 1.12.38 | 特种设备的安全操作规程应悬挂于设备操作室或主要工作场所。(省指南:3.3.1.4) | ☐符合<br>☐不符合 | |

续上表

| 项目 | 序号 | 常见隐患涉及条款 | 检查结果 | 问题描述 |
|---|---|---|---|---|
| □ 安装、拆卸、验收 | 1.12.39 | 特种设备使用单位应当依法取得特种设备使用登记证书,并将登记标志置于该特种设备的显著位置。(公路水运工程安全生产监督管理办法:第十八条) | □符合<br>□不符合 | |
| | 1.12.40 | 应有足够的工作面作为拆卸场地,应在拆卸场地周围设置警戒线和醒目的安全警示标志,并应派专人监护。(JGJ 215:6.0.3) | □符合<br>□不符合 | |
| | 1.12.41 | 吊笼未拆除之前,非拆卸作业人员不得在地面防护围栏内、施工升降机运行通道内、导轨架内以及附墙架上等区域活动。(JGJ 215:6.0.8) | □符合<br>□不符合 | |
| □ 其他 | 1.12.42 | | | |

规范性引用文件:
《吊笼有垂直导向的人货两用施工升降机》(GB 26557—2011)
《建筑施工升降机安装、使用、拆卸安全技术规程》(JGJ 215—2010)
《建筑施工安全检查标准》(JGJ 59—2011)
《公路工程建设现场安全管理标准化指南》(苏交建质〔2012〕16号)
《公路水运工程安全生产监督管理办法》(交通运输部令2017年第25号)

总体评价:1. 本次检查____项,符合____项,不符合____项,符合率为____%。
2. 针对不符合项中(填序号)_____,立即整改。
3. 针对不符合项中(填序号)_____,限期____日内整改。
4. 针对__(填写停工范围)__,停工整改。
5. 整改情况于____日内,书面反馈至检查单位。
6. 其他_____

检查单位:_____ 受检单位:_____

检查人员:_____ 受检人员:_____

检查日期:_____ 签收日期:_____

## 1.13 电动单梁式起重机、叉车

项目标段：_____ 检查部位：_____

| 项目 | 序号 | 常见隐患涉及条款 | 检查结果 | 问题描述 |
|---|---|---|---|---|
| ☐ 电动单梁式起重机 | 1.13.1 | 运行区域内起重机结构与周边固定障碍物间的最小距离不得小于0.1m，与人员通道最小距离不得小于0.5m。（JGJ 160：7.6.2） | ☐符合<br>☐不符合 | |
| | 1.13.2 | 轨道端部机械止挡装置固定应牢固可靠。（JGJ 160：7.6.4） | ☐符合<br>☐不符合 | |
| | 1.13.3 | 起重机主梁、端梁、平衡梁（支腿）、小车架不应有可见裂纹和塑性变形。（JGJ 160：7.6.6） | ☐符合<br>☐不符合 | |
| | 1.13.4 | 起重机主梁、端梁、平衡梁（支腿）、小车架、行走台车等部件连接件应无缺失，销轴轴端定位及螺栓紧固力矩应符合使用说明书要求。（JGJ 160：7.6.7） | ☐符合<br>☐不符合 | |
| | 1.13.5 | 电动机、减速箱、制动器、联轴器等机构部件的连接螺栓应无缺损和无松动。（JGJ 160：7.6.8-1） | ☐符合<br>☐不符合 | |
| | 1.13.6 | 各零部件应无裂纹。（JGJ 160：7.6.8-2） | ☐符合<br>☐不符合 | |
| | 1.13.7 | 润滑应良好，运行应平稳，应无异常声响与振动。（JGJ 160：7.6.8-3） | ☐符合<br>☐不符合 | |
| | 1.13.8 | 运行机构扫轨器应完好，扫轨板底面与轨顶间隙宜为5~10mm。（JGJ 160：7.6.10） | ☐符合<br>☐不符合 | |
| | 1.13.9 | 抗风防滑装置应完整，应无裂纹、塑性变形等影响性能缺陷。（JGJ 160：7.6.11） | ☐符合<br>☐不符合 | |
| | 1.13.10 | 大车及小车运行行程终端缓冲应良好，行程限位应灵敏有效。（JGJ 160：7.6.12-1） | ☐符合<br>☐不符合 | |
| | 1.13.11 | 起升高度（下降深度）限位应灵敏有效。（JGJ 160：7.6.12-2） | ☐符合<br>☐不符合 | |
| | 1.13.12 | 起升重量限制器应灵敏有效。（JGJ 160：7.6.12-3） | ☐符合<br>☐不符合 | |
| | 1.13.13 | 进入起重机的门和司机室到桥架上的门，其电器连锁保护装置应可靠；当任何一个门打开时，起重机所有机构均应能停止工作。（JGJ 160：7.6.12-5） | ☐符合<br>☐不符合 | |

续上表

| 项目 | 序号 | 常见隐患涉及条款 | 检查结果 | 问题描述 |
|---|---|---|---|---|
| □电动单梁式起重机 | 1.13.14 | 运行区域有重叠的起重机,应有防碰撞措施,并可靠有效。(JGJ 160:7.6.12-6) | □符合<br>□不符合 | |
| | 1.13.15 | 风速报警、作业声光报警应可靠有效。(JGJ 160:7.6.12-7) | □符合<br>□不符合 | |
| □叉车 | 1.13.16 | 在操作者正常操作位置范围,以及在正常作业和日常检查时的出入范围都不应有造成危险的锐边或棱角。(GB 10827.1:4.1.5) | □符合<br>□不符合 | |
| | 1.13.17 | 操作者在正常操作位置,或进出其操作位置时可触及的所有车辆部件都应当隔热或隔离。(GB 10827.1:4.7.6) | □符合<br>□不符合 | |
| | 1.13.18 | 最大起升高度大于1800mm的乘驾式车辆应安装护顶架以保护操作者免受坠落物体的伤害。(GB 10827.1:4.9.1.1) | □符合<br>□不符合 | |
| | 1.13.19 | 护顶架顶部开口的宽度或长度应有一个尺寸不超过150mm。(GB/T 5143:3.3.2) | □符合<br>□不符合 | |
| □其他 | 1.13.20 | | | |

规范性引用文件:
《工业车辆 安全要求和验证 第1部分:自行式工业车辆(除无人驾驶车辆、伸缩臂式叉车和载运车)》(GB 10827.1—2014)
《工业车辆 护顶架 技术要求和试验方法》(GB/T 5143—2008)
《施工现场机械设备检查技术规范》(JGJ 160—2016)

总体评价:1. 本次检查____项,符合____项,不符合____项,符合率为____%。
    2. 针对不符合项中(填序号)_____,立即整改。
    3. 针对不符合项中(填序号)_____,限期____日内整改。
    4. 针对__(填写停工范围)__,停工整改。
    5. 整改情况于____日内,书面反馈至检查单位。
    6. 其他_____

检查单位:_____　　受检单位:_____

检查人员:_____　　受检人员:_____

检查日期:_____　　签收日期:_____

## 1.14 主 要 设 备

项目标段：_____    检查部位：_____

| 项目 | 序号 | 常见隐患涉及条款 | 检查结果 | 问题描述 |
|---|---|---|---|---|
| 混凝土拌和站（楼） | 1.14.1 | 根据场地条件合理设置废水沉淀池和洗轮池，布设排水系统，沉淀池的四周应采用金属隔离栅封闭，树立安全警示标识牌，无关人员不得进入沉淀池。（部指南：8.2.2.7-①） | □符合<br>□不符合 | |
| | 1.14.2 | 作业平台、储料仓、集料仓、水泥罐等涉及人身安全的部位均应设置安全防护装置。传动系统裸露的部位应设有防护装置和安全检修保护装置。（部指南：8.2.2.7-②） | □符合<br>□不符合 | |
| | 1.14.3 | 施工机械设备产生的废水、废油及生活污水不得直接排入河流、湖泊或其他水域中，也不得排入饮用水附近的土地中。（部指南：8.2.2.7-④） | □符合<br>□不符合 | |
| | 1.14.4 | 拌和站的各罐体宜连接成整体，安装缆风绳和避雷设施。（部指南：8.2.2.7-⑦） | □符合<br>□不符合 | |
| | 1.14.5 | 拌和楼设备有故障需维修或发现异物需清理时，应切断电源，挂好"禁止合闸"牌，锁好控制室门或指定专人看守。操作室应有人值守，严禁在情况不明的状态下擅自启动设备，非操作人员未经许可不得进入拌和楼操作室。（省指南：4.2.1.8） | □符合<br>□不符合 | |
| 沥青拌和站（楼） | 1.14.6 | 受力构件不应有变形、开裂、开焊。（JGJ 160：5.12.1-4） | □符合<br>□不符合 | |
| | 1.14.7 | 行走通道、上下楼梯及扶手、设备安装平台等应完好，不应有开焊、腐蚀。（JGJ 160：5.12.1-5） | □符合<br>□不符合 | |
| | 1.14.8 | 粉料仓密封应完好，不应有粉尘漏出。（JGJ 160：5.12.5-1） | □符合<br>□不符合 | |
| | 1.14.9 | 冷料输送紧急停车装置应完好有效。（JGJ 160：5.12.12-1） | □符合<br>□不符合 | |
| | 1.14.10 | 热料提升逆止装置应完好有效。（JGJ 160：5.12.12-2） | □符合<br>□不符合 | |
| | 1.14.11 | 作业前，热料提升斗、搅拌器及各种秤斗内不得有存料。（部指南：8.2.2.8-①） | □符合<br>□不符合 | |
| | 1.14.12 | 卸料斗处于地下底坑时，应防止坑内积水淹没电气元件。（部指南：8.2.2.8-③） | □符合<br>□不符合 | |

续上表

| 项目 | 序号 | 常见隐患涉及条款 | 检查结果 | 问题描述 |
|---|---|---|---|---|
| □沥青拌和站（楼） | 1.14.13 | 料仓内保温、通风措施得当。避免生火取暖加温造成废气集中，防止一氧化碳中毒。（部指南：8.2.2.8-⑧） | □符合<br>□不符合 | |
| | 1.14.14 | 拌和楼内不得采用碘钨灯照明，不得用电热管等设施取暖，严防火灾。（部指南：8.2.2.8-⑨） | □符合<br>□不符合 | |
| □汽车、轮胎式起重机 | 1.14.15 | 汽车起重机作业前，必须保证所有轮胎离地，且车架上安装的回转支承平面倾斜度不应大于0.5%。（JGJ 160：7.3.1） | □符合<br>□不符合 | |
| | 1.14.16 | 各种灯光、信号、标志应齐全清晰，大灯光度光束应符合照明要求；后视镜安装应正确，喇叭音响应符合使用说明书规定。（JGJ 160：7.3.3） | □符合<br>□不符合 | |
| | 1.14.17 | 液压系统中应设有防止过载和液压冲击的安全装置。（JGJ 160：7.3.10-1） | □符合<br>□不符合 | |
| | 1.14.18 | 液压系统中，限制负载下降速度、保持工作机构平衡下降和微动下降的平衡阀工作应可靠有效。（JGJ 160：7.3.10-2） | □符合<br>□不符合 | |
| | 1.14.19 | 各液压阀装置不应有泄漏，工作应可靠有效。（JGJ 160：7.3.10-3） | □符合<br>□不符合 | |
| | 1.14.20 | 起重机的重量限制器、力矩限制器、高度限制器等安全装置部件应齐全完整，动作应灵敏可靠。（JGJ 160：7.3.10-4） | □符合<br>□不符合 | |
| | 1.14.21 | 流动式起重机行驶和作业场地应平坦坚实，与沟渠、基坑保持一定的安全距离。（省指南：3.3.2.13-1） | □符合<br>□不符合 | |
| | 1.14.22 | 汽车起重机作业前，应全部伸出支腿，在撑脚下垫方木，回转支承面应保持水平。（省指南：3.3.2.13-2） | □符合<br>□不符合 | |
| | 1.14.23 | 作业中不得扳动支腿操纵阀。调整支腿时应在无载荷时进行，并将起重臂转至正前或正后方之后，可调整支腿。（JGJ 33：4.3.5） | □符合<br>□不符合 | |
| | 1.14.24 | 起重臂伸缩时，应按规定程序进行，在伸臂的同时应下降吊钩。当制动器发出警报时，应立即停止伸臂。（JGJ 33：4.3.7） | □符合<br>□不符合 | |
| | 1.14.25 | 汽车式起重机起吊作业时，汽车驾驶室内不得有人，重物不得超越驾驶室上方，且不得在车的前方起吊。（JGJ 33：4.3.9） | □符合<br>□不符合 | |
| | 1.14.26 | 起重机带载回转时，操作应平稳，应避免急剧回转或急停，换向应在停稳后进行。（JGJ 33：4.3.14） | □符合<br>□不符合 | |

续上表

| 项目 | 序号 | 常见隐患涉及条款 | 检查结果 | 问题描述 |
|---|---|---|---|---|
| ☐ 汽车、轮胎式起重机 | 1.14.27 | 起重机带载行走时，道路应平坦坚实，重物离地面不得超过500mm，并应拴好拉绳，缓慢行驶。（JGJ 33:4.3.15） | ☐符合<br>☐不符合 | |
| | 1.14.28 | 作业后，应将起重臂全部缩回放在支架上，再收回支腿。吊钩应使用钢丝绳挂牢；车架尾部两撑杆应分别撑在尾部下方的支座内，并应采用螺母固定；阻止机身旋转的销式制动器应插入销孔，并将取力器操纵手柄放在脱开位置，最后应锁住起重操作室门。（JGJ 33:4.3.16） | ☐符合<br>☐不符合 | |
| | 1.14.29 | 当采用双机抬吊时，宜选用同类型或性能相近的起重机，负荷分配应合理，单机荷载不得超过额定起重量的80%。两机应协调工作，起吊的速度应平稳缓慢。（JGJ 276:3.0.15） | ☐符合<br>☐不符合 | |
| | 1.14.30 | 作业中出现支腿沉陷、起重机倾斜等情况时，必须立即放下吊物，经调整并消除不安全因素后方可继续作业。（省指南：3.3.2.13-6） | ☐符合<br>☐不符合 | |
| ☐ 平板车 | 1.14.31 | 拖车的制动器、制动灯、转向灯等应配备齐全，并应与牵引车的灯光信号同时起作用。（JGJ 33:6.3.1） | ☐符合<br>☐不符合 | |
| | 1.14.32 | 拖车装卸机械时，应停在平坦坚实处，拖车应制动并用三角木楔紧车胎。装车时应调整好机械在车厢上的位置，各轴负荷分配应合理。（JGJ 33:6.3.3） | ☐符合<br>☐不符合 | |
| | 1.14.33 | 平板拖车的跳板应坚实，在装卸履带式起重机、挖掘机、压路机时，跳板与地面夹角不应大于15°；在装卸履带式推土机、拖拉机时，跳板与地面夹角不应大于25°。装卸车时应由熟练的驾驶人员操作，并应统一指挥。上、下车动作应平稳，不得在跳板上调整方向。（JGJ 33:6.3.4） | ☐符合<br>☐不符合 | |
| ☐ 混凝土运输车 | 1.14.34 | 卸料槽锁扣及搅拌筒的安全锁定装置应齐全完好。（JGJ 33:8.3.2） | ☐符合<br>☐不符合 | |
| | 1.14.35 | 出料作业时，应将搅拌运输车停靠在地势平坦处，应与基坑及输电线路保持安全距离，并应锁定制动系统。（JGJ 33:8.3.7） | ☐符合<br>☐不符合 | |
| ☐ 混凝土泵 | 1.14.36 | 混凝土泵工作时整机应放置水平，支腿支撑于坚实的地面，工作过程中不应下陷；支腿应稳定可靠，便于固定。（GB/T 13333:5.1.2） | ☐符合<br>☐不符合 | |
| | 1.14.37 | 蓄能器应固定可靠。（GB/T 13333:5.4.9） | ☐符合<br>☐不符合 | |
| | 1.14.38 | 易接触到的工作运动部件、高温部件周围应有防护装置。（GB/T 13333:5.6.7） | ☐符合<br>☐不符合 | |

续上表

| 项目 | 序号 | 常见隐患涉及条款 | 检查结果 | 问题描述 |
|---|---|---|---|---|
| 混凝土泵 | 1.14.39 | 混凝土输送泵应安装稳固,管道布设应平顺,安装应固定牢靠,接头和卡箍应密封、紧固。(JTG F90:5.4.6-1) | □符合<br>□不符合 | |
| | 1.14.40 | 泵送前应检查泵送和布料系统。首次泵送前应进行管道耐压试验。泵送混凝土时,操作人员应随时监视各种仪表和指示灯,发现异常应立即停机检查。(JTG F90:5.4.6-2) | □符合<br>□不符合 | |
| | 1.14.41 | 输送泵出料软管应设专人牵引、移动,布料臂下不得站人。(JTG F90:5.4.6-3) | □符合<br>□不符合 | |
| | 1.14.42 | 混凝土输送管道接头拆卸前,应释放输送管内剩余压力。(JTG F90:5.4.6-4) | □符合<br>□不符合 | |
| | 1.14.43 | 清理管道时应设警戒区,管道出口端前方10m内不得站人。(JTG F90:5.4.6-5) | □符合<br>□不符合 | |
| | 1.14.44 | 混凝土输送泵应安装稳固、接头严密。(DB32/T 2618:9.5.5) | □符合<br>□不符合 | |
| | 1.14.45 | 布料作业时,所有轮胎应不承重。(QC/T 718:4.1.3) | □符合<br>□不符合 | |
| | 1.14.46 | 泵车应安装水平仪,水平仪应能有效地反应泵车的水平状态,结果易于观察。(QC/T 718:4.2.9) | □符合<br>□不符合 | |
| | 1.14.47 | 各电缆、软管、输送管应可靠地固定在规定位置上,作业时不应相互干扰。(QC/T 718:4.2.10) | □符合<br>□不符合 | |
| | 1.14.48 | 严禁布料臂用于起重作业。(QC/T 718:4.10.1) | □符合<br>□不符合 | |
| | 1.14.49 | 布料杆应有防止输送管前段软管突然坠落的措施。(QC/T 718:4.10.7) | □符合<br>□不符合 | |
| | 1.14.50 | 整车应设置紧急停止系统。(QC/T 718:4.10.14) | □符合<br>□不符合 | |
| 混凝土泵车 | 1.14.51 | 混凝土泵车应停放在平整坚实的地方,与沟槽和基坑的安全距离应符合使用说明书的要求。臂架回转范围内不得有障碍物。(JGJ 33:8.5.1) | □符合<br>□不符合 | |
| | 1.14.52 | 混凝土泵车作业前,应将支腿打开,并应采用垫木垫平,车身的倾斜度不应大于3°。(JGJ 33:8.5.2) | □符合<br>□不符合 | |
| | 1.14.53 | 作业前应重点检查下列项目,并应符合相应要求:<br>1 安全装置应齐全有效,仪表应指示正常;<br>2 液压系统、工作机构应运转正常;<br>3 料斗网格应完好牢固;<br>4 软管安全链与臂架连接应牢固。(JGJ 33:8.5.3) | □符合<br>□不符合 | |

续上表

| 项目 | 序号 | 常见隐患涉及条款 | 检查结果 | 问题描述 |
|---|---|---|---|---|
| 混凝土泵车 | 1.14.54 | 伸展布料杆应按出厂说明书的顺序进行。布料杆在升离支架前不得回转。不得用布料杆起吊或拖拉物件。(JGJ 33:8.5.4) | □符合<br>□不符合 | |
| | 1.14.55 | 当布料杆处于全伸状态时,不得移动车身。当需要移动车身时,应将上段布料杆折叠固定,移动速度不得超过10km/h。(JGJ 33:8.5.5) | □符合<br>□不符合 | |
| | 1.14.56 | 不得接长布料配管和布料软管。(JGJ 33:8.5.6) | □符合<br>□不符合 | |
| | 1.14.57 | 回转布料系统应符合下列规定:<br>(1)回转支承转动应灵敏可靠,内外圈间隙应符合使用说明书的规定;油马达、减速箱运转不应有异响、脱挡、泄漏,制动器应灵敏可靠,各连接螺栓的连接应牢固;(JGJ 160:9.5.2) | □符合<br>□不符合 | |
| | 1.14.58 | 回转布料系统应符合下列规定:<br>(2)布料杆伸缩动作应灵敏可靠,结构应完好,不应变形,输送管道磨损不应超过规定,且不应有漏浆、开焊现象,卡固应牢靠;臂架液压油缸不应渗油、内泄下滑,臂架液压锁功能应正常,严禁接管。(JGJ 160:9.5.2) | □符合<br>□不符合 | |
| | 1.14.59 | 供水水泵运转应正常,部件应齐全完整,管路不应有渗漏。(JGJ 160:9.5.3) | □符合<br>□不符合 | |
| | 1.14.60 | 各部位油位、水位应在规定范围内。(JGJ 160:9.5.4) | □符合<br>□不符合 | |
| | 1.14.61 | 安全装置应符合下列规定:<br>制动应灵敏可靠有效,不跑偏。(JGJ 160:9.5.5-2) | □符合<br>□不符合 | |
| | 1.14.62 | 安全装置应符合下列规定:<br>料斗上部隔板、小水箱安全防护板、走台板、防护栏杆等设施应齐全完好,安全警示牌和相关操作指示牌应齐全醒目,操作室应配备灭火器材。(JGJ 160:9.5.5-4) | □符合<br>□不符合 | |
| | 1.14.63 | 车辆底盘各部位应润滑良好,机油、冷却液和电瓶液数量应充足,空气滤芯应清洁有效;各部连接螺栓应紧固无松动;各轮胎气压应正常;灯光应齐全有效;转向系统、制动系统和离合动作应灵敏可靠。(JGJ 160:9.5.6) | □符合<br>□不符合 | |
| | 1.14.64 | 布料杆前段接软管处应有安全连接保护。(JGJ 160:9.5.7) | □符合<br>□不符合 | |

续上表

| 项目 | 序号 | 常见隐患涉及条款 | 检查结果 | 问题描述 |
|---|---|---|---|---|
| □其他 | 1.14.65 | | | |

规范性引用文件:
《施工现场机械设备检查技术规范》(JGJ 160—2016)
《建筑机械使用安全技术规程》(JGJ 33—2012)
《建筑施工起重吊装工程安全技术规范》(JGJ 276—2012)
《混凝土泵》(GB/T 13333—2018)
《混凝土泵车》(QC/T 718—2013)
《公路工程安全技术规范》(JTG F90—2015)
《江苏省高速公路建设工程施工安全技术规程》(DB32/T 2618—2014)
《公路工程建设现场安全管理标准化指南》(苏交建质〔2012〕16号)
交通运输部《公路水运工程施工安全标准化指南》

总体评价:1.本次检查____项,符合____项,不符合____项,符合率为____%。
　　　　 2.针对不符合项中(填序号)_____,立即整改。
　　　　 3.针对不符合项中(填序号)_____,限期____日内整改。
　　　　 4.针对__(填写停工范围)__,停工整改。
　　　　 5.整改情况于____日内,书面反馈至检查单位。
　　　　 6.其他_____

检查单位:_____　　受检单位:_____

检查人员:_____　　受检人员:_____

检查日期:_____　　签收日期:_____

## 1.15 一般设备

项目标段：_____　　　　检查部位：_____

| 项目 | 序号 | 常见隐患涉及条款 | 检查结果 | 问题描述 |
|---|---|---|---|---|
| ☐钢筋调直机 | 1.15.1 | 钢筋调直应设置防护挡板,作业时非作业人员不得进入现场。(部指南:13.3.3-1) | ☐符合<br>☐不符合 | |
| | 1.15.2 | 操作时必须将钢筋卡紧,机械前方须设铁板加以防护。(部指南:13.3.3-2) | ☐符合<br>☐不符合 | |
| | 1.15.3 | 机械开动后,非操作人员应在两侧2m区域以外,不准靠近钢筋行走。(部指南:13.3.3-3) | ☐符合<br>☐不符合 | |
| | 1.15.4 | 钢筋调直到末端时,人员必须离开。(部指南:13.3.3-4) | ☐符合<br>☐不符合 | |
| | 1.15.5 | 料架、料槽应安装平直,并应与导向筒、调直筒和下切刀孔的中心线一致。(JGJ 33:9.2.1) | ☐符合<br>☐不符合 | |
| | 1.15.6 | 在调直块未固定或防护罩未盖好前,不得送料。作业中,不得打开防护罩。(JGJ 33:9.2.4) | ☐符合<br>☐不符合 | |
| | 1.15.7 | 送料前,应将弯曲的钢筋端头切除。导向筒前应安装一根1m长的钢管。(JGJ 33:9.2.5) | ☐符合<br>☐不符合 | |
| ☐钢筋切断机 | 1.15.8 | 接送料的工作台面应和切刀下部保持水平。(JGJ 33:9.3.1) | ☐符合<br>☐不符合 | |
| | 1.15.9 | 切断短料时,手和切刀之间的距离应大于150mm,并应采用套管或夹具将切断的短料压住或夹牢。(JGJ 33:9.3.7) | ☐符合<br>☐不符合 | |
| ☐钢筋弯曲机 | 1.15.10 | 工作台和弯曲机台面应保持水平。(JGJ 33:9.4.1) | ☐符合<br>☐不符合 | |
| | 1.15.11 | 芯轴直径应为钢筋直径的2.5倍。挡铁轴应有轴套。挡铁轴的直径和强度不得小于被弯钢筋的直径和强度。(JGJ 33:9.4.3) | ☐符合<br>☐不符合 | |
| | 1.15.12 | 对超过机械铭牌规定直径的钢筋不得进行弯曲。在弯曲未经冷拉或带有锈皮的钢筋时,应戴防护镜。(JGJ 33:9.4.7) | ☐符合<br>☐不符合 | |
| | 1.15.13 | 操作人员应站在机身设有固定销的一侧。成品钢筋应堆放整齐,弯钩不得朝上。(JGJ 33:9.4.9) | ☐符合<br>☐不符合 | |
| | 1.15.14 | 转盘换向应在弯曲机停稳后进行。(JGJ 33:9.4.10) | ☐符合<br>☐不符合 | |

续上表

| 项目 | 序号 | 常见隐患涉及条款 | 检查结果 | 问题描述 |
|---|---|---|---|---|
| □数控钢筋弯箍机 | 1.15.15 | 电气线路应无破损、断裂、脱落、短路等现象。（JGJ 160：11.5.1） | □符合<br>□不符合 | |
| | 1.15.16 | 切刀应完好；弹簧、弹簧张紧螺母、电磁铁和可移动制动器应有效。（JGJ 160：11.5.2） | □符合<br>□不符合 | |
| | 1.15.17 | 压紧轮的固定螺栓应无松动。（JGJ 160：11.5.3） | □符合<br>□不符合 | |
| □钢筋笼自动滚焊机 | 1.15.18 | 焊接变压器至焊接轮、导电轮之间的导电铜带端头螺栓应紧固。（JGJ 160：11.6.1） | □符合<br>□不符合 | |
| | 1.15.19 | 各定长、定位无触点开关应紧固。（JGJ 160：11.6.2） | □符合<br>□不符合 | |
| □钢筋冷拉机 | 1.15.20 | 传动齿轮啮合应良好，弹性联轴节不应松旷。（JGJ 160：11.7.1） | □符合<br>□不符合 | |
| | 1.15.21 | 冷拉夹具、夹齿应完好，夹持功能应有效。（JGJ 160：11.7.3） | □符合<br>□不符合 | |
| | 1.15.22 | 冷拉场地应装设防护板及警告标志。（JGJ 160：11.7.4） | □符合<br>□不符合 | |
| □钢筋冷拔机 | 1.15.23 | 传动齿轮啮合应良好，弹性联轴节不应松旷。（JGJ 160：11.8.1-1） | □符合<br>□不符合 | |
| | 1.15.24 | 模具不应有裂纹，轧头和模具的规格应配套。（JGJ 160：11.8.1-2） | □符合<br>□不符合 | |
| □钢筋直螺纹成型机 | 1.15.25 | 加工时，钢筋应夹持牢固。（JGJ 33：9.7.4） | □符合<br>□不符合 | |
| | 1.15.26 | 机械在运转过程中，不得清扫刀片上面的积屑杂污和进行检修。（JGJ 33：9.7.5） | □符合<br>□不符合 | |
| | 1.15.27 | 不得加工超过机械铭牌规定直径的钢筋。（JGJ 33：9.7.6） | □符合<br>□不符合 | |
| □木工平刨机 | 1.15.28 | 工作台升降应灵活。（JGJ 160：12.2.1） | □符合<br>□不符合 | |

续上表

| 项目 | 序号 | 常见隐患涉及条款 | 检查结果 | 问题描述 |
|---|---|---|---|---|
| ☐木工平刨机 | 1.15.29 | 平刨应安装安全护手装置。（JGJ 160：12.2.2） | ☐符合<br>☐不符合 | |
| | 1.15.30 | 必须设置可靠的安全防护装置，紧固刀片的螺钉应嵌入槽内，且距离刀背不得小于10mm。（JGJ 160：12.2.3） | ☐符合<br>☐不符合 | |
| ☐木工压刨机 | 1.15.31 | 工作台升降应灵活，变速应齐全，定位应准确。（JGJ 160：12.3.1） | ☐符合<br>☐不符合 | |
| | 1.15.32 | 送料装置应灵敏可靠，压紧回弹装置应完整齐全。（JGJ 160：12.3.2） | ☐符合<br>☐不符合 | |
| ☐立式榫槽机 | 1.15.33 | 工作台往复运行应平稳，不应有明显爬行，行程调节应灵活，定位应准确。（JGJ 160：12.4.1-1） | ☐符合<br>☐不符合 | |
| | 1.15.34 | 刀具安装应牢固，安全可靠。（JGJ 160：12.4.1-2） | ☐符合<br>☐不符合 | |
| | 1.15.35 | 各液压元件固定应牢固，油管及密封圈不应有渗漏。（JGJ 160：12.4.2-1） | ☐符合<br>☐不符合 | |
| | 1.15.36 | 压力表配置应齐全，指示应灵敏。（JGJ 160：12.4.2-2） | ☐符合<br>☐不符合 | |
| ☐圆盘锯 | 1.15.37 | 锯片不得有裂口和裂纹，不得有2个及以上连续缺齿，圆盘锯应装设分料器，锯片上方应有防护罩。（JGJ 160：12.5.1） | ☐符合<br>☐不符合 | |
| | 1.15.38 | 锯片上方应设置防护罩和防护挡板。（JGJ 160：12.5.2） | ☐符合<br>☐不符合 | |
| | 1.15.39 | 锯片旋转方向应正确，转速应稳定。（JGJ 160：12.5.3） | ☐符合<br>☐不符合 | |
| | 1.15.40 | 应采用单向控制按钮开关，不得使用倒顺开关。（JGJ 160：12.5.4） | ☐符合<br>☐不符合 | |
| | 1.15.41 | 操作人员应佩戴防护眼镜，站在锯片一侧，禁止站在与锯片同一直线上。锯片上方必须安装保险防护罩和滴水设施。（部指南：13.3.6-(1)） | ☐符合<br>☐不符合 | |
| | 1.15.42 | 锯片运转正常后方可进行作业。接料应待料出锯片15cm后进行，不得用手硬拉，木料锯到接近端头时，由下手拉曳，上手不得用手推进。（部指南：13.3.6-(2)） | ☐符合<br>☐不符合 | |
| | 1.15.43 | 作业过程中不得将木料抬高或左右扳动，必须紧贴挡板。送料力量应均匀，不得用力过猛，遇木节应减速。不得用木料挡刹锯片强制停车。调换锯片时，应等锯片自然停稳后方可进行。（部指南：13.3.6-(3)） | ☐符合<br>☐不符合 | |

续上表

| 项目 | 序号 | 常见隐患涉及条款 | 检查结果 | 问题描述 |
|---|---|---|---|---|
| 圆盘锯 | 1.15.44 | 长度不足50cm的短料,不得上锯。半成品、边角料应堆放整齐。(部指南:13.3.6-(4)) | □符合<br>□不符合 | |
| 交流电焊机 | 1.15.45 | 一次线和二次接线保护板应完好,接线柱表面应平整,不应有烧蚀和破裂。(JGJ 160:10.2.1-1) | □符合<br>□不符合 | |
| | 1.15.46 | 接线柱的螺母、铜垫圈和母线应紧固,螺母不应有破损、烧蚀和松动。(JGJ 160:10.2.1-2) | □符合<br>□不符合 | |
| | 1.15.47 | 接线柱防护罩应无破损。(JGJ 160:10.2.1-2) | □符合<br>□不符合 | |
| | 1.15.48 | 调节丝杆及螺母应转动灵活,不应有弯曲和卡阻,紧固件不应松动。(JGJ 160:10.2.2-1) | □符合<br>□不符合 | |
| | 1.15.49 | 防振弹簧弹力应良好有效。(JGJ 160:10.2.2-2) | □符合<br>□不符合 | |
| | 1.15.50 | 手摇把不应松旷和丢失。(JGJ 160:10.2.2-3) | □符合<br>□不符合 | |
| | 1.15.51 | 电焊机罩壳应能防雨、防尘、防潮。(JGJ 160:10.2.3) | □符合<br>□不符合 | |
| | 1.15.52 | 应设置二次空载降压保护装置,且应灵敏有效。(JGJ 160:10.2.5) | □符合<br>□不符合 | |
| 直流电焊机 | 1.15.53 | 输入线和输出线的接线板应完好,接线柱不应烧损和松动,接头垫圈应齐全。(JGJ 160:10.3.1.2) | □符合<br>□不符合 | |
| | 1.15.54 | 刷盒位置调整应适当;不应锈蚀。(JGJ 160:10.3.2.1) | □符合<br>□不符合 | |
| | 1.15.55 | 刷盒应离开换向器表面2~3mm。(JGJ 160:10.3.2.1) | □符合<br>□不符合 | |
| | 1.15.56 | 碳刷与换向器接触应良好,位置调整应适度。(JGJ 160:10.3.2.2) | □符合<br>□不符合 | |
| | 1.15.57 | 各线路均应绝缘良好,输入线应符合接电要求,输出线断面应大于输入线断面的40%以上。(JGJ 160:10.3.3.1) | □符合<br>□不符合 | |

续上表

| 项目 | 序号 | 常见隐患涉及条款 | 检查结果 | 问题描述 |
|---|---|---|---|---|
| 气割（焊）设备 | 1.15.58 | 压力表、安全阀、橡胶软管和回火保护器等均应定期校验或试验，标识应清晰。使用的气瓶应稳固竖立或装在专用车（架）或固定装置上。（JTG F90:5.5.4-2） | □符合<br>□不符合 | |
| | 1.15.59 | 氧气瓶及乙炔瓶应符合条码管理的有关规定，项目经理部应到取得充装许可的单位采购。（省指南:3.3.3.2-1） | □符合<br>□不符合 | |
| | 1.15.60 | 乙炔瓶在运输、储存、使用时，禁止敲击、碰撞，应立放，不能卧放，不得靠近热源和电气设备。（省指南:3.3.3.2-2） | □符合<br>□不符合 | |
| | 1.15.61 | 使用乙炔瓶的现场，储存量不超过5瓶。超过5瓶，但不超过20瓶时，应在现场设单独的储存间。超过20瓶，应设置乙炔瓶库。储存间应有良好的通风、降温等设施，避免阳光直射，与明火或散发火花地点的距离不小于10.0m。（省指南:3.3.3.2-3） | □符合<br>□不符合 | |
| | 1.15.62 | 乙炔瓶必须装设专用的减压器、回火防止器。开启时，操作者应站在阀口的侧后，动作要轻缓。（省指南:3.3.3.2-4） | □符合<br>□不符合 | |
| | 1.15.63 | 氧气瓶在储运和使用过程中，应采取措施，避免剧烈振动和撞击。（省指南:3.3.3.2-5） | □符合<br>□不符合 | |
| | 1.15.64 | 氧气瓶氧气表及焊割工具的表面，严禁沾染油脂。氧气瓶应设有防振胶圈，并旋紧安全帽。（省指南:3.3.3.2-7） | □符合<br>□不符合 | |
| | 1.15.65 | 氧气表及乙炔气表应保持完好，损坏后及时更换。氧气瓶与乙炔瓶应分开放置。作业时乙炔瓶、氧气瓶安全距离不小于5.0m，与明火作业点的距离不小于10.0m。（省指南:3.3.3.2-8） | □符合<br>□不符合 | |
| | 1.15.66 | 氧气胶管与乙炔胶管不得相互混用，所有的胶管必须符合国家标准要求。氧气胶管为蓝色，乙炔胶管为红色。（省指南:3.3.3.2-9） | □符合<br>□不符合 | |
| | 1.15.67 | 夏季使用气瓶时，应采取遮阳等有效措施防止暴晒。（省指南:3.3.3.2-10） | □符合<br>□不符合 | |
| 预应力张拉设备 | 1.15.68 | 预应力张拉区域应标示明显的安全标志，禁止非操作人员进入。（部指南:13.3.5-(1)） | □符合<br>□不符合 | |
| | 1.15.69 | 张拉钢筋的两端必须设置挡板。（部指南:13.3.5-(2)） | □符合<br>□不符合 | |
| | 1.15.70 | 卷扬机的位置必须使操作人员能见到全部冷拉场地。（部指南:13.3.5-(3)） | □符合<br>□不符合 | |
| | 1.15.71 | 作业前应检查冷拉夹具，夹齿必须完好，滑轮、拖拉小车润滑灵活，拉钩及防护装置均齐全牢固，确认良好后，方可作业。（部指南:13.3.5-(4)） | □符合<br>□不符合 | |

续上表

| 项目 | 序号 | 常见隐患涉及条款 | 检查结果 | 问题描述 |
|---|---|---|---|---|
| ☐ 预应力张拉设备 | 1.15.72 | 冷拉时,应缓慢、均匀地进行,随时注意停车信号或见到有人进入危险区时,应立即停拉,并稍稍放松卷扬钢丝绳。(部指南:13.3.5-(5)) | ☐符合<br>☐不符合 | |
| | 1.15.73 | 在运行中遇突然停电时,必须立即关闭冷拉机械的电源。(部指南:13.3.5-(6)) | ☐符合<br>☐不符合 | |
| | 1.15.74 | 采用电热张拉时,若带电操作,应设置绝缘保护和防触电措施。预应力钢绞线张拉时,操作应平稳、均匀,张拉端的正面不得站人。采用延伸率控制时,应设置限位标志。(部指南:13.3.5-(7)) | ☐符合<br>☐不符合 | |
| | 1.15.75 | 千斤顶应垂直安装在坚实可靠的基础上,底部宜用枕木等垫平。(JTG F90:5.11.8-1) | ☐符合<br>☐不符合 | |
| | 1.15.76 | 张拉作业时千斤顶后方不得站人。(JTG F90:8.2.5-3) | ☐符合<br>☐不符合 | |
| ☐ 振捣棒 | 1.15.77 | 操作振捣器作业时,应穿戴好胶鞋和绝缘橡皮手套。(部指南:13.4.3-(1)) | ☐符合<br>☐不符合 | |
| | 1.15.78 | 电缆线应采用耐气候型橡皮护套铜芯软电缆,并不得有接头。(JGJ 33:8.7.3) | ☐符合<br>☐不符合 | |
| | 1.15.79 | 电缆线长度不应大于30m,不得缠绕、扭结和挤压,并不得承受任何外力。(JGJ 33:8.7.4) | ☐符合<br>☐不符合 | |
| | 1.15.80 | 振捣器软管的弯曲半径不得小于500mm,操作时应将振动器垂直插入混凝土,深度不宜超过振动器长度的3/4。(JGJ 33:8.7.5) | ☐符合<br>☐不符合 | |
| | 1.15.81 | 振捣棒软管不得存在断裂现象,当软管使用过久而使长度增长时,应及时修复或更换。(部指南:13.4.3-(2)) | ☐符合<br>☐不符合 | |
| | 1.15.82 | 电缆线应满足操作所需的长度要求。电缆线上不得堆压物品或让车辆挤压,严禁用电缆线拖拉或吊挂振捣器。(部指南:13.4.3-(3)) | ☐符合<br>☐不符合 | |
| | 1.15.83 | 振捣器不得在初凝的混凝土、地板、脚手架及干硬的地面上进行试振。在检修或作业间断时,应断开电源。(部指南:13.4.3-(4)) | ☐符合<br>☐不符合 | |

续上表

| 项目 | 序号 | 常见隐患涉及条款 | 检查结果 | 问题描述 |
|---|---|---|---|---|
| □其他 | 1.15.84 | | | |

规范性引用文件:
《施工现场机械设备检查技术规范》(JGJ 160—2016)
《建筑机械使用安全技术规程》(JGJ 33—2012)
《公路工程施工安全技术规范》(JTG F90—2015)
《公路工程建设现场安全管理标准化指南》(苏交建质〔2012〕16号)
交通运输部《公路水运工程施工安全标准化指南》

总体评价:1. 本次检查____项,符合____项,不符合____项,符合率为____%。
    2. 针对不符合项中(填序号)_____,立即整改。
    3. 针对不符合项中(填序号)_____,限期____日内整改。
    4. 针对__(填写停工范围)__,停工整改。
    5. 整改情况于____日内,书面反馈至检查单位。
    6. 其他_____

检查单位:_____　　受检单位:_____

检查人员:_____　　受检人员:_____

检查日期:_____　　签收日期:_____

# 第八节 起重吊装

## 1.16 起重吊装

项目标段：_____　　　检查部位：_____

| 项目 | 序号 | 常见隐患涉及条款 | 检查结果 | 问题描述 |
|---|---|---|---|---|
| □人员 | 1.16.1 | 起重机司机、起重机指挥等特种作业人员必须持特种作业操作资格证上岗。严禁非起重机驾驶人员驾驶、操作起重机。(JGJ 276:3.0.2;TSG Z6001:附录 A) | □符合<br>□不符合 | |
| □吊索吊具 | 1.16.2 | 吊索的绳环或两端的绳套可采用压接接头，压接接头的长度不应小于钢丝绳直径的 20 倍，且不应小于 300mm。(JGJ 276:4.3.1-3) | □符合<br>□不符合 | |
| | 1.16.3 | 钢丝绳端部的固定和连接应符合如下要求：<br>绳夹连接时，钢丝绳公称直径小于或等于 19mm 时，绳夹数量不少于 3 个；钢丝绳公称直径在 19～32mm 时，绳夹数量不少于 4 个；钢丝绳公称直径在 32～38mm 时，绳夹数量不少于 5 个。(钢丝绳夹夹座应在受力绳头一边；每两个钢丝绳夹的间距不应小于钢丝绳直径的 6 倍。)(GB 6067.1:4.2.1.5) | □符合<br>□不符合 | |
| | 1.16.4 | 钢丝绳端部的固定和连接应符合如下要求：<br>用编结连接时，编结长度不应小于钢丝绳直径的 15 倍，并且不小于 300mm。(GB 6067.1:4.2.1.5) | □符合<br>□不符合 | |
| | 1.16.5 | 一台起重设备的两个主吊钩起吊同一重物时，两钩升降应协调，两吊索开口度不应大于 60°，且每个钩的吊重不得大于其额定负荷。卸扣使用时不得超过规定载荷，严禁钢丝绳在卸扣两侧重。(部指南:12.2-(8)) | □符合<br>□不符合 | |
| | 1.16.6 | 起重机的吊钩和吊环严禁补焊。当出现下列情况之一时，应予更换：<br>①表面有裂纹、破口；<br>②钩尾和螺纹部分等危险截面及钩颈有永久变形。(部指南:12.2-(9)) | □符合<br>□不符合 | |

续上表

| 项目 | | 序号 | 常见隐患涉及条款 | 检查结果 | 问题描述 |
|---|---|---|---|---|---|
| 起重吊装作业 | 一般吊装作业管理 | 1.16.7 | 起重机的选择应满足起重量、起重高度、工作半径的要求,同时起重臂的最小杆长应满足跨越障碍物进行起吊时的操作要求。(JGJ 276:4.1.3) | □符合<br>□不符合 | |
| | | 1.16.8 | 起重机械应按规定安装荷载限制器及行程限位装置;荷载限制器、行程限位装置应灵敏可靠。(JGJ 59:3.18.3-2) | □符合<br>□不符合 | |
| | | 1.16.9 | 各类起重机应装有清晰的喇叭、电铃或汽笛等信号装置;启动前,必须鸣铃或示警。在起重臂、吊钩、平衡重等转动体上应标以鲜明的色彩标志。(省指南:3.3.2.2) | □符合<br>□不符合 | |
| | | 1.16.10 | 已吊起的构件不得长久停滞在空中。(JGJ 276:3.0.17) | □符合<br>□不符合 | |
| | | 1.16.11 | 起吊物不得从人头顶上通过,吊物和起重臂下严禁站人。(省指南:3.3.2.10) | □符合<br>□不符合 | |
| | | 1.16.12 | 严禁在吊起的构件上行走或站立,不得用起重机载运人员,不得在构件上堆放或悬挂零星物件。(JGJ 276:3.0.18) | □符合<br>□不符合 | |
| | | 1.16.13 | 起重作业人员必须穿防滑鞋、戴安全帽,高处作业应佩挂安全带,并应系挂可靠,高挂低用。(JGJ 276:3.0.4) | □符合<br>□不符合 | |
| | | 1.16.14 | 起重设备夜间不宜作业,当确需夜间作业时,应有足够照明。(JGJ 276:3.0.5) | □符合<br>□不符合 | |
| | | 1.16.15 | 高空吊装梁等大型构件应在构件两端设溜绳。(JTG F90:5.6.11) | □符合<br>□不符合 | |
| | | 1.16.16 | 吊装大、重构件和采用新的吊装工艺时,应先进行试吊,确认无问题后,方可正式起吊。(JGJ 276:3.0.11) | □符合<br>□不符合 | |
| | | 1.16.17 | 大雨、雾、大雪及六级以上大风等恶劣天气应停止吊装作业。雨雪后进行吊装作业时,应及时清理冰雪并应采取防滑和防漏电措施,先试吊,确认制动器灵敏可靠后方可进行作业。(JGJ 276:3.0.12) | □符合<br>□不符合 | |
| | | 1.16.18 | 吊起的构件应确保在起重机吊杆顶的正下方,严禁采用斜拉、斜吊,严禁起吊埋于地下或黏结在地上的构件。(JGJ 276:3.0.13) | □符合<br>□不符合 | |
| | | 1.16.19 | 起重机当需要在小于规定的架空线路安全距离范围内进行作业时,必须采取严格的安全保护措施,并应按照相关规定经有关部门批准。(JTG F90:5.6.14) | □符合<br>□不符合 | |

续上表

| 项目 | 序号 | 常见隐患涉及条款 | 检查结果 | 问题描述 |
|---|---|---|---|---|
| 起重吊装作业 | 1.16.20 | 开始起吊时,应先将构件吊离地面200～300mm后暂停,检查起重机的稳定性、制动装置的可靠性、构件的平衡性和绑扎的牢固性等,确认无误后,方可继续起吊。严禁超载和吊装重量不明的重型构件和设备。(JGJ 276:3.0.17) | □符合<br>□不符合 | |
| | 1.16.21 | 严禁超载和吊装重量不明的重型构件和设备。(JGJ 276:3.0.17) | □符合<br>□不符合 | |
| 一般吊装作业管理 | 1.16.22 | 严禁在已吊起的构件下面或起重臂下旋转范围内作业或行走。起吊时应匀速,不得突然制动。回转时动作应平稳,当回转未停稳前不得做反向动作。(JGJ 276:3.0.18) | □符合<br>□不符合 | |
| | 1.16.23 | 暂停作业时,对吊装作业中未形成稳定体系的部分,必须采取临时固定措施。(JGJ 276:3.0.19) | □符合<br>□不符合 | |
| | 1.16.24 | 高处作业所使用的工具和零配件等,应放在工具袋(盒)内,并严禁抛掷。(JGJ 276:3.0.20) | □符合<br>□不符合 | |
| | 1.16.25 | 对起吊物进行移动、吊升、停止、安装时的全过程应采用旗语或通用手势信号进行指挥,信号不明不得启动,上下联系应相互协调,也可采用通信工具。(JGJ 276:3.0.24) | □符合<br>□不符合 | |
| | 1.16.26 | 对临时固定的构件,必须在完成了永久固定,并经检查确认无误后,方可解除临时固定措施。(JGJ 276:3.0.23) | □符合<br>□不符合 | |
| 流动式起重机管理 | 1.16.27 | 流动式起重机行驶和作业场地应平坦坚实,与沟渠、基坑保持一定的安全距离。(省指南:3.3.2.13-(1)) | □符合<br>□不符合 | |
| | 1.16.28 | 汽车起重机作业前,应全部伸出支腿,在撑脚下垫方木,回转支承面应保持水平。(省指南:3.3.2.13-(2)) | □符合<br>□不符合 | |
| | 1.16.29 | 汽车起重机起吊时,驾驶室内不得有人,吊物不得超越驾驶室上方,且不得在车的前方起吊。(省指南:3.3.2.13-(3)) | □符合<br>□不符合 | |
| | 1.16.30 | 作业中出现支腿沉陷、起重机倾斜等情况时,必须立即放下吊物,经调整并消除不安全因素后方可继续作业。(省指南:3.3.2.13-(6)) | □符合<br>□不符合 | |
| | 1.16.31 | 轮胎式起重机短距离带荷行走时,道路应平坦坚实,吊物离地高度不得超过0.5m,并应拴好拉绳,缓慢行驶。(省指南:3.3.2.13-(7)) | □符合<br>□不符合 | |
| 塔式起重机管理 | 1.16.32 | 提升重物作水平移动时,应高出其跨越的障碍物0.5m以上。(省指南:3.3.2.14-(3)) | □符合<br>□不符合 | |
| | 1.16.33 | 当同一施工地点有两台以上塔吊时,应保持两机之间任意接近部位(包括吊重物)空间距离不得小于2.0m。(省指南:3.3.2.14-(4)) | □符合<br>□不符合 | |

续上表

| 项目 | | 序号 | 常见隐患涉及条款 | 检查结果 | 问题描述 |
|---|---|---|---|---|---|
| □起重吊装作业 | □塔式起重机管理 | 1.16.34 | 行走式塔式起重机停机时,应断开电源总开关,打开高空指示灯。(省指南:3.3.2.14-(6)) | □符合<br>□不符合 | |
| | □门式起重机管理 | 1.16.35 | 防抗台风时宜加设缆风绳。(部指南:12.4-(2)) | □符合<br>□不符合 | |
| | | 1.16.36 | 门式起重机应设置带有护栏的爬梯供作业人员使用。(部指南:12.4-(10)) | □符合<br>□不符合 | |
| | | 1.16.37 | 门式起重机应设有电缆卷筒,配电箱应设置在轨道中部。操作室内应垫木板或绝缘板。上、下操纵室应使用专用扶梯。(省指南:3.3.2.15-(2)) | □符合<br>□不符合 | |
| | | 1.16.38 | 门式起重机空车行走时,吊钩应离地面2.0m以上。两台同时作业时,相互间应保持3.0~5.0m距离。严禁用一台起重机顶推另一台起重机。(省指南:3.3.2.15-(4)) | □符合<br>□不符合 | |
| | | 1.16.39 | 吊装作业停止后,应将起重机停放在停机线上,用夹轨器锁紧,将吊钩升到上部位置,并将控制器拨到零位,切断电源,关闭门窗。(省指南:3.3.2.15-(6)) | □符合<br>□不符合 | |
| | □警戒监护 | 1.16.40 | 吊装作业应设警戒区,警戒区不得小于起吊物坠落影响范围。(JTG F90:5.6.4) | □符合<br>□不符合 | |
| | | 1.16.41 | 起重机与其他设备或固定建筑物的最小距离应在0.5m以上。(省指南:3.3.2.8) | □符合<br>□不符合 | |
| | | 1.16.42 | 吊装中的焊接作业,应有严格的防火措施,并应设专人看护。在作业部位下面周围10m范围内不得有人。(JGJ 276:3.0.21) | □符合<br>□不符合 | |
| | | 1.16.43 | 警戒区应设专人监护。(JGJ 59:3.18.4-4) | □符合<br>□不符合 | |
| | □维护保养 | 1.16.44 | 高处检修作业,应设安全通道梯子、支架、吊台或吊架。夜间检修的作业场所,应有足够亮度的照明灯具。(省指南:3.3.1.6) | □符合<br>□不符合 | |
| | □其他 | 1.16.45 | | | |

续上表

| 规范性引用文件：<br>《起重机械安全规程 第1部分：总则》(GB 6067.1—2010)<br>《公路工程施工安全技术规范》(JTG F90—2015)<br>《建筑施工起重吊装工程安全技术规范》(JGJ 276—2012)<br>《建筑施工安全检查标准》(JGJ 59—2011)<br>《特种设备作业人员考核规则》(TSG Z6001—2019)<br>《公路工程建设现场安全管理标准化指南》(苏交建质〔2012〕16号)<br>交通运输部《公路水运工程施工安全标准化指南》 |
|---|
| 总体评价：1. 本次检查____项，符合____项，不符合____项，符合率为____%。<br>2. 针对不符合项中(填序号)_____，立即整改。<br>3. 针对不符合项中(填序号)_____，限期____日内整改。<br>4. 针对__(填写停工范围)__，停工整改。<br>5. 整改情况于____日内，书面反馈至检查单位。<br>6. 其他_____ |

检查单位：_____  受检单位：_____

检查人员：_____  受检人员：_____

检查日期：_____  签收日期：_____

# 第九节 模板、支架、脚手架

## 1.17 模 板

项目标段：_____  检查部位：_____

| 项目 | 序号 | 常见隐患涉及条款 | 检查结果 | 问题描述 |
|---|---|---|---|---|
| ☐模板构造与安装 | ☐一般规定 1.17.1 | 模板安装前应对模板和配件进行挑选、检测,不合格者应剔除,并应运至工地指定地点堆放。(JGJ 162:6.1.1-3) | ☐符合<br>☐不符合 | |
| | 1.17.2 | 模板安装时木杆、钢管、门架等支架立柱不得混用。(JGJ 162:6.1.2-1) | ☐符合<br>☐不符合 | |
| | 1.17.3 | 竖向模板和支架立柱支承部分安装在基土上时,应加设垫板,垫板应有足够强度和支承面积,且应中心承载。基土应坚实,并应有排水措施。(JGJ 162:6.1.2-2) | ☐符合<br>☐不符合 | |
| | 1.17.4 | 模板及其支架在安装过程中,必须设置有效防倾覆的临时固定设施。(JGJ 162:6.1.2-4) | ☐符合<br>☐不符合 | |
| | 1.17.5 | 安装上层模板及其支架,上层支架立柱应对准下层支架立柱,并应在立柱底铺设垫板。(JGJ 162:6.1.2-6) | ☐符合<br>☐不符合 | |
| | 1.17.6 | 拼装高度为2m以上的竖向模板,不得站在下层模板上拼装上层模板。安装过程中应设置临时固定设施。(JGJ 162:6.1.4) | ☐符合<br>☐不符合 | |
| | 1.17.7 | 当支架立柱成一定角度倾斜,或其支架立柱的顶表面倾斜时,应采取可靠措施确保支点稳定,支撑底脚必须有防滑移的可靠措施。(JGJ 162:6.1.6) | ☐符合<br>☐不符合 | |
| | 1.17.8 | 除设计图另有规定者外,所有垂直支架柱应保证其垂直。(JGJ 162:6.1.7) | ☐符合<br>☐不符合 | |
| | 1.17.9 | 对梁和板安装二次支撑前,其上不得有施工荷载,支撑的位置必须正确。安装后所传给支撑或连接件的荷载不应超过其允许值。(JGJ 162:6.1.8) | ☐符合<br>☐不符合 | |
| | 1.17.10 | 已承受荷载的支架和附件,不得随意拆除或移动。(JGJ 162:6.1.10) | ☐符合<br>☐不符合 | |

续上表

| 项目 | 序号 | 常见隐患涉及条款 | 检查结果 | 问题描述 |
|---|---|---|---|---|
| ☐模板构造与安装 / ☐一般规定 | 1.17.11 | 安装模板时,安装所需各种配件应置于工具箱或工具袋内,严禁散放在模板或脚手板上;安装所用工具应系挂在作业人员身上或置于所佩戴的工具袋中,不得掉落。(JGJ 162:6.1.12) | ☐符合<br>☐不符合 | |
| | 1.17.12 | 基准面以上2m安装模板应搭设脚手架或施工平台。(JTG F90:5.2.13-5) | ☐符合<br>☐不符合 | |
| | 1.17.13 | 模板应按设计方案设置纵、横、斜向支撑和水平拉杆,拉环不得焊接。(JTG F90:5.2.11) | ☐符合<br>☐不符合 | |
| | 1.17.14 | 吊运大块或整体模板时,竖向吊运不应少于2个吊点,水平吊运不应少于4个吊点。吊运必须使用卡环连接,并应稳起稳落,待模板就位连接牢固后,方可摘除卡环。(JGJ 162:6.1.14-2) | ☐符合<br>☐不符合 | |
| | 1.17.15 | 木料应堆放在下风向,离火源不得小于30m,且料场四周应设置灭火器材。(JGJ 162:6.1.15) | ☐符合<br>☐不符合 | |
| | 1.17.16 | 模板应按设计方案设置纵、横、斜向支撑和水平拉杆,拉杆不得焊接。(JTG F90:5.2.11) | ☐符合<br>☐不符合 | |
| ☐普通模板构造与安装 | 1.17.17 | 地面以下支模,当深度超过2m时,操作人员应设梯上下。(JGJ 162:6.3.1-1) | ☐符合<br>☐不符合 | |
| | 1.17.18 | 距基槽(坑)上口边缘1m内不得堆放模板。向基槽(坑)内运料应使用起重机、溜槽或绳索;运下的模板严禁立放在基槽(坑)土壁上。(JGJ 162:6.3.1-2) | ☐符合<br>☐不符合 | |
| | 1.17.19 | 基础及地下工程模板斜支撑与侧模的夹角不应小于45°,支在土壁上的斜支撑应加设垫板,底部的对角楔木应与斜支撑连牢。(JGJ 162:6.3.1-3) | ☐符合<br>☐不符合 | |
| | 1.17.20 | 基础及地下工程模板在有斜支撑的位置,应在两侧模间采用水平撑连成整体。(JGJ 162:6.3.1-4) | ☐符合<br>☐不符合 | |
| | 1.17.21 | 若为整体预组合柱模,吊装时应采用卡环和柱模连接,不得用钢筋钩代替。(JGJ 162:6.3.2-3) | ☐符合<br>☐不符合 | |
| | 1.17.22 | 当墙模板采用散拼定型模板支模时,应自下而上进行,必须在下一层模板全部紧固后,方可进行上一层安装。当下层不能独立安设支撑件时,应采取临时固定措施。(JGJ 162:6.3.3-1) | ☐符合<br>☐不符合 | |
| | 1.17.23 | 当采用预拼装的大块墙模板进行支模安装时,严禁同时起吊2块模板。(JGJ 162:6.3.3-2) | ☐符合<br>☐不符合 | |
| | 1.17.24 | 当墙模板钢楞长度需接长时,接头处应增加相同数量和不小于原规格的钢楞,其搭接长度不得小于墙模板宽或高的15%~20%。(JGJ 162:6.3.3-5) | ☐符合<br>☐不符合 | |

续上表

| 项目 | | 序号 | 常见隐患涉及条款 | 检查结果 | 问题描述 |
|---|---|---|---|---|---|
| □模板构造与安装 | □普通模板构造与安装 | 1.17.25 | 对拉螺栓与墙模板应垂直。(JGJ 162:6.3.3-7) | □符合<br>□不符合 | |
| | | 1.17.26 | 安装独立梁模板时应设安全操作平台,并严禁操作人员站在独立梁底模或柱模支架上操作及上下通行。(JGJ 162:6.3.4-1) | □符合<br>□不符合 | |
| | | 1.17.27 | 当侧模高度多于2块时,应采取临时固定措施。(JGJ 162:6.3.4-3) | □符合<br>□不符合 | |
| | □组合钢模板 | 1.17.28 | 模板支承系统应为独立的系统,不得与物料提升机、施工升降机、塔式起重机等起重设备钢结构架体机身及附属设施相连接;不得与施工脚手架、物料周转平台等架体相连接。(GB/T 50214:5.2.1-13) | □符合<br>□不符合 | |
| | | 1.17.29 | 模板工程的安装,钢楞宜取用整根杆件,接头应错开设置,搭接长度应不小于200mm。(GB/T 50214:5.2.2-3) | □符合<br>□不符合 | |
| □模板拆除 | □一般要求 | 1.17.30 | 拆模前应检查所使用的工具有效和可靠,扳手等工具必须装入工具袋或系挂在身上。(JGJ 162:7.1.6) | □符合<br>□不符合 | |
| | | 1.17.31 | 模板的拆除工作应设专人指挥。作业区应设围栏,其内不得有其他工种作业,并应设专人负责监护。拆下的模板、零配件严禁抛掷。(JGJ 162:7.1.7) | □符合<br>□不符合 | |
| | | 1.17.32 | 拆模的顺序和方法应按模板的设计规定进行。当设计无规定时,可采取先支的后拆、后支的先拆、先拆非承重模板、后拆承重模板,并应从上而下进行拆除。拆下的模板不得抛扔,应按指定地点堆放。(JGJ 162:7.1.8) | □符合<br>□不符合 | |
| | | 1.17.33 | 高处拆除模板时,严禁使用大锤和撬棍,操作层上临时拆下的模板堆放不能超过3层。(JGJ 162:7.1.10) | □符合<br>□不符合 | |
| | | 1.17.34 | 在提前拆除互相搭连并涉及其他后拆模板的支撑时,应补设临时支撑。拆模时,应逐块拆卸,不得成片撬落或拉倒。(JGJ 162:7.1.11) | □符合<br>□不符合 | |
| | | 1.17.35 | 拆模如遇中途停歇,应将已拆松动、悬空、浮吊的模板或支架进行临时支撑牢固或相互连接稳固。对活动部件必须一次拆除。(JGJ 162:7.1.12) | □符合<br>□不符合 | |
| | | 1.17.36 | 模板、支架的拆除应设立警戒区,非作业人员不得进入。(JTG F90:5.2.14-6) | □符合<br>□不符合 | |

续上表

| 项目 | | 序号 | 常见隐患涉及条款 | 检查结果 | 问题描述 |
|---|---|---|---|---|---|
| □模板拆除 | □普通模板拆除 | 1.17.37 | 拆除条形基础、杯形基础、独立基础或设备基础的模板和支撑杆件等应随拆随运,不得在离槽(坑)上口边缘1m以内堆放。(JGJ 162:7.3.1-2) | □符合<br>□不符合 | |
| | | 1.17.38 | 拆除条形基础、杯形基础、独立基础或设备基础的模板时,应先拆内外木楞、再拆木面板;钢模板应先拆钩头螺栓和内外钢楞,后拆U形卡和L形插销,拆下的钢模板应妥善传递或用绳钩放置地面,不得抛掷。拆下的小型零配件应装入工具袋内或小型箱笼内,不得随处乱扔。(JGJ 162:7.3.1-3) | □符合<br>□不符合 | |
| | | 1.17.39 | 拆除每一大块墙模的最后2个对拉螺栓后,作业人员应撤离大模板下侧,以后的操作均应在上部进行。(JGJ 162:7.3.3-3) | □符合<br>□不符合 | |
| | | 1.17.40 | 模板、支架的拆除应遵循先拆非承重模板、后拆承重模板、自上而下、分层分段拆除的顺序和原则。(JTG F90:5.2.14-2) | □符合<br>□不符合 | |
| | | 1.17.41 | 承重模板应横向同时、纵向对称均衡卸落。(JTG F90:5.2.14-3) | □符合<br>□不符合 | |
| | | 1.17.42 | 简支梁、连续梁结构模板宜从跨中向支座方向依次循环卸落;悬臂梁结构模板宜从悬臂端开始顺序卸落。(JTG F90:5.2.14-4) | □符合<br>□不符合 | |
| | | 1.17.43 | 承重模板、支架,应在混凝土强度达到设计要求后拆除。(JTG F90:5.2.14-5) | □符合<br>□不符合 | |
| | | 1.17.44 | 模板、支架的拆除应设立警戒区,非作业人员不得进入。(JTG F90:5.2.14-6) | □符合<br>□不符合 | |
| | | 1.17.45 | 拆除人员应使用稳固的登高工具、防护用品。(JTG F90:5.2.14-7) | □符合<br>□不符合 | |
| | | 1.17.46 | 在高处安装和拆除模板时,周围应设安全网或搭脚手架,并应加设防护栏杆。在临街面及交通要道地区,尚应设警示牌,派专人看管。(JGJ 162:8.0.6) | □符合<br>□不符合 | |
| | | 1.17.47 | 作业时,模板和配件不得随意堆放,模板应放平放稳,严防滑落。脚手架或操作平台上临时堆放的模板不宜超过3层,连接件应放在箱盒或工具袋中,不得散放在脚手板上。(JGJ 162:8.0.7) | □符合<br>□不符合 | |
| | | 1.17.48 | 支模过程中如遇中途停歇,应将已就位模板或支架连接稳固,不得浮搁或悬空。拆模中途停歇时,应将已松扣或已拆松的模板、支架等拆下运走,防止构件坠落或作业人员扶空坠落伤人。(JGJ 162:8.0.14) | □符合<br>□不符合 | |

续上表

| 项目 | 序号 | 常见隐患涉及条款 | 检查结果 | 问题描述 |
|---|---|---|---|---|
| 模板拆除 / 普通模板拆除 | 1.17.49 | 作业人员严禁攀登模板、斜撑杆、拉条或绳索等,不得在高处的墙顶、独立梁或在其模板上行走。(JGJ 162:8.0.15) | □符合<br>□不符合 | |
| | 1.17.50 | 在大风地区或大风季节施工时,模板应有抗风的临时加固措施。(JGJ 162:8.0.18) | □符合<br>□不符合 | |
| | 1.17.51 | 当钢模板高度超过15m时,应安设避雷设施,避雷设施的接地电阻不得大于4Ω。(JGJ 162:8.0.19) | □符合<br>□不符合 | |
| | 1.17.52 | 当遇大雨、大雾、沙尘、大雪或6级以上大风等恶劣天气时,应停止露天高处作业。5级及以上风力时,应停止高空吊运作业。雨、雪停止后,应及时清除模板和地面上的积水及冰雪。(JGJ 162:8.0.20) | □符合<br>□不符合 | |
| | 1.17.53 | 使用后的木模板应拔除铁钉,分类进库,堆放整齐。若为露天堆放,顶面应遮防雨篷布。(JGJ 162:8.0.21) | □符合<br>□不符合 | |
| | 1.17.54 | 在组合钢模板上架设的电线和使用的电动工具,应采用36V的低压电源或采取其他有效的安全措施,在操作平台上进行电、气焊作业时,应有防火措施和专人看护。(GB/T 50214:5.3.1) | □符合<br>□不符合 | |
| | 1.17.55 | 高处作业时,操作人员应系安全带,地面应设置安全通道、围栏和警戒标志,并应派专人看守,非操作人员不得进入作业范围内。(GB/T 50214:5.3.6) | □符合<br>□不符合 | |
| | 1.17.56 | 拆除承重模板时,应先设立临时支撑,然后进行拆除。(GB/T 50214:5.3.11) | □符合<br>□不符合 | |
| | 1.17.57 | 模板支承系统在使用过程中。立柱底部不得松动悬空。不得任意拆除任何杆件,不得松动扣件,且不得用作缆风绳的拉接。(GB/T 50214:5.3.12) | □符合<br>□不符合 | |
| □模板存放 | 1.17.58 | 模板存放场地应坚实平整。(JTG F90:5.2.15-1) | □符合<br>□不符合 | |
| | 1.17.59 | 大型模板应存放在专用模板架内或卧倒平放,不得直靠其他模板或构件。特型模板应存放在专用模板架内。(JTG F90:5.2.15-2) | □符合<br>□不符合 | |
| | 1.17.60 | 突风频发区或台风到来前,存放的大型模板应采取加固措施。(JTG F90:5.2.15-3) | □符合<br>□不符合 | |
| | 1.17.61 | 清理模板或刷脱模剂时,模板应支撑牢固,两片模板间应留有足够的人行通道。(JTG F90:5.2.15-4) | □符合<br>□不符合 | |

续上表

| 项目 | 序号 | 常见隐患涉及条款 | 检查结果 | 问题描述 |
|---|---|---|---|---|
| ☐其他 | 1.17.62 | | | |

规范性引用文件：
《组合钢模板技术规范》(GB/T 50214—2013)
《建筑施工模板安全技术规范》(JGJ 162—2016)
《公路工程施工安全技术规范》(JTG F90—2015)

总体评价：1. 本次检查____项，符合____项，不符合____项，符合率为____%。
2. 针对不符合项中(填序号)_____，立即整改。
3. 针对不符合项中(填序号)_____，限期____日内整改。
4. 针对__(填写停工范围)__，停工整改。
5. 整改情况于____日内，书面反馈至检查单位。
6. 其他_____

检查单位：_____　　受检单位：_____

检查人员：_____　　受检人员：_____

检查日期：_____　　签收日期：_____

## 1.18 支　　架

项目标段：＿＿＿＿＿＿＿＿＿＿＿＿＿＿　　　检查部位：＿＿＿＿＿＿＿＿＿＿＿＿＿＿

| 项目 | 序号 | 常见隐患涉及条款 | 检查结果 | 问题描述 |
|---|---|---|---|---|
| □扣件式钢管满堂支撑架 □水平杆 | 1.18.1 | 两根相邻纵向水平杆的接头不应设置在同步或同跨内；不同步或不同跨两个相邻接头在水平方向错开的距离不应小于500mm；各接头中心至最近主节点的距离不应大于纵距的1/3。（JGJ 130：6.2.1-2） | □符合<br>□不符合 |  |
| | 1.18.2 | 搭接长度不应小于1m，应等间距设置3个旋转扣件固定；端部扣件盖板边缘至搭接纵向水平杆杆端的距离不应小于100mm。（JGJ 130：6.2.1-2） | □符合<br>□不符合 |  |
| | 1.18.3 | 满堂支撑架步距与立杆伸出顶层水平杆中心线至支撑点的长度不应超过0.5m。满堂支撑架搭设高度不宜超过30m。（JGJ 130：6.9.1） | □符合<br>□不符合 |  |
| □立杆 | 1.18.4 | 脚手架必须设置纵、横向扫地杆。纵向扫地杆应采用直角扣件固定在距钢管底端不大于200mm处的立杆上。横向扫地杆应采用直角扣件固定在紧靠纵向扫地杆下方的立杆上。（JGJ 130：6.3.2） | □符合<br>□不符合 |  |
| | 1.18.5 | 脚手架立杆基础不在同一高度上时，必须将高处的纵向扫地杆向低处延长两跨与立杆固定；高低差不应大于1m。靠边坡上方的立杆轴线到边坡的距离不应小于500mm。（JGJ 130：6.3.3） | □符合<br>□不符合 |  |
| | 1.18.6 | 单、双排脚手架底层步距均不应大于2m。（JGJ 130：6.3.4） | □符合<br>□不符合 |  |
| | 1.18.7 | 单排、双排与满堂脚手架立杆接长除顶层顶步外，其余各层各步接头必须采用对接扣件连接。（JGJ 130：6.3.5） | □符合<br>□不符合 |  |
| | 1.18.8 | 当立杆采用对接接长时，立杆的对接扣件应交错布置，两根相邻立杆的接头不应设置在同步内，同步内隔一根立杆的两个相隔接头在高度方向错开的距离不宜小于500mm；各接头中心至主节点的距离不宜大于步距的1/3。（JGJ 130：6.3.6-1） | □符合<br>□不符合 |  |
| | 1.18.9 | 当立杆采用搭接接长时，搭接长度不应小于1m，并应采用不少于2个旋转扣件固定。端部扣件盖板的边缘至杆端距离不应小于100mm。（JGJ 130：6.3.6-2） | □符合<br>□不符合 |  |
| | 1.18.10 | 满堂支撑架的可调底座、可调托撑螺杆伸出长度不宜超过300mm，插入立杆内的长度不得小于150mm。（JGJ 130：6.9.6） | □符合<br>□不符合 |  |

续上表

| 项目 | 序号 | 常见隐患涉及条款 | 检查结果 | 问题描述 |
|---|---|---|---|---|
| 扣件式钢管满堂支撑架 | 剪刀撑 1.18.11 | 剪刀撑斜杆的接长应采用搭接或对接,搭接长度不应小于1m,并应采用不少于2个旋转扣件固定。端部扣件盖板的边缘至杆端距离不应小于100mm。(JGJ 130:6.6.2-2) | □符合<br>□不符合 | |
| | 1.18.12 | 剪刀撑斜杆应用旋转扣件固定在与之相交的横向水平杆的伸出端或立杆上,旋转扣件中心线至主节点的距离不应大于150mm。(JGJ 130:6.6.2-3) | □符合<br>□不符合 | |
| | 1.18.13 | 满堂支撑架应根据架体的类型设置剪刀撑,并应符合下列规定:<br>1)普通型:<br>(1)在架体外侧周边及内部纵、横向每5~8m,应由底至顶设置连续竖向剪刀撑,剪刀撑宽度应为5~8m;<br>(2)在竖向剪刀撑顶部交点平面应设置连续水平剪刀撑。当支撑高度超过8m,或施工总荷载大于15kN/m²,或集中线荷载大于20kN/m的支撑架,扫地杆的设置层应设置水平剪刀撑。水平剪刀撑至架体底平面距离与水平剪刀撑间距不宜超过8m。(JGJ 130:6.9.3) | □符合<br>□不符合 | |
| | 1.18.14 | 满堂支撑架应根据架体的类型设置剪刀撑,并应符合下列规定:<br>2)加强型:<br>(1)当立杆纵、横间距为0.9m×0.9m~1.2m×1.2m时,在架体外侧周边及内部纵、横向每4跨(且不大于5m),应由底至顶设置连续竖向剪刀撑,剪刀撑宽度应为4跨。<br>(2)当立杆纵、横间距为0.6m×0.6m~0.9m×0.9m(含0.6m×0.6m、0.9m×0.9m)时,在架体外侧周边及内部纵、横向每5跨(且不小于3m),应由底至顶设置连续竖向剪刀撑,剪刀撑宽度应为5跨。<br>(3)当立杆纵、横间距为0.4m×0.4m~0.6m×0.6m(含0.4m×0.4m)时,在架体外侧周边及内部纵、横向每3~3.2m应由底至顶设置连续竖向剪刀撑,剪刀撑宽度应为3~3.2m。<br>(4)在竖向剪刀撑顶部交点平面应设置水平剪刀撑,水平剪刀撑至架体底平面距离与水平剪刀撑间距不宜超过6m,剪刀撑宽度应为3~5m。(JGJ 130:6.9.3) | □符合<br>□不符合 | |
| | 1.18.15 | 竖向剪刀撑斜杆与地面的倾角应为45°~60°,水平剪刀撑与支架纵(或横)向夹角应为45°~60°。(JGJ 130:6.9.4) | □符合<br>□不符合 | |

续上表

| 项目 | 序号 | 常见隐患涉及条款 | 检查结果 | 问题描述 |
|---|---|---|---|---|
| □扣件式钢管满堂支撑架 / □连墙件 | 1.18.16 | 当满堂支撑架高宽比大于2或2.5时,满堂支撑架应在支架的四周和中部与结构柱进行刚性连接,连墙件水平间距应为6~9m,竖向间距应为2~3m。在无结构柱部位应采取预埋钢管等措施与建筑结构进行刚性连接,在有空间部位,满堂支撑架宜超出顶部加载区投影范围向外延伸布置2~3跨。支撑架高宽比不应大于3。(JGJ 130:6.9.7) | □符合<br>□不符合 | |
| □盘扣式模板支撑架 / □水平杆 | 1.18.17 | 当标准型(B型)立杆荷载设计值大于40kN,或重型(Z型)立杆荷载设计值大于65kN时,脚手架顶层步距应比标准步距缩小0.5m。(JGJ 231:6.1.5) | □符合<br>□不符合 | |
| | 1.18.18 | 支撑架可调底座丝杆插入立杆长度不得小于150mm,丝杆外露长度不宜大于300mm,作为扫地杆的最底层水平杆中心线距离可调底座的底板不应大于550mm。(JGJ 231:6.2.5) | □符合<br>□不符合 | |
| | 1.18.19 | 支撑架可调托撑伸出顶层水平杆或双槽托梁中心线的悬臂长度不应超过650mm,且丝杆外露长度不应超过400mm,可调托撑插入立杆或双槽托梁长度不得小于150mm。(JGJ 231:6.2.4) | □符合<br>□不符合 | |
| □盘扣式模板支撑架 / □斜杆与剪刀撑 | 1.18.20 | 对标准步距为1.5m的支撑架,应根据支撑架搭设高度、支撑架型号及立杆轴向力设计值($N$)进行竖向斜杆布置,竖向斜杆布置形式选用应符合以下要求:<br>(1)标准型$N$≤25kN,搭设高度≤16m时,间隔3跨设置竖向斜杆;标准型$N$≤40kN,搭设高度≤8m时,间隔2跨设置竖向斜杆,搭设高度≤16m时,间隔1跨设置竖向斜杆;标准型$N$>40kN,搭设高度≤16m时,间隔1跨设置竖向斜杆;<br>(2)重型$N$≤40kN,搭设高度≤16m时,间隔3跨设置竖向斜杆;重型$N$≤65kN,搭设高度≤8m时,间隔2跨设置竖向斜杆,搭设高度≤16m时,间隔1跨设置竖向斜杆;重型$N$>65kN,搭设高度≤16m时,间隔1跨设置竖向斜杆。(JGJ 231:6.2.2) | □符合<br>□不符合 | |
| | 1.18.21 | 当支撑架搭设高度大于16m时,顶层步距内应每跨布置竖向斜杆。(JGJ 231:6.2.3) | □符合<br>□不符合 | |
| | 1.18.22 | 当支撑架搭设高度超过8m、周围有既有建筑结构时,应沿高度每间隔4个~6个步距与周围已建成的结构进行可靠拉结。(JGJ 231:6.2.6) | □符合<br>□不符合 | |

续上表

| 项目 | 序号 | 常见隐患涉及条款 | 检查结果 | 问题描述 |
|---|---|---|---|---|
| □盘扣式模板支撑架 □斜杆与剪刀撑 | 1.18.23 | 支撑架应沿高度每间隔4个~6个标准步距应设置水平剪刀撑,并应符合现行行业标准《建筑施工扣件式钢管脚手架安全技术规范》(JGJ 130)中钢管水平剪刀撑的有关规定。(JGJ 231:6.2.7) | □符合<br>□不符合 | |
| | 1.18.24 | 当以独立塔架形式搭设支撑架时,应沿高度每间隔2个~4个步距与相邻的独立塔架水平拉结。(JGJ 231:6.2.8) | □符合<br>□不符合 | |
| □通道 | 1.18.25 | 当支撑架架体内设置与单支水平杆同宽的人行通道时,可间隔抽除第一层水平杆和斜杆形成施工人员进出通道,与通道正交的两侧立杆间应设置竖向斜杆;当支撑架架体内设置与单支水平杆不同宽人行通道时,应在通道上部架设支撑横梁,横梁的型号及间距应依据荷载确定。通道相邻跨支撑横梁的立杆间距应根据计算设置,通道周围的支撑架应连成整体。洞口顶部应铺设封闭的防护板,相邻跨应设置安全网。通行机动车的洞口,应设置安全警示和防撞设施。(JGJ 231:6.2.9) | □符合<br>□不符合 | |
| □其他 | 1.18.26 | | | |

规范性引用文件:
《建筑施工扣件式钢管脚手架安全技术规范》(JGJ 130—2011)
《建筑施工承插型盘扣式钢管支架安全技术规程》(JGJ 231—2021)

总体评价:1. 本次检查____项,符合____项,不符合____项,符合率为____%。
2. 针对不符合项中(填序号)_____,立即整改。
3. 针对不符合项中(填序号)_____,限期____日内整改。
4. 针对__(填写停工范围)__,停工整改。
5. 整改情况于____日内,书面反馈至检查单位。
6. 其他_____


检查单位:_____  受检单位:_____


检查人员:_____  受检人员:_____


检查日期:_____  签收日期:_____

## 1.19 扣件式钢管脚手架

项目标段：＿＿＿＿＿＿＿＿＿＿＿＿　　检查部位：＿＿＿＿＿＿＿＿＿＿＿＿

| 项目 | 序号 | 常见隐患涉及条款 | 检查结果 | 问题描述 |
|---|---|---|---|---|
| □设计尺寸 | 1.19.1 | 作业脚手架的宽度不应小于0.8m，且不宜大于1.2m。作业层高度不应小于1.7m，且不宜大于2.0m。（GB 51210:8.2.1） | □符合<br>□不符合 | |
| □架体构造 / □纵向水平杆 | 1.19.2 | 纵向水平杆应设置在立杆内侧，单根杆长度不应小于3跨。（JGJ 130:6.2.1-1） | □符合<br>□不符合 | |
| | 1.19.3 | 两根相邻纵向水平杆的接头不应设置在同步或同跨内；不同步或不同跨两个相邻接头在水平方向错开的距离不应小于500mm；各接头中心至最近主节点的距离不应大于纵距的1/3。（JGJ 130:6.2.1-2） | □符合<br>□不符合 | |
| | 1.19.4 | 搭接长度不应小于1m，应等间距设置3个旋转扣件固定；端部扣件盖板边缘至搭接纵向水平杆杆端的距离不应小于100mm。（JGJ 130:6.2.1-2） | □符合<br>□不符合 | |
| | 1.19.5 | 当使用冲压钢脚手板、木脚手板、竹串片脚手板时，纵向水平杆应作为横向水平杆的支座，用直角扣件固定在立杆上；当使用竹笆脚手板时，纵向水平杆应采用直角扣件固定在横向水平杆上，并应等间距设置，间距不应大于400mm。（JGJ 130:6.2.1-3） | □符合<br>□不符合 | |
| □横向水平杆 | 1.19.6 | 作业层上非主节点处的横向水平杆，宜根据支承脚手板的需要等间距设置，最大间距不应大于纵距的1/2。（JGJ 130:6.2.2-1） | □符合<br>□不符合 | |
| | 1.19.7 | 当使用冲压钢脚手板、木脚手板、竹串片脚手板时，双排脚手架的横向水平杆两端均应采用直角扣件固定在纵向水平杆上；单排脚手架的横向水平杆的一端应用直角扣件固定在纵向水平杆上，另一端应插入墙内，插入长度不应小于180mm。（JGJ 130:6.2.2-2） | □符合<br>□不符合 | |
| | 1.19.8 | 当使用竹笆脚手板时，双排脚手架的横向水平杆的两端，应用直角扣件固定在立杆上；单排脚手架的横向水平杆的一端，应用直角扣件固定在立杆上，另一端插入墙内，插入长度不应小于180mm。（JGJ 130:6.2.2-3） | □符合<br>□不符合 | |
| | 1.19.9 | 主节点处必须设置一根横向水平杆，用直角扣件扣接且严禁拆除。（JGJ 130:6.2.3） | □符合<br>□不符合 | |

续上表

| 项目 | 序号 | 常见隐患涉及条款 | 检查结果 | 问题描述 |
|---|---|---|---|---|
| 架体构造 / 脚手板 | 1.19.10 | 作业层脚手板应铺满、铺稳、铺实。（JGJ 130：6.2.4-1） | □符合<br>□不符合 | |
| | 1.19.11 | 冲压钢脚手板、木脚手板、竹串片脚手板等，应设置在三根横向水平杆上。当脚手板长度小于2m时，可采用两根横向水平杆支承，但应将脚手板两端与横向水平杆可靠固定，严防倾翻。脚手板的铺设应采用对接平铺或搭接铺设。脚手板对接平铺时，接头处应设两根横向水平杆，脚手板外伸长度应取130~150mm，两块脚手板外伸长度的和不应大于300mm；脚手板搭接铺设时，接头应支在横向水平杆上，搭接长度不应小于200mm，其伸出横向水平杆的长度不应小于100mm。（JGJ 130：6.2.4-2） | □符合<br>□不符合 | |
| | 1.19.12 | 竹笆脚手板应按其主竹筋垂直于纵向水平杆方向铺设，且应对接平铺，四个角应用直径不小于1.2mm的镀锌钢丝固定在纵向水平杆上。（JGJ 130：6.2.4-3） | □符合<br>□不符合 | |
| | 1.19.13 | 作业层端部脚手板探头长度应取150mm，其板的两端均应固定于支承杆件上。（JGJ 130：6.2.4-4） | □符合<br>□不符合 | |
| 架体构造 / 立杆 | 1.19.14 | 脚手架必须设置纵、横向扫地杆。纵向扫地杆应采用直角扣件固定在距钢管底端不大于200mm处的立杆上。横向扫地杆应采用直角扣件固定在紧靠纵向扫地杆下方的立杆上。（JGJ 130：6.3.2） | □符合<br>□不符合 | |
| | 1.19.15 | 脚手架立杆基础不在同一高度上时，必须将高处的纵向扫地杆向低处延长两跨与立杆固定；高低差不应大于1m。靠边坡上方的立杆轴线到边坡的距离不应小于500mm。（JGJ 130：6.3.3） | □符合<br>□不符合 | |
| | 1.19.16 | 单、双排脚手架底层步距均不应大于2m。（JGJ 130：6.3.4） | □符合<br>□不符合 | |
| | 1.19.17 | 单排、双排与满堂脚手架立杆接长除顶层顶步外，其余各层各步接头必须采用对接扣件连接。（JGJ 130：6.3.5） | □符合<br>□不符合 | |
| | 1.19.18 | 当立杆采用对接接长时，立杆的对接扣件应交错布置，两根相邻立杆的接头不应设置在同步内，同步内隔一根立杆的两个相隔接头在高度方向错开的距离不宜小于500mm；各接头中心至主节点的距离不宜大于步距的1/3。（JGJ 130：6.3.6-1） | □符合<br>□不符合 | |
| | 1.19.19 | 当立杆采用搭接接长时，搭接长度不应小于1m，并应采用不少于2个旋转扣件固定。端部扣件盖板的边缘至杆端距离不应小于100mm。（JGJ 130：6.3.6-2） | □符合<br>□不符合 | |
| | 1.19.20 | 脚手架立杆顶端栏杆宜高出女儿墙上端1m，宜高出檐口上端1.5m。（JGJ 130：6.3.7） | □符合<br>□不符合 | |

续上表

| 项目 | 序号 | 常见隐患涉及条款 | 检查结果 | 问题描述 |
|---|---|---|---|---|
| 架体构造 / 连墙件 | 1.19.21 | 双排落地脚手架搭设高度不大于50m时,连墙件设置密度不大于"三步三跨",每根连墙件覆盖面积不大于40m²。(JGJ 130:6.4.2-1) | □符合<br>□不符合 | |
| | 1.19.22 | 双排悬挑脚手架搭设高度大于50m时,连墙件设置密度不大于"两步三跨",每根连墙件覆盖面积不大于27m²。(JGJ 130:6.4.2-2) | □符合<br>□不符合 | |
| | 1.19.23 | 单排脚手架搭设高度不大于24m时,连墙件设置密度不大于"三步三跨",每根连墙件覆盖面积不大于40m²。(JGJ 130:6.4.2-3) | □符合<br>□不符合 | |
| | 1.19.24 | 连墙件应靠近主节点设置,偏离主节点的距离不应大于300mm。(JGJ 130:6.4.3-1) | □符合<br>□不符合 | |
| | 1.19.25 | 连墙件应从底层第一步纵向水平杆处开始设置,当该处设置有困难时,应采用其他可靠措施固定。(JGJ 130:6.4.3-2) | □符合<br>□不符合 | |
| | 1.19.26 | 连墙件应优先采用菱形布置,或采用方形、矩形布置。(JGJ 130:6.4.3-3) | □符合<br>□不符合 | |
| | 1.19.27 | 开口型脚手架的两端必须设置连墙件,连墙件的垂直间距不应大于建筑物的层高,并且不应大于4m。(JGJ 130:6.4.4) | □符合<br>□不符合 | |
| | 1.19.28 | 连墙件中的连墙杆应呈水平设置,当不能水平设置时,应向脚手架一端下斜连接。(JGJ 130:6.4.5) | □符合<br>□不符合 | |
| | 1.19.29 | 连墙件必须采用可承受拉力和压力的构造。对高度24m以上的双排脚手架,应采用刚性连墙件与建筑物连接。(JGJ 130:6.4.6) | □符合<br>□不符合 | |
| | 1.19.30 | 当脚手架下部暂不能设连墙件时应采取防倾覆措施。当搭设抛撑时,抛撑应采用通长杆件,并用旋转扣件固定在脚手架上,与地面的倾角应在45°~60°之间;连接点中心至主节点的距离不应大于300mm。抛撑应在连墙件搭设后方可拆除。(JGJ 130:6.4.7) | □符合<br>□不符合 | |
| 门洞 | 1.19.31 | 单、双排脚手架门洞宜采用上升斜杆、平行弦杆桁架结构形式,斜杆与地面的倾角应在45°~60°之间。(JGJ 130:6.5.1) | □符合<br>□不符合 | |
| | 1.19.32 | 单排脚手架门洞处,应在平面桁架的每一节间设置一根斜腹杆;双排脚手架门洞处的空间桁架,除下弦平面外,应在其余5个平面内设置一根斜腹杆。(JGJ 130:6.5.2) | □符合<br>□不符合 | |
| | 1.19.33 | 单排脚手架过窗洞时应增设立杆或增设一根纵向水平杆。(JGJ 130:6.5.3) | □符合<br>□不符合 | |

续上表

| 项目 | 序号 | 常见隐患涉及条款 | 检查结果 | 问题描述 |
|---|---|---|---|---|
| ☐架体构造 | ☐门洞 1.19.34 | 门洞桁架下的两侧立杆应为双管立杆,副立杆高度应高于门洞口1~2步。(JGJ 130:6.5.4) | ☐符合<br>☐不符合 | |
| | 1.19.35 | 门洞桁架中伸出上下弦杆的杆件端头,均应增设一个防滑扣件,该扣件宜紧靠主节点处的扣件。(JGJ 130:6.5.5) | ☐符合<br>☐不符合 | |
| | ☐剪刀撑与横向斜撑 1.19.36 | 双排脚手架应设置剪刀撑与横向斜撑,单排脚手架应设置剪刀撑。(JGJ 130:6.6.1) | ☐符合<br>☐不符合 | |
| | 1.19.37 | 每道剪刀撑宽度不应小于4跨,且不应小于6m,斜杆与地面的倾角应在45°~60°之间。(JGJ 130:6.6.2-1) | ☐符合<br>☐不符合 | |
| | 1.19.38 | 剪刀撑斜杆的接长应采用搭接或对接,搭接长度不应小于1m,并应采用不少于2个旋转扣件固定。端部扣件盖板的边缘至杆端距离不应小于100mm。(JGJ 130:6.6.2-2) | ☐符合<br>☐不符合 | |
| | 1.19.39 | 剪刀撑斜杆应用旋转扣件固定在与之相交的横向水平杆的伸出端或立杆上,旋转扣件中心线至主节点的距离不应大于150mm。(JGJ 130:6.6.2-3) | ☐符合<br>☐不符合 | |
| | 1.19.40 | 高度在24m及以上的双排脚手架应在外侧全立面连续设置剪刀撑;高度在24m以下的单、双排脚手架,均必须在外侧两端、转角及中间间隔不超过15m的立面上,各设置一道剪刀撑,并应由底至顶连续设置。(JGJ 130:6.6.3) | ☐符合<br>☐不符合 | |
| | 1.19.41 | 横向斜撑应在同一节间,由底至顶层呈之字形连续布置,斜撑宜采用旋转扣件固定在与之相交的横向水平杆的伸出端上,旋转扣件中心线至主节点的距离不宜大于150mm。当斜撑在1跨内跨越2个步距时,宜在相交的纵向水平杆处,增设一根横向水平杆,将斜撑固定在其伸出端上。(JGJ 130:6.6.4-1) | ☐符合<br>☐不符合 | |
| | 1.19.42 | 高度在24m以下的封闭型双排脚手架可不设横向斜撑,高度在24m以上的封闭型脚手架,除拐角应设置横向斜撑外,中间应每隔6跨距设置一道。(JGJ 130:6.6.4-2) | ☐符合<br>☐不符合 | |
| | 1.19.43 | 开口型双排脚手架的两端均必须设置横向斜撑。(JGJ 130:6.6.5) | ☐符合<br>☐不符合 | |
| | ☐斜道 1.19.44 | 斜道应附着外脚手架或建筑物设置。(JGJ 130:6.7.2-1) | ☐符合<br>☐不符合 | |
| | 1.19.45 | 运料斜道宽度不应小于1.5m,坡度不应大于1:6;人行斜道宽度不应小于1m,坡度不应大于1:3。(JGJ 130:6.7.2-2) | ☐符合<br>☐不符合 | |

续上表

| 项目 | | 序号 | 常见隐患涉及条款 | 检查结果 | 问题描述 |
|---|---|---|---|---|---|
| □架体构造 | □斜道 | 1.19.46 | 拐弯处应设置平台,其宽度不应小于斜道宽度。(JGJ 130:6.7.2-3) | □符合<br>□不符合 | |
| | | 1.19.47 | 斜道两侧及平台外围均应设置栏杆及挡脚板;栏杆高度应为1.2m,挡脚板高度不应小于180mm。(JGJ 130:6.7.2-4) | □符合<br>□不符合 | |
| | | 1.19.48 | 运料斜道两端、平台外围和端部均应设置连墙件;每两步加设水平斜杆;应设置剪刀撑和横向斜撑。(JGJ 130:6.7.2-5) | □符合<br>□不符合 | |
| | | 1.19.49 | 脚手板横铺时,应在横向水平杆下增设纵向支托杆,纵向支托杆间距不应大于500mm。(JGJ 130:6.7.3-1) | □符合<br>□不符合 | |
| | | 1.19.50 | 脚手板顺铺时,接头应采用搭接,下面的板头应压住上面的板头,板头的凸棱处应采用三角木填顺。(JGJ 130:6.7.3-2) | □符合<br>□不符合 | |
| | | 1.19.51 | 人行斜道和运料斜道的脚手板上应每隔250～300mm设置一根防滑木条,木条厚度应为20～30mm。(JGJ 130:6.7.3-3) | □符合<br>□不符合 | |
| | □满堂脚手架 | 1.19.52 | 满堂脚手架搭设高度不宜超过36m;满堂脚手架施工层不得超过1层。(JGJ 130:6.8.2) | □符合<br>□不符合 | |
| | | 1.19.53 | 满堂脚手架立杆接长接头必须采用对接扣件连接。(JGJ 130:6.8.3) | □符合<br>□不符合 | |
| | | 1.19.54 | 满堂脚手架应在架体外侧四周及内部纵、横向每6～8m由底至顶设置连续竖向剪刀撑。当架体搭设高度在8m以下时,应在架顶部设置连续水平剪刀撑;当架体搭设高度在8m及以上时,应在架体底部、顶部及竖向间隔不超过8m分别设置连续水平剪刀撑。水平剪刀撑宜在竖向剪刀撑斜杆相交平面设置。剪刀撑宽度应为6～8m。(JGJ 130:6.8.4) | □符合<br>□不符合 | |
| | | 1.19.55 | 剪刀撑应用旋转扣件固定在与之相交的水平杆或立杆上,旋转扣件中心线至主节点的距离不宜大于150mm。(JGJ 130:6.8.5) | □符合<br>□不符合 | |
| | | 1.19.56 | 满堂脚手架的高宽比不宜大于3,当高宽比大于2时,应在架体的外侧四周和内部水平间隔6～9m,竖向间隔4～6m设置连墙件与建筑结构拉结,当无法设置连墙件时,应采取设置钢丝绳张拉固定等措施。(JGJ 130:6.8.6) | □符合<br>□不符合 | |
| | | 1.19.57 | 满堂脚手架应设爬梯,爬梯踏步间距不得大于300mm。(JGJ 130:6.8.9) | □符合<br>□不符合 | |
| | | 1.19.58 | 满堂脚手架操作层支撑脚手板的水平杆间距不应大于1/2跨距。(JGJ 130:6.8.10) | □符合<br>□不符合 | |

续上表

| 项目 | | 序号 | 常见隐患涉及条款 | 检查结果 | 问题描述 |
|---|---|---|---|---|---|
| ☐施工管理 | ☐施工准备 | 1.19.59 | 新、旧扣件均应进行防锈处理。(JGJ 130:8.1.3) | ☐符合<br>☐不符合 | |
| | | 1.19.60 | 扣件有裂缝、变形、螺栓出现滑丝的严禁使用。(JGJ 130:8.1.4) | ☐符合<br>☐不符合 | |
| | | 1.19.61 | 脚手板的检查应符合下列规定：<br>1) 脚手板不得有裂纹、开焊或硬弯；<br>2) 新、旧脚手板均应涂防锈漆；<br>3) 应有防滑措施。<br>4) 不得使用扭曲变形、劈裂、腐朽的脚手板。(JGJ 130:8.1.5) | ☐符合<br>☐不符合 | |
| | | 1.19.62 | 可调托撑的检查应符合下列规定：<br>3 可调托撑支托板厚不应小于5mm，变形不应大于1mm；<br>4 严禁使用有裂缝的支托板、螺母。(JGJ 130:8.1.7) | ☐符合<br>☐不符合 | |
| | | 1.19.63 | 经检验合格的构配件应按品种、规格分类，堆放整齐、平稳，堆放场地不得有积水。(JGJ 130:7.1.3) | ☐符合<br>☐不符合 | |
| | ☐地基与基础 | 1.19.64 | 脚手架的搭设场地应平整、坚实，场地排水应顺畅，不应有积水。(GB 51210:9.0.3) | ☐符合<br>☐不符合 | |
| | | 1.19.65 | 立杆垫板或底座底面高程宜高于自然地坪50～100mm。(JGJ 130:7.2.3) | ☐符合<br>☐不符合 | |
| | ☐搭设 | 1.19.66 | 单、双排脚手架必须配合施工进度搭设，一次搭设高度不应超过相邻连墙件以上两步；如果超过相邻连墙件以上两步，无法设置连墙件时，应采取撑拉固定等措施与建筑结构拉结。(JGJ 130:7.3.1) | ☐符合<br>☐不符合 | |
| | | 1.19.67 | 底座安放应符合下列规定：<br>1 底座、垫板均应准确地放在定位线上；<br>2 垫板应采用长度不少于2跨、厚度不小于50mm、宽度不小于200mm的木垫板。(JGJ 130:7.3.3) | ☐符合<br>☐不符合 | |
| | | 1.19.68 | 脚手架开始搭设立杆时，应每隔6跨设置一根抛撑，直至连墙件安装稳定后，方可根据情况拆除。(JGJ 130:7.3.4-2) | ☐符合<br>☐不符合 | |
| | | 1.19.69 | 当架体搭设至有连墙件的主节点时，在搭设完该处的立杆、纵向水平杆、横向水平杆后，应立即设置连墙件。(JGJ 130:7.3.4-3) | ☐符合<br>☐不符合 | |
| | | 1.19.70 | 脚手架纵向水平杆应随立杆按步搭设，并应采用直角扣件与立杆固定。(JGJ 130:7.3.5-1) | ☐符合<br>☐不符合 | |

续上表

| 项目 | 序号 | 常见隐患涉及条款 | 检查结果 | 问题描述 |
|---|---|---|---|---|
| □施工管理 / □搭设 | 1.19.71 | 双排脚手架横向水平杆的靠墙一端至墙装饰面的距离不应大于100mm。（JGJ 130：7.3.6-2） | □符合<br>□不符合 | |
| | 1.19.72 | 脚手架连墙件的安装应随脚手架搭设同步进行，不得滞后安装。（JGJ 130：7.3.8-1） | □符合<br>□不符合 | |
| | 1.19.73 | 当单、双排脚手架施工操作层高出相邻连墙件以上两步时，应采取确保脚手架稳定的临时拉结措施，直到上一层连墙件安装完毕后再根据情况拆除。（JGJ 130：7.3.8-2） | □符合<br>□不符合 | |
| | 1.19.74 | 脚手架剪刀撑与双排脚手架横向斜撑应随立杆、纵向和横向水平杆等同步搭设，不得滞后安装。（JGJ 130：7.3.9） | □符合<br>□不符合 | |
| | 1.19.75 | 扣件螺栓拧紧扭力矩不应小于40N·m，且不应大于65N·m。（JGJ 130：7.3.11-2） | □符合<br>□不符合 | |
| | 1.19.76 | 在主节点处固定横向水平杆、纵向水平杆、剪刀撑、横向斜撑等用的直角扣件、旋转扣件的中心点的相互距离不应大于150mm。（JGJ 130：7.3.11-3） | □符合<br>□不符合 | |
| | 1.19.77 | 对接扣件开口应朝上或朝内。（JGJ 130：7.3.11-4） | □符合<br>□不符合 | |
| | 1.19.78 | 各杆件端头伸出扣件盖板边缘的长度不应小于100mm。（JGJ 130：7.3.11-5） | □符合<br>□不符合 | |
| | 1.19.79 | 作业脚手架的作业层上应满铺脚手板，并应采取可靠的连接方式与水平杆固定。当作业层边缘与建筑物间隙大于150mm时，应采取防护措施。作业层外侧应设置栏杆和挡脚板（GB 51210：8.2.8） | □符合<br>□不符合 | |
| □拆除 | 1.19.80 | 单、双排脚手架拆除作业必须由上而下逐层进行，严禁上下同时作业；连墙件必须随脚手架逐层拆除，严禁先将连墙件整层或数层拆除后再拆脚手架；分段拆除高差大于两步时，应增设连墙件加固。（JGJ 130：7.4.2） | □符合<br>□不符合 | |
| | 1.19.81 | 当脚手架拆至下部最后一根长立杆的高度（约6.5m）时，应先在适当位置搭设临时抛撑加固后，再拆除连墙件。当单、双排脚手架采取分段、分立面拆除时，对不拆除的脚手架两端，应设置连墙件和横向斜撑加固。（JGJ 130：7.4.3） | □符合<br>□不符合 | |
| | 1.19.82 | 架体拆除作业应设专人指挥，当有多人同时操作时，应明确分工、统一行动，且应具有足够的操作面。（JGJ 130：7.4.4） | □符合<br>□不符合 | |
| | 1.19.83 | 卸料时各构配件严禁抛掷至地面。（JGJ 130：7.4.5） | □符合<br>□不符合 | |

续上表

| 项目 | 序号 | 常见隐患涉及条款 | 检查结果 | 问题描述 |
|---|---|---|---|---|
| ☐ 安全管理 | 1.19.84 | 扣件式钢管脚手架安装与拆除人员必须是经考核合格的专业架子工。架子工应持证上岗。（JGJ 130：9.0.1） | ☐符合<br>☐不符合 | |
| | 1.19.85 | 搭拆脚手架人员必须戴安全帽、系安全带、穿防滑鞋。（JGJ 130：9.0.2） | ☐符合<br>☐不符合 | |
| | 1.19.86 | 钢管上严禁打孔。（JGJ 130：9.0.4） | ☐符合<br>☐不符合 | |
| | 1.19.87 | 作业层上的施工荷载应符合设计要求，不得超载。不得将模板支架、缆风绳、泵送混凝土和砂浆的输送管等固定在架体上；严禁悬挂起重设备，严禁拆除或移动架体上安全防护设施。（JGJ 130：9.0.5） | ☐符合<br>☐不符合 | |
| | 1.19.88 | 当有六级强风及以上风、浓雾、雨或雪天气时应停止脚手架搭设与拆除作业。雨、雪后上架作业应有防滑措施，并应扫除积雪。（JGJ 130：9.0.8） | ☐符合<br>☐不符合 | |
| | 1.19.89 | 脚手板应铺设牢靠、严实，并应用安全网双层兜底。施工层以下每隔10m应用安全网封闭。（JGJ 130：9.0.11） | ☐符合<br>☐不符合 | |
| | 1.19.90 | 作业脚手架外侧和支撑脚手架作业层栏杆应采用密目式安全网或其他措施全封闭防护。密目式安全网应为阻燃产品。（GB 51210：11.2.4） | ☐符合<br>☐不符合 | |
| | 1.19.91 | 在脚手架使用期间，严禁拆除下列杆件：<br>1 主节点处的纵、横向水平杆，纵、横向扫地杆；<br>2 连墙件。（JGJ 130：9.0.13） | ☐符合<br>☐不符合 | |
| | 1.19.92 | 当在脚手架使用过程中开挖脚手架基础下的设备基础或管沟时，必须对脚手架采取加固措施。（JGJ 130：9.0.14） | ☐符合<br>☐不符合 | |
| | 1.19.93 | 临街搭设脚手架时，外侧应有防止坠物伤人的防护措施。（JGJ 130：9.0.16） | ☐符合<br>☐不符合 | |
| | 1.19.94 | 搭拆脚手架时，地面应设围栏和警戒标志，并应派专人看守，严禁非操作人员入内。（JGJ 130：9.0.19） | ☐符合<br>☐不符合 | |
| | 1.19.95 | 作业脚手架同时满载作业的层数不应超过2层。（GB 51210：11.2.6） | ☐符合<br>☐不符合 | |
| | 1.19.96 | 在脚手架作业层上进行电焊、气焊和其他动火作业时，应采取防火措施，并应设专人监护。（GB 51210：11.2.7） | ☐符合<br>☐不符合 | |

续上表

| 项目 | 序号 | 常见隐患涉及条款 | 检查结果 | 问题描述 |
|---|---|---|---|---|
| ☐ 其他 | 1.19.97 | | | |

规范性引用文件：
《建筑施工脚手架安全技术统一标准》（GB 51210—2016）
《建筑施工扣件式钢管脚手架安全技术规范》（JGJ 130—2011）

总体评价：1. 本次检查____项，符合____项，不符合____项，符合率为____%。
    2. 针对不符合项中(填序号)_____，立即整改。
    3. 针对不符合项中(填序号)_____，限期____日内整改。
    4. 针对__(填写停工范围)__，停工整改。
    5. 整改情况于____日内，书面反馈至检查单位。
    6. 其他_____

检查单位：_____  受检单位：_____

检查人员：_____  受检人员：_____

检查日期：_____  签收日期：_____

## 1.20 盘扣式钢管脚手架

项目标段：_____  检查部位：_____

| 项目 | 序号 | 常见隐患涉及条款 | 检查结果 | 问题描述 |
|---|---|---|---|---|
| □双排外脚手架 / □设计尺寸 | 1.20.1 | 作业架的高宽比宜控制在3以内；当作业架高宽比大于3时，应设置抛撑或缆风绳等抗倾覆措施。（JGJ 231：6.3.1） | □符合<br>□不符合 | |
| □作业层 | 1.20.2 | 应满铺脚手板。（JGJ 231：7.5.3-1） | □符合<br>□不符合 | |
| | 1.20.3 | 双排外作业架外侧应设挡脚板和防护栏杆，防护栏杆可在每层作业面立杆的0.5m和1.0m的连接盘处布置两道水平杆，并应在外侧满挂密目安全网。（JGJ 231：7.5.3-2） | □符合<br>□不符合 | |
| | 1.20.4 | 作业层与主体结构间的空隙应设置水平防护网。（JGJ 231：7.5.3-3） | □符合<br>□不符合 | |
| | 1.20.5 | 当采用钢脚手板时，钢脚手板的挂钩应稳固扣在水平杆上，挂钩应处于锁住状态。（JGJ 231：7.5.3-4） | □符合<br>□不符合 | |
| □立杆 | 1.20.6 | 当立杆处于受拉状态时，立杆的套管连接接长部位应采用螺栓连接。（JGJ 231：7.5.6） | □符合<br>□不符合 | |
| | 1.20.7 | 作业架立杆应定位准确，并应配合施工进度搭设，双排外作业架一次搭设高度不应超过最上层连墙件两步，且自由高度不应大于4m。（JGJ 231：7.5.1） | □符合<br>□不符合 | |
| | 1.20.8 | 连墙件的设置应符合下列规定：<br>1 连墙件应采用可承受拉、压荷载的刚性杆件，并应与建筑主体结构和架体连接牢固；<br>2 连墙件应靠近水平杆的盘扣节点设置；<br>3 同一层连墙件宜在同一水平面，水平间距不应大于3跨；连墙件之上架体的悬臂高度不得超过2步；<br>4 在架体的转角处或开口型双排脚手架的端部应按楼层设置，且竖向间距不应大于4m；<br>5 连墙件宜从底层第一道水平杆处开始设置；<br>6 连墙件宜采用菱形布置，也可采用矩形布置；<br>7 连墙点应均匀分布；<br>8 当脚手架下部不能搭设连墙件时，宜外扩搭设多排脚手架并设置斜杆，形成外侧斜面状附加梯形架。（JGJ 231：6.3.6） | □符合<br>□不符合 | |

续上表

| 项目 | | 序号 | 常见隐患涉及条款 | 检查结果 | 问题描述 |
|---|---|---|---|---|---|
| □双排外脚手架 | □斜杆与剪刀撑 | 1.20.9 | 双排作业架的外侧立面上应设置竖向斜杆,并应符合下列规定:<br>1 在脚手架的转角处、开口型脚手架端部应由架体底部至顶部连续设置斜杆;<br>2 应每隔不大于4跨设置一道竖向或斜向连续斜杆;当架体搭设高度在24m以上时,应每隔不大于3跨设置一道竖向斜杆;<br>3 竖向斜杆应在双排作业架外侧相邻立杆间由底至顶连续设置。(JGJ 231:6.3.5) | □符合<br>□不符合 | |
| | | 1.20.10 | 加固件、斜杆应与作业架同步搭设。当加固件、斜撑采用扣件钢管时,应符合现行行业标准《建筑施工扣件式钢管脚手架安全技术规范》(JGJ 130)的有关规定。(JGJ 231:7.5.4) | □符合<br>□不符合 | |
| | □通道 | 1.20.11 | 当设置双排外作业架人行通道时,应在通道上部架设支撑横梁,横梁截面大小应按跨度以及承受的荷载计算确定,通道两侧作业架应加设斜杆;洞口顶部应铺设封闭的防护板,两侧应设置安全网;通行机动车的洞口,应设置安全警示和防撞设施。(JGJ 231:6.3.4) | □符合<br>□不符合 | |
| □施工管理 | □施工准备 | 1.20.12 | 经验收合格的构配件应按品种、规格分类码放,并应标挂数量、规格铭牌。构配件堆放场地应排水畅通、无积水。(JGJ 231:7.1.3) | □符合<br>□不符合 | |
| | | 1.20.13 | 模板支架及脚手架搭设场地必须平整、坚实、有排水措施。(JGJ 231:7.1.5) | □符合<br>□不符合 | |
| | □地基与基础 | 1.20.14 | 土层地基上的立杆下应采用可调底座和垫板,垫板的长度不宜少于2跨。(JGJ 231:7.3.1) | □符合<br>□不符合 | |
| | | 1.20.15 | 当地基高差较大时,可利用立杆节点位差配合可调底座进行调整。(JGJ 231:7.3.3) | □符合<br>□不符合 | |
| | | 1.20.16 | 脚手架基础应按专项施工方案进行施工,并应按基础承载力要求进行验收,脚手架应在地基基础验收合格后搭设。(JGJ 231:7.3.1) | □符合<br>□不符合 | |
| | | 1.20.17 | 双排外作业架连墙件应随脚手架高度上升,在规定位置处同步设置,不得滞后安装和任意拆除。(JGJ 231:7.5.2) | □符合<br>□不符合 | |
| | | 1.20.18 | 水平杆及斜杆插销安装完成后,应采用锤击方法抽查插销,连续下沉量不应大于3mm。(JGJ 231:7.4.7) | □符合<br>□不符合 | |
| | | 1.20.19 | 作业架顶层的外侧防护栏杆高出顶层作业层的高度不应小于1500mm。(JGJ 231:7.5.5) | □符合<br>□不符合 | |

续上表

| 项目 | 序号 | 常见隐患涉及条款 | 检查结果 | 问题描述 |
|---|---|---|---|---|
| ☐施工管理 | 1.20.20 | 作业架应分段搭设、分段使用,应经验收合格后方可使用。(JGJ 231:7.5.7) | ☐符合<br>☐不符合 | |
| | 1.20.21 | 当作业架拆除时,应划出安全区,应设置警戒标志,并应派专人看管。(JGJ 231:7.5.9) | ☐符合<br>☐不符合 | |
| ☐拆除 | 1.20.22 | 作业架应经单位工程负责人确认并签署拆除许可令后,方可拆除。(JGJ 231:7.5.8) | ☐符合<br>☐不符合 | |
| | 1.20.23 | 拆除前应清理脚手架上的器具、多余的材料和杂物。(JGJ 231:7.5.10) | ☐符合<br>☐不符合 | |
| | 1.20.24 | 作业架拆除应按先装后拆、后装先拆的原则进行,不应上下同时作业。双排外脚手架连墙件应随脚手架逐层拆除,分段拆除的高度差不应大于两步。当作业条件限制,出现高度差大于两步时,应增设连墙件加固。(JGJ 231:7.5.11) | ☐符合<br>☐不符合 | |
| ☐安全管理 | 1.20.25 | 支架搭设作业人员应正确佩戴安全帽、安全带和防滑鞋。(JGJ 231:9.0.1) | ☐符合<br>☐不符合 | |
| | 1.20.26 | 不得在脚手架基础影响范围内进行挖掘作业。(JGJ 231:9.0.8) | ☐符合<br>☐不符合 | |
| | 1.20.27 | 架体门洞、过车通道,应设置明显警示标识及防超限栏杆。(JGJ 231:9.0.11) | ☐符合<br>☐不符合 | |
| | 1.20.28 | 在脚手架或模板支架上进行电气焊作业时,必须有防火措施和专人监护。(JGJ 231:9.0.9) | ☐符合<br>☐不符合 | |
| ☐其他 | 1.20.29 | | | |

规范性引用文件:
《建筑施工承插型盘扣式钢管支架安全技术规程》(JGJ 231—2021)

续上表

| 总体评价:1. 本次检查____项,符合____项,不符合____项,符合率为____%。<br>2. 针对不符合项中(填序号)_____,立即整改。<br>3. 针对不符合项中(填序号)_____,限期____日内整改。<br>4. 针对__(填写停工范围)__,停工整改。<br>5. 整改情况于____日内,书面反馈至检查单位。<br>6. 其他_____ |
|---|

检查单位:_____    受检单位:_____

检查人员:_____    受检人员:_____

检查日期:_____    签收日期:_____

# 第十节 基坑工程

## 1.21 基坑支护

项目标段：_____  检查部位：_____

| 项目 | 序号 | 常见隐患涉及条款 | 检查结果 | 问题描述 |
|---|---|---|---|---|
| □一般规定 | 1.21.1 | 采用两种或两种以上支护结构形式时，其结合处应有可靠的过渡连接措施。(JGJ 120:3.3.3) | □符合<br>□不符合 | |
| | 1.21.2 | 遇有雷雨、6级以上大风等恶劣天气时，应暂停施工，并应对现场的人员、设备、材料等采取相应的保护措施。(JGJ 311:6.1.8) | □符合<br>□不符合 | |
| □土钉墙 | 1.21.3 | 当土钉墙后存在滞水时，应在含水层部位的墙面设置泄水孔或采取其他疏水措施。(JGJ 120:5.3.8) | □符合<br>□不符合 | |
| | 1.21.4 | 土钉墙支护施工，分层开挖厚度应与土钉竖向间距协调同步，逐层开挖并施工土钉，严禁超挖。(JGJ 311:6.2.1-1) | □符合<br>□不符合 | |
| | 1.21.5 | 土钉墙支护施工，开挖后应及时封闭临空面，完成土钉墙支护。(JGJ 311:6.2.1-2) | □符合<br>□不符合 | |
| | 1.21.6 | 土钉墙支护上一层土钉墙施工完成后，应按设计要求或间隔不小于48h后开挖下一层土方。(JGJ 311:6.2.1-3) | □符合<br>□不符合 | |
| | 1.21.7 | 土钉墙支护施工，严禁土方开挖设备碰撞上部已施工土钉，严禁振动源振动土钉侧壁。(JGJ 311:6.2.1-5) | □符合<br>□不符合 | |
| | 1.21.8 | 设有水泥土截水帷幕的土钉支护结构，土钉成孔过程中应采取措施防止土体流失。(JGJ 311:6.2.2-4) | □符合<br>□不符合 | |
| | 1.21.9 | 土钉应采用孔底注浆施工，严禁采用孔口重力式注浆。对空隙较大的土层，应采用较小的水灰比，并应采取二次注浆方法。(JGJ 311:6.2.2-5) | □符合<br>□不符合 | |
| | 1.21.10 | 喷射混凝土施工作业人员应佩戴防尘口罩、防护眼镜等防护用具，并应避免直接接触液体速凝剂，接触后应立即用清水冲洗；非施工人员不得进入喷混凝土的作业区，施工中喷嘴前严禁站人。(JGJ 311:6.2.3-1) | □符合<br>□不符合 | |
| | 1.21.11 | 冬期在没有可靠保温措施条件时不得施工土钉墙。(JGJ 311:6.2.4) | □符合<br>□不符合 | |
| | 1.21.12 | 施工过程中应对产生的地面裂缝进行观测和分析，及时反馈设计，并应采取相应措施控制裂缝的发展。(JGJ 311:6.2.5) | □符合<br>□不符合 | |

续上表

| 项目 | 序号 | 常见隐患涉及条款 | 检查结果 | 问题描述 |
|---|---|---|---|---|
| 地下连续墙 | 1.21.13 | 地下连续墙成槽前应设置钢筋混凝土导墙及施工道路。导墙养护期间，重型机械设备不应在导墙附近作业或停留。（JGJ 311：6.4.1-1） | □符合<br>□不符合 | |
| | 1.21.14 | 在保护设施不齐全、监管人不到位的情况下，严禁人员下槽、孔内清理障碍物。（JGJ 311：6.4.1-5） | □符合<br>□不符合 | |
| | 1.21.15 | 地下连续墙成槽泥浆的供应及处理系统应满足泥浆使用量的要求，槽内泥浆面不应低于导墙面0.3m，同时槽内泥浆面应高于地下水位0.5m以上。（JGJ 311：6.4.2-2） | □符合<br>□不符合 | |
| | 1.21.16 | 堆放场地应平整、坚实、排水通畅。预制墙段上下层垫块应放置在同一直线上。（JGJ 311：6.4.5-2） | □符合<br>□不符合 | |
| | 1.21.17 | 墙段装车后应采用紧绳器与车板固定，钢丝绳与墙段阳角接触处应有护角措施。异形截面墙段运输时应有可靠的支撑措施。（JGJ 311：6.4.5-3） | □符合<br>□不符合 | |
| | 1.21.18 | 预制墙段吊放时应在导墙上安装导向架；起吊回直过程中应防止预制墙段根部拖行或着力过大。（JGJ 311：6.4.6-4） | □符合<br>□不符合 | |
| | 1.21.19 | 成槽机、履带式起重机应在平坦坚实的路面上作业、行走和停放。外露传动系统应有防护罩，转盘方向轴应设有安全警告牌。成槽机、起重机工作时，回转半径内不应有障碍物，吊臂下严禁站人。（JGJ 311：6.4.8） | □符合<br>□不符合 | |
| 灌注桩排桩围护墙 | 1.21.20 | 钻头和钻杆连接螺纹应良好，钻头焊接应牢固，不得有裂纹。（JGJ 311：6.5.2-2） | □符合<br>□不符合 | |
| | 1.21.21 | 钻机钻架基础应夯实、整平，作业现场与架空输电线路的安全距离应符合规定。（JGJ 311：6.5.2-3） | □符合<br>□不符合 | |
| | 1.21.22 | 当桩孔净间距过小或采用多台钻机同时施工时，相邻桩应间隔施工，当无特别措施时完成浇筑混凝土的桩与邻桩间距不应小于4倍桩径，或间隔施工时间宜大于36h。（JGJ 311：6.5.2-5） | □符合<br>□不符合 | |
| | 1.21.23 | 泥浆护壁成孔时发生斜孔、塌孔或沿护筒周围冒浆以及地面沉陷等情况应停止钻进，采取措施处理后方可继续施工。（JGJ 311：6.5.2-6） | □符合<br>□不符合 | |
| | 1.21.24 | 当采用空气吸泥时，其喷浆口应遮挡，并应固定管端。（JGJ 311：6.5.2-7） | □符合<br>□不符合 | |
| | 1.21.25 | 冲击成孔施工前以及过程中应检查钢丝绳、卡扣及转向装置，冲击施工时应控制钢丝绳放松量。（JGJ 311：6.5.3） | □符合<br>□不符合 | |
| | 1.21.26 | 混凝土浇筑完毕后，应及时在桩孔位置回填土方或加盖盖板。（JGJ 311：6.5.5） | □符合<br>□不符合 | |

续上表

| 项目 | 序号 | 常见隐患涉及条款 | 检查结果 | 问题描述 |
|---|---|---|---|---|
| □板桩围护墙 | 1.21.27 | 钢板桩堆放场地应平整坚实。板桩施工作业区内应无高压线路,作业区应有明显标志或围栏。桩锤在施打过程中,监视距离不宜小于5m。(JGJ 311:6.6.1) | □符合<br>□不符合 | |
| | 1.21.28 | 严禁吊桩、吊锤、回转或行走等动作同时进行。(JGJ 311:6.6.3-1) | □符合<br>□不符合 | |
| | 1.21.29 | 当打桩机带锤行走时,应将桩锤放至最低位。打桩机在吊有桩和锤的情况下,操作人员不得离开岗位。(JGJ 311:6.6.3-2) | □符合<br>□不符合 | |
| | 1.21.30 | 当采用振动桩锤作业时,悬挂振动桩锤的起重机,其吊钩上必须有防松脱的保护装置,振动桩锤悬挂钢架的耳环上应加装保险钢丝绳。(JGJ 311:6.6.3-3) | □符合<br>□不符合 | |
| | 1.21.31 | 插桩过程中,应及时校正桩的垂直度。后续桩与先打桩间的钢板桩锁扣使用前应进行套锁检查。当桩入土3m以上时严禁用打桩机行走或回转动作来纠正桩的垂直度。(JGJ 311:6.6.3-4) | □符合<br>□不符合 | |
| | 1.21.32 | 检修时不得悬吊桩锤。(JGJ 311:6.6.3-6) | □符合<br>□不符合 | |
| | 1.21.33 | 作业后应将打桩机停放在坚实平整的地面上,将桩锤落下垫实,并应切断动力电源。(JGJ 311:6.6.3-7) | □符合<br>□不符合 | |
| | 1.21.34 | 当板桩围护墙基坑有邻近建(构)筑物及地下管线时,应采用静力压桩法施工,并应根据环境状况控制压桩施工速率。当静力压桩作业时,应有统一指挥,压桩人员和吊装人员应密切联系,相互配合。(JGJ 311:6.6.4) | □符合<br>□不符合 | |
| □型钢水泥土搅拌墙 | 1.21.35 | 施工现场应先进行场地平整,清除搅拌桩施工区域的表层硬物和地下障碍物。(JGJ 311:6.7.1) | □符合<br>□不符合 | |
| | 1.21.36 | 型钢堆放场地应平整坚实、场地无积水,地基承载力应满足堆放要求。(JGJ 311:6.7.4) | □符合<br>□不符合 | |
| | 1.21.37 | 型钢吊装过程中,型钢不得拖地;起重机械回转半径内不应有障碍物,吊臂下严禁站人。(JGJ 311:6.7.5) | □符合<br>□不符合 | |
| | 1.21.38 | 型钢宜依靠自重插入,当自重插入有困难时可采取辅助措施。严禁采用多次重复起吊型钢并松钩下落的插入方法。(JGJ 311:6.7.6-1) | □符合<br>□不符合 | |
| | 1.21.39 | 前后插入的型钢应可靠连接。(JGJ 311:6.7.6-2) | □符合<br>□不符合 | |
| | 1.21.40 | 型钢拔除应采取跳拔方式,并宜采用液压千斤顶配以吊车进行,拔除前水泥土搅拌墙与主体结构地下室外墙之间的空隙必须回填密实,拔出时应对周边环境进行监测,拔出后应对型钢留下的空隙进行注浆填充。(JGJ 311:6.7.7-1) | □符合<br>□不符合 | |
| | 1.21.41 | 当基坑内外水头不平衡时,不宜拔除型钢;如拔除型钢,应采取相应的截水措施。(JGJ 311:6.7.7-2) | □符合<br>□不符合 | |

续上表

| 项目 | 序号 | 常见隐患涉及条款 | 检查结果 | 问题描述 |
|---|---|---|---|---|
| □内支撑 | 1.21.42 | 支撑系统的施工与拆除,应按先撑后挖、先托后拆的顺序,拆除顺序应与支护结构的设计工况相一致,并应结合现场支护结构内力与变形的监测结果进行。(JGJ 311:6.9.1) | □符合<br>□不符合 | |
| | 1.21.43 | 支撑体系上不应堆放材料或运行施工机械。(JGJ 311:6.9.2) | □符合<br>□不符合 | |
| | 1.21.44 | 支撑底模应具有一定的强度、刚度和稳定性,混凝土垫层不得用作底模。(JGJ 311:6.9.4) | □符合<br>□不符合 | |
| | 1.21.45 | 钢支撑吊装就位时,吊车及钢支撑下方严禁人员入内,现场应做好防下坠措施。钢支撑吊装过程中应缓慢移动,操作人员应监视周围环境,避免钢支撑刮碰坑壁、冠梁、上部钢支撑等。(JGJ 311:6.9.5) | □符合<br>□不符合 | |
| | 1.21.46 | 预应力施加过程中应检查支撑连接节点,必要时应对支撑节点进行加固;预应力施加完毕、额定压力稳定后应锁定。(JGJ 311:6.9.6-2) | □符合<br>□不符合 | |
| | 1.21.47 | 立柱与支撑可采用铰接连接。立柱穿过主体结构底板以及支撑结构穿越主体结构地下室外墙的部位应采取止水构造措施。(JGJ 311:6.9.7-2) | □符合<br>□不符合 | |
| | 1.21.48 | 拆撑作业施工范围严禁非操作人员入内,切割焊和吊运过程中工作区严禁入内,拆除的零部件严禁随意抛落。(JGJ 311:6.9.8-2) | □符合<br>□不符合 | |
| | 1.21.49 | 钢支撑拆除时应避免瞬间预加应力释放过大而导致支护结构局部变形、开裂,并应采用分步卸载钢支撑预应力的方法对其进行拆除。(JGJ 311:6.9.8-7) | □符合<br>□不符合 | |
| | 1.21.50 | 当采用人工拆除作业时,作业人员应站在稳定的结构或脚手架上操作,支撑构件应采取有效的防下坠控制措施,对切断两端的支撑拆除的构件应有安全的放置场所。(JGJ 311:6.9.10) | □符合<br>□不符合 | |
| | 1.21.51 | 作业中机械不得同时回转、行走。(JGJ 311:6.9.11-2) | □符合<br>□不符合 | |
| | 1.21.52 | 对尺寸或自重较大的构件或材料,必须采用起重机具及时下放。(JGJ 311:6.9.11-3) | □符合<br>□不符合 | |

续上表

| 项目 | 序号 | 常见隐患涉及条款 | 检查结果 | 问题描述 |
|---|---|---|---|---|
| □其他 | 1.21.53 | | | |

规范性引用文件：
《建筑深基坑工程施工安全技术规范》(JGJ 311—2013)
《建筑基坑支护技术规程》(JGJ 120—2012)

总体评价：1. 本次检查____项，符合____项，不符合____项，符合率为____%。
    2. 针对不符合项中(填序号)_____，立即整改。
    3. 针对不符合项中(填序号)_____，限期____日内整改。
    4. 针对__(填写停工范围)__，停工整改。
    5. 整改情况于____日内，书面反馈至检查单位。
    6. 其他_____

检查单位：_____   受检单位：_____

检查人员：_____   受检人员：_____

检查日期：_____   签收日期：_____

## 1.22 基坑降排水

项目标段：_____    检查部位：_____

| 项目 | 序号 | 常见隐患涉及条款 | 检查结果 | 问题描述 |
|---|---|---|---|---|
| 一般规定 | 1.22.1 | 当基坑开挖深度范围内有地下水时,应采取有效的降排水措施。(JGJ 59:3.11.3-3-1) | □符合<br>□不符合 | |
| | 1.22.2 | 基坑边沿周围地面应设排水沟;放坡开挖时,应对坡顶、坡面、坡脚采取降排水措施。(JGJ 59:3.11.3-3-2) | □符合<br>□不符合 | |
| | 1.22.3 | 基坑底四周应按专项施工方案设排水沟和集水井,并应及时排除积水。(JGJ 59:3.11.3-3-3) | □符合<br>□不符合 | |
| | 1.22.4 | 基坑边坡的顶部应设排水措施。基坑挖至坑底时应及时清理基底并浇筑垫层。(JGJ 180:6.3.3) | □符合<br>□不符合 | |
| | 1.22.5 | 雨期施工时,对地势低洼的基坑,应考虑周边汇水区域地面径流向基坑汇水的影响;排水沟、集水井应采取防渗措施。(JGJ 120:8.1.6-1) | □符合<br>□不符合 | |
| | 1.22.6 | 基坑周边的施工用水应有排放措施,不得渗入土体内。(JGJ 120:8.1.6-3) | □符合<br>□不符合 | |
| | 1.22.7 | 当坑体渗水、积水或有渗流时,应及时进行疏导、排泄、截断水源。(JGJ 120:8.1.6-4) | □符合<br>□不符合 | |
| | 1.22.8 | 降水后基坑内的水位应低于坑底0.5m。当主体结构有加深的电梯井、集水井时,坑底应按电梯井、集水井底面考虑或对其另行采取局部地下水控制措施。(JGJ 120:7.3.2) | □符合<br>□不符合 | |
| | 1.22.9 | 降水井在平面布置上应沿基坑周边形成闭合状。当地下水流速较小时,降水井宜等间距布置;当地下水流速较大时,在地下水补给方向宜适当减小降水井间距。对宽度较小的狭长形基坑,降水井也可在基坑一侧布置。(JGJ 120:7.3.3) | □符合<br>□不符合 | |
| | 1.22.10 | 基坑排水设施与市政管网连接口之间应设置沉淀池。明沟、集水井、沉淀池使用时应排水畅通并应随时清理淤积物。(JGJ 120:7.4.7) | □符合<br>□不符合 | |
| 深基坑 | 1.22.11 | 深基坑(基坑开挖深度大于5m)的集水井底面应比排水沟沟底深0.5m。集水井壁应有防护结构,并应设置碎石滤水层、泵端纱网。(JGJ 311:7.2.2-2) | □符合<br>□不符合 | |
| | 1.22.12 | 当基坑开挖深度超过地下水位后,排水沟与集水井的深度应随开挖深度加深,并应及时将集水井中的水排出基坑。(JGJ 311:7.2.2-3) | □符合<br>□不符合 | |

续上表

| 项目 | 序号 | 常见隐患涉及条款 | 检查结果 | 问题描述 |
|---|---|---|---|---|
| □深基坑 | 1.22.13 | 当深基坑(基坑开挖深度大于5m)降水管井采用钻、冲孔法施工时,应采取措施防止机具突然倾倒或钻具下落造成人员伤亡或设备损坏。(JGJ 311:7.2.4-1) | □符合<br>□不符合 | |
| | 1.22.14 | 深基坑(基坑开挖深度大于5m)管井降水抽水运行时应加盖保护深井井口;车辆行驶道路上的降水井,应加盖市政承重井盖。(JGJ 311:7.2.5-3-3) | □符合<br>□不符合 | |
| | 1.22.15 | 深基坑(基坑开挖深度大于5m)真空降水管井抽水运行时,抽水应连续,不得停泵,并应配备能自动切换的电源。(JGJ 311:7.2.5-4-1) | □符合<br>□不符合 | |
| | 1.22.16 | 深基坑(基坑开挖深度大于5m)真空降水管井抽水运行时,当降水过程中出现长时间抽浑水或出现清后又浑情况时,应立即检查纠正。(JGJ 311:7.2.5-4-2) | □符合<br>□不符合 | |
| | 1.22.17 | 深基坑(基坑开挖深度大于5m)降水运行阶段应有专人值班。(JGJ 311:7.2.6) | □符合<br>□不符合 | |
| | 1.22.18 | 深基坑(基坑开挖深度大于5m)降水井随基坑开挖深度需切除时,对继续运行的降水井应去除井管四周地面下1m的滤料层,并应采用黏土封井后再运行。(JGJ 311:7.2.7) | □符合<br>□不符合 | |
| □其他 | 1.22.19 | | | |

规范性引用文件:
《建筑基坑支护技术规程》(JGJ 120—2012)
《建筑深基坑工程施工安全技术规范》(JGJ 311—2013)
《建筑施工安全检查标准》(JGJ 59—2011)
《建筑施工土石方工程安全技术规范》(JGJ 180—2009)

总体评价:1. 本次检查____项,符合____项,不符合____项,符合率为____%。
    2. 针对不符合项中(填序号)_____,立即整改。
    3. 针对不符合项中(填序号)_____,限期____日内整改。
    4. 针对____(填写停工范围)____,停工整改。
    5. 整改情况于____日内,书面反馈至检查单位。
    6. 其他_____

检查单位:_____  受检单位:_____

检查人员:_____  受检人员:_____

检查日期:_____  签收日期:_____

## 1.23 基 坑 开 挖

项目标段：＿＿＿＿＿＿＿＿＿＿＿＿＿＿＿＿　　　检查部位：＿＿＿＿＿＿＿＿＿＿＿＿＿＿＿＿

| 项目 | 序号 | 常见隐患涉及条款 | 检查结果 | 问题描述 |
|---|---|---|---|---|
| □防护一般规定 | 1.23.1 | 深度超过2m的基坑施工，必须设有临边防护栏杆，基坑防护栏距坑边距离应大于0.5m。（部指南：15.5(1)） | □符合<br>□不符合 | |
| | 1.23.2 | 开挖深度超过2m的基坑周边必须安装防护栏杆。防护栏杆应符合下列规定：<br>1　防护栏杆高度不应低于1.2m；<br>2　防护栏杆应由横杆及立杆组成；横杆应设2～3道，下杆离地高度宜为0.3～0.6m，上杆离地高度宜为1.2～1.5m；立杆间距不宜大于2.0m，立杆离坡边距离宜大于0.5m；<br>3　防护栏杆宜加挂密目安全网和挡脚板；安全网应自上而下封闭设置；挡脚板高度不应小于180mm，挡脚板下沿离地高度不应大于10mm；<br>4　防护栏杆应安装牢固，材料应有足够的强度。（JGJ 180：6.2.1） | □符合<br>□不符合 | |
| | 1.23.3 | 基坑支护结构及边坡顶面等有坠落可能的物件时，应先行拆除或加以固定。（JGJ 180：6.2.3） | □符合<br>□不符合 | |
| | 1.23.4 | 同一垂直作业面的上下层不宜同时作业。需同时作业时，上下层之间应采取隔离防护措施。（JGJ 180：6.2.4） | □符合<br>□不符合 | |
| | 1.23.5 | 基坑周边1m范围内不得堆载、停放设备。（JTG F90：8.8.4-10） | □符合<br>□不符合 | |
| | 1.23.6 | 基坑内应设置供施工人员上下的专用梯道。梯道应设扶手栏杆，梯道的宽度不应小于1m。（JGJ 59：3.11.3-6-2） | □符合<br>□不符合 | |
| | 1.23.7 | 采用井点降水时，井口应设置防护盖板或围栏，设置明显的警示标志。降水完成后，应及时将井填实。（JGJ 180：6.3.10） | □符合<br>□不符合 | |
| | 1.23.8 | 施工现场应采用防水型灯具，夜间施工的作业面及进出道路应有足够的照明措施和安全警示标志。（JGJ 180：6.3.11） | □符合<br>□不符合 | |
| □防护深基坑 | 1.23.9 | 深基坑（基坑开挖深度大于5m）内应设置作业人员上下坡道或爬梯，数量不应少于2个。作业位置的安全通道应畅通。（JGJ 311：11.2.6） | □符合<br>□不符合 | |

续上表

| 项目 | 序号 | 常见隐患涉及条款 | 检查结果 | 问题描述 |
|---|---|---|---|---|
| 土方开挖一般规定 | 1.23.10 | 在电力管线、通信管线、燃气管线2m范围内及上下水管线1m范围内挖土时,应有专人监护。(JGJ 180:6.3.1) | □符合<br>□不符合 | |
| | 1.23.11 | 施工过程中,严禁设备或重物碰撞支撑、腰梁、锚杆等基坑支护结构,亦不得在支护结构上放置或悬挂重物。(JGJ 180:6.3.2) | □符合<br>□不符合 | |
| | 1.23.12 | 基坑开挖应按设计和施工方案的要求,分层、分段、均衡开挖。(JGJ 59:3.11.3-4-2) | □符合<br>□不符合 | |
| | 1.23.13 | 基坑开挖应采取措施防止碰撞支护结构、工程桩或扰动基底原状土土层。(JGJ 59:3.11.3-4-3) | □符合<br>□不符合 | |
| | 1.23.14 | 地质条件良好、土质均匀且无地下水的自然放坡的坡率允许值应根据地方经验确定。当无经验时,坡高不大于5m坚硬状态下的黏性土边坡坡率不大于1:0.75;坡高大于5m坚硬状态下的黏性土边坡坡率不大于1:1;坡高不大于5m硬塑状态下的黏性土边坡坡率不大于1:1;坡高大于5m硬塑状态下的黏性土边坡坡率不大于1:1.25。(JGJ 180:6.3.5) | □符合<br>□不符合 | |
| | 1.23.15 | 当采用机械在软土场地作业时,应采取铺设渣土或砂石等硬化措施。(JGJ 59:3.11.3-4-4) | □符合<br>□不符合 | |
| | 1.23.16 | 场地内有孔洞时,土方开挖前应将其填实。(JGJ 180:6.3.7) | □符合<br>□不符合 | |
| | 1.23.17 | 基坑内作业前,应全面检查边坡滑塌、裂缝、变形以及基坑涌水、涌砂等情况,并应详实记录。坑沿顶面出现裂缝、坑壁松塌或遇有涌水、涌砂影响基坑边坡稳定时,应立即加固防护,在确认安全后方可恢复施工。(JTG F90:8.8.2) | □符合<br>□不符合 | |
| | 1.23.18 | 设有内支撑的基坑开挖应遵循"先撑后挖、限时支撑"的原则。(GB 51004:8.2.5) | □符合<br>□不符合 | |
| | 1.23.19 | 挖土机械和车辆不得直接在支撑上行走或作业,严禁在底部已经挖空的支撑上行走或作业。(GB 51004:8.2.6) | □符合<br>□不符合 | |
| | 1.23.20 | 锚杆、土钉的施工作业面与锚杆、土钉的高差不宜大于500mm。(JGJ 120:8.1.1-3) | □符合<br>□不符合 | |
| | 1.23.21 | 开挖时,挖土机械不得碰撞或损害锚杆、腰梁、土钉墙面、内支撑及其连接件等构件,不得损害已施工的基础桩。(JGJ 120:8.1.1-4) | □符合<br>□不符合 | |
| | 1.23.22 | 当基坑采用降水时,应在降水后开挖地下水位以下的土方。(JGJ 120:8.1.1-5) | □符合<br>□不符合 | |
| | 1.23.23 | 挖至坑底时,应避免扰动基底持力土层的原状结构。(JGJ 120:8.1.1-7) | □符合<br>□不符合 | |
| | 1.23.24 | 对重力式水泥土墙,沿水泥土墙方向应分区段开挖,每一开挖区段的长度不宜大于40m。(JGJ 120:8.1.2-4) | □符合<br>□不符合 | |

续上表

| 项目 | 序号 | 常见隐患涉及条款 | 检查结果 | 问题描述 |
|---|---|---|---|---|
| 土方开挖一般规定 | 1.23.25 | 主体地下结构施工时,结构外墙与基坑侧壁之间应及时回填。(JGJ 120:8.1.6-6) | □符合<br>□不符合 | |
| 土方开挖一般规定 | 1.23.26 | 支护结构或基坑周边环境出现报警情况或其他险情时,应立即停止开挖,并应根据危险产生的原因和可能进一步发展的破坏形式,采取控制或加固措施。危险消除后,方可继续开挖。必要时,应对危险部位采取基坑回填、地面卸土、临时支撑等应急措施。当危险由地下水管道渗漏、坑体渗水造成时,应及时采取截断渗漏水源、疏排渗水等措施。(JGJ 120:8.1.7)<br>(报警情况包括:<br>1 支护结构位移达到设计规定的位移限值;<br>2 支护结构位移速率增长且不收敛;<br>3 支护结构构件的内力超过其设计值;<br>4 基坑周边建(构)筑物、道路、地面的沉降达到设计规定的沉降、倾斜限值;基坑周边建(构)筑物、道路、地面开裂;<br>5 支护结构构件出现影响整体结构安全性的损坏;<br>6 基坑出现局部坍塌;<br>7 开挖面出现隆起现象;<br>8 基坑出现流土、管涌现象。)(JGJ 120:8.2.23) | □符合<br>□不符合 | |
| 深基坑开挖 | 1.23.27 | 当深基坑(基坑开挖深度大于5m)挖土机械、运输车辆等直接进入基坑进行施工作业时,应采取措施保证坡道稳定,坡道坡度不应大于1:7,坡道宽度应满足行车要求。(JGJ 311:8.1.2-1) | □符合<br>□不符合 | |
| 深基坑开挖 | 1.23.28 | 深基坑(基坑开挖深度大于5m)开挖的土方不应在邻近建筑及基坑周边影响范围内堆放,当需堆放时应进行承载力和相关稳定性验算。(JGJ 311:8.1.2-3) | □符合<br>□不符合 | |
| 深基坑开挖 | 1.23.29 | 邻近深基坑(基坑开挖深度大于5m)边的局部深坑宜在大面积垫层完成后开挖。(JGJ 311:8.1.2-4) | □符合<br>□不符合 | |
| 深基坑开挖 | 1.23.30 | 挖土机械不得碰撞工程桩、围护墙、支撑、立柱和立柱桩、降水井管、监测点等。(JGJ 311:8.1.2-5) | □符合<br>□不符合 | |
| 深基坑开挖 | 1.23.31 | 在深基坑(基坑开挖深度大于5m)土石方开挖施工过程中,当发现有毒有害液体、气体、固体时,应立即停止作业,进行现场保护,并应报有关部门处理后方可继续施工。(JGJ 311:8.1.5) | □符合<br>□不符合 | |
| 深基坑开挖 | 1.23.32 | 放坡开挖的基坑,护坡坡面应设置泄水孔,间距应根据设计确定。当无设计要求时,可采用1.5~3.0m。(JGJ 311:8.2.1-3) | □符合<br>□不符合 | |

续上表

| 项目 | 序号 | 常见隐患涉及条款 | 检查结果 | 问题描述 |
|---|---|---|---|---|
| ☐ 深基坑开挖 | 1.23.33 | 基坑开挖应按先撑后挖、限时、对称、分层、分区等的开挖的方法确定开挖顺序,严禁超挖,应减小基坑无支撑暴露开挖时间和空间。(JGJ 311:8.3.1) | ☐符合<br>☐不符合 | |
| | 1.23.34 | 挖土机械不应停留在水平支撑上方进行挖土作业,当在支撑上部行走时,应在支撑上方回填不少于300mm厚的土层,并应采取铺设路基箱等措施。(JGJ 311:8.3.2) | ☐符合<br>☐不符合 | |
| | 1.23.35 | 立柱桩周边300mm土层及塔式起重机基础下钢格构柱周边300mm土层应采用人工挖除,格构柱内土方宜采用人工清除。(JGJ 311:8.3.3) | ☐符合<br>☐不符合 | |
| ☐ 其他 | 1.23.36 | | | |

规范性引用文件:
《建筑地基基础工程施工规范》(GB 51004—2015)
《建筑施工土石方工程安全技术规范》(JGJ 180—2009)
《建筑基坑支护技术规程》(JGJ 120—2012)
《建筑深基坑工程施工安全技术规范》(JGJ 311—2013)
《公路工程施工安全技术规范》(JTG F90—2015)
《建筑施工安全检查标准》(JGJ 59—2011)
交通运输部《公路水运工程施工安全标准化指南》

总体评价:1. 本次检查____项,符合____项,不符合____项,符合率为____%。
    2. 针对不符合项中(填序号)_____,立即整改。
    3. 针对不符合项中(填序号)_____,限期____日内整改。
    4. 针对__(填写停工范围)__,停工整改。
    5. 整改情况于____日内,书面反馈至检查单位。
    6. 其他_____

检查单位:_____  受检单位:_____

检查人员:_____  受检人员:_____

检查日期:_____  签收日期:_____

# 1.24 基 坑 监 测

项目标段：＿＿＿＿＿＿＿＿＿＿＿＿＿＿＿＿　　　　检查部位：＿＿＿＿＿＿＿＿＿＿＿＿＿＿＿＿

| 项目 | 序号 | 常见隐患涉及条款 | 检查结果 | 问题描述 |
|---|---|---|---|---|
| □ 一般规定 | 1.24.1 | 基坑监测数据、现场巡查结果应及时整理和反馈。当出现下列危险征兆时应立即报警：<br>4　基坑周边建（构）筑物、道路、地面开裂；<br>5　支护结构构件出现影响整体结构安全性的损坏。<br>6　基坑出现局部坍塌；<br>7　开挖面出现隆起现象；<br>8　基坑出现流土、管涌现象。（JGJ 120：8.2.23） | □符合<br>□不符合 | |
| | 1.24.2 | 当基坑开挖过程中出现位移超过预警值、地表裂缝或沉陷等情况时，应及时报告有关方面。出现塌方险情等征兆时，应立即停止作业，组织撤离危险区域，并立即通知有关方面进行研究处理。（JGJ 180：6.4.4） | □符合<br>□不符合 | |
| | 1.24.3 | 安全等级为一级、二级的支护结构，在基坑开挖过程与支护结构使用期内，必须进行支护结构的水平位移监测和基坑开挖影响范围内建（构）筑物、地面的沉降监测。（JGJ 120：8.2.2） | □符合<br>□不符合 | |
| | 1.24.4 | 基坑各边的监测点不应少于3个。基坑周边有建筑物的部位、基坑各边中部及地质条件较差的部位应设置监测点。（JGJ 120：8.2.3） | □符合<br>□不符合 | |
| □ 深基坑监测 | 1.24.5 | 下列基坑应实施基坑工程监测：<br>1　基坑设计安全等级为一、二级的基坑。<br>2　开挖深度大于或等于5m的下列基坑：(1)土质基坑；(2)极软岩基坑、破碎的软岩基坑、极破碎的岩体基坑；(3)上部为土体，下部为极软岩、破碎的软岩、极破碎的岩体构成的土岩组合基坑。<br>3　开挖深度小于5m但现场地质情况和周围环境较复杂的基坑。（GB 50497：3.0.1） | □符合<br>□不符合 | |
| | 1.24.6 | 当出现下列情况之一时，应提高监测频率：<br>3　存在勘察未发现的不良地质。<br>4　超深、超长开挖或未及时加撑等违反设计工况施工。<br>5　基坑及周边大积水、长时间连续降雨、市政管道出现泄漏。<br>6　基坑附近地面荷载突然增大或超过设计限值。<br>7　支护结构出现开裂。<br>8　周边地面突发较大沉降或出现严重开裂。<br>9　邻近建筑突发较大沉降、不均匀沉降或出现严重开裂。<br>10　基坑底部、侧壁出现管涌、渗漏或流沙等现象。<br>12　出现其他影响基坑及周边环境安全的异常情况。（GB 50497：7.0.4） | □符合<br>□不符合 | |

续上表

| 项目 | 序号 | 常见隐患涉及条款 | 检查结果 | 问题描述 |
|---|---|---|---|---|
| □深基坑监测 | 1.24.7 | 当出现下列情况之一时,必须立即进行危险报警,并应通知有关各方对基坑支护结构和周边环境保护对象采取应急措施。<br>1 基坑支护结构的位移值突然明显增大或基坑出现流砂、管涌、隆起、陷落等;<br>2 基坑支护结构的支撑或锚杆体系出现过大变形、压屈、断裂、松弛或拔出的迹象;<br>3 基坑周边建筑的结构部分出现危害结构的变形裂缝;<br>4 基坑周边地面出现较严重的突发裂缝或地下空洞、地面下陷;<br>5 基坑周边管线变形突然明显增长或出现裂缝、泄漏等。<br>(GB 50497:8.0.9) | □符合<br>□不符合 | |
| □其他 | 1.24.8 | | | |

规范性引用文件:
《建筑基坑工程监测技术规范》(GB 50497—2019)
《建筑施工土石方工程安全技术规范》(JGJ 180—2009)
《建筑基坑支护技术规程》(JGJ 120—2012)

总体评价:1. 本次检查____项,符合____项,不符合____项,符合率为____%。
2. 针对不符合项中(填序号)_____,立即整改。
3. 针对不符合项中(填序号)_____,限期____日内整改。
4. 针对____(填写停工范围)____,停工整改。
5. 整改情况于____日内,书面反馈至检查单位。
6. 其他_____

检查单位:_____　　受检单位:_____

检查人员:_____　　受检人员:_____

检查日期:_____　　签收日期:_____

# 第十一节　特殊路段

## 1.25　边通车边施工

项目标段：_____　　　检查部位：_____

| 项目 | 序号 | 常见隐患涉及条款 | 检查结果 | 问题描述 |
|---|---|---|---|---|
| ☐ 现场作业 | 1.25.1 | 车流的方向,双向六车道以上(含六车道)公路,施工、指路、限速等重要标志,宜在中央分隔带同时设置。警告区的立柱式标志应当设置于中央分隔带、侧分带、土路肩,任何部位均不得侵入公路路面,影响车辆正常通行。绕行或者分流线路指路信息,应当在平交道口等重要路段连续设置。(江苏省公路施工路段管理办法:第十七条) | ☐符合<br>☐不符合 | |
| | 1.25.2 | 特殊路段施工前,项目经理部应配备反光背心或救生衣等安全防护用品。(省指南:3.8.1.3) | ☐符合<br>☐不符合 | |
| | 1.25.3 | 施工作业区应按专项施工方案的要求设置安全警示标志和防护设施。(省指南:3.8.2.1) | ☐符合<br>☐不符合 | |
| | 1.25.4 | 施工路段应安排专职人员指挥交通,疏导车辆,必要时可实行临时交通管制。(省指南:3.8.2.2) | ☐符合<br>☐不符合 | |
| | 1.25.5 | 通车路段的路面应及时清扫,防止车辆碾飞土石伤人或雨后泥泞影响通车。(省指南:3.8.2.3) | ☐符合<br>☐不符合 | |
| | 1.25.6 | 项目经理部应安排专职人员检查警示标志和防护设施,发现缺损及时补足。(省指南:3.8.2.4) | ☐符合<br>☐不符合 | |
| | 1.25.7 | 交通引导人员应面向来车方向,站在可视性良好的非行车区域内。(JTG H30:3.0.9.1) | ☐符合<br>☐不符合 | |
| | 1.25.8 | 过渡区内不得堆放材料、设备或停放车辆。摆放的作业机械、车辆和堆放的施工材料不得侵占作业控制区外的空间,也不得危及桥梁、隧道等结构物的安全。(JTG H30:3.0.11) | ☐符合<br>☐不符合 | |
| | 1.25.9 | 夜间进行养护作业应布设照明设施和警示频闪灯,并应加强养护作业的现场管理。(JTG H30:3.0.13) | ☐符合<br>☐不符合 | |
| | 1.25.10 | 半幅施工作业区与车行道之间应设置隔离设施。应设专人和通信设备,指挥交通,疏导车辆。弯道顶点附近不宜堆放物料、机具。(JTG F90:11.1.5) | ☐符合<br>☐不符合 | |

续上表

| 项目 | 序号 | 常见隐患涉及条款 | 检查结果 | 问题描述 |
|---|---|---|---|---|
| 作业控制区 | 1.25.11 | 公路养护作业控制区应按警告区、上游过渡区、纵向缓冲区、工作区、下游过渡区和终止区的顺序依次布置。(JTG H30:4.0.1) | □符合<br>□不符合 | |
| | 1.25.12 | 限速过程应在警告区内完成。(JTG H30:4.0.3.1) | □符合<br>□不符合 | |
| | 1.25.13 | 限速应采用逐级限速或重复提示限速方法。(JTG H30:4.0.3.2) | □符合<br>□不符合 | |
| 安全设施 | 1.25.14 | 渠化交通标线应为橙色虚、实线;导向交通标线应为醒目的橙色实线。(JTG H30:5.0.3) | □符合<br>□不符合 | |
| | 1.25.15 | 用于夜间养护作业的安全设施必须具有反光性或发光性。(JTG H30:3.0.12) | □符合<br>□不符合 | |
| | 1.25.16 | 防撞桶颜色应为黄、黑相间,顶部可附设警示灯,可用于三级及三级以上公路下坡路段养护作业,宜布设在工作区或上游过渡区与缓冲区之间。使用前应灌水,灌水量不应小于其内部容积的90%。在冰冻季节,可采用灌砂的方法,灌砂量不应小于其内部容积的90%。(JTG H30:5.0.5.2) | □符合<br>□不符合 | |
| | 1.25.17 | 水马颜色应为橙色或红色,高度不得小于40cm,可用于三级及三级以上公路下坡路段养护作业,宜布设在工作区或上游过渡区与缓冲区之间。使用前应灌水,灌水量不应小于其内部容积的90%。在冰冻季节,可采用灌砂的方法,灌砂量不应小于其内部容积的90%。(JTG H30:5.0.5.3) | □符合<br>□不符合 | |
| | 1.25.18 | 防撞墙和施工隔离墩颜色应为黄、黑相间,可用于三级及三级以上公路下坡路段养护作业,宜布设在工作区或上游过渡区与缓冲区之间,并宜组合使用。(JTG H30:5.0.5.4) | □符合<br>□不符合 | |
| | 1.25.19 | 照明设施应布设在工作区侧面,照明方向应背对非封闭车道。(JTG H30:5.0.6.1) | □符合<br>□不符合 | |

续上表

| 项目 | 序号 | 常见隐患涉及条款 | 检查结果 | 问题描述 |
|---|---|---|---|---|
| ☐ 其他 | 1.25.20 | | | |

规范性引用文件：
《公路工程施工安全技术规范》(JTG F90—2015)
《公路养护安全作业规程》(JTG H30—2015)
《江苏省公路施工路段管理办法》(苏交规〔2014〕7号)
《公路工程建设现场安全管理标准化指南》(苏交建质〔2012〕16号)

总体评价：1.本次检查____项，符合____项，不符合____项，符合率为____%。
2. 针对不符合项中(填序号)_____，立即整改。
3. 针对不符合项中(填序号)_____，限期____日内整改。
4. 针对__(填写停工范围)__，停工整改。
5. 整改情况于____日内，书面反馈至检查单位。
6. 其他_____

检查单位：_____　　受检单位：_____

检查人员：_____　　受检人员：_____

检查日期：_____　　签收日期：_____

## 1.26 跨线施工

项目标段：_____　　　　　检查部位：_____

| 项目 | 序号 | 常见隐患涉及条款 | 检查结果 | 问题描述 |
|---|---|---|---|---|
| □ 跨线施工 | 1.26.1 | 禁止利用公路桥梁进行牵拉、吊装等危及公路桥梁安全的施工作业。禁止利用公路桥梁(含桥下空间)、公路隧道、涵洞堆放物品,搭建设施以及铺设高压电线和输送易燃、易爆或者其他有毒有害气体、液体的管道。(公路安全保护条例：第二十二条) | □符合<br>□不符合 | |
| | 1.26.2 | 进入施工现场的人员必须正确佩戴安全帽。根据作业环境不同,粉尘场所施工作业人员应佩戴防尘口罩;高处作业人员应穿防滑鞋,佩戴安全带。水上作业人员应穿救生衣;电工作业人员应戴绝缘手套,穿绝缘鞋。(DB32/T 2618:5.1.3) | □符合<br>□不符合 | |
| | 1.26.3 | 跨既有公路施工,通行区应搭设安全通道。(JTG F90:8.1.1) | □符合<br>□不符合 | |
| | 1.26.4 | 安全通道应满足通行要求,施工作业面底部应悬挂安全网。(JTG F90:8.1.1) | □符合<br>□不符合 | |
| | 1.26.5 | 安全通道应设防撞设施及限高、限宽、减速标志和设施,梁式桥的模板支架及其他设施宜在撞栏等上部构造施工完成后拆除。(JTG F90:8.1.1) | □符合<br>□不符合 | |
| | 1.26.6 | 高处作业不得同时上下交叉进行。(JTG F90:5.7.2) | □符合<br>□不符合 | |
| | 1.26.7 | 高处电焊、气割作业,作业区周围和下方应采取防火措施,按要求配备消防器材,并应设专人巡视。(JTG F90:5.5.14) | □符合<br>□不符合 | |
| | 1.26.8 | 跨通行道路、通航水域的支架应根据道路、水域通行情况设置防撞设施。(JTG F90:5.8.2) | □符合<br>□不符合 | |
| □ 其他 | 1.26.9 | | | |

续上表

| 规范性引用文件：
《公路工程施工安全技术规范》(JTG F90—2015)
《江苏省高速公路建设工程施工安全技术规程》(DB32/T 2618—2014)
《公路安全保护条例》(国务院令第593号) |
|---|
| 总体评价:1.本次检查____项,符合____项,不符合____项,符合率为____%。
　　　　2.针对不符合项中(填序号)_____,立即整改。
　　　　3.针对不符合项中(填序号)_____,限期____日内整改。
　　　　4.针对__(填写停工范围)__,停工整改。
　　　　5.整改情况于____日内,书面反馈至检查单位。
　　　　6.其他_____ |

检查单位：_____　　受检单位：_____

检查人员：_____　　受检人员：_____

检查日期：_____　　签收日期：_____

# 第二篇
# 路基路面工程篇

# 第一节　路　基　工　程

## 2.1　路　基　工　程

项目标段：_____　　　　检查部位：_____

| 项目 | 序号 | 常见隐患涉及条款 | 检查结果 | 问题描述 |
|---|---|---|---|---|
| □ 一般规定 | 2.1.1 | 开工前,项目经理部应根据建设单位提供的施工现场及毗邻区域内水、电、气、通信等地下管线资料进行复查,并在沿管线外相距1.0m处做好标识,必要时应采取保护或加固措施,确保施工过程的安全。(省指南:4.1.1.3) | □符合<br>□不符合 | |
| | 2.1.2 | 机械设备不宜在坡度大的边坡区域或不稳定岩土体上作业。机械在路基边坡、基坑、沟壑边缘附近以及不稳定土体上作业时,应采取可靠安全措施。(JTG/T 3610:9.5.5) | □符合<br>□不符合 | |
| | 2.1.3 | 机械作业范围内不得同时进行人工作业。(JTG/T 3610:9.5.7) | □符合<br>□不符合 | |
| | 2.1.4 | 施工现场运输车辆应设置反光标识。施工车辆运行必须遵守道路交通法规,按规定线路和速度行驶,不得超载,严禁人料混载。(JTG/T 3610:9.5.11) | □符合<br>□不符合 | |
| | 2.1.5 | 对高边坡等高风险工程,应进行现场监控。(JTG/T 3610:9.1.7) | □符合<br>□不符合 | |
| | 2.1.6 | 作业区应设置警戒线,专人负责警戒,防止无关人员进入施工现场。(省指南:3.1.5.6-2) | □符合<br>□不符合 | |
| | 2.1.7 | 消解石灰,浸水过程中不得投料、翻拌,人员应远避并采取个体防护措施。(JTG F90:7.2.1) | □符合<br>□不符合 | |
| | 2.1.8 | 施工现场及机械行走范围内的承载力应满足相应的要求,并应保持平整。(JTG F90:6.7.1) | □符合<br>□不符合 | |
| □ 软基处理 | 2.1.9 | 静力压桩机、强夯机等设备具有起重作业功能的,应按照规定进行检测持有合格证。(省指南:4.1.2.3) | □符合<br>□不符合 | |
| | 2.1.10 | 软基施工作业现场应按规定设置警戒区,警戒区周围醒目处应设置"施工重地闲人免进""注意安全"等警告、警示标志。(省指南:4.1.2) | □符合<br>□不符合 | |
| | 2.1.11 | 启动振动锤或振冲器前应发出警示信号,其他作业人员应撤至安全区域。(省指南:4.1.2.6) | □符合<br>□不符合 | |

续上表

| 项目 | 序号 | 常见隐患涉及条款 | 检查结果 | 问题描述 |
|---|---|---|---|---|
| □软基处理 | 2.1.12 | 振动锤的电缆线,宜采用悬吊方式。易磨损的部位应采用耐磨绝缘材料进行包扎防护。(省指南:4.1.2.7) | □符合<br>□不符合 | |
| | 2.1.13 | 深层拌和处理机就位后应将机架摆放平整、稳定,并采取止动措施。深层拌和处理机移位时应关闭电源,并由专人看护和移动电缆线。(省指南:4.1.2.8) | □符合<br>□不符合 | |
| | 2.1.14 | 喷浆作业时,作业区内严禁在喷浆嘴前方站人。(省指南:4.1.2.9) | □符合<br>□不符合 | |
| | 2.1.15 | 静力压桩机作业时,应有专人统一指挥,非工作人员应离机10.0m以外。(省指南:4.1.2.10) | □符合<br>□不符合 | |
| | 2.1.16 | 强夯施工警戒区的警戒范围应通过试夯确定,但不得小于起重机吊臂长度的1.5倍。夯击时,作业人员应撤至安全区域。(省指南:4.1.2.12) | □符合<br>□不符合 | |
| | 2.1.17 | 强夯作业区应封闭管理并设置安全警示标志,由专人负责统一指挥。(JTG F90:6.7.4-1) | □符合<br>□不符合 | |
| | 2.1.18 | 吊锤机械驾驶室前应设置防护网,驾驶员应佩戴防护镜。(JTG F90:6.7.4-3) | □符合<br>□不符合 | |
| □填方路基 | 2.1.19 | 在易发生机械伤害的场所、主要出入口等位置,设置"当心机械伤人""前方施工减速慢行"等明显的安全警告标志和安全防护设施。(省指南:4.1.3.2) | □符合<br>□不符合 | |
| | 2.1.20 | 自卸式运输车辆必须按规定吨位装载,不得超载、超高。卸料起斗时,应检查上方是否有架空线路,防止刮断。翻斗内严禁载人。(省指南:4.1.3.4) | □符合<br>□不符合 | |
| | 2.1.21 | 两台或两台以上推土机并排作业时,两机刀片之间应保持0.2~0.3m间距。推土机前进时必须以相同速度前行;后退时,应分先后,防止互相碰撞。(省指南:4.1.3.5) | □符合<br>□不符合 | |
| | 2.1.22 | 平地机在坡道停放时,应使车头向下坡方向,并将刀片或松土器压入土中。(省指南:4.1.3.6) | □符合<br>□不符合 | |
| | 2.1.23 | 现场多种机械在同一作业面作业时,前后间距应不小于8.0m,左右间距大于1.5m。(省指南:4.1.3.7) | □符合<br>□不符合 | |
| | 2.1.24 | 两台以上压路机同时作业,其前后间距不得小于3.0m;在坡道上纵队行驶时,其间距不得小于20.0m。(省指南:4.1.3.8) | □符合<br>□不符合 | |
| | 2.1.25 | 路基填筑时,机械设备与路基边缘的操作宽度不小于0.3m,高填方时应有专人指挥。(省指南:4.1.3.9) | □符合<br>□不符合 | |
| | 2.1.26 | 高填方路堤施工,作业区边缘应设置明显的警示标志。(JTG F90:6.3.8-3) | □符合<br>□不符合 | |

续上表

| 项目 | 序号 | 常见隐患涉及条款 | 检查结果 | 问题描述 |
|---|---|---|---|---|
| 挖方路基 | 2.1.27 | 深挖路堑施工过程中,应及时施作临时排水设施。边坡应严格按设计坡度开挖,并应监测边坡的稳定性。(JTG F90:6.4.5) | □符合<br>□不符合 | |
| | 2.1.28 | 路堑开挖应采取保证边坡稳定的措施,边坡有防护要求的应开挖一级防护一级,且应自上而下开挖,不得掏底开挖、上下同时开挖、乱挖超挖。(JTG F90:6.3.5) | □符合<br>□不符合 | |
| | 2.1.29 | 开挖石方时,开挖工作面应与装运作业面相互错开,严禁上、下双重作业。(省指南:4.1.4.5) | □符合<br>□不符合 | |
| | 2.1.30 | 挖掘机起动后,铲斗及铲斗运转范围内、臂杆、履带和机棚上严禁站人;严禁铲斗从运土车的驾驶室顶上越过;向运土车辆卸土时,应降低铲斗高度,防止偏载或砸坏车厢。(省指南:4.1.4.6) | □符合<br>□不符合 | |
| | 2.1.31 | 坑(槽)沟边1m以内不得堆土、堆料,不得停放机械。(部指南:15.5(5)) | □符合<br>□不符合 | |
| | 2.1.32 | 机械挖掘时,应避开既有结构物和管线,严禁碰撞。严禁在距既有直埋管线2m范围内和距各类管道1m范围内采用大型机械开挖作业。(JTG/T 3610:9.7.6) | □符合<br>□不符合 | |
| | 2.1.33 | 沟槽开挖深度超过2m时,其边缘上面作业应按高处作业要求进行安全防护并设置警告标志,开挖沟槽位于现场通道或者居民区附近时,应设置安全防护,夜间应设置警示灯。(JTG/T 3610:9.7.9) | □符合<br>□不符合 | |
| | 2.1.34 | 靠近结构物处挖土应采取安全防护措施。路基范围内暂时不能迁移的结构物应预留土台,并应设警示标志。(JTG F90:6.3.9) | □符合<br>□不符合 | |
| 路基防护(排水)工程 | 2.1.35 | 砌筑工程必须自下而上砌筑,严禁在砌筑好的坡面上行走。抹面、勾缝作业必须先上后下,人员上下必须用爬梯。(省指南:4.1.5.3) | □符合<br>□不符合 | |
| | 2.1.36 | 砌筑作业时,跳板应绑扎牢固。作业人员在搬运砌块上架时,应采取防滑措施。严禁在脚手架上进行片石改小作业。(省指南:4.1.5.4) | □符合<br>□不符合 | |
| | 2.1.37 | 砌筑材料堆放与边坡边缘的安全距离不小于1.0m。(省指南:4.1.5.6) | □符合<br>□不符合 | |
| | 2.1.38 | 砌筑施工,边坡防护作业应设警戒区,并应设置明显的警示标志。(JTG F90:6.5.1-1) | □符合<br>□不符合 | |

续上表

| 项目 | 序号 | 常见隐患涉及条款 | 检查结果 | 问题描述 |
|---|---|---|---|---|
| ☐路基防护（排水）工程 | 2.1.39 | 砌筑作业中,脚手架下不得有人操作及停留,不得重叠作业。(JTG F90:6.5.1-4) | ☐符合<br>☐不符合 | |
| | 2.1.40 | 挡土墙施工应设警戒区。(JTG F90:6.5.4-1) | ☐符合<br>☐不符合 | |
| | 2.1.41 | 用提升架运送石料时,应有专人指挥和操作,严禁超负荷运行,严禁使用提升架载人。(JTG/T 3610:9.9.6) | ☐符合<br>☐不符合 | |
| | 2.1.42 | 拆除墙背向内倾斜的混凝土重力式挡土墙模板时,应在墙背侧设置必要的临时支撑。(JTG/T 3610:9.9.7) | ☐符合<br>☐不符合 | |
| | 2.1.43 | 高边坡截水沟施工应设置防作业人员坠落设施。(JTG F90:6.6.1) | ☐符合<br>☐不符合 | |
| | 2.1.44 | 排水沟施工不得自上而下滚落运送材料。(JTG F90:6.6.2) | ☐符合<br>☐不符合 | |
| | 2.1.45 | 作业高度超过1.2m时,应设置脚手架。高的脚手架平台应采用锚杆锚固在岩壁上。脚手架搭建经验收合格后,方可使用。施工过程中,应经常检查脚手架,发现松动、变形或沉陷应及时加固。(JTG/T 3610:9.9.3) | ☐符合<br>☐不符合 | |
| ☐取、弃土场 | 2.1.46 | 取土场周围,施工期间应设置防护栏杆,并在醒目位置设"施工重地闲人免进""取土坑危险禁止游泳"等警告标志。(省指南:4.1.6.2) | ☐符合<br>☐不符合 | |
| | 2.1.47 | 取土场(坑)的边坡、深度等应满足设计要求,且不得危及周边建(构)筑物等既有设施的安全。(JTG F90:6.3.1) | ☐符合<br>☐不符合 | |
| | 2.1.48 | 取土场(坑)边周围应设置警示标志和安全防护设施,宜设置夜间警示和反光标识。(JTG F90:6.3.2) | ☐符合<br>☐不符合 | |
| ☐其他 | 2.1.49 | | | |

续上表

| 规范性引用文件：
《公路工程施工安全技术规范》(JTG F90—2015)
《公路路基施工技术规范》(JTG/T 3610—2019)
交通运输部《公路水运工程施工安全标准化指南》
《公路工程建设现场安全管理标准化指南》(苏交建质〔2012〕16号) |
|---|
| 总体评价：1. 本次检查____项，符合____项，不符合____项，符合率为____%。
    2. 针对不符合项中(填序号)_____，立即整改。
    3. 针对不符合项中(填序号)_____，限期____日内整改。
    4. 针对__(填写停工范围)__，停工整改。
    5. 整改情况于____日内，书面反馈至检查单位。
    6. 其他_____ |

检查单位：_____　　受检单位：_____

检查人员：_____　　受检人员：_____

检查日期：_____　　签收日期：_____

## 2.2 路基常用设备

项目标段：_____　　　检查部位：_____

| 项目 | 序号 | 常见隐患涉及条款 | 检查结果 | 问题描述 |
|---|---|---|---|---|
| □一般规定 | 2.2.1 | 禁止使用缺少安全装置或安全装置已失效的机具。（部指南:13.1-(1)） | □符合<br>□不符合 | |
| | 2.2.2 | 严禁拆除、改装、自制施工机具上的监测、指示、仪表、报警及警示等安全装置。（部指南:13.1-(2)） | □符合<br>□不符合 | |
| | 2.2.3 | 冬季使用机具应采取防冻、防寒和防滑措施。（部指南:13.1-(3)） | □符合<br>□不符合 | |
| | 2.2.4 | 机具运转时，禁止保养、修理、调整等作业。（部指南:13.1-(4)） | □符合<br>□不符合 | |
| | 2.2.5 | 禁止在没有保险装置的机具下面进行保养、修理。进入机械内部相对封闭空间时，必须设监护人。（部指南:13.1-(5)） | □符合<br>□不符合 | |
| | 2.2.6 | 机具应进行编号管理，现场悬挂安全操作规程、设备操作管理牌。（部指南:13.1-(6)） | □符合<br>□不符合 | |
| □推土机 | 2.2.7 | 万向节不应松旷，固定螺栓应紧固。（JGJ 160:5.2.1） | □符合<br>□不符合 | |
| | 2.2.8 | 铲刀架、撑杆应完好，不应有变形、开裂。（JGJ 160:5.2.5） | □符合<br>□不符合 | |
| | 2.2.9 | 推土机工作时严禁有人站在履带或刀片的支架上。（JGJ 180:3.2.7） | □符合<br>□不符合 | |
| | 2.2.10 | 推土机上下坡应用低速挡行驶，下陡坡时，应将推铲放下接触地面。（JGJ 180:3.2.8） | □符合<br>□不符合 | |
| | 2.2.11 | 推土机向沟槽回填土时应设专人指挥，严禁推铲越出边缘。（JGJ 180:3.2.10） | □符合<br>□不符合 | |
| | 2.2.12 | 两台以上推土机在同一区域作业时，两机前后距离不得小于8m，平行时左右距离不得小于1.5m。（JGJ 180:3.2.11） | □符合<br>□不符合 | |

续上表

| 项目 | 序号 | 常见隐患涉及条款 | 检查结果 | 问题描述 |
|---|---|---|---|---|
| ☐挖掘机 | 2.2.13 | 动臂、斗杆和铲斗不应有变形、裂纹和开焊。（JGJ 160：5.3.5-1） | ☐符合<br>☐不符合 | |
| | 2.2.14 | 斗齿应齐全、完整，不应松动。（JGJ 160：5.3.5-2） | ☐符合<br>☐不符合 | |
| | 2.2.15 | 当行走踏板处于自由状态、行走操纵杆处于中立位置时，行走制动器应自动处于制动状态。（JGJ 160：5.3.6-1） | ☐符合<br>☐不符合 | |
| | 2.2.16 | 设备操作过程中应平稳，不宜紧急制动。当铲斗未离开工作面时，不得做回转、行走等动作。铲斗升降不得过猛，下降时不得碰撞车架或履带。（JGJ 180：3.2.1） | ☐符合<br>☐不符合 | |
| | 2.2.17 | 装车作业应在运输车停稳后进行，铲斗不得撞击运输车任何部位；回转时严禁铲斗从运输车驾驶室顶上越过。（JGJ 180：3.2.2） | ☐符合<br>☐不符合 | |
| | 2.2.18 | 拉铲或反铲作业时，挖掘机履带到工作面边缘的安全距离不应小于1.0m。（JGJ 180：3.2.3） | ☐符合<br>☐不符合 | |
| | 2.2.19 | 在崖边进行挖掘作业时，应采取安全防护措施。作业面不得留有伞沿状及松动的大块石。（JGJ 180：3.2.4） | ☐符合<br>☐不符合 | |
| | 2.2.20 | 挖掘机行驶或作业中，不得用铲斗吊运物料，驾驶室外严禁站人。（JGJ 180：3.2.5） | ☐符合<br>☐不符合 | |
| | 2.2.21 | 挖掘机作业结束后应将铲斗收回平放在地面上。（JGJ 180：3.2.6） | ☐符合<br>☐不符合 | |
| ☐压路机 | 2.2.22 | 轮辋不应有裂纹、变形；轮毂转动应灵活，不应有异响。（JGJ 160：5.5.3-1） | ☐符合<br>☐不符合 | |
| | 2.2.23 | 轮胎螺栓和螺母应齐全、紧固。（JGJ 160：5.5.3-2） | ☐符合<br>☐不符合 | |
| | 2.2.24 | 胎面花纹已磨平时应进行轮胎更换。（JGJ 160：5.5.3-3.2） | ☐符合<br>☐不符合 | |
| | 2.2.25 | 胎体帘线层有环形破裂及整圈分离时应进行轮胎更换。（JGJ 160：5.5.3-3.3） | ☐符合<br>☐不符合 | |
| | 2.2.26 | 钢轮高低振幅工作装置应完好。（JGJ 160：5.5.4-1） | ☐符合<br>☐不符合 | |

续上表

| 项目 | 序号 | 常见隐患涉及条款 | 检查结果 | 问题描述 |
|---|---|---|---|---|
| □压路机 | 2.2.27 | 减振块应齐全,不应有裂纹、缺损;紧固螺栓不应松动。(JGJ 160:5.5.4-2) | □符合<br>□不符合 | |
| | 2.2.28 | 刮泥板不应有变形。(JGJ 160:5.5.4-3) | □符合<br>□不符合 | |
| | 2.2.29 | 压路机工作地段的横坡坡度不应大于20°。(JGJ 180:3.3.1) | □符合<br>□不符合 | |
| | 2.2.30 | 修筑坑边道路时,必须由里侧向外侧碾压。距路基边缘不得小于1m。(JGJ 180:3.3.2) | □符合<br>□不符合 | |
| | 2.2.31 | 严禁用压路机拖带任何机械、物件。(JGJ 180:3.3.3) | □符合<br>□不符合 | |
| | 2.2.32 | 两台以上压路机在同一区域作业时,前后距离不得小于3m。(JGJ 180:3.3.4) | □符合<br>□不符合 | |
| □平地机 | 2.2.33 | 操纵控制阀应能有效地控制铲刀移动、回转、前轮左右倾斜等各种动作。(JGJ 160:5.7.4-2) | □符合<br>□不符合 | |
| | 2.2.34 | 牵引架、回转圈、摆架等不应有变形、裂纹。(JGJ 160:5.7.5-1) | □符合<br>□不符合 | |
| | 2.2.35 | 铲刀应能升降、倾斜、侧移、引出和360°全回转,回转应平稳,不应有阻滞。(JGJ 160:5.7.5-2) | □符合<br>□不符合 | |
| | 2.2.36 | 铲刀架、滑轨应完好,不应有变形。(JGJ 160:5.7.5-4) | □符合<br>□不符合 | |
| | 2.2.37 | 刀片固定螺栓应紧固。(JGJ 160:5.7.5-5) | □符合<br>□不符合 | |
| □挖掘装载机 | 2.2.38 | 销轴部位应灵活,应无锈蚀。(JGJ 160:5.8.3) | □符合<br>□不符合 | |
| | 2.2.39 | 铲斗、刮板应完好,应无变形、裂纹、开焊等现象,斗齿磨损后应及时更换。(JGJ 160:5.8.5) | □符合<br>□不符合 | |

续上表

| 项目 | 序号 | 常见隐患涉及条款 | 检查结果 | 问题描述 |
|---|---|---|---|---|
| 轮胎式装载机 | 2.2.40 | 操纵控制阀应能有效地控制动臂升降及浮动、铲斗上转及下翻等各种动作。(JGJ 160;5.9.3) | □符合<br>□不符合 | |
| | 2.2.41 | 动臂、摇臂和拉杆不应有变形和裂纹,轴销应固定牢靠,润滑应良好。(JGJ 160;5.9.4-1) | □符合<br>□不符合 | |
| | 2.2.42 | 铲斗应完好,不应有裂纹;斗齿应齐全、完整,不应松动。(JGJ 160;5.9.4-2) | □符合<br>□不符合 | |
| | 2.2.43 | 装载机作业时应使用低速挡。严禁铲斗载人。(JGJ 180;3.2.15) | □符合<br>□不符合 | |
| | 2.2.44 | 向汽车装料时,铲斗不得在汽车驾驶室上方越过。不得偏载、超载。(JGJ 180;3.2.17) | □符合<br>□不符合 | |
| | 2.2.45 | 在边坡、壕沟、凹坑卸料时,应有专人指挥,轮胎距沟、坑边缘的距离应大于1.5m,并应放置挡木阻滑。(JGJ 180;3.2.18) | □符合<br>□不符合 | |
| 自卸车 | 2.2.46 | 非顶升作业时,应将顶升操纵杆放在空挡位置。顶升前,应拔出车厢固定锁。作业后,应插入车厢固定锁。固定锁应无裂纹,且插入或拔出灵活、可靠。在行驶过程中车厢挡板不得自行打开。(JGJ 33;6.2.2) | □符合<br>□不符合 | |
| | 2.2.47 | 自卸汽车配合挖掘机、装载机装料时就位后应拉紧手制动器。在向汽车装料时,铲斗不得在汽车驾驶室上方越过。如汽车驾驶室顶无防护,驾驶室内不得有人。(JGJ 33;6.2.3,5.10.15) | □符合<br>□不符合 | |
| | 2.2.48 | 卸料前,应听从现场专业人员指挥。在确认车厢上方无电线或障碍物,四周无人员来往后将车停稳,不得边卸边行驶。(JGJ 33;6.2.4) | □符合<br>□不符合 | |
| | 2.2.49 | 向坑洼地区卸料时,应和坑边保持安全距离,防止塌方翻车。严禁在斜坡侧向倾卸。(JGJ 33;6.2.5) | □符合<br>□不符合 | |
| | 2.2.50 | 自卸汽车装运散料时,应有防止散落的措施。(JGJ 33;6.2.10) | □符合<br>□不符合 | |

续上表

| 项目 | 序号 | 常见隐患涉及条款 | 检查结果 | 问题描述 |
|---|---|---|---|---|
| □旋耕机 | 2.2.51 | 旋耕机万向节传动轴应设置安全防护罩,其防护罩与动力输入轴防护罩重叠不小于50mm,配套动力大于88kW拖拉机的万向节传动轴应带有安全离合保护装置。(GB/T 5668:7.1) | □符合<br>□不符合 | |
| | 2.2.52 | 旋耕机其他外露回转件应设置安全防护设置,当动力输出轴万向节传动轴安装和连接时,动力输入轴防护罩应包络住至机器的第一个固定轴承座的整个输入轴。(GB/T 5668:7.2) | □符合<br>□不符合 | |
| | 2.2.53 | 前部防护应从工作部件最外端运动轨迹向前延伸不小于200mm,从机器两侧向内延伸至下悬挂点。如还采用间隔式防护时,防护屏障的间隙不大于60mm。(GB/T 5668:7.4-a) | □符合<br>□不符合 | |
| | 2.2.54 | 端部防护:在机具工作状态,两侧防护应能覆盖地面以上工作部件,如不能全部覆盖,则端部防护应从工作部件最外端运动轨迹分别向左右两侧延伸不小于200mm,如还采用间隔式防护时,防护屏障的间隙不大于80mm。(GB/T 5668:7.4-b) | □符合<br>□不符合 | |
| | 2.2.55 | 顶部防护:覆盖工作部件轨迹最外端的区域应采用坚固的防护装置,覆盖屏障之间和顶部的防护边缘不应与运动工作部件接触,该防护可由防护罩或任何适当的机器零部件以及它们的结合获得防护。(GB/T 5668:7.4-c) | □符合<br>□不符合 | |
| | 2.2.56 | 应在存在危险或有潜在危险的部位固定安全标志。使用警告标志,描述如下潜在危险:<br>a)旋耕机前部万向节传动轴可能缠绕身体部位,旋耕机作业时或万向节传动轴转动时,人与旋耕机保持安全距离;<br>b)旋耕机后部有飞出物体冲击人的身体,作业时人与旋耕机保持安全距离;<br>c)旋耕机运转时,不得打开或拆下安全防护罩;<br>d)折叠旋耕机折叠半径范围内勿站人。(GB/T 5668:7.7) | □符合<br>□不符合 | |
| □洒水车 | 2.2.57 | 水罐与汽车大梁安装应牢固;罐体应无变形、锈蚀、渗漏现象,涂装油漆面应干净、完整,应无脱落现象。(JGJ 160:5.16.1) | □符合<br>□不符合 | |
| | 2.2.58 | 水泵安装应牢固,运转应正常、无异响;连接应可靠、无渗漏。(JGJ 160:5.16.3) | □符合<br>□不符合 | |

续上表

| 项目 | 序号 | 常见隐患涉及条款 | 检查结果 | 问题描述 |
|---|---|---|---|---|
| ☐其他 | 2.2.59 | | | |

规范性引用文件：
《旋耕机》(GB/T 5668—2017)
《施工现场机械设备检查技术规范》(JGJ 160—2016)
《建筑施工土石方工程安全技术规范》(JGJ 180—2009)
《建筑机械使用安全技术规程》(JGJ 33—2012)
交通运输部《公路水运工程施工安全标准化指南》

总体评价：1. 本次检查____项，符合____项，不符合____项，符合率为____%。
    2. 针对不符合项中(填序号)_____，立即整改。
    3. 针对不符合项中(填序号)_____，限期____日内整改。
    4. 针对 (填写停工范围) ，停工整改。
    5. 整改情况于____日内，书面反馈至检查单位。
    6. 其他_____

检查单位：_____　　受检单位：_____

检查人员：_____　　受检人员：_____

检查日期：_____　　签收日期：_____

# 第二节 路面工程

## 2.3 路面工程

项目标段：_____  检查部位：_____

| 项目 | 序号 | 常见隐患涉及条款 | 检查结果 | 问题描述 |
|---|---|---|---|---|
| ☐ 一般规定 | 2.3.1 | 行人和运输繁忙的路段应设专人指挥交通。（省指南：4.2.1.3） | ☐符合<br>☐不符合 | |
| | 2.3.2 | 履带式的机械不得在公路上行驶。（省指南：4.2.1.4） | ☐符合<br>☐不符合 | |
| | 2.3.3 | 夜间施工时，路口、模板及基准线桩附近应设置警示灯或反光标志，并设置足够的照明。（省指南：4.2.1.5） | ☐符合<br>☐不符合 | |
| | 2.3.4 | 路面工程施工时，主线沿线每500m内必须至少设置一处"施工重地 闲人免进""注意安全""进入施工现场请减速慢行"等警示标牌及限速标志。（省指南：4.2.1.6） | ☐符合<br>☐不符合 | |
| | 2.3.5 | 开挖下承层沟槽或施作伸缩缝应设置明显的安全警示标志。（JTG F90：7.1.4） | ☐符合<br>☐不符合 | |
| ☐ 基层 | 2.3.6 | 拌和作业开机前应警示，拌和机前不得站人，拌和过程中人员不得跨越皮带或调整皮带运输机。（JTG F90：7.2.2） | ☐符合<br>☐不符合 | |
| | 2.3.7 | 混合料运输应按指定线路行走，不得超载、超速。卸料升斗时，人员不得在车斗的正下方停留。（JTG F90：7.2.3） | ☐符合<br>☐不符合 | |
| | 2.3.8 | 整平和摊铺作业应临时封闭交通、设明显警示标志，下承层内的各类检查井口应稳固封盖，辅助作业人员应面向压路机方向作业，设备之间应保持安全距离。（JTG F90：7.2.4） | ☐符合<br>☐不符合 | |
| | 2.3.9 | 作业人员应在行驶机械后方清除轮上黏附物。（JTG F90：7.2.5-2） | ☐符合<br>☐不符合 | |
| | 2.3.10 | 碾压区内人员不得进入，确需人员进入的应安排专人监护。（JTG F90：7.2.5-3） | ☐符合<br>☐不符合 | |
| | 2.3.11 | 装卸、撒铺及翻动粉质材料时，操作人员应站在上风侧，轻拌轻翻减少粉尘。散装粉质材料宜使用粉料运输车运输，否则车厢上应采用篷布遮盖。装卸尽量避免在大风天气下进行。（省指南：4.2.2.2） | ☐符合<br>☐不符合 | |

续上表

| 项目 | 序号 | 常见隐患涉及条款 | 检查结果 | 问题描述 |
|---|---|---|---|---|
| □基层 | 2.3.12 | 采用拌和站集中厂拌法施工时,拌和场的场内交通应统一合理规划,应有专门的进、出场道路和上料通道,场内的指示牌导向牌等要醒目,必要时应有专人指挥。(省指南:4.2.2.4) | □符合<br>□不符合 | |
| | 2.3.13 | 拌和机操作台视线要开阔,操作人员应观察到整个拌和场地的作业情况。(省指南:4.2.2.5) | □符合<br>□不符合 | |
| | 2.3.14 | 操作人员在作业过程中应集中精力,发现问题应立即停机。作业时每班不得少于2人。(省指南:4.2.2.5) | □符合<br>□不符合 | |
| | 2.3.15 | 施工现场卸料、摊铺及碾压时应有专人指挥,协调各机械操作手作业人员之间的相互配合,并保持安全距离。(省指南:4.2.2.7) | □符合<br>□不符合 | |
| | 2.3.16 | 基层施工时,应加强洒水防尘工作。洒水作业过程中驾驶室外不得载人。(省指南:4.2.2.8) | □符合<br>□不符合 | |
| □沥青混凝土面层 | 2.3.17 | 封层、透层、黏层施工应符合下列规定:<br>1 喷洒前应做好检查井、闸井、雨水口的安全防护。<br>2 洒布车行驶中不得使用加热系统。洒布地段不得使用明火。<br>3 小型机具洒布沥青时,喷头不得朝上,喷头10m范围不得站人,不得逆风作业。<br>4 大风天气,不得喷洒沥青。(JTG F90:7.3.1) | □符合<br>□不符合 | |
| | 2.3.18 | 沥青储存地点应配备灭火器、消防砂等消防设施,并应设置警示标志。(JTG F90:7.3.2) | □符合<br>□不符合 | |
| | 2.3.19 | 沥青脱桶、导热油加热沥青作业应采取防火、防烫伤措施。(JTG F90:7.3.3) | □符合<br>□不符合 | |
| | 2.3.20 | 拌和过程中人员不得在石料溢流管、升起的料斗下方站立或通行。(JTG F90:7.3.4-2) | □符合<br>□不符合 | |
| | 2.3.21 | 沥青拌和站应配备灭火器、消防砂等消防设施。(JTG F90:7.3.4-4) | □符合<br>□不符合 | |
| | 2.3.22 | 拌和作业开机前应警示,拌和机前不得站人,拌和过程中人员不得跨越皮带或调整皮带运输机。(JTG F90:7.2.2) | □符合<br>□不符合 | |
| | 2.3.23 | 混合料运输应按指定线路行走,不得超载、超速。卸料升斗时,人员不得在车斗的正下方停留。(JTG F90:7.2.3) | □符合<br>□不符合 | |
| | 2.3.24 | 整平和摊铺作业应临时封闭交通、设明显警示标志,下承层内的各类检查井口应稳固封盖,辅助作业人员应面向压路机方向作业,设备之间应保持安全距离。(JTG F90:7.2.4) | □符合<br>□不符合 | |

续上表

| 项目 | 序号 | 常见隐患涉及条款 | 检查结果 | 问题描述 |
|---|---|---|---|---|
| 沥青混凝土面层 | 2.3.25 | 作业人员应在行驶机械后方清除轮上黏附物。(JTG F90:7.2.5-2) | □符合<br>□不符合 | |
| | 2.3.26 | 碾压区内人员不得进入,确需人员进入的应安排专人监护。(JTG F90:7.2.5-3) | □符合<br>□不符合 | |
| | 2.3.27 | 沥青路面施工应有良好的劳动保护,确保安全。沥青拌和厂应具备防火设施,配制和使用液体石油沥青的全过程严禁烟火。使用煤沥青时应采取措施防止工作人员吸入煤沥青或避免皮肤直接接触煤沥青造成身体伤害。(JTG F40:1.0.7) | □符合<br>□不符合 | |
| | 2.3.28 | 作业人员必须佩戴齐全的防护用品,皮肤外露部分均需涂抹防护药膏。(省指南:4.2.3.1) | □符合<br>□不符合 | |
| | 2.3.29 | 机械摊铺作业前,必须认真检查现场所有机械设备的完好性,确认完好后方可开始作业。(省指南:4.2.3.2) | □符合<br>□不符合 | |
| | 2.3.30 | 拌和设备运行中,各岗位的人员都要随时监视各部位运转情况,不得擅自脱离岗位。发现异常情况应立即报告机长,及时排除故障。(省指南:4.2.3.3-(3)) | □符合<br>□不符合 | |
| | 2.3.31 | 清理和维护拌和设备时必须停机;如需人员进入搅拌缸内工作时,搅拌缸外要有人监护。(省指南:4.2.3.3-(4)) | □符合<br>□不符合 | |
| | 2.3.32 | 拌和设备运转中严禁人员靠近各种运转机构,传动部位要加防护罩。搅拌器平台上不得堆放杂物、工具等,以免震落伤人。(省指南:4.2.3.3-(5)) | □符合<br>□不符合 | |
| | 2.3.33 | 拌和站机械设备需经常检查的部位应设置爬梯。(省指南:4.2.3.3-(6)) | □符合<br>□不符合 | |
| | 2.3.34 | 采用皮带输送机上料时,储料仓应加防护;集料斗升起时,严禁有人在斗下工作或通过,检查集料斗时应将保险链挂好。(省指南:4.2.3.3-(7)) | □符合<br>□不符合 | |
| | 2.3.35 | 要定期检查送料斗的轨道、滑轮、钢丝绳等,发现异常要及时更换,在高处更换拌和楼的部件时要扣好安全带,并注意自己的站位是否安全。(省指南:4.2.3.3-(8)) | □符合<br>□不符合 | |
| | 2.3.36 | 皮带输送机、搅拌器、引风机等传动或高速运转部件附近禁止站人。(省指南:4.2.3.3-(9)) | □符合<br>□不符合 | |

续上表

| 项目 | 序号 | 常见隐患涉及条款 | 检查结果 | 问题描述 |
|---|---|---|---|---|
| 沥青混凝土面层 | 2.3.37 | 连续式拌和设备的燃烧器熄火时应立即停止喷射沥青。当烘干拌和筒内沥青或混合料着火时，应立即关闭燃烧器，停止供给沥青，关闭鼓风机、排风机，将含水率较高的细集料投入烘干拌和筒内，扑灭火焰，同时在外部卸料口用干粉或泡沫灭火器进行灭火。（省指南:4.2.3.3-(10)） | □符合<br>□不符合 | |
| | 2.3.38 | 在料斗门附近做任何检修保养工作，必须首先使空压机停止运转，并将系统中的压缩空气排净。否则，严禁拆除气路系统中的任何部件。（省指南:4.2.3.3-(11)） | □符合<br>□不符合 | |
| | 2.3.39 | 进行沥青罐的沥青存储量检查时，在光线不足的情况下，应使用手电筒进行照明，严禁使用明火进行照明，以免发生火灾。（省指南:4.2.3.3-(12)） | □符合<br>□不符合 | |
| | 2.3.40 | 系统停机后必须切断动力配电柜的总进电开关。（省指南:4.2.3.3-(13)） | □符合<br>□不符合 | |
| | 2.3.41 | 加热炉使用前必须进行耐压试验，水压力应不低于额定工作压力的两倍。（省指南:4.2.3.4-(1)） | □符合<br>□不符合 | |
| | 2.3.42 | 对加热炉及设备应作全面检查，各种仪表应齐全完好。泵、阀门、循环系统和安全附件应符合安全要求，超压、超温报警系统应灵敏可靠。（省指南:4.2.3.4-(2)） | □符合<br>□不符合 | |
| | 2.3.43 | 必须经常检查循环系统有无渗漏、振动和异声，定期检查膨胀箱的液面是否超过规定，自控系统的灵敏性和可靠性是否符合要求，并定期清除炉管及除尘器内的积灰。（省指南:4.2.3.4-(3)） | □符合<br>□不符合 | |
| | 2.3.44 | 导热油的管道应有防护设施。（省指南:4.2.3.4-(4)） | □符合<br>□不符合 | |
| | 2.3.45 | 工作前应检查高压胶管与喷油管连接是否牢固，油嘴和节门是否畅通，机件有无损坏。检查确认完好后，再将喷油管预热，安装喷头，经过在油箱内试喷后，方可正式喷洒。（省指南:4.2.3.5-(1)） | □符合<br>□不符合 | |
| | 2.3.46 | 喷洒沥青时，手握的喷油管部分，应加缠旧麻袋或石棉绳等隔热材料。操作时，喷头严禁向上，喷头附近不得站人，并注意风向，不得逆风操作。（省指南:4.2.3.5-(2)） | □符合<br>□不符合 | |

续上表

| 项目 | 序号 | 常见隐患涉及条款 | 检查结果 | 问题描述 |
|---|---|---|---|---|
| 沥青混凝土面层 | 2.3.47 | 喷洒沥青时,如发现喷头堵塞或其他故障,应立即关闭阀门,等修理完好后再行作业。(省指南:4.2.3.5-(3)) | □符合<br>□不符合 | |
| | 2.3.48 | 洒布车施工地段应有专人警戒,作业范围内不得有人。严禁在施工现场使用明火。(省指南:4.2.3.5-(4)) | □符合<br>□不符合 | |
| | 2.3.49 | 沥青拌和料的运输车辆应持有有效的车辆行驶证,驾驶人员应持有有效的驾驶证,并与所驾驶车辆的类别相符。(省指南:4.2.3.6-(1)) | □符合<br>□不符合 | |
| | 2.3.50 | 驾驶人员在运输前要接受安全技术交底,并熟知行驶路线、注意事项等,严禁将机动车交给无证人员驾驶。(省指南:4.2.3.6-(2)) | □符合<br>□不符合 | |
| | 2.3.51 | 沥青混合料运输车辆状况良好,使用前应对制动、自卸系统进行检查,车斗密封,后挡板牢靠,并安装有倒车报警器。(省指南:4.2.3.6-(3)) | □符合<br>□不符合 | |
| | 2.3.52 | 运料车向摊铺机卸料时,要和摊铺机协调动作,同步前进,防止互撞,在摊铺匝道时遇弯道处横坡面大,运输车辆料斗顶起后重心高,易发车辆侧翻事故,要做好防范措施。(省指南:4.2.3.6-(4)) | □符合<br>□不符合 | |
| | 2.3.53 | 摊铺机上的所有安全防护设施须配置齐全。(省指南:4.2.3.7-(1)) | □符合<br>□不符合 | |
| | 2.3.54 | 摊铺作业前应清除一切有碍工作的障碍物,行驶前应确认前方无人,并鸣笛示警。作业时无关人员不得在驾驶台上停留,驾驶员不得擅离岗位。(省指南:4.2.3.7-(1)) | □符合<br>□不符合 | |
| | 2.3.55 | 摊铺机驾驶应力求平稳,不得急剧转向。弯道作业时,熨平装置的端头与路缘石的间距不得小于0.1m。换挡必须在机械完全停止时进行,严禁强行挂挡和在坡道上换挡或空挡滑行。(省指南:4.2.3.7-(3)) | □符合<br>□不符合 | |
| | 2.3.56 | 驾驶员在离开驾驶台前,要将摊铺机停稳,停车制动必须可靠,料斗两侧壁完全放下,熨平板放到地面或用挂钩挂牢。(省指南:4.2.3.7-(4)) | □符合<br>□不符合 | |
| | 2.3.57 | 摊铺机夜间停放时,应在机旁挂设红灯和"施工重地闲人免进""注意安全"等醒目的警示标志。(省指南:4.2.3.7-(5)) | □符合<br>□不符合 | |

续上表

| 项目 | 序号 | 常见隐患涉及条款 | 检查结果 | 问题描述 |
|---|---|---|---|---|
| □沥青混凝土面层 | 2.3.58 | 压路机起动前,必须观察机械前后左右有无障碍和人员,鸣笛起步。(省指南:4.2.3.8-(1)) | □符合<br>□不符合 | |
| | 2.3.59 | 两台以上压路机同时碾压时,其前后间距不得小于3.0m。在坡道上纵队行驶时,其间距不得小于20.0m。(省指南:4.2.3.8-(2)) | □符合<br>□不符合 | |
| | 2.3.60 | 振动压路机作业时,起振和停振必须在压路机行走时进行。严禁在尚未起振情况下调节振动频率。在桥面施工时,应避免与桥梁共振。(省指南:4.2.3.8-(3)) | □符合<br>□不符合 | |
| | 2.3.61 | 使用轮胎压路机时,应保持轮胎正常气压,检查轮胎中间是否夹有异物。检查轮胎喷油装置是否灵敏有效。采用人工擦油时要有专人指挥,降低车速,确保安全。(省指南:4.2.3.8-(4)) | □符合<br>□不符合 | |
| □水泥混凝土面层 | 2.3.62 | 混凝土拌和前应确认搅拌、供料、控制等系统运行正常。(JTG F90:5.4.1) | □符合<br>□不符合 | |
| | 2.3.63 | 维修、保养或检查清理搅拌系统、供料系统应封闭下料口、切断电源、锁定,安全保护装置、悬挂"严禁合闸"安全警示标志,并派专人看守。(JTG F90:5.4.2) | □符合<br>□不符合 | |
| | 2.3.64 | 水泥隔离垫板的刚度及稳定性应满足要求。袋装水泥应交错整齐码放,高度不得超过10袋,且不得靠墙。砂石料堆放不得超过规定高度。(JTG F90:5.4.3) | □符合<br>□不符合 | |
| | 2.3.65 | 混凝土拌和过程中,作业人员不得离岗,严禁人员进入储料区和卸料斗下方作业;机械发生故障必须立即停机、断电。(省指南:4.2.4.3-(1)) | □符合<br>□不符合 | |
| | 2.3.66 | 搅拌机的料斗在轨道上移动提升(降落)时,严禁其下方有人。搅拌机在运转中不得将木棒、工具等伸进搅拌筒或在筒口清理混凝土。(省指南:4.2.4.3-(2)) | □符合<br>□不符合 | |
| | 2.3.67 | 施工后,应对搅拌机进行全面清理。当作业人员须进入筒内时,必须切断电源,锁好开关箱,挂上"禁止合闸"标牌,并应有专人在外监护。(省指南:4.2.4.3-(3)) | □符合<br>□不符合 | |
| | 2.3.68 | 施工中使用的外加剂必须集中管理,专人领取,余料回库。(省指南:4.2.4.3-(4)) | □符合<br>□不符合 | |

续上表

| 项目 | 序号 | 常见隐患涉及条款 | 检查结果 | 问题描述 |
|---|---|---|---|---|
| ☐水泥混凝土面层 | 2.3.69 | 水泥混凝土搅拌运输车应持有有效的车辆行驶证,驾驶人员应持有有效的驾驶证,并与所驾驶车辆的类别相符。(省指南:4.2.4.4-(1)) | ☐符合<br>☐不符合 | |
| | 2.3.70 | 采用自卸汽车装运混凝土时,不得超载和超速行驶;车斗密封,后挡板牢靠,并安装有倒车报警器。卸料后,应及时使车厢复位;严禁在车厢内载人。(省指南:4.2.4.4-(2)) | ☐符合<br>☐不符合 | |
| | 2.3.71 | 吊斗灌注混凝土应设专人指挥起吊、运送、卸料,人员、车辆不得在吊斗下停留或通行,不得攀爬吊斗。(JTG F90:5.4.5) | ☐符合<br>☐不符合 | |
| | 2.3.72 | 混凝土输送泵应安装稳固,管道布设应平顺,安装应固定牢靠,接头和卡箍应密封、紧固。(JTG F90:5.4.6-1) | ☐符合<br>☐不符合 | |
| | 2.3.73 | 泵送前应检查泵送和布料系统。首次泵送前应进行管道耐压试验。泵送混凝土时,操作人员应随时监视各种仪表和指示灯,发现异常应立即停机检查。(JTG F90:5.4.6-2) | ☐符合<br>☐不符合 | |
| | 2.3.74 | 输送泵出料软管应设专人牵引、移动,布料臂下不得站人。(JTG F90:5.4.6-3) | ☐符合<br>☐不符合 | |
| | 2.3.75 | 混凝土输送管道接头拆卸前,应释放输送管内剩余压力。(JTG F90:5.4.6-4) | ☐符合<br>☐不符合 | |
| | 2.3.76 | 清理管道时应设警戒区,管道出口端前方10m内不得站人。(JTG F90:5.4.6-5) | ☐符合<br>☐不符合 | |
| | 2.3.77 | 摊铺作业布料机与振平机应保持安全距离。(JTG F90:7.4.2) | ☐符合<br>☐不符合 | |
| | 2.3.78 | 人工摊铺作业时,应有作业班长统一指挥,作业人员协调配合,摊铺人员应听从振捣人员的指挥。(省指南:4.2.4.5-(1)) | ☐符合<br>☐不符合 | |
| | 2.3.79 | 滑模式水泥混凝土摊铺机摊铺时,运输车辆倒退时应鸣警,并设专人指挥。施工中,布料机支腿臂、松铺高低梁和滑模摊铺机支腿臂、搓平梁、磨平板上严禁站人。(省指南:4.2.4.5-(2)) | ☐符合<br>☐不符合 | |
| | 2.3.80 | 抹平机作业时,其连接螺栓应紧固,并在无负荷状态下起动,电缆要有专人收放。(省指南:4.2.4.5-(3)) | ☐符合<br>☐不符合 | |
| | 2.3.81 | 检修或作业停止,应切断电源。(JTG F90:5.4.8-1) | ☐符合<br>☐不符合 | |

续上表

| 项目 | 序号 | 常见隐患涉及条款 | 检查结果 | 问题描述 |
|---|---|---|---|---|
| □水泥混凝土面层 | 2.3.82 | 不得用电缆线、软管拖拉或吊挂振捣器。(JTG F90:5.4.8-2) | □符合<br>□不符合 | |
| | 2.3.83 | 装置振捣器的构件模板应坚固牢靠。(JTG F90:5.4.8-3) | □符合<br>□不符合 | |
| | 2.3.84 | 切缝、刻槽作业范围应设警戒区。(JTG F90:7.4.3) | □符合<br>□不符合 | |
| | 2.3.85 | 切缝作业时,必须沿前进方向单向切缝,作业人员应站在刀片侧面操作。(省指南:4.2.4-(2)) | □符合<br>□不符合 | |
| | 2.3.86 | 养护前,应检查现场预留的雨水口、检查井口等孔洞必须盖牢,并设"当心坑洞""施工重地闲人免进""注意安全"等安全标志,不得随意挪动安全标志和防护设施。(省指南:4.2.4-(3)) | □符合<br>□不符合 | |
| | 2.3.87 | 蒸汽、电热养护时,应设围栏和安全警示标志,并应配置足够、适用的消防器材,非作业人员不得进入养护区域。(JTG F90:5.4.9-3) | □符合<br>□不符合 | |
| | 2.3.88 | 覆盖养护时,预留孔洞周围应设置安全护栏或盖板,并应设置安全警示标志,不得随意挪动。(JTG F90:5.4.9-1) | □符合<br>□不符合 | |
| | 2.3.89 | 洒水养护时,应避开配电箱和周围电气设备。(JTG F90:5.4.9-2) | □符合<br>□不符合 | |
| □其他 | 2.3.90 | | | |

规范性引用文件:
《公路工程施工安全技术规范》(JTG F90—2015)
《公路沥青路面施工技术规范》(JTG F40—2017)
《公路工程建设现场安全管理标准化指南》(苏交建质〔2012〕16号)

续上表

| |
|---|
| 总体评价:1.本次检查____项,符合____项,不符合____项,符合率为____%。<br>　　　　2.针对不符合项中(填序号)_____,立即整改。<br>　　　　3.针对不符合项中(填序号)_____,限期____日内整改。<br>　　　　4.针对__(填写停工范围)__,停工整改。<br>　　　　5.整改情况于____日内,书面反馈至检查单位。<br>　　　　6.其他_____ |

检查单位:_____　　受检单位:_____

检查人员:_____　　受检人员:_____

检查日期:_____　　签收日期:_____

## 2.4 路面常用设备

项目标段：_____  检查部位：_____

| 项目 | 序号 | 常见隐患涉及条款 | 检查结果 | 问题描述 |
|---|---|---|---|---|
| □一般规定 | 2.4.1 | 禁止使用缺少安全装置或安全装置已失效的机具。(部指南:13.1-(1)) | □符合<br>□不符合 | |
| | 2.4.2 | 严禁拆除、改装、自制施工机具上的监测、指示、仪表、报警及警示等安全装置。(部指南:13.1-(2)) | □符合<br>□不符合 | |
| | 2.4.3 | 机具运转时,禁止保养、修理、调整等作业。(部指南:13.1-(4)) | □符合<br>□不符合 | |
| | 2.4.4 | 禁止在没有保险装置的机具下面进行保养、修理。进入机械内部相对封闭空间时,必须设监护人。(部指南:13.1-(5)) | □符合<br>□不符合 | |
| | 2.4.5 | 机具应进行编号管理,现场悬挂安全操作规程、设备操作管理牌。(部指南:13.1-(6)) | □符合<br>□不符合 | |
| □摊铺机 | 2.4.6 | 操纵控制阀应能控制机械左右转向、料门收放、振动及振捣、熨平板伸缩及升降等各种动作。(JGJ 160:5.11.3) | □符合<br>□不符合 | |
| | 2.4.7 | 刮板输送器应完好,刮板应齐全,不应变形,链条不应松旷。(JGJ 160:5.11.8-1) | □符合<br>□不符合 | |
| | 2.4.8 | 螺旋分料器螺旋轴不应变形,螺旋叶片应齐全,不应有缺损。(JGJ 160:5.11.8-3) | □符合<br>□不符合 | |
| | 2.4.9 | 接收料斗不应有变形、开裂、破损。(JGJ 160:5.11.8-6) | □符合<br>□不符合 | |
| □压路机 | 2.4.10 | 轮毂不应有裂纹、变形;轮毂转动应灵活,不应有异响。(JGJ 160:5.5.3-1) | □符合<br>□不符合 | |
| | 2.4.11 | 轮胎螺栓和螺母应齐全、紧固。(JGJ 160:5.5.3-2) | □符合<br>□不符合 | |
| | 2.4.12 | 胎面花纹已磨平时应进行轮胎更换。(JGJ 160:5.5.3-3.2) | □符合<br>□不符合 | |
| | 2.4.13 | 胎体帘线层有环形破裂及整圈分离时应进行轮胎更换。(JGJ 160:5.5.3-3.3) | □符合<br>□不符合 | |
| | 2.4.14 | 振块应齐全,不应有裂纹、缺损;紧固螺栓不应松动。(JGJ 160:5.5.4-2) | □符合<br>□不符合 | |
| | 2.4.15 | 刮泥板不应有变形。(JGJ 160:5.5.4-3) | □符合<br>□不符合 | |

续上表

| 项目 | 序号 | 常见隐患涉及条款 | 检查结果 | 问题描述 |
|---|---|---|---|---|
| 铣刨机 | 2.4.16 | 铣刨鼓刀头应齐全、完好,与刀座安装应牢固,铣刨鼓安全罩装置应良好、完整有效。(JGJ 160:5.17.3) | □符合<br>□不符合 | |
| | 2.4.17 | 铣刨机卸料皮带的安装应牢固,位置应正确,应无跑偏现象。(JGJ 160:5.17.4) | □符合<br>□不符合 | |
| 沥青洒布机 | 2.4.18 | 指示器、仪表使用应正常,读数应准确。(JGJ 160:5.14.1-2) | □符合<br>□不符合 | |
| | 2.4.19 | 连接部件应牢固,应无松动。(JGJ 160:5.14.1-3) | □符合<br>□不符合 | |
| | 2.4.20 | 阀门关闭应严密。(JGJ 160:5.14.1-4) | □符合<br>□不符合 | |
| | 2.4.21 | 沥青洒布车应配备有效的防火器具及防护用品,品种应齐全。(JGJ 160:5.14.3) | □符合<br>□不符合 | |
| 沥青拌和楼 | 2.4.22 | 整体应稳定,各结构件连接应牢固。(JGJ 160:5.12.1-1) | □符合<br>□不符合 | |
| | 2.4.23 | 各总成件、零部件、附属装置应齐全完整。(JGJ 160:5.12.1-2) | □符合<br>□不符合 | |
| | 2.4.24 | 受力构件不应有变形、开裂、开焊。(JGJ 160:5.12.1-4) | □符合<br>□不符合 | |
| | 2.4.25 | 行走通道、上下楼梯及扶手、设备安装平台等应完好,不应开焊、腐蚀。(JGJ 160:5.12.1-5) | □符合<br>□不符合 | |
| | 2.4.26 | 皮带给料机、集料机工作时,皮带应处于中位,不应跑偏、打滑;皮带应清洁,不应黏附泥土、碎石等杂物。(JGJ 160:5.12.2-1) | □符合<br>□不符合 | |
| | 2.4.27 | 皮带不应有破损、撕裂;皮带张紧调整装置应有效。(JGJ 160:5.12.2-2) | □符合<br>□不符合 | |
| | 2.4.28 | 机架固定应牢靠,不应有变形、裂纹、开焊。(JGJ 160:5.12.2-3) | □符合<br>□不符合 | |
| | 2.4.29 | 链条、链销及其保险插销应完好;料斗与链条的连接螺栓应紧固,料斗应完好。(JGJ 160:5.12.2-6) | □符合<br>□不符合 | |
| | 2.4.30 | 干燥滚筒不应有变形,旋转应平稳。(JGJ 160:5.12.3-1) | □符合<br>□不符合 | |
| | 2.4.31 | 干燥滚筒内翻料槽应齐全完整。(JGJ 160:5.12.3-3) | □符合<br>□不符合 | |

续上表

| 项目 | 序号 | 常见隐患涉及条款 | 检查结果 | 问题描述 |
|---|---|---|---|---|
| 沥青拌和楼 | 2.4.32 | 振动筛筛网不应有破损、断裂,网眼不应堵塞;筛网应夹紧,固定螺栓应紧固。(JGJ 160;5.12.4-1) | □符合<br>□不符合 | |
| | 2.4.33 | 筛箱不得有裂纹、开焊,固定螺栓应紧固,密封应良好,不得有粉尘外漏。(JGJ 160;5.12.4-5) | □符合<br>□不符合 | |
| | 2.4.34 | 热料仓隔板应完好,集料不应有串仓。(JGJ 160;5.12.4-6) | □符合<br>□不符合 | |
| | 2.4.35 | 放料门应完好,不应有变形、漏料。(JGJ 160;5.12.4-7) | □符合<br>□不符合 | |
| | 2.4.36 | 溢料仓不应有堵塞。(JGJ 160;5.12.4-8) | □符合<br>□不符合 | |
| | 2.4.37 | 粉料仓密封应完好,不应有粉尘漏出。(JGJ 160;5.12.5-1) | □符合<br>□不符合 | |
| | 2.4.38 | 粉料疏松器、转阀应完好有效。(JGJ 160;5.12.5-3) | □符合<br>□不符合 | |
| | 2.4.39 | 螺旋输送机运转应正常,不应有堵塞。(JGJ 160;5.12.5-4) | □符合<br>□不符合 | |
| | 2.4.40 | 沥青管路连接应牢固,不应有泄漏;三通阀、二通阀等阀门应完好、转动灵活。(JGJ 160;5.12.5-5) | □符合<br>□不符合 | |
| | 2.4.41 | 沥青泵应完好;运转不应有异响、泄漏。(JGJ 160;5.12.5-6) | □符合<br>□不符合 | |
| | 2.4.42 | 搅拌器应完好,工作不应有异响。(JGJ 160;5.12.6-1) | □符合<br>□不符合 | |
| | 2.4.43 | 联轴器及搅拌轴应工作平稳,不应有抖动;搅拌轴端密封良好,不应有泄漏。(JGJ 160;5.12.6-2) | □符合<br>□不符合 | |
| | 2.4.44 | 搅拌器叶浆臂、叶浆头、衬板应完好,叶浆头、臂紧固不应松动。(JGJ 160;5.12.6-3) | □符合<br>□不符合 | |
| | 2.4.45 | 粉灰回收螺旋输送机应完好,运转不应有异响。(JGJ 160;5.12.7-2) | □符合<br>□不符合 | |
| | 2.4.46 | 大气反吹装置应完好有效。(JGJ 160;5.12.7-3) | □符合<br>□不符合 | |

续上表

| 项目 | 序号 | 常见隐患涉及条款 | 检查结果 | 问题描述 |
|---|---|---|---|---|
| 沥青拌和楼 | 2.4.47 | 管线排列应整齐有序,电线电缆卡固应牢靠,不应有破损、老化;应做好保护零或保护接地,接地电阻应符合国家现行规范要求;控制柜、配电柜等电器设备应清洁。(JGJ 160:5.12.9-2) | □符合<br>□不符合 | |
| | 2.4.48 | 振动、变频调整、干燥滚筒驱动、热料提升、振动筛、搅拌器、转阀驱动、除尘螺旋、粉料及布袋叶轮给料、引风机等电机工作应正常。(JGJ 160:5.12.9-3) | □符合<br>□不符合 | |
| | 2.4.49 | 火焰监控器、称量系统传感器、沥青称量电加热装置、热料仓及成品料仓料位器、热料仓温度传感器、成品料仓电加热装置应有效。(JGJ 160:5.12.9-4) | □符合<br>□不符合 | |
| | 2.4.50 | 空气压缩机工作应正常。(JGJ 160:5.12.10-1) | □符合<br>□不符合 | |
| | 2.4.51 | 气压系统管路连接应牢固,不应有漏气。(JGJ 160:5.12.10-2) | □符合<br>□不符合 | |
| | 2.4.52 | 气缸活塞杆表面应光洁,密封应良好,不应有漏气;各仓放料门、称量斗门及搅拌器放料门开闭应正常。(JGJ 160:5.12.10-4) | □符合<br>□不符合 | |
| | 2.4.53 | 各气动元件、控制阀应齐全有效。(JGJ 160:5.12.10-5) | □符合<br>□不符合 | |
| | 2.4.54 | 运料车应完好,不应有漏料;轨道应平整。(JGJ 160:5.12.11-2) | □符合<br>□不符合 | |
| | 2.4.55 | 滑轮、斗门轴销、轨道等部件润滑应良好。(JGJ 160:5.12.11-3) | □符合<br>□不符合 | |
| | 2.4.56 | 冷料输送紧急停车装置应完好有效。(JGJ 160:5.12.12-1) | □符合<br>□不符合 | |
| | 2.4.57 | 热料提升逆止装置应完好有效。(JGJ 160:5.12.12-2) | □符合<br>□不符合 | |
| | 2.4.58 | 运料车刹车装置制动应可靠有效;制动盘不应有油污及烧伤。(JGJ 160:5.12.12-3) | □符合<br>□不符合 | |
| | 2.4.59 | 电气系统中设置的短路、失压、过载和跳闸反馈保护装置应完好有效。(JGJ 160:5.12.12-5) | □符合<br>□不符合 | |
| | 2.4.60 | 漏电保护器参数应匹配,安装应正确,动作应灵敏可靠。(JGJ 160:5.12.12-6) | □符合<br>□不符合 | |

续上表

| 项目 | 序号 | 常见隐患涉及条款 | 检查结果 | 问题描述 |
|---|---|---|---|---|
| □切缝机 | 2.4.61 | 切缝机锯缝时,刀片夹板的螺母应紧固,各连接部位和安全防护罩应完好正常。切缝前应先打开冷却水,冷却水中断时应停止切缝。(部指南:13.4.4-(1)) | □符合<br>□不符合 | |
| | 2.4.62 | 切割小块料时,应使用专用工具送料,不得直接用手推料。(JGJ 33:13.15.4) | □符合<br>□不符合 | |
| | 2.4.63 | 锯台上和构件锯缝中的碎屑应采用专用工具及时清除。(JGJ 33:13.15.6) | □符合<br>□不符合 | |
| □轮胎式装载机 | 2.4.64 | 操纵控制阀应能有效地控制动臂升降及浮动、铲斗上转及下翻等各种动作。(JGJ 160:5.9.3) | □符合<br>□不符合 | |
| | 2.4.65 | 动臂、摇臂和拉杆不应有变形和裂纹,轴销应固定牢靠,润滑应良好。(JGJ 160:5.9.4-1) | □符合<br>□不符合 | |
| | 2.4.66 | 铲斗应完好,不应有裂纹;斗齿应齐全、完整,不应松动。(JGJ 160:5.9.4-2) | □符合<br>□不符合 | |
| | 2.4.67 | 驻车制动摩擦片不应有油污和烧伤,驻车制动应可靠有效。(JGJ 160:5.9.5-3) | □符合<br>□不符合 | |
| □自卸车 | 2.4.68 | 非顶升作业时,应将顶升操纵杆放在空挡位置。顶升前,应拔出车厢固定锁。作业后,应插入车厢固定锁。固定锁应无裂纹,且插入或拔出灵活、可靠。在行驶过程中车厢挡板不得自行打开。(JGJ 33:6.2.2) | □符合<br>□不符合 | |
| | 2.4.69 | 自卸汽车配合挖掘机、装载机装料时,就位后应拉紧驻车制动器。<br>在向汽车装料时,铲斗不得在汽车驾驶室上方越过。如汽车驾驶室顶无防护,驾驶室内不得有人。(JGJ 33:6.2.3,5.10.15) | □符合<br>□不符合 | |
| | 2.4.70 | 卸料时应听从现场专业人员指挥,车厢上方不得有障碍物,四周不得有人员来往,并应将车停稳。不得边卸边行驶。(JGJ 33:6.2.4) | □符合<br>□不符合 | |
| | 2.4.71 | 向坑洼地区卸料时,应和坑边保持安全距离。严禁在斜坡上不得侧向倾卸。(JGJ 33:6.2.5) | □符合<br>□不符合 | |
| | 2.4.72 | 自卸汽车装运散料时,应有防止散落的措施。(JGJ 33:6.2.10) | □符合<br>□不符合 | |

续上表

| 项目 | 序号 | 常见隐患涉及条款 | 检查结果 | 问题描述 |
|---|---|---|---|---|
| ☐ 平板车 | 2.4.73 | 拖车的车轮制动器和制动灯、转向灯等配备齐全,并与牵引车的制动器和灯光信号同时起作用。(JGJ 33:6.3.1) | ☐符合<br>☐不符合 | |
| | 2.4.74 | 拖车装卸机械时,应停在平坦坚实处,拖车应制动并用三角木楔紧车胎。装车时应调整好机械在车厢上的位置,各轴负荷分配应合理。(JGJ 33:6.3.3) | ☐符合<br>☐不符合 | |
| ☐ 其他 | 2.4.75 | | | |

规范性引用文件:
《施工现场机械设备检查技术规范》(JGJ 160—2016)
《建筑机械使用安全技术规程》(JGJ 33—2012)
交通运输部《公路水运工程施工安全标准化指南》

总体评价:1.本次检查____项,符合____项,不符合____项,符合率为____%。
　　　　　2.针对不符合项中(填序号)_____,立即整改。
　　　　　3.针对不符合项中(填序号)_____,限期____日内整改。
　　　　　4.针对__(填写停工范围)__,停工整改。
　　　　　5.整改情况于____日内,书面反馈至检查单位。
　　　　　6.其他_____

检查单位:_____　　受检单位:_____

检查人员:_____　　受检人员:_____

检查日期:_____　　签收日期:_____

# 第三节　涵洞、通道

## 2.5　涵洞、通道

项目标段：_____　　　　检查部位：_____

| 项目 | 序号 | 常见隐患涉及条款 | 检查结果 | 问题描述 |
|---|---|---|---|---|
| 涵洞基坑和顶进工作坑开挖 | 2.5.1 | 基坑附近有管网或其他结构物时,应有可靠的防护措施。中等以上降雨期间基坑内不得施工。(JTG F90;8.8.1) | □符合<br>□不符合 | |
| | 2.5.2 | 开挖应视地质和水文情况、基坑深度按规定坡度分层进行,不得采用局部开挖深坑或从底层向四周掏土的方法施工。(JTG F90;8.8.4) | □符合<br>□不符合 | |
| | 2.5.3 | 基坑顶面应设置截水沟。(JTG F90;8.8.4.4) | □符合<br>□不符合 | |
| | 2.5.4 | 基坑周边1m范围内不得堆载、停放设备。(JTG F90;8.8.4) | □符合<br>□不符合 | |
| | 2.5.5 | 深基坑四周距基坑边缘不小于1m处应设立钢管护栏、挂密目式安全网,靠近道路侧应设置安全警示标志和夜间警示灯带。(JTG F90;8.8.4) | □符合<br>□不符合 | |
| 箱涵浇筑施工 | 2.5.6 | 支架基础施工后应检查验收。(JTG F90;5.2.5-3) | □符合<br>□不符合 | |
| | 2.5.7 | 支架在安装完成后应检查验收。(JTG F90;5.2.5-4) | □符合<br>□不符合 | |
| | 2.5.8 | 支架应设置可靠的接地装置。(JTG F90;5.2.5-7) | □符合<br>□不符合 | |
| | 2.5.9 | 基准面以上2m安装模板应搭设脚手架或施工平台。(JTG F90;5.2.13.5) | □符合<br>□不符合 | |
| | 2.5.10 | 施工现场应分类、分区堆放整齐,并预留足够宽度通道,便于装运。(省指南;7.1.6) | □符合<br>□不符合 | |
| | 2.5.11 | 管涵、通道模板、机具严禁随意堆放,堆放场地应进行不小于10cm碎石垫层上浇筑不小于10cm厚的C20混凝土硬化处理,面积每座通道不小于80m²,涵洞每座不少于50m²。(省指南:7.1.6) | □符合<br>□不符合 | |

续上表

| 项目 | 序号 | 常见隐患涉及条款 | 检查结果 | 问题描述 |
|---|---|---|---|---|
| ☐ 箱涵顶进施工 | 2.5.12 | 顶进作业时,地下水位应降至涵洞或通道桥涵基础底面1m以下,且降水作业应控制土体沉降。(JTG F90:8.17.6) | ☐符合<br>☐不符合 | |
| | 2.5.13 | 传力柱支承面应密贴,方向应与顶力轴线一致。(JTG F90:8.17.8) | ☐符合<br>☐不符合 | |
| | 2.5.14 | 应采用填土压重等防止传力柱崩出伤人的措施,传力柱上方不得站人。(JTG F90:8.17.8) | ☐符合<br>☐不符合 | |
| | 2.5.15 | 顶进挖土作业应坚持"勤挖快顶"的原则。不得掏洞取土、逆坡挖土。顶进暂停期内不得挖土。(JTG F90:8.17.11) | ☐符合<br>☐不符合 | |
| | 2.5.16 | 挖土机械不得碰撞加固设施和桥涵主体结构。人工清理开挖工作面时,挖土机械应退出开挖面。(JTG F90:8.17.12) | ☐符合<br>☐不符合 | |
| ☐ 其他 | 2.5.17 | | | |

规范性引用文件:
《公路工程施工安全技术规范》(JTG F90—2015)
《公路工程建设现场安全管理标准化指南》(苏交建质〔2014〕16号)

总体评价:1. 本次检查____项,符合____项,不符合____项,符合率为____%。
    2. 针对不符合项中(填序号)_____,立即整改。
    3. 针对不符合项中(填序号)_____,限期____日内整改。
    4. 针对__(填写停工范围)__,停工整改。
    5. 整改情况于____日内,书面反馈至检查单位。
    6. 其他_____

检查单位:_____　　受检单位:_____

检查人员:_____　　受检人员:_____

检查日期:_____　　签收日期:_____

# 第三篇
# 桥梁工程篇

# 第一节 下部结构

## 3.1 现场通用

项目标段：_____ 检查部位：_____

| 项目 | 序号 | 常见隐患涉及条款 | 检查结果 | 问题描述 |
| --- | --- | --- | --- | --- |
| □作业安全 | 3.1.1 | 进入施工现场的人员必须正确佩戴安全帽。根据作业环境不同，粉尘场所施工作业人员应佩戴防尘口罩；高处作业人员应穿防滑鞋，佩戴安全带。水上作业人员应穿救生衣；电工作业人员应戴绝缘手套，穿绝缘鞋。（DB32/T 2618：5.1.3） | □符合<br>□不符合 | |
| | 3.1.2 | 特殊作业人员应按相关规定经过专门培训，取得相应资格证书，持证上岗。（JTG F90：3.0.4） | □符合<br>□不符合 | |
| | 3.1.3 | 工程货运车辆严禁运送人员。（JTG F90：3.0.15） | □符合<br>□不符合 | |
| | 3.1.4 | 危险作业场所应按规定设置警戒区或其他安全防护、逃生设施。（JTG F90：3.0.13） | □符合<br>□不符合 | |
| | 3.1.5 | 施工现场原材料、半成品、成品、预制构件等堆放及机械、设备停放应整齐、稳固、规范、标识清楚，且不得侵占场内道路或影响安全。（JTG F90：4.1.5） | □符合<br>□不符合 | |
| | 3.1.6 | 防护栏杆下方有人员及车辆通行或作业的，应挂密目安全网封闭，防护栏杆下部应设置高度不小于0.18m的挡脚板。防护栏杆应由上、下两道横杆组成，上杆离地高度应为1.2m，下杆离地高度应为0.6m。（JTG F90：5.7.5） | □符合<br>□不符合 | |
| | 3.1.7 | 登高梯上端应固定，吊篮和临时工作台应绑扎牢靠。（JTG F90：5.7.19） | □符合<br>□不符合 | |
| | 3.1.8 | 施工便道与既有道路平面交叉处应设置道路警示标志，有高度限制的应设置限高架。（JTG F90：4.2.2） | □符合<br>□不符合 | |
| | 3.1.9 | 电缆线路必须埋地或架空敷设，严禁沿地面明设。（DB32/T 2618：5.2.6） | □符合<br>□不符合 | |
| | 3.1.10 | 夜间施工时应有足够照明，照明灯光不宜直射水面。（DB32/T 2618：9.6.5） | □符合<br>□不符合 | |

续上表

| 项目 | 序号 | 常见隐患涉及条款 | 检查结果 | 问题描述 |
|---|---|---|---|---|
| 特种作业 | 3.1.11 | 电工、焊接与热切割作业人员应按照有关规定经专业机构培训,并应取得相应的从业资格;电工、焊接与热切割作业人员应按规定正确佩戴、使用劳动防护用品。(JTG F90:5.5.1,5.5.2) | □符合<br>□不符合 | |
| | 3.1.12 | 压力表、安全阀、橡胶软管和回火保护器等均应定期校验或试验,标识应清晰。使用的气瓶应稳固竖立或装在专用车(架)或固定装置上。(JTG F90:5.5.4) | □符合<br>□不符合 | |
| | 3.1.13 | 电焊机一次侧电源线长度不得大于5m;二次侧焊接电缆线应采用防水绝缘橡胶护套铜芯软电缆,长度不宜大于30m,且进出线处应设置防护罩。(JTG F90:5.5.5) | □符合<br>□不符合 | |
| | 3.1.14 | 电焊钳的绝缘和隔热性能应满足要求,钳柄与导线应连接牢固,电缆芯线不得外露。(JTG F90:5.5.6) | □符合<br>□不符合 | |
| | 3.1.15 | 雨天严禁露天电焊作业。潮湿区域作业人员必须在干燥绝缘物体上焊接作业。(JTG F90:5.5.15) | □符合<br>□不符合 | |
| | 3.1.16 | 密闭空间进行焊接作业应设置通风、绝缘、照明装置和应急救援装备。(JTG F90:5.5.12) | □符合<br>□不符合 | |
| | 3.1.17 | 密闭空间焊接作业应设专人监护。(JTG F90:5.5.13) | □符合<br>□不符合 | |
| | 3.1.18 | 密闭空间内实施焊接和切割,气瓶与电源应置于密闭空间外。(JTG F90:5.5.11) | □符合<br>□不符合 | |
| | 3.1.19 | 吊篮和工作台的脚手板应铺平绑牢,严禁出现探头板。吊移操作平台时,平台上面严禁站人。(JGJ 276:3.0.6) | □符合<br>□不符合 | |
| | 3.1.20 | 自行式起重机作业前应将支腿全部伸出,并应支垫牢固。调整支腿应在无载荷时进行,并将起重臂全部缩回转至正前或正后,方可调整。(JGJ 276:4.1.4.2) | □符合<br>□不符合 | |
| | 3.1.21 | 钢丝绳在卷筒上应能按顺序整齐排列。(GB 6067.1:4.2.4.1) | □符合<br>□不符合 | |
| | 3.1.22 | 起重机操作人员,其中信号工、司索工等特种作业人员必须持特种作业资格证上岗,严禁非起重机驾驶人员驾驶,操作起重机。(JGJ 276:3.0.2) | □符合<br>□不符合 | |
| | 3.1.23 | 参加起重吊装的人员应经过严格培训,取得培训合格证后,方可上岗。(JGJ 276:3.0.2) | □符合<br>□不符合 | |
| | 3.1.24 | 吊装作业应设置警戒区,警戒区不得小于起吊物坠落影响范围。(JTG F90:5.6.4) | □符合<br>□不符合 | |
| | 3.1.25 | 高处作业上下通道应根据现场情况选用钢斜梯、钢直梯、人行塔梯,各类梯子安装应牢固可靠。(JTG F90:5.7.10) | □符合<br>□不符合 | |

续上表

| 项目 | 序号 | 常见隐患涉及条款 | 检查结果 | 问题描述 |
|---|---|---|---|---|
| □临时用电 | 3.1.26 | 电缆中必须包含全部工作芯线和用作保护零线或保护线的芯线。需要三相四线制配电的电缆线路必须采用五芯电缆。五芯电缆必须包含淡蓝、绿/黄两种颜色绝缘芯线。淡蓝色芯线必须用作N线;绿/黄双色芯线必须用作PE线,严禁混用。(JGJ 46:7.2.1) | □符合<br>□不符合 | |
| | 3.1.27 | 总配电箱以下可设若干分配电箱;分配电箱以下可设若干开关箱。总配电箱应设在靠近电源的区域,分配电箱应设在用电设备或负荷相对集中的区域,分配电箱与开关箱的距离不得超过30m,开关箱与其控制的固定式用电设备的水平距离不宜超过3m。(JGJ 46:8.1.2) | □符合<br>□不符合 | |
| | 3.1.28 | 每台用电设备必须有各自专用的开关箱,严禁用同一个开关箱直接控制2台及2台以上用电设备(含插座)。(JGJ 46:8.1.3) | □符合<br>□不符合 | |
| | 3.1.29 | 动力配电箱与照明配电箱宜分别设置。当合并设置为同一配电箱时,动力和照明应分路配电;动力开关箱与照明开关箱必须分设。(JGJ 46:8.1.4) | □符合<br>□不符合 | |
| □施工通道 | 3.1.30 | 水平通道应采用型钢制作,并固定牢靠,宽度不小于1m,满铺厚度不小于5cm的脚手板,脚手板绑扎牢固,临边应设置防护栏杆、挡脚板、密目式安全网。(省指南:3.4.3.3) | □符合<br>□不符合 | |
| | 3.1.31 | 上下通道应为钢质,宽度不小于0.9m,坡度不应大于1:1。高度在6.0m以下时,可采用一字形梯道;高度在6.0m以上时,应采用之字形梯道或转梯。(省指南:3.4.3.4) | □符合<br>□不符合 | |
| | 3.1.32 | 上下通道临边应设置防护栏杆、密目式安全网。踏步间距不大于0.25m,踏步宽度不小于0.25m,宜采用花纹钢板,应优先选用专业厂家生产的定型产品。(省指南:3.4.3.4) | □符合<br>□不符合 | |
| | 3.1.33 | 应根据需要在爬梯口、转梯口设置人员出入的防护棚或安全通道。安全通道的设置应能保证人员出入的安全和畅通,高度不低于2.5m,宽度不小于1.5m,采用钢管,以扣件固定,上面覆盖严密固定的木板或竹胶板,木板厚度不小于30.0mm。(省指南:3.4.3.6) | □符合<br>□不符合 | |
| □其他 | 3.1.34 | | | |

续上表

| 规范性引用文件：<br>《江苏省高速公路建设工程施工安全技术规程》(DB32/T 2618—2014)<br>《公路工程施工安全技术规范》(JTG F90—2015)<br>《建筑施工起重吊装工程安全技术规范》(JGJ 276—2012)<br>《施工现场临时用电安全技术规范》(JGJ 46—2005)<br>《起重机械安全规程 第1部分:总则》(GB 6067.1—2010)<br>《公路工程建设现场安全管理标准化指南》(苏交建质〔2014〕16号) |
|---|
| 总体评价:1. 本次检查____项,符合____项,不符合____项,符合率为____%。<br>　　　　2. 针对不符合项中(填序号)_____,立即整改。<br>　　　　3. 针对不符合项中(填序号)_____,限期____日内整改。<br>　　　　4. 针对__(填写停工范围)__,停工整改。<br>　　　　5. 整改情况于____日内,书面反馈至检查单位。<br>　　　　6. 其他_____ |

检查单位:_____　　受检单位:_____

检查人员:_____　　受检人员:_____

检查日期:_____　　签收日期:_____

## 3.2 钻 孔 桩

项目标段：_____    检查部位：_____

| 项目 | 序号 | 常见隐患涉及条款 | 检查结果 | 问题描述 |
|---|---|---|---|---|
| □人员管理 | 3.2.1 | 特殊作业人员应按相关规定经过专门培训，取得相应资格证书，持证上岗。(JTG F90:3.0.4) | □符合<br>□不符合 | |
| | 3.2.2 | 进入施工现场的人员必须正确佩戴安全帽。根据作业环境不同，粉尘场所施工作业人员应佩戴防尘口罩；高处作业人员应穿防滑鞋，佩戴安全带。水上作业人员应穿救生衣；电工作业人员应戴绝缘手套，穿绝缘鞋。(DB32/T 2618:5.1.3) | □符合<br>□不符合 | |
| □机械管理 | 3.2.3 | 钻机等高耸设备应按规定设置避雷装置。(JTG F90:8.3.1-5) | □符合<br>□不符合 | |
| | 3.2.4 | 冲击钻机的卷扬机应制动良好，钻架顶部应设置行程开关。(JTG F90:8.3.3) | □符合<br>□不符合 | |
| | 3.2.5 | 钢丝绳应无死弯和断丝，安全系数不应小于12。(JTG F90:8.3.3) | □符合<br>□不符合 | |
| | 3.2.6 | 钢丝绳夹数量应与钢丝绳直径相匹配，并应设置保险绳夹。(JTG F90:8.3.3) | □符合<br>□不符合 | |
| □作业环境 | 3.2.7 | 泥浆池、沉淀池周围应设置防护栏杆和警示标志。(JTG F90:8.1.2) | □符合<br>□不符合 | |
| | 3.2.8 | 山坡上钻(挖)孔灌注桩施工应清除坡面上的危石和浮土；存在裂缝的坡面或可能坍塌区域应采取必要的防护措施。(JTG F90:8.3.1-3) | □符合<br>□不符合 | |
| | 3.2.9 | 施工场地及行走道路应平坦坚实，满足钻机正常工作和移动的要求。(JTG F90:8.3.2-1) | □符合<br>□不符合 | |
| | 3.2.10 | 水中平台顶面应有防滑措施，四周按规定设置防护设施，配备水上救生器材，并设置安全标志。(DB32/T 2618:9.6.5) | □符合<br>□不符合 | |
| | 3.2.11 | 夜间施工时应有足够照明，照明灯光不宜直射水面。(DB32/T 2618:9.6.5) | □符合<br>□不符合 | |
| | 3.2.12 | 作业平台等临时设施地上存放钢筋不得超载。(JTG F90:5.3.7) | □符合<br>□不符合 | |

续上表

| 项目 | 序号 | 常见隐患涉及条款 | 检查结果 | 问题描述 |
|---|---|---|---|---|
| □临时用电 | 3.2.13 | 每台用电设备必须有各自专用的开关箱,严禁用同一个开关箱直接控制2台及2台以上用电设备(含插座)。(JGJ 46:8.1.3) | □符合<br>□不符合 | |
| | 3.2.14 | 配电箱、开关箱的金属箱体、金属电器安装板以及电器正常不带电的金属底座、外壳等必须通过PE线端子板与PE线做电气连接,金属箱门与金属箱体必须通过采用编织软铜线做电气连接。(JGJ 46:8.1.13) | □符合<br>□不符合 | |
| | 3.2.15 | 使用电焊机械焊接时必须穿戴防护用品。严禁露天冒雨从事电焊作业。(JGJ 46:9.5.5) | □符合<br>□不符合 | |
| □钻孔施工 | 3.2.16 | 停止施工的钻、挖孔桩,孔口应加盖防护,四周应设置护栏及明显的警示标志,夜间应悬挂示警红灯。(JTG F90:8.3.1-4) | □符合<br>□不符合 | |
| □通用条款 | 3.2.17 | 钻孔作业过程中,应观察主机所在地面变化情况,发现下沉现象应及时停机处理。因故长时间停机应挂牢套管口保险钩。(JTG F90:8.3.5-1) | □符合<br>□不符合 | |
| | 3.2.18 | 发生漏浆及坍孔等现象,应立即停止作业,采取保证平台、钻机和作业人员安全的措施。(JTG F90:8.3.6-2) | □符合<br>□不符合 | |
| □冲击钻 | 3.2.19 | 冲击成孔时,应根据需要合理选用、配置冲击锤、卷扬机、钢丝绳等,冲击过程中操作手要随进尺快慢适度调整钢丝绳的松紧度,严禁打空锤。(DB32/T 2618:9.6.8.7) | □符合<br>□不符合 | |
| □回旋钻 | 3.2.20 | 回旋钻机钻进时,高压胶管下不得站人。水龙头与胶管应连接牢固。(JTG F90:8.3.4-1) | □符合<br>□不符合 | |
| | 3.2.21 | 钻机旋转时,不得提升钻杆。(JTG F90:8.3.4-1) | □符合<br>□不符合 | |
| | 3.2.22 | 钻机移动不得挤压电缆线及管路。(JTG F90:8.3.4-2) | □符合<br>□不符合 | |
| | 3.2.23 | 回旋钻机成孔时,严禁用普通螺栓代替加接钻杆的连接螺栓,保证连接牢靠。(DB32/T 2618:9.6.8.6) | □符合<br>□不符合 | |
| □旋挖钻 | 3.2.24 | 场内墩位间转移旋挖钻机应预先检查转移路线、放倒机架,并应设专人指挥。(JTG F90:8.3.5-2) | □符合<br>□不符合 | |
| | 3.2.25 | 旋挖成孔时,应严格控制钻进速度,及时清理桩孔附近的钻渣。(DB32/T 2618:9.6.8.8) | □符合<br>□不符合 | |
| | 3.2.26 | 当扭矩过大出现指示灯异常时应停机检查,排除故障后方可继续作业。(DB32/T 2618:9.6.8.8) | □符合<br>□不符合 | |

续上表

| 项目 | 序号 | 常见隐患涉及条款 | 检查结果 | 问题描述 |
|---|---|---|---|---|
| ☐钢筋笼下放 | 3.2.27 | 起重作业时,应按规定设置警戒区和安全标志,并有专人监护。(DB32/T 2618;5.4.1.9) | ☐符合<br>☐不符合 | |
| | 3.2.28 | 吊运预绑钢筋骨架或成捆钢筋应确定吊点的数量、位置和捆绑方法,不得单点起吊。(JTG F90;5.3.6) | ☐符合<br>☐不符合 | |
| | 3.2.29 | 钢筋笼下放应采用专用吊具。钢筋笼孔口连接时,孔内钢筋笼应固定牢靠。(JTG F90;8.3.1-6) | ☐符合<br>☐不符合 | |
| | 3.2.30 | 作业人员不得在钢筋笼内作业,安全带不得扣挂在钢筋笼上。(JTG F90;8.3.1-6) | ☐符合<br>☐不符合 | |
| | 3.2.31 | 风速达到6级以上或大雨、大雪、大雾等天气时,应停止露天起重吊装作业。(DB32/T 2618;5.4.1.7) | ☐符合<br>☐不符合 | |
| | 3.2.32 | 重新作业前,应先试吊,并应确认各种安全装置灵敏可靠。(DB32/T 2618;5.4.1.7) | ☐符合<br>☐不符合 | |
| | 3.2.33 | 钢筋笼在孔口连接时,应搭设工作平台;孔内钢筋笼应固定牢靠,并具有防止钢筋笼上浮的措施;钢筋连接人员与起重操作人员应协调一致。(DB32/T 2618;9.6.11) | ☐符合<br>☐不符合 | |
| ☐混凝土灌注 | 3.2.34 | 吊斗灌注混凝土应设专人指挥起吊、运送、卸料,人员、车辆不得在吊斗下停留或通行,不得攀爬吊斗。(JTG F90;5.4.5) | ☐符合<br>☐不符合 | |
| | 3.2.35 | 浇筑混凝土时,孔口应设防坠落设施。(JTG F90;8.3.1-7) | ☐符合<br>☐不符合 | |
| | 3.2.36 | 灌注水下混凝土施工时,应搭设浇筑工作平台并设置防护栏杆,孔口应进行防护。(DB32/T 2618;9.6.12) | ☐符合<br>☐不符合 | |
| | 3.2.37 | 拆卸导管时,应在导管完全松开后起吊移开;采用人工抬运导管时,应有防滑措施。(DB32/T 2618;9.6.12) | ☐符合<br>☐不符合 | |
| ☐其他 | 3.2.38 | | | |

规范性引用文件:
《江苏省高速公路建设工程施工安全技术规程》(DB32/T 2618—2014)
《公路工程施工安全技术规范》(JTG F90—2015)
《施工现场临时用电安全技术规范》(JGJ 46—2005)

续上表

总体评价:1.本次检查____项,符合____项,不符合____项,符合率为____%。
    2.针对不符合项中(填序号)_____,立即整改。
    3.针对不符合项中(填序号)_____,限期____日内整改。
    4.针对__(填写停工范围)__,停工整改。
    5.整改情况于____日内,书面反馈至检查单位。
    6.其他_____

检查单位:_____　　受检单位:_____

检查人员:_____　　受检人员:_____

检查日期:_____　　签收日期:_____

## 3.3 沉 入 桩

项目标段：_____  检查部位：_____

| 项目 | 序号 | 常见隐患涉及条款 | 检查结果 | 问题描述 |
|---|---|---|---|---|
| □作业环境 | 3.3.1 | 沉桩施工区域应设置明显的安全警示标志,非作业人员不得进入施工区域(JTG F90:8.4.2.1) | □符合 □不符合 | |
| | 3.3.2 | 桩机作业区内不得有妨碍作业的高压线路、地下管道和埋设电缆,作业区应有明显标志或者围栏,非工作人员不得进入。(JGJ 33:7.1.4) | □符合 □不符合 | |
| | 3.3.3 | 桩机行走时,地面的平整度与坚实度应符合要求,并应有专人指挥。(JGJ 33:7.1.20) | □符合 □不符合 | |
| | 3.3.4 | 走管式桩机横移时,桩机距滚管终端的距离不应小于1m。(JGJ 33:7.1.20) | □符合 □不符合 | |
| | 3.3.5 | 桩机带锤行走时,应将锤放置最低位。履带式桩机行走时,驱动轮应置于尾部位置。(JGJ 33:7.1.20) | □符合 □不符合 | |
| | 3.3.6 | 桩机吊桩、吊锤、回转、行走等动作不应同时进行。吊桩时,应在桩上拴好拉绳,避免桩与桩锤或机架碰撞。(JGJ 33:7.1.10) | □符合 □不符合 | |
| | 3.3.7 | 桩机吊锤(桩)时,锤(桩)的最高点离立柱顶部的最小距离应确保安全。(JGJ 33:7.1.10) | □符合 □不符合 | |
| | 3.3.8 | 轨道式桩机吊桩时应夹紧夹轨器。桩机在吊有桩和锤的情况下,操作人员不得离开岗位。(JGJ 33:7.1.10) | □符合 □不符合 | |
| | 3.3.9 | 桩机侧面吊桩或远距离拖桩,桩机在正前方吊装时,混凝土预制桩与桩机立柱的水平距离不应大于4m,钢桩不应大于7m,并应防止桩与立杆碰撞。(JGJ 33:7.1.11) | □符合 □不符合 | |
| □临时用电 | 3.3.10 | 每台用电设备必须有各自专用的开关箱,严禁用同一个开关箱直接控制2台及2台以上用电设备(含插座)。(JGJ 46:8.1.3) | □符合 □不符合 | |
| | 3.3.11 | 配电箱、开关箱的金属箱体、金属电器安装板以及电器正常不带电的金属底座、外壳等必须通过PE线端子板与PE线做电气连接,金属箱门与金属箱体必须通过采用编织软铜线做电气连接。(JGJ 46:8.1.13) | □符合 □不符合 | |
| | 3.3.12 | 使用电焊机械焊接时必须穿戴防护用品。严禁露天冒雨从事电焊作业。(JGJ 46:9.5.5) | □符合 □不符合 | |

续上表

| 项目 | 序号 | 常见隐患涉及条款 | 检查结果 | 问题描述 |
|---|---|---|---|---|
| ☐ 沉桩施工 | 3.3.13 | 锤击沉桩应符合下列规定：<br>1 打桩机应铺设平顺、轨距一致，轨道与轨枕应钉牢，钢轨端部应设止轮器，打桩机应设夹轨器。（JTG F90：8.4.3） | ☐符合<br>☐不符合 | |
| | 3.3.14 | 锤击沉桩应符合下列规定：<br>2 应设专人指挥打桩机移动，机体应平稳，桩锤应置于机架最低位置，打桩机应按要求配重。（JTG F90：8.4.3） | ☐符合<br>☐不符合 | |
| | 3.3.15 | 振动沉桩应符合下列规定：<br>1 沉桩时，作业人员应远离基桩。沉桩过程遇有异常情况应立即停振，并妥善处理。（JTG F90：8.4.4） | ☐符合<br>☐不符合 | |
| | 3.3.16 | 振动沉桩应符合下列规定：<br>2 桩机停止作业时应立即切断电源。（JTG F90：8.4.4） | ☐符合<br>☐不符合 | |
| | 3.3.17 | 拔桩的起重设备应配超载限制器，不得强制拔桩。（JTG F90：8.4.6） | ☐符合<br>☐不符合 | |
| ☐ 其他 | 3.3.18 | | | |

规范性引用文件：
《公路工程施工安全技术规范》（JTG F90—2015）
《建筑机械使用安全技术规程》（JGJ 33—2012）
《施工现场临时用电安全技术规范》（JGJ 46—2005）

总体评价：1. 本次检查____项，符合____项，不符合____项，符合率为____%。
2. 针对不符合项中(填序号)_____，立即整改。
3. 针对不符合项中(填序号)_____，限期____日内整改。
4. 针对 ____(填写停工范围)____，停工整改。
5. 整改情况于____日内，书面反馈至检查单位。
6. 其他_____

检查单位：_____  受检单位：_____

检查人员：_____  受检人员：_____

检查日期：_____  签收日期：_____

## 3.4 围　　堰

项目标段：_____　　　　检查部位：_____

| 项目 | 序号 | 常见隐患涉及条款 | 检查结果 | 问题描述 |
|---|---|---|---|---|
| □一般规定 | 3.4.1 | 钢围堰及其平台不得作为人员居住、生活的场所。（GB/T 51295：5.1.5） | □符合<br>□不符合 | |
| | 3.4.2 | 钢围堰就位后，钢围堰内外应设置安全可靠的扶梯及栏杆、逃生通道和安全警示标志，并应配备消防和救生器材。（GB/T 51295：5.1.6） | □符合<br>□不符合 | |
| | 3.4.3 | 当施工区域水流速度较大、航运条件复杂，易受船舶或漂浮物撞击时，应单独设置防撞设施、导航标志和警示装置。（GB/T 51295：5.1.7） | □符合<br>□不符合 | |
| | 3.4.4 | 围堰内作业及时掌握水情变化信息，遇有洪水、流冰、台风、风暴等极端情况，应立即撤出作业人员。（JTG F90：8.7.1） | □符合<br>□不符合 | |
| □围堰施工　□钢板桩围堰施工 | 3.4.5 | 钢围堰各构件及支撑体系之间应可靠连接，支撑、围檩、钢板桩之间应贴合紧密，空隙处应采用钢板或垫木块抄垫。（GB/T 51295：5.2.12-2） | □符合<br>□不符合 | |
| | 3.4.6 | 围堰拆除应符合下列规定：<br>1　围堰内支撑拆除应按从下往上的顺序逐层拆除。（GB/T 51295：5.2.15） | □符合<br>□不符合 | |
| | 3.4.7 | 围堰拆除应符合下列规定：<br>2　每道支撑拆除前，应采用回填、注水或换撑等措施。（GB/T 51295：5.2.15） | □符合<br>□不符合 | |
| | 3.4.8 | 围堰拆除应符合下列规定：<br>3　拆除时，应先拆除斜撑，再拆除较短的杆件，最后拆除纵横通长构件。（GB/T 51295：5.2.15） | □符合<br>□不符合 | |
| | 3.4.9 | 围堰拆除应符合下列规定：<br>4　拆除支撑后，方可拆除围檩构件，拔出钢板桩。（GB/T 51295：5.2.15） | □符合<br>□不符合 | |
| | 3.4.10 | 水中围堰抽水应及时加设围檩和支撑系统。（JTG F90：8.7.3-2） | □符合<br>□不符合 | |

续上表

| 项目 | 序号 | 常见隐患涉及条款 | 检查结果 | 问题描述 |
|---|---|---|---|---|
| 围堰施工 / 钢套箱 | 3.4.11 | 钢套箱围堰内支撑安装应符合下列规定：<br>1 围堰内支撑安装应按围堰侧板上放出内支撑中心线、安装内框梁和安装内支撑的顺序进行。（GB/T 51295：5.3.7） | □符合<br>□不符合 | |
| | 3.4.12 | 钢套箱围堰内支撑安装应符合下列规定：<br>2 当内支撑安装时，应使水平撑杆中心在同一平面内，水平撑杆应顺直，避免偏心受压。（GB/T 51295：5.3.7） | □符合<br>□不符合 | |
| | 3.4.13 | 钢套箱围堰拆除应符合下列规定：<br>1 围堰拆除前，应先向围堰内注水或在侧板上开连通孔，内外水头差应为零。（GB/T 51295：5.3.21） | □符合<br>□不符合 | |
| | 3.4.14 | 钢套箱围堰拆除应符合下列规定：<br>2 围堰拆除应按从下往上、先支撑后侧板的顺序进行。（GB/T 51295：5.3.21） | □符合<br>□不符合 | |
| | 3.4.15 | 钢套箱围堰拆除应符合下列规定：<br>3 围堰拆除时，应采取防止损坏已建主体结构的措施，水下可不拆除的结构应保证通航安全。（GB/T 51295：5.3.21） | □符合<br>□不符合 | |
| | 3.4.16 | 钢套箱围堰抽水时，应加强对围堰侧板和内支撑系统的观测。当侧板有渗漏时，应及时进行封堵。（GB/T 51295：5.4.6） | □符合<br>□不符合 | |
| 土石围堰 | 3.4.17 | 土石围堰工程应符合下列规定：<br>1 围堰顶面的高程应高出施工期间可能出现的最高水位（包括浪高）0.5~0.7m。（JTG/T 3650：13.2.1） | □符合<br>□不符合 | |
| | 3.4.18 | 土围堰的填筑施工应符合下列规定：<br>3 在筑堰之前，应将堰底河床处的树根、石块及其他杂物清除干净。筑堰材料宜采用黏性土或砂夹黏土，填筑应自上游开始至下游合龙，超出水面之后应进行夯实。（JTG/T 3650：13.2.2） | □符合<br>□不符合 | |
| | 3.4.19 | 土围堰的填筑施工应符合下列规定：<br>筑堰材料宜采用黏性土或砂夹黏土，填筑应自上游开始至下游合龙，超出水面之后应进行夯实。（JTG/T 3650：13.2.2） | □符合<br>□不符合 | |
| | 3.4.20 | 土围堰的填筑施工应符合下列规定：<br>堰外坡面有受水流冲刷的危险时，应采用合适的材料对其进行防护。（JTG/T 3650：13.2.2） | □符合<br>□不符合 | |

续上表

| 项目 | 序号 | 常见隐患涉及条款 | 检查结果 | 问题描述 |
|---|---|---|---|---|
| □潜水施工 | 3.4.21 | 潜水员水下作业时,必须有专人值守,严禁向作业区域抛掷物件。(JTG F90:5.9.9) | □符合<br>□不符合 | |
| | 3.4.22 | 潜水作业船应按照规定显示号灯、号型。(JTG F90:5.9.7) | □符合<br>□不符合 | |
| | 3.4.23 | 潜水作业现场应备用急救箱及相应的急救器具,作业水深超过30m应配预备潜水员和减压舱等设备。(JTG F90:5.9.5) | □符合<br>□不符合 | |
| □其他 | 3.4.24 | | | |

规范性引用文件:
《钢围堰工程技术标准》(GB/T 51295—2018)
《公路桥涵施工技术规范》(JTG/T 3650—2020)
《公路工程施工安全技术规范》(JTG F90—2015)

总体评价:1.本次检查____项,符合____项,不符合____项,符合率为____%。
2. 针对不符合项中(填序号)_____,立即整改。
3. 针对不符合项中(填序号)_____,限期____日内整改。
4. 针对__(填写停工范围)__,停工整改。
5. 整改情况于____日内,书面反馈至检查单位。
6. 其他_____

检查单位:_____    受检单位:_____

检查人员:_____    受检人员:_____

检查日期:_____    签收日期:_____

## 3.5 承台与扩大基础

项目标段：_____ 检查部位：_____

| 项目 | 序号 | 常见隐患涉及条款 | 检查结果 | 问题描述 |
|---|---|---|---|---|
| □人员管理 | 3.5.1 | 特殊作业人员应按相关规定经过专门培训，取得相应资格证书，持证上岗。(JTG F90:3.0.4) | □符合<br>□不符合 | |
| | 3.5.2 | 进入施工现场的人员必须正确佩戴安全帽。根据作业环境不同，粉尘场所施工作业人员应佩戴防尘口罩；高处作业人员应穿防滑鞋，佩戴安全带。水上作业人员应穿救生衣；电工作业人员应戴绝缘手套，穿绝缘鞋。(DB32/T 2618:5.1.3) | □符合<br>□不符合 | |
| □技术管理 | 3.5.3 | 大型深基坑除应遵循边开挖、边支护的原则施工外，应建立边坡稳定信息化动态监控系统。(JTG F90:8.8.3) | □符合<br>□不符合 | |
| | 3.5.4 | 开挖基坑对邻近建(构)物或临时设施有影响时，应采取可靠的安全防护措施。(DB32/T 2618:9.8.1.4) | □符合<br>□不符合 | |
| □施工机械 | 3.5.5 | 施工现场运输车辆应状态良好，车身应设置反光警示标识。(JTG F90:4.6.7) | □符合<br>□不符合 | |
| | 3.5.6 | 起重机械的变幅限位器、力矩限制器、起重量限制器、防坠安全器、钢丝绳防脱装置、防脱钩装置以及各种行程限位开关等安全保护装置，必须齐全有效，严禁随意调整或拆除。严禁利用限制器和限位装置代替操纵机构。(DB32/T 2618:5.4.1.5) | □符合<br>□不符合 | |
| □材料管理 | 3.5.7 | 氧气瓶、乙炔瓶在储运和使用过程中，应保持直立状态，并采取防倾倒措施；乙炔瓶严禁横躺卧放，严禁碰撞、敲打、抛掷、滚动气瓶；夏季应采取防止暴晒措施。(DB32/T 2618:5.4.2.2) | □符合<br>□不符合 | |
| | 3.5.8 | 乙炔瓶必须装设专用的减压器、回火防止器。开启时，操作者应站在阀口的侧后，动作应轻缓。氧气瓶应设有防振胶圈，并旋紧安全帽，开启氧气瓶阀时，应缓慢拧开，以防止因高压氧流作用而引起静电火花。(DB32/T 2618:5.4.2.3) | □符合<br>□不符合 | |
| | 3.5.9 | 氧气瓶与乙炔瓶的工作间距不应小于5m，气瓶与明火作业点的距离不应小于10m。(DB32/T 2618:5.4.2.6) | □符合<br>□不符合 | |
| □作业环境 | 3.5.10 | 在基坑顶面四周适当位置应开挖排水沟，防止地表水流入基坑。(DB32/T 2618:9.8.1.5) | □符合<br>□不符合 | |
| | 3.5.11 | 在基坑四周应设置防护栏杆及明显的安全标志，夜间应悬挂警示灯。(DB32/T 2618:9.8.1.5) | □符合<br>□不符合 | |
| | 3.5.12 | 应按规定设置作业人员上下人行通道。(DB32/T 2618:9.8.1.5) | □符合<br>□不符合 | |

续上表

| 项目 | 序号 | 常见隐患涉及条款 | 检查结果 | 问题描述 |
|---|---|---|---|---|
| □作业环境 | 3.5.13 | 深基坑四周距基坑边缘不小于1m处应设立钢管护栏、挂密目式安全网,靠近道路侧应设置安全警示标志和夜间警示灯带。(JTG F90:8.8.4) | □符合<br>□不符合 | |
| | 3.5.14 | 基坑周边1m范围内不得堆载、停放设备。(JTG F90:8.8.4) | □符合<br>□不符合 | |
| □起重吊装 | 3.5.15 | 起重作业时,应按规定设置警戒区和安全标志,并有专人监护。(DB32/T 2618:5.4.1.9) | □符合<br>□不符合 | |
| | 3.5.16 | 吊运预绑钢筋骨架或成捆钢筋应确定吊点的数量、位置和捆绑方法,不得单点起吊。(JTG F90:5.3.6) | □符合<br>□不符合 | |
| | 3.5.17 | 吊运钢筋时应捆绑牢固,吊点设置应合理,吊运时钢筋应平稳上升,不得碰撞脚手架、模板和支架。(DB32/T 2618:9.2.6) | □符合<br>□不符合 | |
| | 3.5.18 | 基坑顶面应设置截水沟。多年冻土地基上开挖基坑,坑顶截水沟距基坑上边缘不得小于10m,排出水的位置应远离基坑。(JTG F90:8.8.4-4) | □符合<br>□不符合 | |
| | 3.5.19 | 基坑顶部周边临时荷载不得超过施工设计的规定。基坑周围的机械设备和堆存的物料等与基坑边缘的距离必须满足边坡稳定或设计的要求。(DB32/T 2618:9.8.1.8) | □符合<br>□不符合 | |
| □钢筋加工及安装 | 3.5.20 | 焊接作业时必须采取防止触电和火灾等事故的安全措施。(DB32/T 2618:9.2.4) | □符合<br>□不符合 | |
| | 3.5.21 | 钢筋加工棚外进行焊接作业时,电焊机应设置防雨、防晒的机棚,雨天不得露天进行电焊作业。(DB32/T 2618:9.2.4) | □符合<br>□不符合 | |
| | 3.5.22 | 钢筋加工机械所有转动部件应有防护罩。(JTG F90:5.3.1) | □符合<br>□不符合 | |
| | 3.5.23 | 钢筋冷弯作业时,弯曲钢筋的作业半径内和机身不设固定销的一侧不得站人或通行。(JTG F90:5.3.2) | □符合<br>□不符合 | |
| | 3.5.24 | 钢筋冷拉作业区两端应装设防护挡板,冷拉钢筋卷扬机位置于视线良好位置并应设置地锚。(JTG F90:5.3.3) | □符合<br>□不符合 | |
| | 3.5.25 | 钢筋或牵引钢丝两侧3m内及冷拉线两端不得站人或通行。(JTG F90:5.3.3) | □符合<br>□不符合 | |
| | 3.5.26 | 绑扎钢筋骨架前,应对模板、支(拱)架、脚手架进行检查,确认稳固后方可进行绑扎施工。(DB32/T 2618:9.2.7) | □符合<br>□不符合 | |
| | 3.5.27 | 钢筋骨架应安装、支撑牢固,严禁直接攀爬钢筋骨架上下。(DB32/T 2618:9.2.7) | □符合<br>□不符合 | |

续上表

| 项目 | 序号 | 常见隐患涉及条款 | 检查结果 | 问题描述 |
|---|---|---|---|---|
| □模板工程 | 3.5.28 | 清扫模板或刷脱模剂时,模板应支撑牢固。(DB32/T 2618；9.4.4.3) | □符合<br>□不符合 | |
| | 3.5.29 | 安装与拆除模板应按施工方案规定的方法、程序进行,由专人统一指挥。必要时设置临时支撑,防止倾覆。(DB32/T 2618；9.4.4.4) | □符合<br>□不符合 | |
| | 3.5.30 | 吊装模板前应检查模板和吊点。吊装应设专人指挥模板未固定前,不得实施下道工序；模板安装就位后,应立即支撑和固定。(JTG F90；5.2.13) | □符合<br>□不符合 | |
| | 3.5.31 | 模板安装就位后,应立即支撑和固定。支撑和固定未完成前,不得升降或移动吊钩；基准面以上2m安装模板应搭设脚手架或施工平台。(JTG F90；5.2.13) | □符合<br>□不符合 | |
| | 3.5.32 | 吊运模板前,应对模板及吊点进行检查。模板安装就位后,应立即支撑和固定。(DB32/T 2618；9.4.4.5) | □符合<br>□不符合 | |
| | 3.5.33 | 大型钢模板应设置工作平台和爬梯。工作平台应设置防护栏杆、挡脚板和限载标志。(JTG F90；5.2.12) | □符合<br>□不符合 | |
| □混凝土工程 | 3.5.34 | 混凝土输送泵应安装稳固、接头严密；泵送前,应进行管道耐压试验。(DB32/T 2618；9.5.5) | □符合<br>□不符合 | |
| | 3.5.35 | 泵送混凝土时,操作人员应随时监视各种仪表和指示灯,发现异常应立即停机检查。(DB32/T 2618；9.5.6) | □符合<br>□不符合 | |
| | 3.5.36 | 应设专人牵引、移动出料软管,布料臂下不得站人。(DB32/T 2618；9.5.6) | □符合<br>□不符合 | |
| | 3.5.37 | 吊斗浇筑混凝土时,起吊、运送、卸料应有专人指挥,吊斗下不得站人。(DB32/T 2618；9.5.8) | □符合<br>□不符合 | |
| | 3.5.38 | 振动器开关箱内应装设防溅型漏电保护器,电源线应绝缘无破损。检修或停止作业时,必须切断电源。(DB32/T 2618；9.5.9) | □符合<br>□不符合 | |
| | 3.5.39 | 混凝土振捣应符合下列规定：<br>1)不得用电缆线、软管拖拉或吊挂振捣器。<br>2)装置振捣器的构件模板应坚固牢靠。(JTG F90；5.4.8) | □符合<br>□不符合 | |

续上表

| 项目 | 序号 | 常见隐患涉及条款 | 检查结果 | 问题描述 |
|---|---|---|---|---|
| ☐ 其他 | 3.5.40 | | | |

规范性引用文件:
《江苏省高速公路建设工程施工安全技术规程》(DB32/T 2618—2014)
《公路工程施工安全技术规范》(JTG F90—2015)

总体评价:1. 本次检查____项,符合____项,不符合____项,符合率为____%。
    2. 针对不符合项中(填序号)_____,立即整改。
    3. 针对不符合项中(填序号)_____,限期____日内整改。
    4. 针对____(填写停工范围)____,停工整改。
    5. 整改情况于____日内,书面反馈至检查单位。
    6. 其他_____

检查单位:_____　　受检单位:_____

检查人员:_____　　受检人员:_____

检查日期:_____　　签收日期:_____

## 3.6 墩台及盖(系)梁工程

项目标段:_____  检查部位:_____

| 项目 | 序号 | 常见隐患涉及条款 | 检查结果 | 问题描述 |
|---|---|---|---|---|
| □人员管理 | 3.6.1 | 进入施工现场的人员必须正确佩戴安全帽。根据作业环境不同,粉尘场所施工作业人员应佩戴防尘口罩;高处作业人员应穿防滑鞋,佩戴安全带。水上作业人员应穿救生衣;电工作业人员应戴绝缘手套,穿绝缘鞋。(DB32/T 2618;5.1.3) | □符合<br>□不符合 | |
| □技术管理 | 3.6.2 | 当墩高超过30m时,宜选用塔式起重机作为物料垂直提升设备;高度超过40m时,宜设置附着式载人电梯。(DB32/T 2618;9.9.9.2) | □符合<br>□不符合 | |
| □施工机械 | 3.6.3 | 施工现场运输车辆应状态良好,车身应设置反光警示标识。(JTG F90;4.6.7) | □符合<br>□不符合 | |
| □施工机械 | 3.6.4 | 起重机械的变幅限位器、力矩限制器、起重量限制器、防坠安全器、钢丝绳防脱装置、防脱钩装置以及各种行程限位开关等安全保护装置,必须齐全有效,严禁随意调整或拆除。严禁利用限制器和限位装置代替操纵机构。(DB32/T 2618;5.4.1.5) | □符合<br>□不符合 | |
| □材料管理 | 3.6.5 | 氧气瓶、乙炔瓶在储运和使用过程中,应保持直立状态,并采取防倾倒措施;乙炔瓶严禁横躺卧放,严禁碰撞、敲打、抛掷、滚动气瓶;夏季应采取防止暴晒措施。(DB32/T 2618;5.4.2.2) | □符合<br>□不符合 | |
| □材料管理 | 3.6.6 | 乙炔瓶必须装设专用的减压器、回火防止器。开启时,操作者应站在阀口的侧后,动作应轻缓。氧气瓶应设有防振胶圈,并旋紧安全帽,开启氧气瓶阀时,应缓慢拧开,以防止因高压氧流作用而引起静电火花。(DB32/T 2618;5.4.2.3) | □符合<br>□不符合 | |
| □材料管理 | 3.6.7 | 氧气瓶与乙炔瓶的工作间距不应小于5m,气瓶与明火作业点的距离不应小于10m。(DB32/T 2618;5.4.2.6) | □符合<br>□不符合 | |
| □作业环境 | 3.6.8 | 桥墩(台)施工时应设定警戒区,并设置安全标志。(DB32/T 2618;9.9.2) | □符合<br>□不符合 | |
| □作业环境 | 3.6.9 | 支架、脚手架搭设过程中应同步设置作业人员人行通道,严禁作业人员随意攀爬。(DB32/T 2618;9.4.5.3) | □符合<br>□不符合 | |
| □作业环境 | 3.6.10 | 支架、脚手架与主体结构连接时,主体结构应预埋连接件。(DB32/T 2618;9.4.5.4) | □符合<br>□不符合 | |

续上表

| 项目 | 序号 | 常见隐患涉及条款 | 检查结果 | 问题描述 |
|---|---|---|---|---|
| ☐作业环境 | 3.6.11 | 桥墩(台)高度2m以上时,施工前必须搭设作业平台,设置人员上下通道。(DB32/T 2618:9.9.3) | ☐符合<br>☐不符合 | |
| | 3.6.12 | 作业人员应走人行通道或施工电梯。通道口、电梯口应设置防护设施和安全标志。(DB32/T 2618:9.9.9.3) | ☐符合<br>☐不符合 | |
| | 3.6.13 | 对每个高墩应使用单独的专用配电箱,作业平台上的振动器、电机等应有接地装置,作业面应配置灭火器材。(DB32/T 2618:9.9.9.4) | ☐符合<br>☐不符合 | |
| | 3.6.14 | 模板、支架、脚手架安装与拆除时,应设定警戒区,并设置安全标志。(DB32/T 2618:9.4.2) | ☐符合<br>☐不符合 | |
| ☐起重吊装 | 3.6.15 | 起重作业时,应按规定设置警戒区和安全标志,并有专人监护。(DB32/T 2618:5.4.1.9) | ☐符合<br>☐不符合 | |
| | 3.6.16 | 预制构件的吊环,必须采用未经冷拉的热轧光圆钢筋制作,且其使用时的计算拉应力应不大于65MPa。(JTG/T 3650:4.1.7) | ☐符合<br>☐不符合 | |
| | 3.6.17 | 吊运预绑钢筋骨架或成捆钢筋应确定吊点的数量、位置和捆绑方法,不得单点起吊。(JTG F90:5.3.6) | ☐符合<br>☐不符合 | |
| | 3.6.18 | 吊运模板前,应对模板及吊点进行检查。模板安装就位后,应立即支撑和固定。(DB32/T 2618:9.4.4.5) | ☐符合<br>☐不符合 | |
| | 3.6.19 | 大雨、雾、大雪及六级以上大风等恶劣天气应停止吊装作业。雨雪后进行吊装作业时,应及时清理冰雪并应采取防滑和防漏电措施,先试吊,确认制动器灵敏可靠后方可进行作业。(JGJ 276:3.0.12) | ☐符合<br>☐不符合 | |
| | 3.6.20 | 吊运钢筋时应捆绑牢固,吊点设置应合理,吊运时钢筋应平稳上升,不得碰撞脚手架、模板和支架。(DB32/T 2618:9.2.6) | ☐符合<br>☐不符合 | |
| ☐支架施工 | 3.6.21 | 模板、支架、脚手架安装与拆除时,应设定警戒区,并设置安全标志。(DB32/T 2618:9.4.2) | ☐符合<br>☐不符合 | |
| | 3.6.22 | 支架基础施工后应检查验收。(JTG F90:5.2.5-3) | ☐符合<br>☐不符合 | |
| | 3.6.23 | 脚手架及作业平台应搭设牢固,不得与模板及其支撑体系联结。(JTG F90:8.9.2-1) | ☐符合<br>☐不符合 | |
| | 3.6.24 | 支架基础的场地应设排水措施,遇洪水或大雨浸泡后,应重新检验支架基础、验算支架受力。(JTG F90:5.2.5-2) | ☐符合<br>☐不符合 | |

续上表

| 项目 | 序号 | 常见隐患涉及条款 | 检查结果 | 问题描述 |
|---|---|---|---|---|
| ☐支架施工 | 3.6.25 | 钢管桩的承载力应满足要求。纵梁之间应设置安全可靠的横向连接。(JTG F90:5.2.7-1,5.2.7-2) | ☐符合<br>☐不符合 | |
| | 3.6.26 | 模板安装就位后,应立即支撑和固定。支撑和固定未完成前,不得升降或移动吊钩。(JTG F90:5.2.13-2) | ☐符合<br>☐不符合 | |
| | 3.6.27 | 基准面以上2m安装模板应搭设脚手架或施工平台。(JTG F90:5.2.13-5) | ☐符合<br>☐不符合 | |
| | 3.6.28 | 支架、脚手架搭设前应按照相应设计文件对进场原材料及构配件进行检查验收。(DB32/T 2618:9.4.5.2) | ☐符合<br>☐不符合 | |
| | 3.6.29 | 支架、脚手架搭设过程中应同步设置作业人员人行通道,严禁作业人员随意攀爬。(DB32/T 2618:9.4.5.3) | ☐符合<br>☐不符合 | |
| | 3.6.30 | 支架、脚手架与主体结构连接时,主体结构应预埋连接件。(DB32/T 2618:9.4.5.4) | ☐符合<br>☐不符合 | |
| | 3.6.31 | 支架、脚手架搭设完成后,应根据相应设计文件按规定检查验收,合格后方可投入使用。(DB32/T 2618:9.4.5.5) | ☐符合<br>☐不符合 | |
| | 3.6.32 | 支架预压应均匀、对称、分级进行,采用砂袋预压时应采取防雨措施。(DB32/T 2618:9.4.5.6) | ☐符合<br>☐不符合 | |
| | 3.6.33 | 对水中搭设的支架、脚手架,应有防止受水流冲刷或漂浮物撞击的措施并经常检查。(DB32/T 2618:9.4.5.8) | ☐符合<br>☐不符合 | |
| | 3.6.34 | 对门洞支架除满足通行、通航要求外,应设置限高、限宽、限速、防撞设施及安全标志,夜间应设置警示灯。(DB32/T 2618:9.4.5.9) | ☐符合<br>☐不符合 | |
| | 3.6.35 | 脚手架与承重支架相邻搭设时,应结构分离,不得将模板、支架、混凝土输送管道等固定在脚手架上。(DB32/T 2618:9.4.5.10) | ☐符合<br>☐不符合 | |
| | 3.6.36 | 对支架、脚手架拆除应做到"先搭后拆、后搭先拆"。拆除作业时,必须由上面下逐层拆除,严禁上下多层交叉作业;拆除过程中,已松开或未拆除部分应保持稳定,必要时加设临时支撑。(DB32/T 2618:9.4.5.11) | ☐符合<br>☐不符合 | |

续上表

| 项目 | 序号 | 常见隐患涉及条款 | 检查结果 | 问题描述 |
|---|---|---|---|---|
| ☐钢筋加工及安装 | 3.6.37 | 钢筋加工机械所有转动部件应有防护罩。(JTG F90:5.3.1) | ☐符合<br>☐不符合 | |
| | 3.6.38 | 钢筋冷弯作业时,弯曲钢筋的作业半径内和机身不设固定销的一侧不得站人或通行。(JTG F90:5.3.2) | ☐符合<br>☐不符合 | |
| | 3.6.39 | 钢筋冷拉作业区两端应装设防护挡板,冷拉钢筋卷扬机应置于视线良好位置并应设置地锚。钢筋或牵引钢丝两侧3m内及冷拉线两端不得站人或通行。(JTG F90:5.3.3) | ☐符合<br>☐不符合 | |
| | 3.6.40 | 墩(台)身钢筋骨架在安装模板前应采取临时固定措施。(DB32/T 2618:9.9.4) | ☐符合<br>☐不符合 | |
| | 3.6.41 | 墩身钢筋绑扎高度超过6m时,应采取临时固定措施。(JTG F90:8.9.2-3) | ☐符合<br>☐不符合 | |
| | 3.6.42 | 作业高度超过2m钢筋骨架,应设置脚手架或作业平台,钢筋骨架应有足够的稳定性。(JTG F90:5.3.5) | ☐符合<br>☐不符合 | |
| ☐模板工程 | 3.6.43 | 大型模板应存放在专用模板架内或卧倒平放,不得直接靠在其他模板或构件上。(DB32/T 2618:9.4.4.2) | ☐符合<br>☐不符合 | |
| | 3.6.44 | 清扫模板或刷脱模剂时,模板应支撑牢固。(DB32/T 2618:9.4.4.3) | ☐符合<br>☐不符合 | |
| | 3.6.45 | 在模板上设置的吊环应采用HPB300钢筋,严禁采用冷加工钢筋制作。(JTG/T 3650:5.1.4) | ☐符合<br>☐不符合 | |
| | 3.6.46 | 安装与拆除模板应按施工方案规定的方法、程序进行,由专人统一指挥。必要时设置临时支撑,防止倾覆。(DB32/T 2618:9.4.4.3) | ☐符合<br>☐不符合 | |
| | 3.6.47 | 承重模板、支架,应在混凝土强度达到设计要求后拆除。(JTG F90:5.2.14-5) | ☐符合<br>☐不符合 | |
| | 3.6.48 | 模板安装过程中应有防倾覆设施,高墩且风力较大地区的墩身模板,应考虑其抗风稳定性。(DB32/T 2618:9.9.5) | ☐符合<br>☐不符合 | |
| | 3.6.49 | 模板拆除时,应先拆除非承重模板,后拆除承重模板。拆除承重模板前,混凝土强度应达到规定要求;对预应力混凝土结构,应在结构建立预应力后方可拆除。(DB32/T 2618:9.4.4.6) | ☐符合<br>☐不符合 | |

续上表

| 项目 | 序号 | 常见隐患涉及条款 | 检查结果 | 问题描述 |
|---|---|---|---|---|
| 预应力施工 | 3.6.50 | 预应力张拉机具设备应按规定校验、标定。（JTG F90；8.2.1） | □符合<br>□不符合 | |
| | 3.6.51 | 张拉作业应设警戒区。（JTG F90；8.2.2-1） | □符合<br>□不符合 | |
| | 3.6.52 | 张拉及放张过程中预制台座区域及张拉台座两端不得站人。（JTG F90；8.2.3-3） | □符合<br>□不符合 | |
| 拱梁施工 | 3.6.53 | 拱架拆除应设专人指挥，不得使用机械强行拽拉拱架。（JTG F90；8.12.2-4） | □符合<br>□不符合 | |
| | 3.6.54 | 拼装应根据拱架的构造确定适宜的方法进行，分片或分段拼装时应有保证拱架稳定的临时措施，必要时应设置缆风绳进行固定。（JTG/T 3650；19.2.2） | □符合<br>□不符合 | |
| 混凝土工程 | 3.6.55 | 浇筑混凝土前，应对支架、模板及钢筋骨架进行检查，浇筑过程中应加强监测，发现异常应立即停止作业，采取措施排除隐患。（DB32/T 2618；9.5.3） | □符合<br>□不符合 | |
| | 3.6.56 | 混凝土输送泵应安装稳固、接头严密。（DB32/T 2618；9.5.5） | □符合<br>□不符合 | |
| | 3.6.57 | 泵送混凝土时，操作人员应随时监视各种仪表和指示灯，发现异常应立即停机检查。（DB32/T 2618；9.5.6） | □符合<br>□不符合 | |
| | 3.6.58 | 应设专人牵引、移动出料软管，布料臂下不得站人。（DB32/T 2618；9.5.6） | □符合<br>□不符合 | |
| | 3.6.59 | 吊斗浇筑混凝土时，起吊、运送、卸料应有专人指挥，吊斗下不得站人。（DB32/T 2618；9.5.8） | □符合<br>□不符合 | |
| | 3.6.60 | 振动器开关箱内应装设防溅型漏电保护器，电源线应绝缘无破损。检修或停止作业时，必须切断电源。（DB32/T 2618；9.5.9） | □符合<br>□不符合 | |
| | 3.6.61 | 混凝土振捣应符合下列规定：<br>检修或作业停止，应切断电源。（JTG F90；5.4.8-1） | □符合<br>□不符合 | |
| | 3.6.62 | 混凝土振捣应符合下列规定：<br>不得用电缆线、软管拖拉或吊挂振捣器。（JTG F90；5.4.8-2） | □符合<br>□不符合 | |
| | 3.6.63 | 混凝土振捣应符合下列规定：<br>装置振捣器的构件模板应坚固牢靠。（JTG F90；5.4.8-3） | □符合<br>□不符合 | |

续上表

| 项目 | 序号 | 常见隐患涉及条款 | 检查结果 | 问题描述 |
|---|---|---|---|---|
| 混凝土工程 | 3.6.64 | 混凝土浇筑前,应对支架、模板、机械设备及防护设施的安全性等进行全面检查。(DB32/T 2618:9.9.6) | □符合<br>□不符合 | |
| | 3.6.65 | 浇筑现场应有专人指挥,严禁吊斗碰撞模板及作业平台。人员在狭小空间内振捣混凝土时应轮换作业,并设专人进行安全监护。(DB32/T 2618:9.9.7) | □符合<br>□不符合 | |
| □其他 | 3.6.66 | | | |

规范性引用文件:
《江苏省高速公路建设工程施工安全技术规程》(DB32/T 2618—2014)
《公路工程施工安全技术规范》(JTG F90—2015)
《公路桥涵施工技术规范》(JTG/T 3650—2020)

总体评价:1. 本次检查____项,符合____项,不符合____项,符合率为____%。
2. 针对不符合项中(填序号)_____,立即整改。
3. 针对不符合项中(填序号)_____,限期____日内整改。
4. 针对__(填写停工范围)__,停工整改。
5. 整改情况于____日内,书面反馈至检查单位。
6. 其他_____

检查单位:_____  受检单位:_____

检查人员:_____  受检人员:_____

检查日期:_____  签收日期:_____

## 3.7 高　　墩

项目标段：_____　　检查部位：_____

| 项目 | 序号 | 常见隐患涉及条款 | 检查结果 | 问题描述 |
|---|---|---|---|---|
| □ 人员管理 | 3.7.1 | 进入施工现场的人员必须正确佩戴安全帽。根据作业环境不同，粉尘场所施工作业人员应佩戴防尘口罩；高处作业人员应穿防滑鞋，佩戴安全带。水上作业人员应穿救生衣；电工作业人员应戴绝缘手套，穿绝缘鞋。（DB32/T 2618：5.1.3） | □符合<br>□不符合 | |
| □ 技术管理 | 3.7.2 | 当墩高超过30m时，宜选用塔吊作为物料垂直提升设备；高度超过40m时，宜设置附着式载人电梯。（DB32/T 2618：9.9.9.2） | □符合<br>□不符合 | |
| □ 施工机械 | 3.7.3 | 施工现场运输车辆应状态良好，车身应设置反光警示标识。（JTG F90：4.6.7） | □符合<br>□不符合 | |
| | 3.7.4 | 起重机械的变幅限位器、力矩限制器、起重量限制器、防坠安全器、钢丝绳防脱装置、防脱钩装置以及各种行程限位开关等安全保护装置，必须齐全有效，严禁随意调整或拆除。严禁利用限制器和限位装置代替操纵机构。（DB32/T 2618：5.4.1.5） | □符合<br>□不符合 | |
| □ 材料管理 | 3.7.5 | 氧气瓶、乙炔瓶在储运和使用过程中，应保持直立状态，并采取防倾倒措施；乙炔瓶严禁横躺卧放，严禁碰撞、敲打、抛掷、滚动气瓶；夏季应采取防止暴晒措施。（DB32/T 2618：5.4.2.2） | □符合<br>□不符合 | |
| | 3.7.6 | 乙炔瓶必须装设专用的减压器、回火防止器。开启时，操作者应站在阀口的侧后，动作应轻缓。氧气瓶应设有防振胶圈，并旋紧安全帽，开启氧气瓶阀时，应缓慢拧开，以防止因高压氧流作用而引起静电火花。（DB32/T 2618：5.4.2.3） | □符合<br>□不符合 | |
| | 3.7.7 | 氧气瓶与乙炔瓶的工作间距不应小于5m，气瓶与明火作业点的距离不应小于10m。（DB32/T 2618：5.4.2.6） | □符合<br>□不符合 | |

续上表

| 项目 | 序号 | 常见隐患涉及条款 | 检查结果 | 问题描述 |
|---|---|---|---|---|
| ☐作业环境 | 3.7.8 | 桥墩(台)施工时应设定警戒区,并设置安全标志。(DB32/T 2618;9.9.2) | ☐符合<br>☐不符合 | |
| | 3.7.9 | 支架、脚手架搭设过程中应同步设置作业人员人行通道,严禁作业人员随意攀爬。(DB32/T 2618;9.4.5.3) | ☐符合<br>☐不符合 | |
| | 3.7.10 | 支架、脚手架与主体结构连接时,主体结构应预埋连接件。(DB32/T 2618;9.4.5.4) | ☐符合<br>☐不符合 | |
| | 3.7.11 | 桥墩(台)高度2m以上时,施工前必须搭设作业平台,设置人员上下通道。(DB32/T 2618;9.9.3) | ☐符合<br>☐不符合 | |
| | 3.7.12 | 高墩施工时安全防护设施应符合高处作业的规定。作业人员应走人行通道或施工电梯。通道口、电梯口应设置防护设施和安全标志。(DB32/T 2618;9.9.9.3) | ☐符合<br>☐不符合 | |
| | 3.7.13 | 对每个高墩应使用单独的专用配电箱,作业平台上的振动器、电机等应有接地装置,作业面应配置灭火器材。(DB32/T 2618;9.9.9.4) | ☐符合<br>☐不符合 | |
| | 3.7.14 | 模板、支架、脚手架安装与拆除时,应设定警戒区,并设置安全标志。(DB32/T 2618;9.4.2) | ☐符合<br>☐不符合 | |
| ☐施工准备 | 3.7.15 | 进场后应进行验收。验收内容应包括模板系统(内、外模)、液压爬升系统(预埋件、导轨、液压装置)、爬架架体系统(架体、工作平台),重点检查各构件连接点、安全防护装置、液压爬升装置等,对焊接部位须进行100%焊缝探伤检测。(省指南:4.3.6.4) | ☐符合<br>☐不符合 | |
| | 3.7.16 | 作业人员须走人员专用通道,墩高大于40.0m时宜设置施工电梯。施工过程中应按规定加强检查、维护。通道口、电梯口应设置"施工重地 闲人免进""必须佩戴安全帽""当心坠落"等警告标志。(省指南:4.3.6.5) | ☐符合<br>☐不符合 | |
| ☐爬模施工 | 3.7.17 | 爬架爬升前,作业人员还应检查架体四周电线连接是否解除、塔式起重机至爬架主电缆悬挂长度是否足够、液压部件和控制装置工况是否完好等。(省指南:4.3.6.7-(3)) | ☐符合<br>☐不符合 | |
| | 3.7.18 | 启动前应清除不必要荷载,抬起导轨底支撑并旋转垂直紧贴墩身,放松支架下支撑,调整液压油缸上下顶升弹簧状态,确认无误方可爬升。(省指南:4.3.6.7-(3)) | ☐符合<br>☐不符合 | |

续上表

| 项目 | 序号 | 常见隐患涉及条款 | 检查结果 | 问题描述 |
|---|---|---|---|---|
| ☐爬模施工 | 3.7.19 | 导轨爬升前,作业人员应检查爬升悬挂件是否安装到位,高强螺栓是否紧固到位,爬升锚板、爬靴实际位置与理论位置是否一致,液压部件和控制系统技术状况是否处于良好,确认无误方可爬升。(省指南:4.3.6.7-(2)) | ☐符合<br>☐不符合 | |
| | 3.7.20 | 爬模系统仅靠四周锚固点承受所有荷载,施工荷载不得集中堆放,严禁在架体堆放除施工荷载以外的其他荷载。(省指南:4.3.6.7-(5)) | ☐符合<br>☐不符合 | |
| | 3.7.21 | 爬升结束后,应检查爬模承重销和安全插销是否插到位,平台滚轮和撑脚是否紧贴墩身,爬架锚固螺栓是否拧紧,四周架体是否连接牢靠,操作平台安全防护设施是否到位,作业平台通道是否畅通,安全栏杆、阻燃型密目安全网是否完好,作业平台消防器材是否完好等。(省指南:4.3.6.7-(4)) | ☐符合<br>☐不符合 | |
| | 3.7.22 | 爬模工程应设专职安全员,负责爬模施工的安全检查,填写安全检查表,设置和管理电子监控设备。(JGJ/T 195:9.0.4) | ☐符合<br>☐不符合 | |
| | 3.7.23 | 操作平台上应在显著位置标明允许荷载值,设备、材料及人员等荷载应均匀分布,人员、物料不得超过允许荷载;爬模装置爬升时不得堆放钢筋等施工材料,非操作人员应撤离操作平台。(JGJ/T 195:9.0.5) | ☐符合<br>☐不符合 | |
| | 3.7.24 | 所有操作平台宜采用金属跳板,操作平台上的上人孔应采用金属翻板、金属栏杆和爬梯,上架体、下架体外侧全高范围内均应安装防护栏及金属防护网。(JGJ/T 195:9.0.9) | ☐符合<br>☐不符合 | |
| | 3.7.25 | 内侧临边平台应安装防护栏杆;下操作平台及下架体下端平台与结构表面之间应设置贴墙金属翻板。电梯井和小房间中的上、下架体与水平连系梁应连成封闭式的整体操作平台。(JGJ/T 195:9.0.9) | ☐符合<br>☐不符合 | |
| | 3.7.26 | 爬模施工现场应有明显的安全标志,爬模安装、拆除时地面应设围栏和警戒标志,并派专人看守,严禁非操作人员入内。(JGJ/T 195:9.0.18) | ☐符合<br>☐不符合 | |
| | 3.7.27 | 严禁夜间进行安装、拆除作业,爬升作业不宜在夜间进行。(JGJ/T 195:9.0.19) | ☐符合<br>☐不符合 | |

续上表

| 项目 | 序号 | 常见隐患涉及条款 | 检查结果 | 问题描述 |
|---|---|---|---|---|
| □ 翻模施工 | 3.7.28 | 翻模前,检查模板是否与起重机固定,对拉杆是否完全松开,相邻围囹连接是否松开,确认无误后方可起吊模板至上一节段。(省指南:4.3.6.7-(1)) | □符合<br>□不符合 | |
| | 3.7.29 | 翻模后要检查围囹是否连接牢固,对拉杆是否上紧,操作平台安全防护设施是否到位,作业平台通道是否畅通,安全栏杆、阻燃型密目安全网是否完好,作业平台消防器材是否完好等。(省指南:4.3.6.7-(2)) | □符合<br>□不符合 | |
| | 3.7.30 | 施工荷载不得集中堆放,严禁在作业平台上堆放除施工荷载以外的其他荷载。(省指南:4.3.6.7-(3)) | □符合<br>□不符合 | |
| □ 其他 | 3.7.31 | | | |

规范性引用文件:
《公路工程施工安全技术规范》(JTG F90—2015)
《江苏省高速公路建设工程施工安全技术规程》(DB32/T 2618—2014)
《液压爬升模板工程技术标准》(JGJ/T 195—2018)
《公路工程建设现场安全管理标准化指南》(苏交建质〔2014〕16号)

总体评价:1.本次检查____项,符合____项,不符合____项,符合率为____%。
    2.针对不符合项中(填序号)_____,立即整改。
    3.针对不符合项中(填序号)_____,限期____日内整改。
    4.针对__(填写停工范围)__,停工整改。
    5.整改情况于____日内,书面反馈至检查单位。
    6.其他_____

检查单位:_____　　受检单位:_____

检查人员:_____　　受检人员:_____

检查日期:_____　　签收日期:_____

# 第二节　上部结构

## 3.8　梁板预制、安装

项目标段：_____　　　　检查部位：_____

| 项目 | 序号 | 常见隐患涉及条款 | 检查结果 | 问题描述 |
|---|---|---|---|---|
| □厂区建设 | 3.8.1 | 制、存梁台座应专门设计。先张法承力台座强度、刚度和稳定性应满足规范要求。地基应有足够的承载力,必要时应进行地基处理。(DB32/T 2618:9.10.1.3-a) | □符合<br>□不符合 | |
| | 3.8.2 | 存放台座应坚固稳定,且应高出周边地面200mm以上。(DB32/T 2618:9.10.1.3-a) | □符合<br>□不符合 | |
| | 3.8.3 | 存放场地应有相应的防排水设施。(DB32/T 2618:9.10.1.3-a) | □符合<br>□不符合 | |
| | 3.8.4 | 预制场应配备爬梯,方便施工人员上下。预制梁高度超过2m时,应按规定设置防护栏杆。(DB32/T 2618:9.10.1.3-b) | □符合<br>□不符合 | |
| | 3.8.5 | 混凝土浇筑应设专人指挥,作业人员之间应分工明确,协调配合。(DB32/T 2618:9.10.1.3-c) | □符合<br>□不符合 | |
| | 3.8.6 | 采用吊斗浇筑混凝土时吊斗下面严禁站人。(DB32/T 2618:9.10.1.3-c) | □符合<br>□不符合 | |
| | 3.8.7 | 钢筋加工场、拌和场、预制场应专门设计,合理划分各功能区,并封闭管理。(DB32/T 2618:6.2.2.1) | □符合<br>□不符合 | |
| | 3.8.8 | 按设计要求设置安全标志标牌,工点设置相应的安全操作规程牌。(DB32/T 2618:6.2.2.1) | □符合<br>□不符合 | |
| | 3.8.9 | 场内临时用电应按临时用电组织设计及有关方案布设。(DB32/T 2618:6.2.2.3) | □符合<br>□不符合 | |
| | 3.8.10 | 拌和楼、储料罐应设置防雷设施,并组织验收。(DB32/T 2618:6.2.2.3) | □符合<br>□不符合 | |
| | 3.8.11 | 预制梁台座、存梁基础、门式起重机轨道基础等应专门设计,并在使用过程中加强沉降观测。(DB32/T 2618:6.2.2.5) | □符合<br>□不符合 | |
| | 3.8.12 | 门式起重机轨道应水平,轨道铺设应顺直,轨道的两端应设置限位器。(DB32/T 2618:6.2.2.5) | □符合<br>□不符合 | |

续上表

| 项目 | 序号 | 常见隐患涉及条款 | 检查结果 | 问题描述 |
|---|---|---|---|---|
| 起重吊装 | 3.8.13 | 登高梯子的上端应固定,高空用的吊篮和临时工作台应固定牢靠,并应设不低于1.2m的防护栏杆。吊篮和工作台的脚手板应铺平绑牢,严禁出现探头板。(JGJ 276:3.0.6) | □符合<br>□不符合 | |
| | 3.8.14 | 吊移操作平台时,平台上面严禁站人。(JGJ 276:3.0.6) | □符合<br>□不符合 | |
| | 3.8.15 | 当构件吊起时,所有人员不得站在吊物下方,并应保持一定的安全距离。(JGJ 276:3.0.6) | □符合<br>□不符合 | |
| | 3.8.16 | 吊装作业区四周应设置明显标志,严禁非操作人员入内。夜间施工必须有足够的照明。(JGJ 276:3.0.5) | □符合<br>□不符合 | |
| | 3.8.17 | 严禁非起重机驾驶人员驾驶、操作起重机。(JGJ 276:3.0.2;TSG Z6001:附录A) | □符合<br>□不符合 | |
| | 3.8.18 | 当两台或两台以上的起重小车运行在同一轨道上时,应装设防碰撞装置。(GB 6067.1:9.2.9) | □符合<br>□不符合 | |
| | 3.8.19 | 起重机应设夹轨器、锚定装置或其他抗风防滑装置。小车及门架上的电气设备应设防雨罩(设备本身已有防雨功能的可除外)。(GB/T 14406:5.4.3.4) | □符合<br>□不符合 | |
| | 3.8.20 | 架桥机每日作业前,应对卷扬机、吊具及钢丝绳等进行检查,发现问题及时处理。(DB32/T 2618:9.10.1.5-9) | □符合<br>□不符合 | |
| 临时用电与消防安全 | 3.8.21 | 电缆线路必须埋地或架空敷设,严禁沿地面明设。(DB32/T 2618:5.2.6) | □符合<br>□不符合 | |
| | 3.8.22 | 分配电箱与开关箱的水平距离不得超过30m;开关箱与其控制的固定用电设备的水平距离不宜超过3m。(DB32/T 2618:5.2.9) | □符合<br>□不符合 | |
| | 3.8.23 | 配电箱、开关箱应选用专业厂家生产的定型产品,其电器元件必须通过国家"3C"认证。配电箱、开关箱的箱门应配锁,箱门外侧应标明编号、名称、用途、责任人及联系电话;箱门内侧标明分路标记及系统接线图。(DB32/T 2618:5.2.8) | □符合<br>□不符合 | |
| | 3.8.24 | 配电箱、开关箱应定期进行检查、维修。检查、维修时必须按规定穿、戴绝缘鞋、手套,必须使用电工绝缘工具,并应做检查、维修工作记录。(JGJ 46:8.3.3) | □符合<br>□不符合 | |
| | 3.8.25 | 每台用电设备必须有各自专用的开关箱,严禁用同一个开关箱直接控制2台及以上用电设备(含插座)。(DB32/T 2618:5.2.8) | □符合<br>□不符合 | |
| | 3.8.26 | 施工现场应按火灾种类、危险等级等因素配置灭火器。(DB32/T 2618:5.3.8) | □符合<br>□不符合 | |

续上表

| 项目 | 序号 | 常见隐患涉及条款 | 检查结果 | 问题描述 |
|---|---|---|---|---|
| ☐ 场内预应力施工 | 3.8.27 | 张拉作业时应设置警戒区,并设置安全标志。张拉时千斤顶后方严禁人员滞留、穿行。（DB32/T 2618:9.3.2） | ☐符合<br>☐不符合 | |
| | 3.8.28 | 张拉区两端必须设置具备消能和阻挡功能的防护挡板,防护挡板宜距离所张拉的预应力筋端部1.5~2m,应高出最上一组预应力筋500mm以上,宽出预应力筋外侧各1m以上。（DB32/T 2618:9.3.2） | ☐符合<br>☐不符合 | |
| | 3.8.29 | 张拉时必须由专人统一指挥。操作人员应在侧面读表和量测伸长值,在量测预应力筋的伸长值及固定锚固预应力筋时应停止操作千斤顶。（DB32/T 2618:9.3.4） | ☐符合<br>☐不符合 | |
| | 3.8.30 | 先张法施工张拉时,台座两侧应有防护措施,张拉时沿长度方向每隔4~5m设一防护架,严禁人员跨越台座。（DB32/T 2618:9.3.6） | ☐符合<br>☐不符合 | |
| | 3.8.31 | 后续施工时已张拉的预应力筋上严禁站人。（DB32/T 2618:9.3.6） | ☐符合<br>☐不符合 | |
| | 3.8.32 | 浇筑混凝土时,插入式振动器不得撞击预应力筋。（DB32/T 2618:9.3.6） | ☐符合<br>☐不符合 | |
| ☐ 提梁、存放及运输 | 3.8.33 | 移梁(板)时,梁(板)上严禁堆放其他重物。后张法预应力梁可在施加预应力后从预制台座吊移一次,不得在孔道压浆前多次倒运;孔道压浆后进行移运的,其压浆浆体强度应不低于设计强度的80%。（DB32/T 2618:9.10.1.4-a） | ☐符合<br>☐不符合 | |
| | 3.8.34 | 梁(板)首次起吊前应先进行试吊,经确认受力良好后方可继续起吊。（DB32/T 2618:9.10.1.4-(4)） | ☐符合<br>☐不符合 | |
| | 3.8.35 | 梁(板)采用双龙门起吊时应同步提升,同步移动。（DB32/T 2618:9.10.1.4-(4)） | ☐符合<br>☐不符合 | |
| | 3.8.36 | 吊移高宽比较大的预应力混凝土T形梁和I形梁应采取防止梁体侧向弯曲的有效措施。（JTG F90:8.11.3.5） | ☐符合<br>☐不符合 | |
| | 3.8.37 | 梁(板)存放时存梁支点位置应符合设计要求;梁(板)存放应稳定,堆放T形梁、I形梁等易倾覆的构件时必须设置斜撑。（DB32/T 2618:9.10.1.4-(5)） | ☐符合<br>☐不符合 | |

续上表

| 项目 | 序号 | 常见隐患涉及条款 | 检查结果 | 问题描述 |
|---|---|---|---|---|
| □提梁、存放及运输 | 3.8.38 | 当构件多层叠放时,层与层之间应以垫木隔开,各层垫木的位置应在设计规定支点处,上下层垫木应在同一条竖直线上;叠放的高度宜按构件强度、台座地基的承载力、垫木强度及叠放的稳定性等经计算确定。(DB32/T 2618:9.10.1.4-f) | □符合<br>□不符合 | |
| | 3.8.39 | 梁(板)装车时支点位置应符合设计规定,并应有防止倾倒的固定措施;装卸梁(板)时,必须在支撑稳妥后方可卸除吊钩。(DB32/T 2618:9.10.1.5-c) | □符合<br>□不符合 | |
| □梁板安装 | 3.8.40 | 梁(板)安装作业时,应设置警戒区和安全标志;作业过程中,应派专人值守,专职安全员进行现场监督。在道路、航道上方进行梁(板)安装或架桥机移跨过孔时,严禁行人、车辆和船舶在桥梁下方通行。(DB32/T 2618:9.10.1.5-e) | □符合<br>□不符合 | |
| | 3.8.41 | 梁(板)安装就位后,应及时将梁(板)临时固定;对横向自稳性较差的T形梁、I形梁等,应与先安装的梁板进行可靠的横向连接,防止倾倒。(DB32/T 2618:9.10.1.5-m) | □符合<br>□不符合 | |
| | 3.8.42 | 梁板安装完成后应及时设置临边防护栏杆;对梁板顶面的预留孔应覆盖或设置防护栏杆,并设置安全标志。(DB32/T 2618:9.10.1.5-n) | □符合<br>□不符合 | |
| | 3.8.43 | 施工现场风力6级以上时应停止架梁作业。(DB32/T 2618:9.10.1.5-o) | □符合<br>□不符合 | |
| | 3.8.44 | 作业前应将支腿全部伸出,并应支垫牢固。调整支腿应在无载荷时进行,并将起重臂全部缩回转至正前或正后,方可调整。作业过程中发现支腿沉陷或其他不正常情况时,应立即放下吊物,进行调整后,方可继续作业。(JGJ 276:4.1.4.2) | □符合<br>□不符合 | |
| | 3.8.45 | 运梁、架设应在相邻梁片之间的横向钢筋焊接完成后实施。(JTG F90:8.11.3-7) | □符合<br>□不符合 | |
| □安全通道 | 3.8.46 | 高处作业上下通道应根据现场情况选用钢斜梯、钢直梯、人行塔梯,各类梯子安装应牢固可靠。(JTG F90:5.7.10) | □符合<br>□不符合 | |

续上表

| 项目 | 序号 | 常见隐患涉及条款 | 检查结果 | 问题描述 |
|---|---|---|---|---|
| ☐ 高处作业 | 3.8.47 | 坠落高度基准面2m及以上进行临边作业时,应在临空一侧设置防护栏杆,并应采用密目式安全立网或工具式栏板封闭。(JGJ 80:4.1.1) | ☐符合<br>☐不符合 | |
| | 3.8.48 | 悬空作业的立足处的设置应牢固,并应配置登高和防坠落装置和设施。(JGJ 80:5.2.1) | ☐符合<br>☐不符合 | |
| | 3.8.49 | 梁板安装完成后应及时设置临边防护栏杆;对梁板顶面的预留孔应覆盖或设置防护栏杆,并设置安全标志。(DB32/T 2618:9.10.1.5-14) | ☐符合<br>☐不符合 | |
| | 3.8.50 | 高处施工作业时,地面应设置警戒区,并设置安全标志。高处施工人员与地面的联系应有专人负责,并配有无线通信设备。(DB32/T 2618:5.7.2) | ☐符合<br>☐不符合 | |
| | 3.8.51 | 高处作业现场所有可能坠落的物件均应撤除或固定;拆卸的物料应及时运走,不得向下抛掷;作业人员随身工具应装入工具袋。(DB32/T 2618:5.7.5) | ☐符合<br>☐不符合 | |
| | 3.8.52 | 起重作业人员必须穿防滑鞋、戴安全帽,高处作业应佩挂安全带,并应系挂可靠,高挂低用。(JGJ 276:3.0.4) | ☐符合<br>☐不符合 | |
| ☐ 先张法施工 | 3.8.53 | 张拉及放张程序应符合设计要求。张拉过程中出现异常现象应立即停止张拉作业,检查、排除异常。(JTG F90:8.2.2-2) | ☐符合<br>☐不符合 | |
| | 3.8.54 | 张拉及放张过程中预制台座区域及张拉台座两端不得站人。(JTG F90:8.2.3-3) | ☐符合<br>☐不符合 | |
| | 3.8.55 | 已张拉的预应力钢筋不得电焊、站人。(JTG F90:8.2.3-4) | ☐符合<br>☐不符合 | |
| | 3.8.56 | 先张法施工,张拉台座应经设计验算,强度、刚度和稳定性应符合要求。(JTG F90:8.2.4) | ☐符合<br>☐不符合 | |
| | 3.8.57 | 张拉完毕后,应妥善保护张拉施锚两端。(JTG F90:8.2.4) | ☐符合<br>☐不符合 | |
| | 3.8.58 | 张拉作业应设警戒区,张拉端后方应设立防护挡墙。(JTG F90:8.2.2,8.2.3-1) | ☐符合<br>☐不符合 | |

续上表

| 项目 | 序号 | 常见隐患涉及条款 | 检查结果 | 问题描述 |
|---|---|---|---|---|
| □ 后张法施工 | 3.8.59 | 高处张拉作业应搭设张拉作业平台、张拉千斤顶吊架,平台应加设防护栏杆和上下扶梯。(JTG F90:8.2.5-1) | □符合<br>□不符合 | |
| | 3.8.60 | 梁端应设围护和挡板。(JTG F90:8.2.5-1-2) | □符合<br>□不符合 | |
| | 3.8.61 | 张拉作业时千斤顶后方不得站人。(JTG F90:8.2.5-1-3) | □符合<br>□不符合 | |
| | 3.8.62 | 管道压浆作业人员应佩戴护目镜。(JTG F90:8.2.5-1-4) | □符合<br>□不符合 | |
| □ 其他 | 3.8.63 | | | |

规范性引用文件:
《通用门式起重机》(GB/T 14406—2011)
《公路工程施工安全技术规范》(JTG F90—2015)
《江苏省高速公路建设工程施工安全技术规程》(DB32/T 2618—2014)
《施工现场临时用电安全技术规范》(JGJ 46—2005)
《建筑施工起重吊装安全技术规范》(JGJ 276—2012)
《起重机械安全规程 第1部分:总则》(GB 6067.1—2010)
《特种设备作业人员考核规则》(TSG Z6001—2019)
《建筑施工高处作业安全技术规范》(JGJ 80—2016)

总体评价:1. 本次检查____项,符合____项,不符合____项,符合率为____%。
　　　　 2. 针对不符合项中(填序号)_____,立即整改。
　　　　 3. 针对不符合项中(填序号)_____,限期____日内整改。
　　　　 4. 针对__(填写停工范围)__,停工整改。
　　　　 5. 整改情况于____日内,书面反馈至检查单位。
　　　　 6. 其他_____

检查单位:_____　　受检单位:_____

检查人员:_____　　受检人员:_____

检查日期:_____　　签收日期:_____

## 3.9 支架现浇梁

项目标段：_____    检查部位：_____

| 项目 | 序号 | 常见隐患涉及条款 | 检查结果 | 问题描述 |
|---|---|---|---|---|
| ☐施工准备 | 3.9.1 | 搭设操作人员必须经过专业技术培训和专业考试合格后，持证上岗。（JGJ 231：7.1.2） | ☐符合<br>☐不符合 | |
| | 3.9.2 | 支架搭设作业人员应正确穿戴安全帽、安全带和防滑鞋。（JGJ 231：9.0.2） | ☐符合<br>☐不符合 | |
| | 3.9.3 | 脚手架搭设场地应平整、坚实，并应有排水措施。（JGJ 231：7.1.5） | ☐符合<br>☐不符合 | |
| ☐模板支架 | ☐水平杆 3.9.4 | 当标准型（B型）立杆荷载设计值大于40kN，或重型（Z型）立杆荷载设计值大于65kN时，脚手架顶层步距应比标准步距缩小0.5m。（JGJ 231：6.1.5） | ☐符合<br>☐不符合 | |
| | ☐立杆 3.9.5 | 支撑架可调底座丝杆插入立杆长度不得小于150mm，丝杆外露长度不宜大于300mm，作为扫地杆的最底层水平杆中心线距离可调底座的底板不应大于550mm。（JGJ 231：6.2.5） | ☐符合<br>☐不符合 | |
| | 3.9.6 | 支撑架可调托撑伸出顶层水平杆或双槽托梁中心线的悬臂长度不应超过650mm，且丝杆外露长度不应超过400mm，可调托撑插入立杆或双槽托梁长度不得小于150mm。（JGJ 231：6.2.4） | ☐符合<br>☐不符合 | |
| | ☐斜杆与剪刀撑 3.9.7 | 对标准步距为1.5m的支撑架，应根据支撑架搭设高度、支撑架型号及立杆轴向力设计值（$N$）进行竖向斜杆布置，竖向斜杆布置形式选用应符合以下要求：<br>（1）标准型$N \leq 25$kN，搭设高度≤16m时，间隔3跨设置竖向斜杆；标准型$N \leq 40$kN，搭设高度≤8m时，间隔2跨设置竖向斜杆，搭设高度≤16m时，间隔1跨设置竖向斜杆；标准型$N > 40$kN，搭设高度≤16m时，间隔1跨设置竖向斜杆；<br>（2）重型$N \leq 40$kN，搭设高度≤16m时，间隔3跨设置竖向斜杆；标准型$N \leq 65$kN，搭设高度≤8m时，间隔2跨设置竖向斜杆，搭设高度≤16m时，间隔1跨设置竖向斜杆；标准型$N > 65$kN，搭设高度≤16m时，间隔1跨设置竖向斜杆。（JGJ 231：6.2.2） | ☐符合<br>☐不符合 | |
| | 3.9.8 | 当支撑架搭设高度大于16m时，顶层步距内应每跨布置竖向斜杆。（JGJ 231：6.2.3） | ☐符合<br>☐不符合 | |
| | 3.9.9 | 当支撑架搭设高度超过8m、周围有既有建筑结构时，应沿高度每间隔4个~6个步距与周围已建成的结构进行可靠拉结。（JGJ 231：6.2.6） | ☐符合<br>☐不符合 | |

续上表

| 项目 | 序号 | 常见隐患涉及条款 | 检查结果 | 问题描述 |
|---|---|---|---|---|
| □斜杆与剪刀撑 | 3.9.10 | 支撑架应沿高度每间隔4个~6个标准步距应设置水平剪刀撑,并应符合现行行业标准《建筑施工扣件式钢管脚手架安全技术规范》(JGJ 130)中钢管水平剪刀撑的有关规定。(JGJ 231:6.2.7) | □符合<br>□不符合 | |
| | 3.9.11 | 当以独立塔架形式搭设支撑架时,应沿高度每间隔2个~4个步距与相邻的独立塔架水平拉结。(JGJ 231:6.2.8) | □符合<br>□不符合 | |
| □通道 | 3.9.12 | 当支撑架架体内设置与单支水平杆同宽的人行通道时,可间隔抽除第一层水平杆和斜杆形成施工人员进出通道,与通道正交的两侧立杆间应设置竖向斜杆;当支撑架架体内设置与单支水平杆不同宽人行通道时,应在通道上部架设支撑横梁,横梁的型号及间距应依据荷载确定。通道相邻跨支撑横梁的立杆间距应根据计算设置,通道周围的支撑架应连成整体。洞口顶部应铺设封闭的防护板,相邻跨应设置安全网。通行机动车的洞口,应设置安全警示和防撞设施。(JGJ 231:6.2.9) | □符合<br>□不符合 | |
| □模板安装与施工通道 | 3.9.13 | 锯片上方应设置防护罩和防护挡板。(JGJ 160:12.5.2) | □符合<br>□不符合 | |
| | 3.9.14 | 模板安装就位后,应对模板、人员通道、安全防护设施及消防设施进行检查。(DB32/T 2618:9.9.9.6) | □符合<br>□不符合 | |
| | 3.9.15 | 临边应设置安全防护栏杆且防护栏杆强度要满足要求,同时应挂密目安全网进行封闭,防护栏杆下部应设置高度不小于18cm的挡脚板。防护栏杆应由上、下两道横杆组成,上杆离地高度应为1.2m,下杆离地高度应为0.6m。(JTG F90:5.7.5) | □符合<br>□不符合 | |
| | 3.9.16 | 高处作业上下通道应根据现场情况选用钢斜梯、钢直梯、人行塔梯,各类梯子安装应牢固可靠。(JTG F90:5.7.10) | □符合<br>□不符合 | |
| □起重吊装 | 3.9.17 | 施工机械设备进场前应查验机械设备证件、性能、状况;进场后,应向操作人员进行安全技术交底。(JTG F90:4.6.2) | □符合<br>□不符合 | |
| | 3.9.18 | 吊篮和工作台的脚手板应铺平绑牢,严禁出现探头板。吊移操作平台时,平台上面严禁站人。(JGJ 276:3.0.6) | □符合<br>□不符合 | |
| | 3.9.19 | 汽车起重机作业前,应全部伸出支腿,在撑脚下垫方木,回转支承面应保持水平。(省指南:3.3.2.13-(2)) | □符合<br>□不符合 | |

续上表

| 项目 | 序号 | 常见隐患涉及条款 | 检查结果 | 问题描述 |
|---|---|---|---|---|
| □起重吊装 | 3.9.20 | 钢丝绳在卷筒上应逐圈靠紧,排列整齐,严禁互相错叠、离缝和挤压。(GB 6067.1:6.6.4) | □符合<br>□不符合 | |
| | 3.9.21 | 吊装作业区四周应设置明显标志,严禁非操作人员入内。(JGJ 276:3.0.5) | □符合<br>□不符合 | |
| | 3.9.22 | 起重机司机、起重机指挥等特种作业人员必须持特种作业操作资格证上岗。严禁非起重机驾驶人员驾驶、操作起重机。(JGJ 276:3.0.2;TSG Z6001:附录 A) | □符合<br>□不符合 | |
| □临时用电与消防安全 | 3.9.23 | 总配电箱以下可设若干分配电箱;分配电箱以下可设若干开关箱。总配电箱应设在靠近电源的区域,分配电箱应设在用电设备或负荷相对集中的区域,分配电箱与开关箱的距离不得超过 30m,开关箱与其控制的固定式用电设备的水平距离不宜超过 3m。(JGJ 46:8.1.2) | □符合<br>□不符合 | |
| | 3.9.24 | 配电箱、开关箱箱门应配锁,并应由专人负责。(JGJ 46:8.3.2) | □符合<br>□不符合 | |
| | 3.9.25 | 电缆线路应采用埋地或架空敷设,严禁沿地面明设,并应避免机械损伤和介质腐蚀。埋地电缆路径应设方位标志。(JGJ 46:7.2.3) | □符合<br>□不符合 | |
| | 3.9.26 | 配电箱、开关箱应定期检查、维修。检查、维修人员必须是专业电工,检查维修时必须使用电工绝缘工具,并应做好检查维修工作记录。(JGJ 46:8.3.3) | □符合<br>□不符合 | |
| | 3.9.27 | 每台用电设备必须有各自专用的开关箱,严禁用同一个开关箱直接控制 2 台及 2 台以上用电设备(含插座)。(JGJ 46:8.1.3) | □符合<br>□不符合 | |
| □浇筑施工 | 3.9.28 | 混凝土浇筑前施工管理人员应组织对搭设的支架进行验收,并应确认符合专项施工方案要求后浇筑混凝土。(JGJ 231:7.4.8) | □符合<br>□不符合 | |
| | 3.9.29 | 混凝土浇筑过程中,应派专人在安全区域内观测模板支架的工作状态,发生异常时检测人员应及时报告施工负责人,情况紧急时施工人员应迅速撤离,并应进行相应的加固处理。(JGJ 231:9.0.4) | □符合<br>□不符合 | |

续上表

| 项目 | 序号 | 常见隐患涉及条款 | 检查结果 | 问题描述 |
|---|---|---|---|---|
| □张拉 | 3.9.30 | 高处张拉作业应搭设张拉作业平台、张拉千斤顶吊架,平台应加设防护栏杆和上下扶梯。(JTG F90:8.2.5-1) | □符合<br>□不符合 | |
| | 3.9.31 | 梁端应设围护和挡板。(JTG F90:8.2.5-2) | □符合<br>□不符合 | |
| | 3.9.32 | 张拉作业时千斤顶后方不得站人。(JTG F90:8.2.5-3) | □符合<br>□不符合 | |
| □支架拆除 | 3.9.33 | 拆除作业应按先搭后拆、后搭先拆的原则,从顶层开始,逐层向下进行,严禁上下层同时拆除,严禁抛掷。(JGJ 231:7.4.9) | □符合<br>□不符合 | |
| | 3.9.34 | 模板支架及脚手架使用期间,不得擅自拆除架体结构杆件。如需拆除时,必须报请工程项目技术负责人以及总监理工程师同意,确定防控措施后方可实施。(JGJ 231:9.0.5) | □符合<br>□不符合 | |
| | 3.9.35 | 拆除的支架构件应安全地传递至地面,严禁抛掷。(JGJ 231:9.0.7) | □符合<br>□不符合 | |
| □其他 | 3.9.36 | | | |

规范性引用文件:
《建筑施工承插型盘扣式钢管支架安全技术规程》(JGJ 231—2021)
《公路工程施工安全技术规范》(JTG F90—2015)
《施工现场临时用电安全技术规范》(JGJ 46—2005)
《江苏省高速公路建设工程施工安全技术规程》(DB32/T 2618—2014)
《建筑施工起重吊装安全技术规范》(JGJ 276—2012)
《起重机械安全规程 第1部分:总则》(GB 6067.1—2010)
《特种设备作业人员考核规则》(TSG Z6001—2019)
《施工现场机械设备检查技术规范》(JGJ 160—2016)
《公路工程建设现场安全管理标准化指南》(苏交建质〔2012〕16号)

续上表

| 总体评价:1.本次检查____项,符合____项,不符合____项,符合率为____%。
    2.针对不符合项中(填序号)_____,立即整改。
    3.针对不符合项中(填序号)_____,限期____日内整改。
    4.针对 __(填写停工范围)__ ,停工整改。
    5.整改情况于____日内,书面反馈至检查单位。
    6.其他_____ |

检查单位:_____  受检单位:_____

检查人员:_____  受检人员:_____

检查日期:_____  签收日期:_____

## 3.10 悬臂浇筑

项目标段：_____　　　　检查部位：_____

| 项目 | 序号 | 常见隐患涉及条款 | 检查结果 | 问题描述 |
|---|---|---|---|---|
| □ 0号块施工 | 3.10.1 | 临时固结体系应结合桥梁结构的特点专门进行设计,满足桥梁施工过程中的抗倾覆、稳定的要求。(DB32/T 2618:9.10.4.7) | □符合<br>□不符合 | |
| | 3.10.2 | 墩顶及墩顶邻近梁段可采用落地支架或托架施工,支架和托架应符合本规范模板、支架的规定。(JTG/T 3650:17.5.4) | □符合<br>□不符合 | |
| □ 挂篮预拼装 | 3.10.3 | 挂篮构件在制作完成后,应对主桁架进行预拼装检验。(CJJ/T 281:5.4.1) | □符合<br>□不符合 | |
| | 3.10.4 | 构件应在自由状态下进行预拼装,对拼装合格的构件应进行标识。(CJJ/T 281:5.4.2) | □符合<br>□不符合 | |
| | 3.10.5 | 挂篮制作加工完成后应进行试拼装。现场组拼后,应检查验收,并应按最大施工组合荷载的1.2倍做荷载试验。(JTG F90:8.11.4-1) | □符合<br>□不符合 | |
| □ 挂篮安装 | 3.10.6 | 吊杆或锚杆应全部配置锚垫板、套双螺母。(CJJ/T 281:4.5.2) | □符合<br>□不符合 | |
| | 3.10.7 | 挂篮承重系统安装应符合下列规定:前支点和前吊点应支垫稳固。(CJJ/T 281:5.5.6) | □符合<br>□不符合 | |
| | 3.10.8 | 挂篮模板的制作与安装应准确、牢固,后吊杆和下限位拉杆孔道应严格按设计尺寸准确预留。(JTG/T 3650:17.5.1-5) | □符合<br>□不符合 | |
| □ 挂篮行走锚固 | 3.10.9 | 当精轧螺纹钢作为后锚杆时,应采用塑料管套或其他绝缘材料对精轧螺纹钢进行包裹。(CJJ/T 281:5.5.7) | □符合<br>□不符合 | |
| | 3.10.10 | 挂篮行走滑道铺设应平顺,锚固应稳定。行走前应检查行走系统、吊挂系统、模板系统等。(JTG F90:8.11.4-2) | □符合<br>□不符合 | |
| | 3.10.11 | 挂篮应在混凝土强度符合要求后移动,墩两侧挂篮应对称平稳移动;就位后应立即锁定;挂篮每次移动后,应经检查验收。(JTG F90:8.11.4-3) | □符合<br>□不符合 | |
| | 3.10.12 | 雨雪天或风力超过挂篮设计移动风力时,不得移动挂篮。(JTG F90:8.11.4-4) | □符合<br>□不符合 | |

续上表

| 项目 | 序号 | 常见隐患涉及条款 | 检查结果 | 问题描述 |
|---|---|---|---|---|
| ☐挂篮行走锚固 | 3.10.13 | 挂篮各构件拆除过程中,应采取防止构件失稳的临时稳固措施。(CJJ/T 281:5.6.4) | ☐符合<br>☐不符合 | |
| | 3.10.14 | 挂篮前移可采用顶推或牵引方式,前移速度宜控制在每分钟50~100mm。(CJJ/T 281:6.4.1) | ☐符合<br>☐不符合 | |
| | 3.10.15 | 挂篮行走前,各类保险装置设置应完善。(CJJ/T 281:6.4.3) | ☐符合<br>☐不符合 | |
| | 3.10.16 | 不同轨道梁上的挂篮主桁架前移应保持同步。(CJJ/T 281:6.4.4) | ☐符合<br>☐不符合 | |
| | 3.10.17 | 挂篮前移行走设专人指挥,挂篮前移过程中应保持稳定。两端挂篮应对称、缓慢前行,最大不同步量不超过0.5m。挂篮前移时,后端应增设临时的手拉葫芦。滑道铺设应牢固、平整、顺直,不得偏移。(省指南:4.3.10.7-10) | ☐符合<br>☐不符合 | |
| | 3.10.18 | 挂篮使用过程中,应经常检查后锚固筋、千斤顶、手拉葫芦、张拉平台及保险绳等是否完好可靠。(省指南:4.3.10.7-11) | ☐符合<br>☐不符合 | |
| ☐挂篮悬臂浇筑施工 | 3.10.19 | 挂篮悬浇施工时,作业人员必须在挂篮防护设施的安全防护范围内进行操作。严禁作业人员在挂篮防护设施外或站在防护设施顶部进行操作。(省指南:4.3.10.5) | ☐符合<br>☐不符合 | |
| | 3.10.20 | 0号块及现浇段支架施工必须严格按施工方案施工,并同步设置人员上下通道和安全防护设施。(省指南:4.3.10.6) | ☐符合<br>☐不符合 | |
| | 3.10.21 | 严禁在挂篮斜拉带、各类吊杆上进行电焊作业。(CJJ/T 281:6.1.2) | ☐符合<br>☐不符合 | |
| | 3.10.22 | 混凝土浇筑前,应再次检查挂篮的承重系统、锚固系统、悬吊系统和模板系统等的安全性、可靠性。严禁用人工手动方式紧固后锚点螺栓锚固。(省指南:4.3.10.7) | ☐符合<br>☐不符合 | |
| | 3.10.23 | 各作业平台间宜设置专用爬梯或通道进行连通。(CJJ/T 281:4.7.8) | ☐符合<br>☐不符合 | |
| | 3.10.24 | 高处作业不得同时上下交叉作业。(JTG F90:5.7.2) | ☐符合<br>☐不符合 | |
| | 3.10.25 | 每一节段浇筑完后,应及时清除散落在挂篮上的混凝土废料。带螺纹的杆件应采取保护措施,避免混凝土散落到螺纹上凝结硬化后影响使用。(CJJ/T 281:6.6.4) | ☐符合<br>☐不符合 | |
| | 3.10.26 | 悬臂浇筑施工应对称、平衡地进行,两端悬臂上荷载的实际不平衡偏差不得超过设计规定值;设计未规定时,宜不超过梁段重的1/4。悬臂梁段应全断面一次浇筑完成,并应从悬臂端开始,向已完成梁段推进分层浇筑。(JTG/T 3650:17.5.5-1) | ☐符合<br>☐不符合 | |

续上表

| 项目 | 序号 | 常见隐患涉及条款 | 检查结果 | 问题描述 |
|---|---|---|---|---|
| ☐张拉 | 3.10.27 | 梁端应设围护和挡板。(JTG F90:8.2.5-2) | ☐符合<br>☐不符合 | |
| | 3.10.28 | 张拉作业时千斤顶后方不得站人。(JTG F90:8.2.5-3) | ☐符合<br>☐不符合 | |
| | 3.10.29 | 管道压浆作业人员应佩戴护目镜。(JTG F90:8.2.5-4) | ☐符合<br>☐不符合 | |
| | 3.10.30 | 高处张拉作业应搭设张拉作业平台、张拉千斤顶吊架,平台应加设防护栏杆和上下扶梯。(JTG F90:8.2.5-1) | ☐符合<br>☐不符合 | |
| ☐安全防护 | 3.10.31 | 当悬臂浇筑施工跨越铁路、公路、航道及其他建筑物时,应采取有效的安全施工防护措施。(JTG/T 3650:17.5.5-7) | ☐符合<br>☐不符合 | |
| | 3.10.32 | 挂篮应设置防止人员坠落的栏杆和围挡,操作平台宜采用全封闭形式。(CJJ/T 281:10.0.7) | ☐符合<br>☐不符合 | |
| | 3.10.33 | 防护栏杆外缘及挂篮底部应设置安全网。(CJJ/T 281:10.0.7) | ☐符合<br>☐不符合 | |
| ☐其他 | 3.10.34 | | | |

规范性引用文件:
《公路工程施工安全技术规范》(JTG F90—2015)
《公路桥涵施工技术规范》(JTG/T 3650—2020)
《桥梁悬臂浇筑施工技术标准》(CJJ/T 281—2018)
《江苏省高速公路建设工程施工安全技术规程》(DB32/T 2618—2014)
《公路工程建设现场安全管理标准化指南》(苏交建质〔2012〕16号)

续上表

总体评价:1. 本次检查____项,符合____项,不符合____项,符合率为____%。
　　　　2. 针对不符合项中(填序号)_____,立即整改。
　　　　3. 针对不符合项中(填序号)_____,限期____日内整改。
　　　　4. 针对__(填写停工范围)__,停工整改。
　　　　5. 整改情况于____日内,书面反馈至检查单位。
　　　　6. 其他_____


检查单位:_____　　受检单位:_____


检查人员:_____　　受检人员:_____


检查日期:_____　　签收日期:_____

## 3.11 悬臂预制拼装

项目标段：_____　　　　检查部位：_____

| 项目 | 序号 | 常见隐患涉及条款 | 检查结果 | 问题描述 |
|---|---|---|---|---|
| □高处作业 | 3.11.1 | 高处或高空作业人员应根据不同的作业条件合理选用相应种类的安全带，作业前必须戴好安全帽，穿好防滑鞋，佩戴安全带。（省指南：3.4.2.2-2-2） | □符合<br>□不符合 | |
| □起重拼装 | 3.11.2 | 施工机械设备进场前应查验机械设备证件、性能、状况；进场后，应向操作人员进行安全技术交底。（JTG F90：4.6.2） | □符合<br>□不符合 | |
| | 3.11.3 | 流动式起重机行驶和作业场地应平坦坚实，与沟渠、基坑保持一定的安全距离。（省指南：3.3.2.13-(1)） | □符合<br>□不符合 | |
| | 3.11.4 | 吊装作业区四周应设置明显标志，严禁非操作人员入内。夜间施工必须有足够的照明。（JGJ 276：3.0.5） | □符合<br>□不符合 | |
| | 3.11.5 | 吊装作业应设警戒区，警戒区不得小于起吊物坠落影响范围。（JTG F90：5.6.4） | □符合<br>□不符合 | |
| | 3.11.6 | 节段悬臂拼装时，桥墩两侧的节段应对称起吊，且应保证桥墩两侧平衡受力，最大不平衡力应符合设计规定。（JTG/T 3650：17.6.13-5） | □符合<br>□不符合 | |
| | 3.11.7 | 钢梁的悬臂拼装应结合预制混凝土桥面板的安装进行施工过程控制，保证其内力、变形、线形及高程符合设计或施工控制的要求。预制混凝土桥面板的安装顺序、浇筑湿接缝的时机及加载程序等应符合施工控制的规定。（JTG/T 3650：18.2.9-2） | □符合<br>□不符合 | |
| | 3.11.8 | 构件应垂直起吊，并应保持平衡稳定，不得碰撞已安装构件和其他作业设施；构件起升后，运送构件的车辆或船舶应迅速撤出。（JTG F90：8.15.15-3、4） | □符合<br>□不符合 | |
| □临时用电 | 3.11.9 | 现场电源线接头应采用绝缘胶带包扎良好，不得采用塑料胶带或其他非绝缘胶带包扎，接头不得随意放置在潮湿的地面或水中。（JTG/T 3650：26.2.8-4） | □符合<br>□不符合 | |
| | 3.11.10 | 电缆线路应采用埋地或架空敷设，严禁沿地面明设，并应避免机械损伤和介质腐蚀。埋地电缆路径应设方位标志。（JGJ 46：7.2.3） | □符合<br>□不符合 | |

续上表

| 项目 | 序号 | 常见隐患涉及条款 | 检查结果 | 问题描述 |
|---|---|---|---|---|
| □临时用电 | 3.11.11 | 总配电箱以下可设若干分配电箱；分配电箱以下可设若干开关箱。总配电箱应设在靠近电源的区域，分配电箱应设在用电设备或负荷相对集中的区域，分配电箱与开关箱的距离不得超过30m，开关箱与其控制的固定式用电设备的水平距离不宜超过3m。（JGJ 46；8.1.2） | □符合<br>□不符合 | |
| | 3.11.12 | 用电设备或插座的电源宜引自末级配电箱，当一个末级配电箱直接控制多台用电设备或插座时，每台用电设备或插座应有各自独立的保护电器。（GB 50194；6.3.3） | □符合<br>□不符合 | |
| | 3.11.13 | 每台用电设备必须有各自专用的开关箱，严禁用同一个开关箱直接控制2台及2台以上用电设备（含插座）。（JGJ 46；8.1.3） | □符合<br>□不符合 | |
| □预应力施工 | 3.11.14 | 预应力张拉机具设备应按规定校验、标定。（JTG F90；8.2.1） | □符合<br>□不符合 | |
| | 3.11.15 | 张拉作业应设警戒区。（JTG F90；8.2.2-1） | □符合<br>□不符合 | |
| | 3.11.16 | 张拉及放张过程中预制台座区域及张拉台座两端不得站人。（JTG F90；8.2.3-3） | □符合<br>□不符合 | |
| □其他 | 3.11.17 | | | |

规范性引用文件：
《建设工程施工现场供用电安全规范》（GB 50194—2014）
《公路工程施工安全技术规范》（JTG F90—2015）
《建筑施工起重吊装工程安全技术规范》（JGJ 276—2012）
《公路桥涵施工技术规范》（JTG/T 3650—2020）
《施工现场临时用电安全技术规范》（JGJ 46—2005）
《公路工程建设现场安全管理标准化指南》（苏交建质〔2012〕16号）

续上表

总体评价:1. 本次检查____项,符合____项,不符合____项,符合率为____%。
    2. 针对不符合项中(填序号)_____,立即整改。
    3. 针对不符合项中(填序号)_____,限期____日内整改。
    4. 针对__(填写停工范围)__,停工整改。
    5. 整改情况于____日内,书面反馈至检查单位。
    6. 其他_____

检查单位:_____　　　受检单位:_____

检查人员:_____　　　受检人员:_____

检查日期:_____　　　签收日期:_____

## 3.12 钢 箱 梁

项目标段：_____     检查部位：_____

| 项目 | 序号 | 常见隐患涉及条款 | 检查结果 | 问题描述 |
|---|---|---|---|---|
| 高处作业 | 3.12.1 | 高处或高空作业人员应根据不同的作业条件合理选用相应种类的安全带，作业前必须戴好安全帽，穿好防滑鞋，佩戴安全带。（省指南：3.4.2.2-2-2） | □符合<br>□不符合 | |
| | 3.12.2 | 已拼接完成的桥面钢箱梁临边应设置防护栏杆。（JTG F90：8.13.3-10） | □符合<br>□不符合 | |
| 起重吊装 | 3.12.3 | 施工机械设备进场前应查验机械设备证件、性能、状况，应向操作人员进行安全技术交底。（JTG F90：4.6.2） | □符合<br>□不符合 | |
| | 3.12.4 | 起重设备的通行道路应平整，承载力应满足设备通行要求。（JGJ 276：3.0.5） | □符合<br>□不符合 | |
| | 3.12.5 | 吊装作业区四周应设置明显标志，严禁非操作人员入内。夜间施工必须有足够的照明。（JGJ 276：3.0.5） | □符合<br>□不符合 | |
| | 3.12.6 | 起吊安装时应对大节段钢箱梁的倾角和钢丝绳的拉力进行实时监测，如超出预定的范围，应及时进行调整。（JTG/T 3650：17.9.7-9） | □符合<br>□不符合 | |
| 气割作业 | 3.12.7 | 压力表、安全阀、橡胶软管和回火保护器等均应定期校验或试验，标识应清晰。使用的气瓶应稳固竖立或装在专用车(架)或固定装置上。（JTG F90：5.5.4-2） | □符合<br>□不符合 | |
| | 3.12.8 | 使用电焊机械焊接时必须穿戴防护用品。严禁露天冒雨从事电焊作业。（JGJ 46：9.5.5） | □符合<br>□不符合 | |
| | 3.12.9 | 严禁使用已老化的橡皮气管。（GB 50720：6.3.3-4-1） | □符合<br>□不符合 | |
| | 3.12.10 | 储装气体的罐瓶及其附件应合格、完好和有效；严禁使用减压器及其他附件缺损的氧气瓶，严禁使用乙炔专用减压器、回火防止器及其他附件缺损的乙炔瓶。（GB 50720：6.3.3-1） | □符合<br>□不符合 | |
| | 3.12.11 | 可燃材料及易燃易爆危险品应分类存放。存放区的消防器材配置合理，并设置严禁烟火标志。（省指南：3.6.2.4-1） | □符合<br>□不符合 | |
| | 3.12.12 | 气瓶应远离火源，与火源的距离不应小于10m，并应采取避免高温和防止暴晒的措施。（GB 50720：6.3.3-2-3） | □符合<br>□不符合 | |
| | 3.12.13 | 电工、焊工与热切割作业人员应按照有关规定经专业机构培训，并应取得相应的从业资格。（JTG F90：5.5.1） | □符合<br>□不符合 | |

续上表

| 项目 | 序号 | 常见隐患涉及条款 | 检查结果 | 问题描述 |
|---|---|---|---|---|
| ☐ 原位吊装 | 3.12.14 | 起重设备的通行道路应平整,承载力应满足设备通行要求。吊装作业区四周应设置明显标志,严禁非操作人员入内。夜间不宜作业,当确需夜间作业时,应有足够照明。(JGJ 276:3.0.5) | ☐符合<br>☐不符合 | |
| | 3.12.15 | 吊装作业区四周应设置明显标志,严禁非操作人员入内。(JGJ 276:3.0.5) | ☐符合<br>☐不符合 | |
| | 3.12.16 | 夜间不宜作业,当确需夜间作业时,应有足够照明。(JGJ 276:3.0.5) | ☐符合<br>☐不符合 | |
| | 3.12.17 | 吊装大、重构件和采用新的吊装工艺时,应先进行试吊,确认无问题后,方可正式起吊。(JGJ 276:3.0.11) | ☐符合<br>☐不符合 | |
| ☐ 焊接拼装 | 3.12.18 | 使用电焊机械焊接时必须穿戴防护用品,严禁露天冒雨从事电焊作业。(JGJ 46:9.5.5) | ☐符合<br>☐不符合 | |
| | 3.12.19 | 高处电焊、气割作业,作业区周围和下方应采取防火措施,按要求配备消防器材,并应设专人巡视。(JTG F90:5.5.14) | ☐符合<br>☐不符合 | |
| ☐ 顶推施工 | 3.12.20 | 多点顶推(拉)时,各点的水平千斤顶应同步运行。(JTG/T 3650:17.7.7-3) | ☐符合<br>☐不符合 | |
| | 3.12.21 | 顶推时至少应在两个墩上设置保险千斤顶。(JTG/T 3650:17.7.7-5) | ☐符合<br>☐不符合 | |
| ☐ 落梁施工 | 3.12.22 | 落梁时,应按设计规定的顺序和每次的下落量分步进行,同一墩、台的千斤顶应同步运行。(JTG/T 3650:17.7.8-2) | ☐符合<br>☐不符合 | |
| ☐ 临时用电 | 3.12.23 | 每台用电设备必须有各自专用的开关箱,严禁用同一个开关箱直接控制2台及2台以上用电设备(含插座)。(JGJ 46:8.1.3) | ☐符合<br>☐不符合 | |
| | 3.12.24 | 配电箱、开关箱的金属箱体、金属电器安装板以及电器正常不带电的金属底座、外壳等必须通过PE线端子板与PE线做电气连接,金属箱门与金属箱体必须通过采用编织软铜线做电气连接。(JGJ 46:8.1.13) | ☐符合<br>☐不符合 | |

续上表

| 项目 | 序号 | 常见隐患涉及条款 | 检查结果 | 问题描述 |
|---|---|---|---|---|
| ☐ 临时用电 | 3.12.25 | 配电箱、开关箱应装设在干燥、通风及常温场所,不得装设在存在瓦斯、烟气、潮气及其他有害介质的场所。(JTG F90:4.4.8-4) | ☐符合<br>☐不符合 | |
| | 3.12.26 | 钢梁上的各种电动机械和电缆线、照片线路等,应保持绝缘良好。(JTG F90:8.15.12) | ☐符合<br>☐不符合 | |
| ☐ 其他 | 3.12.27 | | | |

规范性引用文件:
《公路工程施工安全技术规范》(JTG F90—2015)
《建筑施工起重吊装工程安全技术规范》(JGJ 276—2012)
《公路桥涵施工技术规范》(JTG/T 3650—2020)
《施工现场临时用电安全技术规范》(JGJ 46—2005)
《建设工程施工现场消防安全技术规范》(GB 50720—2011)
《公路工程建设现场安全管理标准化指南》(苏交建质〔2012〕16号)

总体评价:1.本次检查____项,符合____项,不符合____项,符合率为____%。
    2.针对不符合项中(填序号)_____,立即整改。
    3.针对不符合项中(填序号)_____,限期____日内整改。
    4.针对__(填写停工范围)__,停工整改。
    5.整改情况于____日内,书面反馈至检查单位。
    6.其他_____

检查单位:_____ 受检单位:_____

检查人员:_____ 受检人员:_____

检查日期:_____ 签收日期:_____

## 3.13 钢 桁 梁

项目标段：_____  检查部位：_____

| 项目 | 序号 | 常见隐患涉及条款 | 检查结果 | 问题描述 |
|---|---|---|---|---|
| □ 高处作业 | 3.13.1 | 高处或高空作业人员应根据不同的作业条件合理选用相应种类的安全带，作业前必须戴好安全帽，穿好防滑鞋，佩戴安全带。（省指南：3.4.2） | □符合<br>□不符合 | |
| □ 起重吊装 | 3.13.2 | 起重设备的通行道路应平整，承载力应满足设备通行要求。（JGJ 276：3.0.5） | □符合<br>□不符合 | |
| | 3.13.3 | 吊装作业区四周应设置明显标志，严禁非操作人员入内。（JGJ 276：3.0.5） | □符合<br>□不符合 | |
| | 3.13.4 | 夜间不宜作业，当确需夜间作业时，应有足够照明。（JGJ 276：3.0.5） | □符合<br>□不符合 | |
| | 3.13.5 | 吊装作业应设置警戒区，警戒区不得小于起吊物坠落影响范围。（JTG F90：5.6.4） | □符合<br>□不符合 | |
| □ 气割作业 | 3.13.6 | 压力表、安全阀、橡胶软管和回火保护器等均应定期校验或试验，标识应清晰。（JTG F90：5.5.4-2） | □符合<br>□不符合 | |
| | 3.13.7 | 使用的气瓶应稳固竖立或装在专用车（架）或固定装置上。（JTG F90：5.5.4-2） | □符合<br>□不符合 | |
| □ 原位吊装 | 3.13.8 | 采用单构件方式安装时，宜根据钢桁梁和吊索的受力情况及桥位的气候条件，选择全铰接法或逐次固结法。（JTG/T 3650：21.8.5-2） | □符合<br>□不符合 | |
| | 3.13.9 | 架设的顺序可从索塔处开始，向中跨跨中及边跨的端部方向进行。（JTG/T 3650：21.8.5-2） | □符合<br>□不符合 | |
| | 3.13.10 | 吊装大、重构件和采用新的吊装工艺时，应先进行试吊，确认无问题后，方可正式起吊。（JGJ 276：3.0.11） | □符合<br>□不符合 | |
| | 3.13.11 | 雨期施工的工作面不宜过大，宜逐段、分片、分期施工。（JTG/T 3650：25.3.3） | □符合<br>□不符合 | |
| | 3.13.12 | 雨期施工应避开大风大雨天气，遇暴风雨或受洪水危害时应停止施工作业。（JTG/T 3650：25.3.3） | □符合<br>□不符合 | |

续上表

| 项目 | 序号 | 常见隐患涉及条款 | 检查结果 | 问题描述 |
|---|---|---|---|---|
| □顶推施工 | 3.13.13 | 顶推施工宜根据梁体长度、顶推跨度、桥墩所能承受的水平推力等条件,选择适宜的顶推方式。(JTG/T 3650:17.7.7-1) | □符合<br>□不符合 | |
| | 3.13.14 | 采用单点或多点水平千斤顶方式顶推时,顶推滑道的长度应大于水平千斤顶行程加滑块的长度,宽度应为滑板宽度的1.2~1.5倍。(JTG/T 3650:17.7.7-2) | □符合<br>□不符合 | |
| □其他 | 3.13.15 | | | |

规范性引用文件:
《公路工程施工安全技术规范》(JTG F90—2015)
《建筑施工起重吊装工程安全技术规范》(JGJ 276—2012)
《公路桥涵施工技术规范》(JTG/T 3650—2020)
《公路工程建设现场安全管理标准化指南》(苏交建质〔2012〕16号)

总体评价:1. 本次检查____项,符合____项,不符合____项,符合率为____%。
    2. 针对不符合项中(填序号)_____,立即整改。
    3. 针对不符合项中(填序号)_____,限期____日内整改。
    4. 针对__(填写停工范围)__,停工整改。
    5. 整改情况于____日内,书面反馈至检查单位。
    6. 其他_____

检查单位:_____  受检单位:_____

检查人员:_____  受检人员:_____

检查日期:_____  签收日期:_____

## 3.14 钢混组合结构

项目标段：_____　　　　检查部位：_____

| 项目 | 序号 | 常见隐患涉及条款 | 检查结果 | 问题描述 |
|---|---|---|---|---|
| □高处作业 | 3.14.1 | 高处或高空作业人员应根据不同的作业条件合理选用相应种类的安全带,作业前必须戴好安全帽,穿好防滑鞋,佩戴安全带。(省指南:3.4.2.2-2-2) | □符合<br>□不符合 | |
| | 3.14.2 | 钢梁安装应设置避雷设施。(JTG F90:8.15.5) | □符合<br>□不符合 | |
| □起重吊装 | 3.14.3 | 起重设备的通行道路应平整。(JGJ 276:3.0.5) | □符合<br>□不符合 | |
| | 3.14.4 | 吊装作业区四周应设置明显标志,严禁非操作人员入内。(JGJ 276:3.0.5) | □符合<br>□不符合 | |
| | 3.14.5 | 夜间不宜作业,当确需夜间作业时,应有足够照明。(JGJ 276:3.0.5) | □符合<br>□不符合 | |
| | 3.14.6 | 吊装大、重构件和采用新的吊装工艺时,应先进行试吊,确认无问题后,方可正式起吊。(JGJ 276:3.0.11) | □符合<br>□不符合 | |
| | 3.14.7 | 吊装作业应设警戒区,警戒区不得小于起吊物坠落影响范围。(JTG F90:5.6.4) | □符合<br>□不符合 | |
| □气割作业 | 3.14.8 | 压力表、安全阀、橡胶软管和回火保护器等均应定期校验或试验,标识应清晰。使用的气瓶应稳固竖立或装在专用车(架)或固定装置上。(JTG F90:5.5.4) | □符合<br>□不符合 | |
| | 3.14.9 | 严禁使用已老化的橡皮气管。(GB 50720:6.3.3-4-1) | □符合<br>□不符合 | |
| | 3.14.10 | 储装气体的罐瓶及其附件应合格、完好和有效;严禁使用减压器及其他附件缺损的氧气瓶,严禁使用乙炔专用减压器、回火防止器及其他附件缺损的乙炔瓶。(GB 50720:6.3.3-1) | □符合<br>□不符合 | |
| | 3.14.11 | 可燃材料及易燃易爆危险品应分类存放。存放区的消防器材配置合理,并设置严禁烟火标志。(省指南:3.6.2.4-1) | □符合<br>□不符合 | |
| | 3.14.12 | 气瓶应远离火源,与火源的距离不应小于10m,并应采取避免高温和防止曝晒的措施。(GB 50720:6.3.3-2-3) | □符合<br>□不符合 | |
| | 3.14.13 | 电工、焊工与热切割作业人员应按照有关规定经专业机构培训,并应取得相应的从业资格。(JTG F90:5.5.1) | □符合<br>□不符合 | |

续上表

| 项目 | 序号 | 常见隐患涉及条款 | 检查结果 | 问题描述 |
|---|---|---|---|---|
| □ 焊接拼装 | 3.14.14 | 使用电焊机械焊接时必须穿戴防护用品,严禁露天冒雨从事电焊作业。(JGJ 46:9.5.5) | □符合<br>□不符合 | |
| | 3.14.15 | 高处电焊、气割作业,作业区周围和下方应采取防火措施,按要求配备消防器材,并应设专人巡视。(JTG F90:5.5.14) | □符合<br>□不符合 | |
| □ 顶推施工 | 3.14.16 | 多点顶推(拉)时,各点的水平千斤顶应同步运行。(JTG/T 3650:17.7.7-3) | □符合<br>□不符合 | |
| | 3.14.17 | 顶推过程中,应对梁体的轴线位置、墩台的变形、主梁及导梁控制截面的挠度和应力变化等进行施工监测。(JTG/T 3650:17.7.7-4) | □符合<br>□不符合 | |
| | 3.14.18 | 顶推时至少应在两个墩上设置保险千斤顶。(JTG/T 3650:17.7.7-5) | □符合<br>□不符合 | |
| □ 落梁施工 | 3.14.19 | 高处作业不得上下交叉作业。(JTG F90:5.7.2) | □符合<br>□不符合 | |
| | 3.14.20 | 落梁时,应按设计规定的顺序和每次的下落量分步进行,同一墩、台的千斤顶应同步运行。(JTG/T 3650:17.7.8-2) | □符合<br>□不符合 | |
| □ 临时用电 | 3.14.21 | 每台用电设备必须有各自专用的开关箱,严禁用同一个开关箱直接控制2台及2台以上用电设备(含插座)。(JGJ 46:8.1.3) | □符合<br>□不符合 | |
| | 3.14.22 | 钢梁上的各种电动机械和电缆线、照片线路等,应保持绝缘良好。(JTG F90:8.15.12) | □符合<br>□不符合 | |
| | 3.14.23 | 配电箱、开关箱的金属箱体、金属电器安装板以及电器正常不带电的金属底座、外壳等必须通过PE线端子板与PE线做电气连接,金属箱门与金属箱体必须通过采用编织软铜线做电气连接。(JGJ 46:8.1.13) | □符合<br>□不符合 | |
| □ 其他 | 3.14.24 | | | |

续上表

| |
|---|
| 规范性引用文件：<br>《公路工程施工安全技术规范》(JTG F90—2015)<br>《建筑施工起重吊装工程安全技术规范》(JGJ 276—2012)<br>《公路桥涵施工技术规范》(JTG/T 3650—2020)<br>《施工现场临时用电安全技术规范》(JGJ 46—2005)<br>《建设工程施工现场消防安全技术规范》(GB 50720—2011)<br>《公路工程建设现场安全管理标准化指南》(苏交建质〔2012〕16号) |
| 总体评价：1. 本次检查____项，符合____项，不符合____项，符合率为____%。<br>　　　　　2. 针对不符合项中(填序号)_____，立即整改。<br>　　　　　3. 针对不符合项中(填序号)_____，限期____日内整改。<br>　　　　　4. 针对__(填写停工范围)__，停工整改。<br>　　　　　5. 整改情况于____日内，书面反馈至检查单位。<br>　　　　　6. 其他_____ |

检查单位：_____　　受检单位：_____

检查人员：_____　　受检人员：_____

检查日期：_____　　签收日期：_____

## 3.15 拱　　桥

项目标段：_____　　　　检查部位：_____

| 项目 | 序号 | 常见隐患涉及条款 | 检查结果 | 问题描述 |
|---|---|---|---|---|
| □高处作业 | 3.15.1 | 高处或高空作业人员应根据不同的作业条件合理选用相应种类的安全带,作业前必须戴好安全帽,穿好防滑鞋,佩戴安全带。(省指南:3.4.2.2-2-2) | □符合<br>□不符合 | |
| □起重吊装 | 3.15.2 | 起重设备的通行道路应平整。(JGJ 276:3.0.5) | □符合<br>□不符合 | |
| | 3.15.3 | 吊装作业区域四周应设置明显标志,严禁非操作人员入内。(JGJ 276:3.0.5) | □符合<br>□不符合 | |
| | 3.15.4 | 吊装作业应设警戒区,警戒区不得小于起吊物坠落影响范围。(JTG F90:5.6.4) | □符合<br>□不符合 | |
| □焊接作业 | 3.15.5 | 压力表、安全阀、橡胶软管和回火保护器等均应定期校验或试验,标识应清晰。(JTG F90:5.5.4-2) | □符合<br>□不符合 | |
| | 3.15.6 | 使用的气瓶应稳固竖立或装在专用车(架)或固定装置上。(JTG F90:5.5.4-3) | □符合<br>□不符合 | |
| | 3.15.7 | 电焊机一次侧电源线长度不得大于5m;二次侧焊接电缆线应采用防水绝缘橡胶护套铜芯软电缆,长度不宜大于30m,且进出线处应设置防护罩。(JTG F90:5.5.5) | □符合<br>□不符合 | |
| | 3.15.8 | 电焊钳的绝缘和隔热性能应满足要求,钳柄与导线应连接牢固,电缆芯线不得外露。(JTG F90:5.5.6) | □符合<br>□不符合 | |
| □系杆施工 | 3.15.9 | 吊索和系杆索的安装施工应符合下列规定:<br>吊索和系杆索应采用符合设计规定的产品。安装应顺直、无扭转;防护层应完整、无破损。(JTG/T 3650:19.7.4-1) | □符合<br>□不符合 | |

续上表

| 项目 | 序号 | 常见隐患涉及条款 | 检查结果 | 问题描述 |
|---|---|---|---|---|
| □ 混凝土施工 | 3.15.10 | 混凝土应采用泵送顶升压注施工;混凝土应由拱脚至拱顶对称、均衡地压注。(JTG/T 3650:19.7.3) | □符合<br>□不符合 | |
| | 3.15.11 | 两端应同步、对称浇(砌)筑,浇(砌)筑时应观测拱架变形情况,发现异常应及时处理。(JTG F90:8.12.2) | □符合<br>□不符合 | |
| | 3.15.12 | 跨径较小的拱圈或拱肋,应按拱圈的全宽从两端拱脚向拱顶对称地连续浇筑混凝土,并应在拱脚混凝土初凝前全部完成。(JTG/T 3650:19.3.1) | □符合<br>□不符合 | |
| | 3.15.13 | 大跨径拱圈采用分环(层)、分段法浇筑混凝土时,纵向钢筋宜分段设置,且其接头应设在最后的几个间隔槽内,待浇筑间隔槽混凝土时再连接。(JTG/T 3650:19.3.4) | □符合<br>□不符合 | |
| □ 其他 | 3.15.14 | | | |

规范性引用文件:
《公路工程施工安全技术规范》(JTG F90—2015)
《建筑施工起重吊装工程安全技术规范》(JGJ 276—2012)
《公路桥涵施工技术规范》(JTG/T 3650—2020)
《公路工程建设现场安全管理标准化指南》(苏交建质〔2012〕16号)

总体评价:1. 本次检查____项,符合____项,不符合____项,符合率为____%。
    2. 针对不符合项中(填序号)_____,立即整改。
    3. 针对不符合项中(填序号)_____,限期____日内整改。
    4. 针对__(填写停工范围)_____,停工整改。
    5. 整改情况于____日内,书面反馈至检查单位。
    6. 其他_____

检查单位:_____　　受检单位:_____

检查人员:_____　　受检人员:_____

检查日期:_____　　签收日期:_____

# 第三节 其 他

## 3.16 移动模架

项目标段：_____        检查部位：_____

| 项目 | 序号 | 常见隐患涉及条款 | 检查结果 | 问题描述 |
|---|---|---|---|---|
| 移动模架 | 3.16.1 | 模架的拼装应按产品的操作手册进行，并应保证拼装期间的施工安全；拼装完成后应对其拼装质量进行检验，并应在首孔梁的浇筑位置就位后进行荷载试压试验，检验和试压合格后方可正式使用。（JTG/T 3650：17.4.2） | □符合<br>□不符合 | |
| | 3.16.2 | 移动到下一孔位置后，应立即对模架进行准确就位并固定。模架在移动过孔时的抗倾覆稳定系数应不小于1.5。（JTG/T 3650：17.4.6） | □符合<br>□不符合 | |
| | 3.16.3 | 模架的拆除应根据不同的施工环境条件确定相应的拆除方案，并应有可靠的起吊和拆除的安全措施，防止发生事故。（JTG/T 3650：17.4.7） | □符合<br>□不符合 | |
| | 3.16.4 | 模架所有操作平台的边缘处均应设置防护栏杆，必要时应挂安全网，同时应在模架的适当部位配备消防器材。（JTG/T 3650：17.4.8-2） | □符合<br>□不符合 | |
| | 3.16.5 | 模架中的动力和照明线路应由专业人员敷设，并应定期检查清理，消除漏电、短路等隐患。（JTG/T 3650：17.4.8-3） | □符合<br>□不符合 | |
| | 3.16.6 | 每完成一孔梁的施工，均应对模架的关键部位及支承系统等进行检查，发现问题后应及时处理。（JTG/T 3650：17.4.8-4） | □符合<br>□不符合 | |
| | 3.16.7 | 需要经常在高空进行起重机械自身检修作业的起重机，应装设安全可靠的检修吊笼或平台。（GB 6067.1：9.6.4） | □符合<br>□不符合 | |

续上表

| 项目 | 序号 | 常见隐患涉及条款 | 检查结果 | 问题描述 |
|---|---|---|---|---|
| □临时用电 | 3.16.8 | 施工现场铺设电缆线,通往水上的岸电应用绝缘物架设,电缆线应留有余量,作业过程中不得挤压或拉拽电缆线。(JTG F90:4.4.5-4) | □符合<br>□不符合 | |
| | 3.16.9 | 起重机械所有的电器设备外壳、金属导线管、金属支架及金属线槽均应根据配电网情况进行可靠的接地。(GB 6067.1:8.8.3) | □符合<br>□不符合 | |
| | 3.16.10 | 施工现场内的起重机、井字架、龙门架等机械设备,以及钢脚手架和正在施工的在建工程等的金属结构,当在相邻建筑物、构造物等设施的防雷装置接闪器的保护范围以外时,应按规定安装防雷装置。(JGJ 46:5.4.1) | □符合<br>□不符合 | |
| □其他 | 3.16.11 | | | |

规范性引用文件:
《起重机械安全规程》(GB 6067.1—2010)
《公路桥涵施工技术规范》(JTG/T 3650—2020)
《公路工程施工安全技术规范》(JTG F90—2015)
《施工现场临时用电安全技术规范》(JGJ 46—2005)

总体评价:1. 本次检查____项,符合____项,不符合____项,符合率为____%。
2. 针对不符合项中(填序号)_____,立即整改。
3. 针对不符合项中(填序号)_____,限期____日内整改。
4. 针对__(填写停工范围)__,停工整改。
5. 整改情况于____日内,书面反馈至检查单位。
6. 其他_____

检查单位:_____  受检单位:_____

检查人员:_____  受检人员:_____

检查日期:_____  签收日期:_____

## 3.17 桥面及附属工程

项目标段：_____    检查部位：_____

| 项目 | 序号 | 常见隐患涉及条款 | 检查结果 | 问题描述 |
|---|---|---|---|---|
| ☐人员安全 | 3.17.1 | 公路工程施工应为从业人员配备合格的安全防护用品和用具，并定期更换。从业人员在施工作业区域内，应正确使用安全防护用品和用具。（JTG F90：3.0.7） | ☐符合<br>☐不符合 | |
| | 3.17.2 | 在吊篮内作业时，作业人员应正确使用安全带，并有专人监护。（DB32/T 2618：9.14.2.3） | ☐符合<br>☐不符合 | |
| ☐作业环境 | 3.17.3 | 湿接缝、体系转换施工过程中，桥梁下方应设置警戒区域和安全标志，严禁非施工人员、车辆或船舶进入。（DB32/T 2618：9.10.1.6-2） | ☐符合<br>☐不符合 | |
| | 3.17.4 | 桥面系施工前，上下行桥之间空隙处应满布安全网。（JTG F90：8.16.1） | ☐符合<br>☐不符合 | |
| | 3.17.5 | 在密闭的箱室内进行作业时，必须有足够的照明；夏季作业时必须采取通风和降温措施，并应有人监护。（DB32/T 2618：9.10.1.6-4） | ☐符合<br>☐不符合 | |
| | 3.17.6 | 中央分隔带位置处应根据需要设置人行通道。（DB32/T 2618：9.14.1.1） | ☐符合<br>☐不符合 | |
| | 3.17.7 | 桥面清扫垃圾、冲洗弃渣等应集中收集后运往指定地点，不得直接抛往桥下。（JTG F90：8.16.3） | ☐符合<br>☐不符合 | |
| | 3.17.8 | 护栏施工过程中，桥梁下方有人、车通过时，桥下应设置警戒区，设专人监护。（DB32/T 2618：9.14.2.2） | ☐符合<br>☐不符合 | |
| | 3.17.9 | 反开槽安装的伸缩装置槽口应临时铺设钢板或砂袋，并应在开槽处设置警示标志。（JTG F90：8.16.2） | ☐符合<br>☐不符合 | |
| | 3.17.10 | 混凝土桥面铺装层施工时应及时填充伸缩缝预留槽口。（DB32/T 2618：9.14.1.5） | ☐符合<br>☐不符合 | |
| | 3.17.11 | 伸缩装置安装时，应在槽口周围采取防护措施，设置安全标志。（DB32/T 2618：9.14.4.2） | ☐符合<br>☐不符合 | |
| ☐起重吊装 | 3.17.12 | 采用起重设备进行钢筋骨架（网片）吊运时，应有专人指挥。（DB32/T 2618：9.14.1.2） | ☐符合<br>☐不符合 | |
| | 3.17.13 | 汽车起重机作业前，应全部伸出支腿，在撑脚下垫方木，回转支承面应保持水平。（省指南：3.3.2.13-(2)） | ☐符合<br>☐不符合 | |

续上表

| 项目 | 序号 | 常见隐患涉及条款 | 检查结果 | 问题描述 |
|---|---|---|---|---|
| ☐混凝土浇筑 | 3.17.14 | 采用汽车泵泵送混凝土时,应采用绳索牵拉泵管;作业后采用压缩空气冲洗管道时,管道出口端正前方10m内严禁站人。(DB32/T 2618:9.14.1.3) | ☐符合<br>☐不符合 | |
| | 3.17.15 | 混凝土浇筑完成后,应及时清运剩余材料,严禁直接向下抛掷。(DB32/T 2618:9.14.1.4) | ☐符合<br>☐不符合 | |
| | 3.17.16 | 混凝土浇筑时,作业人员应在工作平台上操作,严禁站在模板上振捣;不得用手直接推扶混凝土吊斗或泵管。(DB32/T 2618:9.14.2.4) | ☐符合<br>☐不符合 | |
| ☐其他 | 3.17.17 | | | |

规范性引用文件:
《江苏省高速公路建设工程施工安全技术规程》(DB32/T 2618—2014)
《公路工程施工安全技术规范》(JTG F90—2015)
《公路工程建设现场安全管理标准化指南》(苏交建质〔2012〕16号)

总体评价:1.本次检查____项,符合____项,不符合____项,符合率为____%。
    2.针对不符合项中(填序号)_____,立即整改。
    3.针对不符合项中(填序号)_____,限期____日内整改。
    4.针对__(填写停工范围)__,停工整改。
    5.整改情况于____日内,书面反馈至检查单位。
    6.其他_____

检查单位:_____　　受检单位:_____

检查人员:_____　　受检人员:_____

检查日期:_____　　签收日期:_____

## 3.18 拆 除 工 程

项目标段：_____   检查部位：_____

| 项目 | 序号 | 常见隐患涉及条款 | 检查结果 | 问题描述 |
|---|---|---|---|---|
| □ 施工准备 | 3.18.1 | 拆除现场应设置警戒区,并安排专人值守,无关人员不得进入施工区域。(省指南:4.5.1.4) | □符合<br>□不符合 | |
| | 3.18.2 | 遇6级以上大风、大雨、大雪等恶劣天气须停止拆除作业。夜间不宜进行拆除工程作业。(省指南:4.5.1.5) | □符合<br>□不符合 | |
| | 3.18.3 | 梁桥拆除宜采用逆序拆除,不得采用机械破坏墩柱造成整体坍塌等危险方式进行梁桥拆除。(CJJ 248:3.0.2) | □符合<br>□不符合 | |
| | 3.18.4 | 当采用平板拖车或超长拖车运输时,车长应满足支点间的距离要求,运输道路应平整,沿路桥涵应满足承载要求,超限运输应办理相关手续(CJJ 248:3.0.8-1) | □符合<br>□不符合 | |
| | 3.18.5 | 装卸混凝土块件和预制构件时,应在支撑稳固后,方可卸除吊钩。(CJJ 248:3.0.8-2) | □符合<br>□不符合 | |
| | 3.18.6 | 水上运输应满足水上作业的安全规定,并应根据天气状况安排装卸和运输作业时间。(CJJ 248:3.0.8-3) | □符合<br>□不符合 | |
| | 3.18.7 | 混凝土块件的堆放场地应有足够承载力,堆放应稳固可靠。(CJJ 248:3.0.8-4) | □符合<br>□不符合 | |
| | 3.18.8 | 在通行道路边堆放混凝土块件和预制构件时,应进行有效隔离,并应设立各类安全标志和警示灯,安全警示标志应采用高强级反光膜。(CJJ 248:3.0.8-5) | □符合<br>□不符合 | |
| □ 人工拆除 | 3.18.9 | 采用人工拆除的小型桥梁涵洞以及大型桥梁的桥面系(如人行道、栏杆、伸缩缝、泄水管、桥面铺装等)工程,存在高空、临边洞口等危险作业时应按规定完善安全防护设施。(省指南:4.5.2.1) | □符合<br>□不符合 | |
| | 3.18.10 | 作业人员应严格按施工方案进行操作,拆除过程中严禁上下同时交叉作业。(省指南:4.5.2.3) | □符合<br>□不符合 | |
| | 3.18.11 | 拆除现场一定范围内应当采取防护措施,防止落物伤人。(省指南:4.5.2.4) | □符合<br>□不符合 | |
| | 3.18.12 | 小型桥梁的人工拆除应保持结构物的对称性、均衡性,保持未拆除部分结构的相对稳定。(省指南:4.5.2.5) | □符合<br>□不符合 | |
| | 3.18.13 | 在进行支挡、排水结构(或构造)物拆除前,应做好临时排水工作。(省指南:4.5.2.6) | □符合<br>□不符合 | |
| | 3.18.14 | 在通车路段对路面进行小面积拆除时,应按规定设置道路作业安全标志,并派专人疏导交通。(省指南:4.5.2.7) | □符合<br>□不符合 | |

续上表

| 项目 | 序号 | 常见隐患涉及条款 | 检查结果 | 问题描述 |
|---|---|---|---|---|
| ☐机械拆除 | 3.18.15 | 施工区域需设置封闭围挡时,围挡高度不应低于1.8m,围挡距施工区保持安全距离。(省指南:4.5.3.2) | ☐符合<br>☐不符合 | |
| | 3.18.16 | 机械严禁在有地下管线处作业。确因施工需要而无法避开时,必须在地面垫足够厚度的整块钢板或走道板,保护地下管线安全。(省指南:4.5.3.6) | ☐符合<br>☐不符合 | |
| | 3.18.17 | 被拆除物的高度超过相邻电力线路等管线时,必须采取严密的防护措施,严禁向管线方向倾倒。(省指南:4.5.3.7) | ☐符合<br>☐不符合 | |
| | 3.18.18 | 在高压线下使用起重设备等进行拆除作业时,必须达到规范规定的安全距离要求。无法达到安全距离时,必须采取有效的防护措施。(省指南:4.5.3.8) | ☐符合<br>☐不符合 | |
| | 3.18.19 | 机械拆除作业应采取防尘措施,场界噪声应符合相关规定。(省指南:4.5.3.9) | ☐符合<br>☐不符合 | |
| ☐爆破拆除 | 3.18.20 | 爆破拆除工程的施工单位应具有相应的资质,持有主管部门核发的《爆破物品使用许可证》。从事爆破拆除工程施工的作业人员应持证上岗。(省指南:4.5.4.1) | ☐符合<br>☐不符合 | |
| | 3.18.21 | 拆除爆破及城镇浅孔爆破应采用封闭式施工,围挡爆破作业地段,设置明显的警示标识,并设警戒;在邻近交通要道和人行通道的方位或地段,应设置防护屏障和信号标识。(GB 6722:11.2.1) | ☐符合<br>☐不符合 | |
| | 3.18.22 | 对爆区周围道路的防护与交通管制,应遵守下列规定:<br>——使拆除物倒塌方向和爆破飞散物主要散落方向避开道路,并控制残体塌散影响范围;<br>——规定断绝交通、封锁道路或水域的地段和时间。(GB 6722:11.1.3) | ☐符合<br>☐不符合 | |
| | 3.18.23 | 爆破器材的领用和保管应按《民用爆炸物品安全管理条例》执行。(省指南:4.5.4.5) | ☐符合<br>☐不符合 | |
| | 3.18.24 | 拆除爆破及城镇浅孔爆破应在爆破设计人员参与下对炮孔逐个进行验收,复核最小抵抗线的大小,根据每个炮孔的实际状况调整装药量;对不合格的炮孔应提出处理意见;对截面较小的梁柱构件,钻孔宜采用中心线两侧交错布孔方法。(GB 6722:11.2.3) | ☐符合<br>☐不符合 | |
| | 3.18.25 | 所有装药炮孔均应做好填塞,并防止炮泥发生干缩。(GB 6722:11.4.4) | ☐符合<br>☐不符合 | |
| | 3.18.26 | 爆破拆除应预估拆除物塌落时对周围环境的影响,采用可靠的降尘措施。(省指南:4.5.4.9) | ☐符合<br>☐不符合 | |

续上表

| 项目 | 序号 | 常见隐患涉及条款 | 检查结果 | 问题描述 |
|---|---|---|---|---|
| □爆破拆除 | 3.18.27 | 爆破结束,须经专业人员检查确认安全后,方可下达警戒解除指令。(省指南:4.5.4.10) | □符合<br>□不符合 | |
| | 3.18.28 | 爆破作业人员应跟踪建(构)筑物解体、塌散体及岩渣清理作业的全过程,及时处理可能出现的盲炮并回收残留爆破器材。(GB 6722:11.6.2) | □符合<br>□不符合 | |
| | 3.18.29 | 施工期间应设立交通封闭管理区,桥上、桥下严禁通行。(GB 6722:11.9.6) | □符合<br>□不符合 | |
| | 3.18.30 | 对可能危及建(构)筑物、公共设施或人员安全而无有效防护措施的,以及可能会造成河床严重阻塞、堤坝漏水、泉水变迁等危害的,不应采用爆破方法拆除。(CJJ 248:3.0.6) | □符合<br>□不符合 | |
| □桥面系及附属结构拆除 | 3.18.31 | 桥面系及附属结构拆除应结合桥梁完好状况和总体拆除方案确定拆除方法和拆除顺序,并应明确分块大小、重量和起重机械的主要参数。(CJJ 248:5.0.1) | □符合<br>□不符合 | |
| | 3.18.32 | 路灯、交通标志、广告牌、声屏障等附属设施,应首先拆除,其用电设施必须在确认断电后方可拆除。(CJJ 248:5.0.2) | □符合<br>□不符合 | |
| | 3.18.33 | 桥面系破拆时应测量桥跨结构挠度变化;当发现破拆作业危及结构安全时,应停止拆除,分析原因。(CJJ 248:5.0.3) | □符合<br>□不符合 | |
| | 3.18.34 | 当采用机械拆除时,应符合下列规定:<br>1 应选择功率适当的机械设备,不宜使用自重或振动较大的机械设备。<br>2 大型设备宜停放在桥位以外作业;当停放在桥面上作业时,应合理安排施工顺序,并应采取措施分散施工荷载,必要时应对桥面施工荷载进行验算。<br>3 当采用水力切割拆除桥面铺装层时,切割机械应具有自动停泵功能,操作人员和临近作业人员均应佩戴防护用具。(CJJ 248:5.0.4) | □符合<br>□不符合 | |
| | 3.18.35 | 栏杆、防撞墙拆除应符合下列规定:<br>1 防撞墙宜横向对称、均衡拆除。拆除匝道、弯梁的栏杆和防撞墙时,应复核拆除过程的抗倾覆稳定性。<br>2 临边栏杆、防撞墙拆除时应采取措施防止倾倒后掉落到桥下。<br>3 栏杆、防撞墙拆除后,应采取临边作业安全措施。(CJJ 248:5.0.5) | □符合<br>□不符合 | |
| | 3.18.36 | 小型伸缩缝可在切开橡胶止水带后随梁拆除,先行拆除时不得进行可能影响主梁承载能力的破拆作业。(CJJ 248:5.0.7) | □符合<br>□不符合 | |
| | 3.18.37 | 排水系统拆除时不得堵塞地面排水系统。(CJJ 248:5.0.8) | □符合<br>□不符合 | |

续上表

| 项目 | 序号 | 常见隐患涉及条款 | 检查结果 | 问题描述 |
|---|---|---|---|---|
| 上部结构拆除 / 一般规定 | 3.18.38 | 桥跨结构拆除应根据结构特点按一定顺序方向拆除,当跨数较多时,不应随意拆除形成单独跨。(CJJ 248:6.1.2) | □符合<br>□不符合 | |
| | 3.18.39 | 上部结构拆除时,应根据桥梁结构特点,对主梁的挠度变化和墩台的位移等进行监测。(CJJ 248:6.1.4) | □符合<br>□不符合 | |
| | 3.18.40 | 上部结构拆除施工作业期间,桥梁下方严禁通行。(CJJ 248:6.1.8) | □符合<br>□不符合 | |
| | 3.18.41 | 梁桥的边梁在没有拆除防撞墙、栏杆时不得和内梁分离。(CJJ 248:6.1.9) | □符合<br>□不符合 | |
| | 3.18.42 | 除采用原位破碎拆除法外,拆除上部结构时应采取有效的构件下落控制措施。当拆除破碎物掉落到继续使用的路面时,应对路面采取相应防护措施。(CJJ 248:6.1.10) | □符合<br>□不符合 | |
| 简支梁桥 | 3.18.43 | 预制装配式简支梁桥可在拆除铰缝、后浇湿接带等横向连接后,利用起重机械吊除预制梁。拆除过程应符合下列规定:<br>1 拆除预制梁之间的铰缝、后浇湿接带等横向连接时,不应对预制梁腹板产生结构性破坏;<br>2 拆除过程应保证梁体稳定,T形梁、工形梁应进行临时支撑加固;<br>3 槽形梁吊除时,宜与预制盖板同时吊除;当起吊能力不足时,可先移除预制盖板,并宜在起吊槽形梁前对吊点位置的开口断面进行加固;<br>4 预制梁起吊前应检查铰缝和梁端等部位,当预制梁未完全分离时,不得强行起吊;<br>5 起重机宜停泊在地面上,当条件限制需在桥上吊装时,应对桥梁结构进行安全评估;<br>6 当梁体破损有可能在起吊时折断时,应采取扁担梁等辅助起吊措施。(CJJ 248:6.2.2) | □符合<br>□不符合 | |
| | 3.18.44 | 采用大型机械原位破碎拆除法时,拆除过程应符合下列规定:<br>1 大型破拆机械不得上桥,应在桥梁侧面进行破拆;桥梁拆除范围和机械作业范围内不得有人。<br>2 应根据墩梁结构特点安排拆除顺序。悬臂翼缘板宜先行破碎,搁置在悬臂盖梁两端的预制梁宜对称拆除。<br>3 原位破碎拆除宜以逐块小块破拆的方式进行,不应采用将梁体从中间打断掉落的方式,并不得同时凿断多根预制梁。(CJJ 248:6.2.5) | □符合<br>□不符合 | |

续上表

| 项目 | 序号 | 常见隐患涉及条款 | 检查结果 | 问题描述 |
|---|---|---|---|---|
| □上部结构拆除 □简支梁桥 | 3.18.45 | 支架现浇连续梁桥宜采用支架拆除法拆除，并宜按下列步骤进行：<br>1 按施工方案搭设临时支架；<br>2 切割钢筋混凝土并逐块吊除混凝土块件，或采用人工破碎等方法破拆钢筋混凝土，并同步清除混凝土碎块及钢筋；<br>3 拆除临时支架。（CJJ 248：6.3.2） | □符合<br>□不符合 | |
| | 3.18.46 | 当支架现浇连续梁采用支架拆除法时，其临时支架的设计和施工应符合下列规定：<br>1 支架应具有足够的强度、刚度和稳定性，应能承受施工过程中所产生的各种荷载。<br>3 当采用大钢管、型钢或贝雷梁等定型钢桁架组合的墩梁式支架时，支架的立柱之间应根据其受力要求和结构特点设置水平和斜向等支撑连接杆件，支架应与支底顶紧。<br>5 在通行道路上搭设门洞支架时，应采取防撞和防落物措施。<br>6 不得在支架上进行机械破碎作业，人工破碎时应及时清理破碎物。<br>7 支架宜支撑在承台顶部、既有道路等承载能力强的地基上。（CJJ 248：6.3.3） | □符合<br>□不符合 | |
| | 3.18.47 | 支架拆除法拆除主梁宜采用机械切割分段，并应符合下列规定：<br>1 分段切割及吊除应对称进行，并应有利于剩余结构的稳定；<br>2 应根据起重能力和分离后混凝土块件的独立稳定确定切割分段、分块的大小和位置，分割线应与锚头位置错开；<br>3 切割前应按工艺要求设置切割工艺孔、起吊孔。（CJJ 248：6.3.4） | □符合<br>□不符合 | |
| | 3.18.48 | 当采用悬臂拆除法拆除悬臂浇筑（或拼装）连续梁桥时，宜按下列步骤进行：<br>1 将墩顶梁段与桥墩临时固结，并搭设边跨现浇段支架至合龙区域；<br>2 起重吊装设备和切割设备就位；<br>3 切割并吊除中、边跨合龙段；<br>4 循环切割吊除其他各节段；<br>5 切割并吊除墩顶0号块；<br>6 采用支架拆除法拆除边跨现浇段剩余部分；<br>7 拆除临时固结装置。（CJJ 248：6.3.6） | □符合<br>□不符合 | |

续上表

| 项目 | | 序号 | 常见隐患涉及条款 | 检查结果 | 问题描述 |
|---|---|---|---|---|---|
| ☐上部结构拆除 | ☐简支梁桥 | 3.18.49 | 当采用悬臂拆除法拆除连续梁桥时,应符合下列规定:<br>1 应对桥梁体系转换过程的安全性进行评估。<br>2 当梁段与桥墩采用非刚性连接时,应对中墩进行墩梁临时固结,并应搭设支架支撑边跨现浇段中墩的墩梁固结力矩应能抵抗单侧最大节段及其施工荷载引起的不平衡力矩。<br>3 悬臂拆除应保持对称均衡。拆除分段应根据切割工艺和起重能力确定,每段重量不宜超过浇筑节段重量的1/2,悬臂两端的混凝土块件应同时吊离主梁。<br>4 切割混凝土块件时,不得破坏未切割梁段的预应力体系。<br>5 当采用金刚石绳锯切割法解除合龙段时,应采取措施减小冲击,并应防止主梁割断后下挠挤住合龙段。<br>6 悬臂分段切割时,除必要的拆除设备和操作人员外,悬臂梁端不得有其他荷载,非操作人员应撤离桥面。(CJJ 248:6.3.7) | ☐符合<br>☐不符合 | |
| | | 3.18.50 | 对悬臂浇筑(或拼装)连续梁桥,当主跨采用悬臂拆除、边跨采用支架拆除法拆除时,主跨应比边跨提前一至两个节段拆除,并应对边跨支架的沉降和变形进行观测。(CJJ 248:6.3.8) | ☐符合<br>☐不符合 | |
| | | 3.18.51 | 先简支后连续梁桥拆除宜逆序进行,当采用分解后吊除的方法拆除时,宜按下列步骤进行:<br>1 设置临时支座并与梁底顶紧;<br>2 采用机械切割等方式切断横向和纵向连接,使其成为独立单梁状态;<br>3 逐块吊除分离后的预制梁。(CJJ 248:6.3.10) | ☐符合<br>☐不符合 | |
| | | 3.18.52 | 无盖梁的先简支后连续梁桥采用支架拆除法拆除时,应符合下列规定:<br>2 预制梁的分离和吊除应对称均衡。<br>3 拆除过程应对整联支架变形情况进行观测。<br>4 临时支架拆除应自上而下的顺序拆除。(CJJ 248:6.3.13) | ☐符合<br>☐不符合 | |
| ☐下部结构拆除 | ☐一般规定 | 3.18.53 | 下部结构拆除应按设计要求高程拆除到位;地下部分未全部拆除时,应将残留结构的相关资料存档保存。拆除后修筑路面时,应预防剩余基础可能引起的路面不均匀沉降。(CJJ 248:7.1.3) | ☐符合<br>☐不符合 | |
| | ☐桥墩和桥台 | 3.18.54 | 钢筋混凝土和预应力钢筋混凝土盖梁拆除应符合下列规定:<br>1 当盖梁采用机械原位破碎拆除法时,破碎过程应保持悬臂两端对称均衡;<br>2 当采用切割分段方法拆除盖梁时,所搭设的支架、托架和抱箍等支撑结构应进行受力计算,支架宜支撑在承台顶部;<br>3 盖梁切割分段过程应保证剩余结构和分离混凝土块件的稳定。(CJJ 248:7.2.1) | ☐符合<br>☐不符合 | |

续上表

| 项目 | 序号 | 常见隐患涉及条款 | 检查结果 | 问题描述 |
|---|---|---|---|---|
| ☐下部结构拆除 / ☐桥墩和桥台 | 3.18.55 | 钢筋混凝土柱式墩拆除应符合下列规定：<br>1 当采用机械原位破碎拆除时，应自上而下顺序破碎，不得从根部打断推倒；<br>2 当采用人工方法拆除时，应沿柱子底部剔凿出钢筋，使用手动倒链作定向牵引后，再割断柱子三面钢筋，保留牵引方向正面的钢筋；<br>3 柱式墩采用分段切割拆除时，宜采用起重设备将分离段吊住，捆绑司索应采取防滑措施；拆除操作用的脚手平台不得与拟切割分离段相连。（CJJ 248：7.2.27） | ☐符合<br>☐不符合 | |
| | 3.18.56 | 圬工墩台宜采用机械或人工逐层拆除，块石等破碎物不得碰撞操作平台。（CJJ 248：7.2.3） | ☐符合<br>☐不符合 | |
| | 3.18.57 | 水上桥墩拆除所搭设的栈桥、平台应满足施工和其他各类荷载要求，并应稳固可靠。（CJJ 248：7.2.4） | ☐符合<br>☐不符合 | |
| | 3.18.58 | 对桥墩立柱进行爆破拆除时，应选择合理的立柱炸高。立柱高度较高或倒塌长度不足时，宜采用折叠爆破方式；在公路、铁路运营线沿线爆破时，应采取措施防止墩柱向运营线方向倾倒。（CJJ 248：7.2.6.2） | ☐符合<br>☐不符合 | |
| | 3.18.59 | 桥台台身拆除时应采取措施保证台后填方的边坡稳定。（CJJ 248：7.2.7） | ☐符合<br>☐不符合 | |
| ☐基础 | 3.18.60 | 埋置式承台采用开挖后破碎时，应根据水文、地质、开挖方式及施工环境条件等因素，选择适宜的坑壁支护和土方开挖方案。（CJJ 248：7.3.2） | ☐符合<br>☐不符合 | |
| | 3.18.61 | 采用起重机配合拔桩作业时应捆绑牢固；当利用桩顶钢筋制作吊环时，焊缝长度应经计算确定。桩体开始起吊时应缓慢施力，确认完全分离后再行起吊，不得采用起重机强行拔除。（CJJ 248：7.3.6） | ☐符合<br>☐不符合 | |
| | 3.18.62 | 破碎、拔桩、起重等各类机械的行进线路和作业区域，地基承载力应满足机械空载和作业要求；停泊在船只上进行作业时，应保证船只和机械的稳定。（CJJ 248：7.3.9） | ☐符合<br>☐不符合 | |
| | 3.18.63 | 埋置式承台拆除后形成的坑槽，应采取临边围护措施或回填处理；桩基拔除后，应根据周边环境要求对桩孔进行灌浆或回填处理。（CJJ 248：7.3.10） | ☐符合<br>☐不符合 | |

续上表

| 项目 | 序号 | 常见隐患涉及条款 | 检查结果 | 问题描述 |
|---|---|---|---|---|
| □安全管理 | 3.18.64 | 梁桥拆除工程应按规定数量配备专职安全员,并应检查落实各项安全技术措施。(CJJ 248:8.0.2) | □符合<br>□不符合 | |
| | 3.18.65 | 梁桥拆除时,应设有专人监护施工,当出现异常情况时,应立即停止施工、迅速撤离作业人员,在查明原因、采取安全措施后,方可继续施工。(CJJ 248:8.0.3) | □符合<br>□不符合 | |
| | 3.18.66 | 钢筋混凝土切割作业时,应在切割区域设置隔离设施,人员不得与切割片或切割绳处于同一直线上。切割过程发生锯片、锯绳卡住时,应在确认机器停止工作后方可进行处理。混凝土切割分离前,操作人员应站在被分离混凝土块件以外的安全区域。(CJJ 248:8.0.14) | □符合<br>□不符合 | |
| | 3.18.67 | 施工过程中采用气割等明火作业时,应办理三级动火手续;在高处从事电焊、气割作业时,作业区周围和下方应采取防火措施,并应有专人巡视。(CJJ 248:8.0.15) | □符合<br>□不符合 | |
| □其他 | 3.18.68 | | | |

规范性引用文件:
《爆破安全规程》(GB 6722—2014)
《城市梁桥拆除工程安全技术规范》(CJJ 248—2016)
《公路工程建设现场安全管理标准化指南》(苏交建质〔2012〕16号)

总体评价:1. 本次检查____项,符合____项,不符合____项,符合率为____%。
    2. 针对不符合项中(填序号)_____,立即整改。
    3. 针对不符合项中(填序号)_____,限期____日内整改。
    4. 针对____(填写停工范围)_____,停工整改。
    5. 整改情况于____日内,书面反馈至检查单位。
    6. 其他_____

检查单位:_____ 受检单位:_____

检查人员:_____ 受检人员:_____

检查日期:_____ 签收日期:_____

# 第四篇
# 隧道工程篇

# 第一节 隧道主体工程

## 4.1 现 场 通 用

项目标段：_____   检查部位：_____

| 项目 | 序号 | 常见隐患涉及条款 | 检查结果 | 问题描述 |
|---|---|---|---|---|
| □ 基 本 规 定 | 4.1.1 | 隧道施工的各班组间执行交接班制度。作业人员进出洞口必须登记。隧道开挖面作业人员不超过9人，钻孔过程中应当有专职安全管理人员随时检查工作面状况。（省指南：4.4.1.5） | □符合<br>□不符合 | |
| | 4.1.2 | 仰拱与掌子面的距离，Ⅲ级围岩不得超过90m，Ⅳ级围岩不得超过50m，Ⅴ级及以上围岩不得超过40m。<br>软弱围岩及不良地质隧道的二次衬砌应及时施作，二次衬砌距掌子面的距离：Ⅳ级围岩不得大于90m，Ⅴ级及以上围岩不得大于70m。（JTG F90：9.3.13-2，9.6.1） | □符合<br>□不符合 | |
| | 4.1.3 | 隧道内施工不得使用以汽油为动力的机械设备。（JTG F90：9.1.7） | □符合<br>□不符合 | |
| | 4.1.4 | 隧道洞口应设专人负责进出人员登记及材料、设备与爆破器材进出隧道记录和安全监控等工作。（JTG F90：9.1.5-1） | □符合<br>□不符合 | |
| | 4.1.5 | 隧道施工应建立洞内外通信联络系统。（JTG F90：9.1.5-2） | □符合<br>□不符合 | |
| | 4.1.6 | 长、特长及高风险隧道施工应设置稳定可靠的视频监控系统、门禁系统和人员识别定位系统。（JTG F90：9.1.5-3） | □符合<br>□不符合 | |
| | 4.1.7 | 隧道内严禁存放汽油、柴油、煤油、变压器油、雷管、炸药等易燃易爆物品。（JTG F90：9.1.17） | □符合<br>□不符合 | |
| | 4.1.8 | 公路工程施工应为从业人员配备合格的安全防护用品和用具，并定期更换。从业人员在施工作业区域内，应正确使用安全防护用品和用具。（JTG F90：3.0.7） | □符合<br>□不符合 | |
| | 4.1.9 | 隧道内供风、供水、供气管线与供电线路应分别架设，照明和动力线路应分层架设。（JTG F90：9.1.4-3） | □符合<br>□不符合 | |
| | 4.1.10 | 供电线路架设应遵循"高压在上、低压在下、干线在上、支线在下，动力线在上、照明线在下"的原则。110V以下线路距地面不得小于2m，380V线路距地面不得小于2.5m，6～10kV线路距地面不得小于3.5m。（JTG F90：9.1.4-4） | □符合<br>□不符合 | |

续上表

| 项目 | 序号 | 常见隐患涉及条款 | 检查结果 | 问题描述 |
|---|---|---|---|---|
| ☐ 逃生与救援 | 4.1.11 | 在洞外搭设应急物资库房,准备足够的型钢、方木、圆木、钢管、钢筋等应急物资。(省指南:4.4.12.2) | ☐符合<br>☐不符合 | |
| | 4.1.12 | 隧道施工应配备应急救援机械设备、监测仪器、堵漏和清洗消毒材料、交通工具、个体防护设备、医疗设备和药品、生活保障和救援物资等,应进行定期检查、维护和更新。不得挪用救援物资及救援设备。(JTG F90:9.18.1) | ☐符合<br>☐不符合 | |
| | 4.1.13 | 隧道通风、供水及供电设备应纳入正常工序管理,设专人负责管理。施工过程中应加强通风效果检测,供水供电管道、线路应通畅,同时应设置备用设备和备用电源。(JTG F90:9.18.3) | ☐符合<br>☐不符合 | |
| | 4.1.14 | 隧道内交通道路及开挖作业等重要场所应设置安全应急照明和应急逃生标志,应急照明应有备用电源并保证光照度符合要求。(JTG F90:9.18.4) | ☐符合<br>☐不符合 | |
| | 4.1.15 | 软弱围岩隧道开挖掌子面至二次衬砌之间应设置逃生通道,随开挖进尺不断前移,逃生通道距离开挖掌子面不得大于20m。逃生通道的刚度、强度及抗冲击能力应满足安全要求,逃生通道内径不小于0.8m。(JTG F90:9.18.5) | ☐符合<br>☐不符合 | |
| | 4.1.16 | 长、特长及高风险隧道应设报警系统及逃生设备、临时急救器械和应急生活保障品等。(JTG F90:9.18.6) | ☐符合<br>☐不符合 | |
| | 4.1.17 | 隧道施工期间各施工作业面应安装有应急照明装置的报警系统装置。(JTG F90:9.18.7) | ☐符合<br>☐不符合 | |
| | 4.1.18 | 洞口设置值班房,值班房按临时用房要求搭设,值班室明显位置设"进洞请登记"等标牌,并配备不少于两具的MF/ABC4灭火器。(省指南:4.4.2.1) | ☐符合<br>☐不符合 | |
| | 4.1.19 | 二次衬砌台车应配备MF/ABC4灭火器两具,防水板台车每层工作平台上应配备不少于两具MF/ABC4灭火器。(省指南:4.4.6.7) | ☐符合<br>☐不符合 | |
| | 4.1.20 | 地质不良地段,开挖面还应设置长度大于50m、直径不小于800mm、壁厚不小于10mm的钢管,作为必要的安全逃生通道。(DB32/T 2618:10.11.6~10.11.8) | ☐符合<br>☐不符合 | |
| | 4.1.21 | 隧道内发生瓦斯燃烧、中毒、爆炸险情后,应立即切断洞内所有施工及照明线路电源,组织人员撤离。<br>当隧道内发生火灾时应及时迅速启动报警系统,采用灭火器、水管等消防器材,尽可能地在第一时间将火扑灭。当火势失去控制时,应判明方向,迅速判断危险地点和安全地点,组织作业人员按逃生路线向洞外或附近避难所撤离。(DB32/T 2618:10.11.6~10.11.8) | ☐符合<br>☐不符合 | |

续上表

| 项目 | 序号 | 常见隐患涉及条款 | 检查结果 | 问题描述 |
|---|---|---|---|---|
| 安全防护与标识 | 4.1.22 | 工作台车平台应满铺,并设防护栏杆、爬梯、防滑等设施,防护栏杆高度为1.2m,立杆间距不得大于1.5m,横杆与上下件之间距离不得大于0.6m。(省指南:4.4.6.4) | □符合<br>□不符合 | |
| 安全防护与标识 | 4.1.23 | 工作台车两侧防护栏杆外侧挂设全反光材料制作的一组"禁止停留、注意安全、当心机械伤人、当心坠落、当心落物"等警示牌。(省指南:4.4.6.5) | □符合<br>□不符合 | |
| 安全防护与标识 | 4.1.24 | 隧道洞口、开关箱、配电箱、台车、台架、仰拱开挖等危险区域应设置明显的警示标志。洞内施工设备均应设反光标识。(JTG F90:9.1.10) | □符合<br>□不符合 | |
| 安全防护与标识 | 4.1.25 | 工作台车和衬砌台车应设置单独固定的警示灯,台车上内轮廓应设置连串式彩灯,并粘贴反光膜。行车通道具有足够的空间,满足洞内运输车辆通行。(省指南:4.4.10.2) | □符合<br>□不符合 | |
| 安全防护与标识 | 4.1.26 | 在洞口、成洞地段设置15.0km限速牌;在未成洞地段、工作台架(车)处、大型设备停放处须设置5.0km限速牌;在二次衬砌、仰拱、路面等施工段前方30.0m处设置"前方施工,减速慢行"标牌,标牌离地高度1.2m。(省指南:4.4.10.4) | □符合<br>□不符合 | |
| 安全防护与标识 | 4.1.27 | 在二次衬砌、仰拱、路面等施工段前方30.0m处设置"前方施工,减速慢行"标牌,标牌离地高度1.2m。(省指南:4.4.10.4) | □符合<br>□不符合 | |
| 临时用电 | 4.1.28 | 非瓦斯隧道照明电压应符合下列规定:<br>固定式照明电压应不大于220V,线路末端的电压降不应大于10%。(JTG/T 3660:12.4.2-1) | □符合<br>□不符合 | |
| 临时用电 | 4.1.29 | 非瓦斯隧道照明电压应符合下列规定:<br>手持式或移动式照明电压应不大于36V。(JTG/T 3660:12.4.2-2) | □符合<br>□不符合 | |
| 临时用电 | 4.1.30 | 成洞地段固定的电线路,应采用绝缘良好的胶皮线架设。施工地段的临时电线路应采用橡套电缆,竖井、斜井宜使用铠装电缆。(JTG/T 3660:12.4.6-1) | □符合<br>□不符合 | |
| 临时用电 | 4.1.31 | 动力干线上的每一分支线,必须装设开关及保险装置。不应在动力线路上加挂照明设施。(JTG/T 3660:12.4.6-3) | □符合<br>□不符合 | |
| 特种作业 | 4.1.32 | 电工、焊接与热切割作业人员应取得相应的从业资格;电工、焊接与热切割作业人员应按规定正确佩戴、使用劳动防护用品。(JTG F90:5.5.1,5.5.2) | □符合<br>□不符合 | |
| 特种作业 | 4.1.33 | 压力表、安全阀、橡胶软管和回火保护器等均应定期校验或试验,标识应清晰。(JTG F90:5.5.4-2) | □符合<br>□不符合 | |

续上表

| 项目 | 序号 | 常见隐患涉及条款 | 检查结果 | 问题描述 |
|---|---|---|---|---|
| □特种作业 | 4.1.34 | 使用的气瓶应稳固竖立或装在专用车(架)或固定装置上。(JTG F90:5.5.4-3) | □符合<br>□不符合 | |
| | 4.1.35 | 电焊机一次侧电源线长度不得大于5m;二次侧焊接电缆线应采用防水绝缘橡胶护套铜芯软电缆,长度不宜大于30m,且进出线处应设置防护罩。(JTG F90:5.5.5) | □符合<br>□不符合 | |
| | 4.1.36 | 电焊钳的绝缘和隔热性能应满足要求,钳柄与导线应连接牢固,电缆芯线不得外露。(JTG F90:5.5.6) | □符合<br>□不符合 | |
| | 4.1.37 | 潮湿区域作业人员必须在干燥绝缘物体上焊接作业。(JTG F90:5.5.15) | □符合<br>□不符合 | |
| □其他 | 4.1.38 | | | |

规范性引用文件:
《公路工程施工安全技术规范》(JTG F90—2015)
《公路隧道施工技术规范》(JTG/T 3660—2020)
《江苏省高速公路建设工程施工安全技术规程》(DB32/T 2618—2014)
《公路工程建设现场安全管理标准化指南》(苏交建质〔2012〕16号)

总体评价:1.本次检查____项,符合____项,不符合____项,符合率为____%。
2. 针对不符合项中(填序号)_____,立即整改。
3. 针对不符合项中(填序号)_____,限期____日内整改。
4. 针对__(填写停工范围)__,停工整改。
5. 整改情况于____日内,书面反馈至检查单位。
6. 其他_____

检查单位:_____  受检单位:_____

检查人员:_____  受检人员:_____

检查日期:_____  签收日期:_____

## 4.2 洞口与明洞

项目标段：_____　　　　检查部位：_____

| 项目 | 序号 | 常见隐患涉及条款 | 检查结果 | 问题描述 |
|---|---|---|---|---|
| 洞口工程 | 4.2.1 | 洞口不稳定的地表土及山坡危石等应清除、防护或加固。（JTG/T 3660：6.1.2） | □符合<br>□不符合 | |
| | 4.2.2 | 洞口段存在偏压时，应采取偏压防治措施。（JTG/T 3660：6.1.4） | □符合<br>□不符合 | |
| | 4.2.3 | 洞口开挖与防护应符合下列规定：<br>洞口边坡及仰坡应自上而下开挖，不得掏底开挖或上下重叠开挖。（JTG/T 3660：6.1.5-1） | □符合<br>□不符合 | |
| | 4.2.4 | 洞口开挖与防护应符合下列规定：<br>边仰坡防护应及时施作。（JTG/T 3660：6.1.5-3） | □符合<br>□不符合 | |
| | 4.2.5 | 洞口开挖与防护应符合下列规定：<br>应随时检查监测边坡和仰坡的变形状态。（JTG/T 3660：6.1.5-4） | □符合<br>□不符合 | |
| | 4.2.6 | 洞口开挖应先支护后开挖、自上而下分层开挖、分层支护。不得掏底开挖或上下重叠开挖。陡峭、高边坡的洞口应根据设计和现场需要设安全棚、防护栏杆或安全网，危险段应采取加固措施。洞口工程应及早完成。（JTG F90：9.2.5） | □符合<br>□不符合 | |
| | 4.2.7 | 洞口边坡、仰坡开挖及地表恢复应符合环境保护规定，做好水土保持。（JTG/T 3660：6.1.6） | □符合<br>□不符合 | |
| | 4.2.8 | 洞口截排水设施应符合下列规定：<br>应结合地形条件设置，具备有效拦截、排水顺畅的能力。（JTG/T 3660：6.1.7-1） | □符合<br>□不符合 | |
| | 4.2.9 | 洞口截排水设施应符合下列规定：<br>不应冲刷路基坡面及桥涵锥坡等设施。（JTG/T 3660：6.1.7-2） | □符合<br>□不符合 | |
| | 4.2.10 | 洞口截排水设施应符合下列规定：<br>洞口截、排水设施应在雨季和融雪期之前完成。（JTG/T 3660：6.1.7-3） | □符合<br>□不符合 | |
| | 4.2.11 | 洞口截排水设施应符合下列规定：<br>截水沟迎水面不得高于原地面，回填应密实不易被水掏空。（JTG/T 3660：6.1.7-4） | □符合<br>□不符合 | |
| | 4.2.12 | 洞口截排水设施应符合下列规定：<br>截水沟应采取防止渗漏和变形的措施。（JTG/T 3660：6.1.7-5） | □符合<br>□不符合 | |

续上表

| 项目 | 序号 | 常见隐患涉及条款 | 检查结果 | 问题描述 |
|---|---|---|---|---|
| ☐洞口工程 | 4.2.13 | 开挖进洞前,应完成管棚、地层加固、降水等设计要求的辅助工程施工。(JTG/T 3660:6.1.9) | ☐符合<br>☐不符合 | |
| | 4.2.14 | 洞口永久性挡护工程应紧跟土石方开挖及早完成。(JTG/T 3660:6.1.10) | ☐符合<br>☐不符合 | |
| | 4.2.15 | 洞口施工应采取措施保护周围建(构)筑物、既有线、洞口附近交通道路。(JTG F90:9.2.7) | ☐符合<br>☐不符合 | |
| | 4.2.16 | 洞门墙施工应符合下列规定:<br>洞门墙基底虚渣、杂物、泥、水等应清除干净,地基承载力应符合设计规定。(JTG/T 3660:6.1.12-2) | ☐符合<br>☐不符合 | |
| | 4.2.17 | 洞门墙施工应符合下列规定:<br>洞口衬砌两侧端墙砌筑和墙背回填应对称进行。(JTG/T 3660:6.1.12-3) | ☐符合<br>☐不符合 | |
| | 4.2.18 | 洞门墙施工应符合下列规定:<br>洞门墙背排水设施应与洞门墙同步施工。(JTG/T 3660:6.1.12-4) | ☐符合<br>☐不符合 | |
| | 4.2.19 | 模板加工制作应符合下列规定:<br>制作钢木结合模板,钢、木加工场地应分开,并应及时清除锯末、刨花和木屑。(JTG F90:5.2.9-1) | ☐符合<br>☐不符合 | |
| | 4.2.20 | 模板加工制作应符合下列规定:<br>模板所用材料应堆放稳固。(JTG F90:5.2.9-2) | ☐符合<br>☐不符合 | |
| ☐明洞工程 | 4.2.21 | 明洞施工应符合下列规定:<br>明洞开挖前,洞顶及四周应设防水、排水设施。(JTG F90:9.2.9-1) | ☐符合<br>☐不符合 | |
| | 4.2.22 | 明洞施工应符合下列规定:<br>开挖松软地层边、仰坡应随挖随支护。(JTG F90:9.2.9-3) | ☐符合<br>☐不符合 | |
| | 4.2.23 | 基底承载力不足时,基底处理应符合设计规定。严禁超挖后回填虚土。(JTG/T 3660:6.2.2) | ☐符合<br>☐不符合 | |
| | 4.2.24 | 明洞衬砌应尽早施作,明洞衬砌施工应仰拱先行、拱墙整体浇筑。(JTG/T 3660:9.9.1) | ☐符合<br>☐不符合 | |
| | 4.2.25 | 不设仰拱的明洞衬砌边墙基础嵌入岩层深度应满足设计要求,有仰拱的明洞拱墙衬砌应与仰拱衬砌形成有效封闭环结构。(JTG/T 3660:9.9.2) | ☐符合<br>☐不符合 | |
| | 4.2.26 | 明洞衬砌内模板应采用衬砌模板台车,应制作外模、支架,并应安装牢固、定位准确,模板接缝应紧密、不漏浆。(JTG/T 3660:9.9.3) | ☐符合<br>☐不符合 | |

续上表

| 项目 | 序号 | 常见隐患涉及条款 | 检查结果 | 问题描述 |
|---|---|---|---|---|
| ☐其他 | 4.2.27 | | | |

规范性引用文件：
《公路工程施工安全技术规范》（JTG F90—2015）
《公路隧道施工技术规范》（JTG/T 3660—2020）

总体评价：1. 本次检查____项，符合____项，不符合____项，符合率为____%。
2. 针对不符合项中(填序号)_____，立即整改。
3. 针对不符合项中(填序号)_____，限期____日内整改。
4. 针对__(填写停工范围)__，停工整改。
5. 整改情况于____日内，书面反馈至检查单位。
6. 其他_____

检查单位：_____　　受检单位：_____

检查人员：_____　　受检人员：_____

检查日期：_____　　签收日期：_____

## 4.3 隧道开挖

项目标段：_____  检查部位：_____

| 项目 | 序号 | 常见隐患涉及条款 | 检查结果 | 问题描述 |
|---|---|---|---|---|
| 开挖方法 | 4.3.1 | 隧道对向开挖的两工作面相距达到 4 倍隧道跨度时,两端施工应加强联系,统一指挥;两工作面不得同时起爆。(JTG/T 3660:7.1.8) | □符合<br>□不符合 | |
| | 4.3.2 | 土质和软弱破碎围岩,两开挖面间距离达到 3.5 倍隧道跨度时,应改为单向开挖。(JTG/T 3660:7.1.8) | □符合<br>□不符合 | |
| | 4.3.3 | 围岩条件较好地段,两开挖面间距离达到 2.5 倍隧道跨度时,应改为单向开挖。(JTG/T 3660:7.1.8) | □符合<br>□不符合 | |
| | 4.3.4 | 长度小于 300m 的隧道,起爆站应设在洞口侧面 50m 以外;其余隧道洞内起爆站距爆破位置不得小于 300m。(JTG F90:9.3.1) | □符合<br>□不符合 | |
| | 4.3.5 | 机械开挖应根据断面和作业环境选择机型、划定安全作业区域,并应设置警示标志。(JTG F90:9.3.4) | □符合<br>□不符合 | |
| | 4.3.6 | 人工开挖应设专人指挥,作业人员应保持安全操作距离。(JTG F90:9.3.5) | □符合<br>□不符合 | |
| | 4.3.7 | 台阶法施工:台阶数量和台阶高度应综合考虑隧道断面高度、机械设备及围岩稳定性等因素确定。(JTG/T 3660:7.2.3.1) | □符合<br>□不符合 | |
| | 4.3.8 | 环形开挖留核心土法施工,环形开挖每循环进尺,V 级围岩宜不大于 1 榀钢架间距,Ⅳ级围岩宜不大于 2 榀钢架间距。中下台阶每循环进尺,不得大于 2 榀钢架间距。核心土面积宜不小于断面面积的 50%。(JTG/T 3660:7.2.4.2) | □符合<br>□不符合 | |
| | 4.3.9 | 台阶法和环形开挖预留核心土法施工,台阶下部断面一次开挖长度应与上部断面相同,且不得超过 1.5m。(JTG F90:9.3.10) | □符合<br>□不符合 | |
| | 4.3.10 | 中隔壁法、交叉中隔壁法施工时,开挖侧喷射混凝土强度达到设计要求后,再进行另一侧开挖。(省指南:4.4.3.8) | □符合<br>□不符合 | |
| | 4.3.11 | 双侧壁导坑法施工应符合下列规定:<br>导坑与中间土体同时施工时,导坑应超前 30~50m。(JTG/T 3660:7.2.7-1) | □符合<br>□不符合 | |
| | 4.3.12 | 双侧壁导坑法施工应符合下列规定:<br>侧壁导坑开挖后,应及时施工初期支护并尽早形成封闭环。(JTG/T 3660:7.2.7-2) | □符合<br>□不符合 | |
| | 4.3.13 | 仰拱开挖长度:土和软岩应不大于 3m,硬岩应不大于 5m。开挖后应及时施作仰拱初期支护、二次衬砌及填充。(JTG/T 3660:7.2.8-3) | □符合<br>□不符合 | |
| | 4.3.14 | 应做好排水设施,清除底面积水和松渣,严禁松渣回填。(JTG/T 3660:7.2.8-4) | □符合<br>□不符合 | |

续上表

| 项目 | 序号 | 常见隐患涉及条款 | 检查结果 | 问题描述 |
|---|---|---|---|---|
| □开挖方法 | 4.3.15 | 仰拱开挖施工,Ⅳ级及以上围岩仰拱每循环开挖长度不得大于3m,不得分幅施作。(JTG F90:9.3.13-1) | □符合<br>□不符合 | |
| | 4.3.16 | 钻爆作业应按照钻爆设计钻孔、装药、接线和引爆。隧道爆破作业人员应持证上岗。(JTG/T 3660:7.4.7) | □符合<br>□不符合 | |
| □爆破后检查 | 4.3.17 | 爆破后应按先机械后人工的顺序找顶,并应安全确认。(JTG F90:9.3.3) | □符合<br>□不符合 | |
| | 4.3.18 | 地下工程爆破后,经通风除尘排烟确认井下空气合格、等待时间超过15min后,方准许检查人员进入爆破作业地点。(GB 6722:6.8.1.3) | □符合<br>□不符合 | |
| □出渣及运输 | 4.3.19 | 施工现场运输车辆应状态良好,车身应设置反光警示标识。(JTG F90:4.6.7) | □符合<br>□不符合 | |
| | 4.3.20 | 装渣过程中,应注意观察掌子面围岩的稳定情况,发现松动岩石或有塌方征兆时,应先处理再装渣。装卸渣时,发现渣堆中有残留炸药、雷管应立即处理。(省指南:4.4.4.2) | □符合<br>□不符合 | |
| | 4.3.21 | 严禁人料混载,不得超载、超宽、超高、超速运输。运装大体积或超长料具时,应有专人指挥,专车运输,并设置显示界限的红灯。(JTG/T 3660:8.1.5) | □符合<br>□不符合 | |
| □其他 | 4.3.22 | | | |

规范性引用文件:
《爆破安全规程》(GB 6722—2014)
《公路工程施工安全技术规范》(JTG F90—2015)
《公路隧道施工技术规范》(JTG/T 3660—2020)
《公路工程建设现场安全管理标准化指南》(苏交建质〔2012〕16号)

总体评价:1.本次检查____项,符合____项,不符合____项,符合率为____%。
   2.针对不符合项中(填序号)_____,立即整改。
   3.针对不符合项中(填序号)_____,限期____日内整改。
   4.针对__(填写停工范围)__,停工整改。
   5.整改情况于____日内,书面反馈至检查单位。
   6.其他_____

检查单位:_____  受检单位:_____

检查人员:_____  受检人员:_____

检查日期:_____  签收日期:_____

## 4.4 隧道支护、衬砌

项目标段：_____ 检查部位：_____

| 项目 | 序号 | 常见隐患涉及条款 | 检查结果 | 问题描述 |
|---|---|---|---|---|
| 初期支护 | 4.4.1 | 应随时观察支护各部位，支护变形或损坏时，作业人员应及时撤离现场。(JTG F90:9.5.2) | □符合<br>□不符合 | |
| | 4.4.2 | 喷射混凝土作业前，应清除被钢筋网网住的松动岩块或混凝土块。(JTG/T 3660:9.2.13) | □符合<br>□不符合 | |
| | 4.4.3 | 锚杆安设后不得随意敲击，其端部3d内不得悬挂重物。(JTG/T 3660:9.3.12) | □符合<br>□不符合 | |
| | 4.4.4 | 隧道内搬运钢架应装载牢固，固定可靠，防止发生碰撞和掉落。(省指南:4.4.5.3) | □符合<br>□不符合 | |
| | 4.4.5 | 钢架安装应符合下列规定：<br>应清除钢架拱脚虚渣，使之支承在稳固的地基上。锁脚锚杆应及时施作并应符合设计规定。(JTG/T 3660:9.5.5-1) | □符合<br>□不符合 | |
| | 4.4.6 | 钢架安装应符合下列规定：<br>钢架节段与节段之间应通过连接钢板用螺栓连接。(JTG/T 3660:9.5.5-2) | □符合<br>□不符合 | |
| | 4.4.7 | 钢架安装应符合下列规定：<br>相邻两榀钢架之间应采用钢筋或型钢连接。(JTG/T 3660:9.5.5-3) | □符合<br>□不符合 | |
| | 4.4.8 | 钢架施工应符合以下规定：<br>相邻的钢架应连接成整体。(JTG F90:9.5.4-2) | □符合<br>□不符合 | |
| | 4.4.9 | 钢架施工应符合以下规定：<br>已安装的钢架发生扭曲变形时，应及时逐榀更换，不得同时更换相邻的钢架。(JTG F90:9.5.4-3) | □符合<br>□不符合 | |
| | 4.4.10 | 钢架施工应符合以下规定：<br>下部开挖后，钢架应及时接长、落底，钢架底脚不得左右同时开挖。(JTG F90:9.5.4-4) | □符合<br>□不符合 | |
| | 4.4.11 | 钢架施工应符合以下规定：<br>拱脚不得脱空，不得有积水浸泡。(JTG F90:9.5.4-6) | □符合<br>□不符合 | |
| | 4.4.12 | 安装完成后，应截断锚杆杆体外露多余长度，锚杆外露头和垫板应进行防锈处理并满足防水板铺设对基面的要求。(JTG/T 3660:9.3.10) | □符合<br>□不符合 | |

续上表

| 项目 | 序号 | 常见隐患涉及条款 | 检查结果 | 问题描述 |
|---|---|---|---|---|
| 初期支护 | 4.4.13 | 喷射混凝土作业时应设置警戒区,非施工人员不得进入正在进行喷射混凝土的作业区,施工中喷嘴前严禁站人,并经常检查输料管、接头的使用情况,当有磨损、击穿或松脱时应及时处理。(省指南:4.4.5.1) | □符合<br>□不符合 | |
| | 4.4.14 | 喷射混凝土施工应做好下列准备工作:<br>清理受喷岩面的浮石、岩屑、杂物和粉尘等。(JTG/T 3660:9.2.1-1) | □符合<br>□不符合 | |
| | 4.4.15 | 喷射混凝土施工应做好下列准备工作:<br>检查开挖断面净空尺寸,凿除欠挖凸出部分。(JTG/T 3660:9.2.1-2) | □符合<br>□不符合 | |
| | 4.4.16 | 喷射混凝土施工应做好下列准备工作:<br>岩面渗水处采取引排措施。(JTG/T 3660:9.2.1-3) | □符合<br>□不符合 | |
| | 4.4.17 | 喷射混凝土施工应做好下列准备工作:<br>检查作业场地的通风和照明条件。(JTG/T 3660:9.2.1-6) | □符合<br>□不符合 | |
| | 4.4.18 | 喷射混凝土作业应按初喷混凝土和复喷混凝土分别进行,复喷混凝土可分层多次施作。(JTG/T 3660:9.2.7.2) | □符合<br>□不符合 | |
| | 4.4.19 | 喷射混凝土应分段、分片、分层由下而上顺序进行,拱部喷射混凝土应对称作业。(JTG/T 3660:9.2.7.3) | □符合<br>□不符合 | |
| | 4.4.20 | 混凝土喷射机械手作业应符合下列规定:<br>移动喷射机时,机械手大臂和滑臂应复位。(JTG/T 3660:9.2.14-3) | □符合<br>□不符合 | |
| | 4.4.21 | 混凝土喷射机械手作业应符合下列规定:<br>到达工作位置后,应关闭喷射机引擎,并应使用驻车制动器。(JTG/T 3660:9.2.14-4) | □符合<br>□不符合 | |
| | 4.4.22 | 混凝土喷射机械手作业应符合下列规定:<br>车辆支腿应充分外伸;伸展支腿时,不得有人处于危险区域。(JTG/T 3660:9.2.14-5) | □符合<br>□不符合 | |
| 二次衬砌 | 4.4.23 | 台车支撑门架结构净空应满足施工车辆和人员安全通行要求。(JTG/T 3660:9.6.3.2) | □符合<br>□不符合 | |
| | 4.4.24 | 台车应配置自动行走装置和固定装置。(JTG/T 3660:9.6.3.4) | □符合<br>□不符合 | |
| | 4.4.25 | 台车挡头模板安装应固定牢固、封堵严密,不得损坏防水板。(JTG/T 3660:9.6.3.9) | □符合<br>□不符合 | |

续上表

| 项目 | 序号 | 常见隐患涉及条款 | 检查结果 | 问题描述 |
|---|---|---|---|---|
| 二次衬砌 | 4.4.26 | 台车应根据施工通风风管设计参数预留风管穿越的空间。(JTG/T 3660:9.6.3.11) | □符合<br>□不符合 | |
| | 4.4.27 | 台车电缆线应穿入PVC管中。(JTG/T 3660:9.6.3.12) | □符合<br>□不符合 | |
| | 4.4.28 | 隧道内不得加工钢筋。(JTG F90:9.6.2) | □符合<br>□不符合 | |
| | 4.4.29 | 钢筋焊接作业在防水板一侧应设阻燃挡板。(JTG F90:9.6.4) | □符合<br>□不符合 | |
| | 4.4.30 | 仰拱衬砌混凝土应整幅一次浇筑成形,不得左右半幅分次浇筑,一次浇筑长度不宜大于5.0m。(JTG/T 3660:9.7.3) | □符合<br>□不符合 | |
| | 4.4.31 | 衬砌混凝土施工应符合下列规定:<br>混凝土应从两侧边墙向拱顶、由下向上依次分层对称浇筑,两侧混凝土浇筑面高差不应大于1.0m,同一侧混凝土浇筑面高差不应大于0.5m。(JTG/T 3660:9.6.16-2) | □符合<br>□不符合 | |
| | 4.4.32 | 混凝土输送泵应安装稳固,管道布设应平顺,安装应固定牢靠,接头和卡箍应密封、紧固。(JTG F90:5.4.6-1) | □符合<br>□不符合 | |
| | 4.4.33 | 输送泵出料软管应设专人牵引、移动,布料臂下不得站人。(JTG F90:5.4.6-3) | □符合<br>□不符合 | |
| | 4.4.34 | 混凝土浇筑过程中应检查模板、支架、钢筋骨架的稳定、变形情况,发现异常,应立即停止作业,并应整修加固。(JTG F90:5.4.7) | □符合<br>□不符合 | |
| | 4.4.35 | 模板台车支架、模板应满足混凝土浇筑过程中的强度、刚度和稳定性要求。(JTG/T 3660:9.6.3-1) | □符合<br>□不符合 | |
| | 4.4.36 | 台车支撑门架结构净空应满足施工车辆和人员安全通行要求。(JTG/T 3660:9.6.3-2) | □符合<br>□不符合 | |
| | 4.4.37 | 应设置可整体调节升降的液压装置,边墙模板应设置可伸缩的液压调节或螺杆调节的支撑装置,并应满足边墙与边墙脚一次浇筑要求。(JTG/T 3660:9.6.3-5) | □符合<br>□不符合 | |
| | 4.4.38 | 台车模板应表面光滑、接缝严密,台车钢模板厚度不宜小于10mm。(JTG/T 3660:9.6.3-6) | □符合<br>□不符合 | |

续上表

| 项目 | 序号 | 常见隐患涉及条款 | 检查结果 | 问题描述 |
|---|---|---|---|---|
| □ 二次衬砌 | 4.4.39 | 模板应留振捣窗,振捣窗纵向间距不应大于2.5m,与端头模板距离不应大于1.8m,横向间距不应大于2.0m,振捣窗不宜小于450mm×450mm,振捣窗周边模板应加强刚度,窗门应平整、严密、不漏浆。(JTG/T 3660:9.6.3-7) | □符合<br>□不符合 | |
| | 4.4.40 | 台车挡头模板应采用可重复使用并能同时固定止水带的定型模板,应便于固定。(JTG/T 3660:9.6.3-8) | □符合<br>□不符合 | |
| | 4.4.41 | 台车应与洞室中线垂直方向架设,位置准确,高程满足设计要求。(JTG/T 3660:9.6.3-10) | □符合<br>□不符合 | |
| | 4.4.42 | 台车应根据施工通风风管设计参数预留风管穿越的空间。(JTG/T 3660:9.6.3-11) | □符合<br>□不符合 | |
| □ 其他 | 4.4.43 | | | |

规范性引用文件:
《公路工程施工安全技术规范》(JTG F90—2015)
《公路隧道施工技术规范》(JTG/T 3660—2020)
《公路工程建设现场安全管理标准化指南》(苏交建质〔2012〕16号)

总体评价:1.本次检查____项,符合____项,不符合____项,符合率为____%。
    2.针对不符合项中(填序号)_____,立即整改。
    3.针对不符合项中(填序号)_____,限期____日内整改。
    4.针对 (填写停工范围) ,停工整改。
    5.整改情况于____日内,书面反馈至检查单位。
    6.其他_____

检查单位:_____    受检单位:_____

检查人员:_____    受检人员:_____

检查日期:_____    签收日期:_____

## 4.5 辅助坑道

项目标段：_____　　检查部位：_____

| 项目 | 序号 | 常见隐患涉及条款 | 检查结果 | 问题描述 |
|---|---|---|---|---|
| □ 一般规定 | 4.5.1 | 辅助坑道洞口的截、排水工程和场地周围防护设施应在辅助坑道施工前完成。坑道洞门应尽早建成。（JTG/T 3660:14.1.3） | □符合<br>□不符合 | |
| | 4.5.2 | 斜井右侧应设宽1.0m的人行梯步供进出施工人员行走，与运输轨道的安全距离不小于2.5m，人行梯步设置1.2m高的护栏。人行步梯每间隔50.0~100.0m设置一处休息平台。（省指南:4.4.7.2） | □符合<br>□不符合 | |
| □ 斜井 | 4.5.3 | 斜井防水板和二次衬砌台车应采取地锚、丝杠等锚固防滑措施。（JTG/T 3660:14.2.3） | □符合<br>□不符合 | |
| | 4.5.4 | 斜井的井口地段、不良地质或渗水地段、井底调车场、作业洞室，施工时应减小单段最大爆破药量，及时支护。（JTG/T 3660:14.2.5） | □符合<br>□不符合 | |
| | 4.5.5 | 斜井施工应符合下列规定：<br>无轨运输斜井内运输道路应硬化，并采取防滑措施；长隧道斜井无轨运输道路综合坡率不得大于10%；单车道的斜井，每隔一定距离应设置错车道，其长度应满足安全行车要求。（JTG F90:9.7.4-1） | □符合<br>□不符合 | |
| | 4.5.6 | 斜井施工应符合下列规定：<br>有轨运输井口应设置挡车器，并设专人管理；在挡车器下方5~10m及接近井底前10m处应各设一道防溜车装置；长大斜井每隔100m应分别设置防溜车装置，井底与通道连接处应设置安全索；车辆行驶时，井内严禁人员通行与作业。（JTG F90:9.7.4-3） | □符合<br>□不符合 | |
| | 4.5.7 | 斜井施工应符合下列规定：<br>有轨运输井身每30~50m应设置躲避洞，井底停车场应设避车洞，井底附近的固定设备应置于专用洞室。（JTG F90:9.7.4-4） | □符合<br>□不符合 | |
| | 4.5.8 | 斜井施工应符合下列规定：<br>斜井口、井下及提升绞车应有联络信号装置。每次提升、下放与停留应有明确的信号规定。（JTG F90:9.7.4-5） | □符合<br>□不符合 | |
| | 4.5.9 | 斜井施工应符合下列规定：<br>斜井提升设备应按规定装设符合要求的防止过卷装置、防止过速装置、限速器、深度指示器、警铃、常用闸和保险闸等保险装置。（JTG F90:9.7.4-7） | □符合<br>□不符合 | |

续上表

| 项目 | 序号 | 常见隐患涉及条款 | 检查结果 | 问题描述 |
|---|---|---|---|---|
| ☐斜井 | 4.5.10 | 斜井施工应符合下列规定：<br>人员不得乘斗车上下；当斜井垂直深度超过50m时，应有运送人员的专用设施。（JTG F90；9.7.4-9） | ☐符合<br>☐不符合 | |
| | 4.5.11 | 斜井施工应符合下列规定：<br>运送人员的车辆应设顶盖，并装有可靠的防坠器；车辆中应装有向卷扬机司机发送信号的装置。（JTG F90；9.7.4-10） | ☐符合<br>☐不符合 | |
| | 4.5.12 | 无轨运输除应符合下列规定：<br>运输道路应硬化并采取防滑、防水措施。（JTG/T 3660；14.2.10-1） | ☐符合<br>☐不符合 | |
| | 4.5.13 | 无轨运输除应符合下列规定：<br>机械车辆下坡运行时应使用低速挡，严禁脱挡滑行。（JTG/T 3660；14.2.10-3） | ☐符合<br>☐不符合 | |
| ☐竖井 | 4.5.14 | 井口周围应设置安全栅栏、安全门和防雨设施。安全栅栏高度不应小于1200mm。（JTG/T 3660；14.3.1） | ☐符合<br>☐不符合 | |
| | 4.5.15 | 井口的锁口圈应在井身开始掘进前完成，并配备井盖。除升降人员或物料时，不得打开井盖。（JTG/T 3660；14.3.2） | ☐符合<br>☐不符合 | |
| | 4.5.16 | 竖井井架应安装避雷装置。（JTG/T 3660；14.3.3） | ☐符合<br>☐不符合 | |
| | 4.5.17 | 竖井内应加强通风和排水。（JTG/T 3660；14.3.6） | ☐符合<br>☐不符合 | |
| | 4.5.18 | 竖井开挖钻爆作业应符合下列规定：<br>钻孔前应先清除开挖面的石渣并排除积水。（JTG/T 3660；14.3.7-1） | ☐符合<br>☐不符合 | |
| | 4.5.19 | 竖井开挖钻爆作业应符合下列规定：<br>通过软弱破碎地层时，每班应派专人观测地面沉降和井壁变化情况，发现危险预兆，应立即停止作业，撤出人员，进行处理。应及时施工初期和永久支护。（JTG/T 3660；14.3.7-7） | ☐符合<br>☐不符合 | |
| | 4.5.20 | 竖井支护应及时施作。井口段、马头门及地质较差的井身地段宜采用钢筋混凝土衬砌，衬砌分节宜自下而上进行，并按需要设置壁座安设锚杆。（JTG/T 3660；14.3.8） | ☐符合<br>☐不符合 | |
| | 4.5.21 | 竖井施工应符合下列规定：<br>每次爆破后，应有专人清除危石和掉落在井圈上的石渣，并检查初期支护和临时支撑，清理完后方可正常工作。当工作面附近或未衬砌地段发现落石、支撑发响、大量涌水时，作业人员应立即撤出井外，并报告处理。（JTG F90；9.7.5-4） | ☐符合<br>☐不符合 | |

续上表

| 项目 | 序号 | 常见隐患涉及条款 | 检查结果 | 问题描述 |
|---|---|---|---|---|
| □竖井 | 4.5.22 | 竖井运输应符合下列规定：<br>通向井口的轨道应设阻车器。（JTG/T 3660：14.3.10-1） | □符合<br>□不符合 | |
| | 4.5.23 | 竖井运输应符合下列规定：<br>井口、井底、绞车房和工作吊盘间均应有联络信号，并有专人负责。必要时应装设直通电话。（JTG/T 3660：14.3.10-2） | □符合<br>□不符合 | |
| | 4.5.24 | 竖井运输应符合下列规定：<br>提升机械不得超负荷运行，并应有深度指标器和防止过卷、过速等保护装置以及限速器和松绳信号等。（JTG/T 3660：14.3.10-3） | □符合<br>□不符合 | |
| | 4.5.25 | 竖井运输应符合下列规定：<br>工作吊盘的载重量不应超过吊盘的设计载重能力。（JTG/T 3660：14.3.10-4） | □符合<br>□不符合 | |
| | 4.5.26 | 竖井运输应符合下列规定：<br>罐笼提升应设置可靠的防坠器。（JTG/T 3660：14.3.10-5） | □符合<br>□不符合 | |
| | 4.5.27 | 竖井运输应符合下列规定：<br>不得超员、超载。不得人物混运。严禁用自动翻转式、底卸式吊桶升降人员。（JTG/T 3660：14.3.10-6） | □符合<br>□不符合 | |
| | 4.5.28 | 竖井装渣宜采用抓岩机。当竖井深度小于40m时，出渣可采用三角架或龙门架作井架，但出渣时应采取钢丝绳稳定、过卷、过放等安全保证措施。（JTG/T 3660：14.3.11） | □符合<br>□不符合 | |
| | 4.5.29 | 使用抓岩机时，应符合下列规定：<br>抓岩机应与吊盘可靠连接，并设置专用保险绳。（JTG/T 3660：14.3.11-1） | □符合<br>□不符合 | |
| | 4.5.30 | 使用抓岩机时，应符合下列规定：<br>抓岩机连接件及钢丝绳，在使用期间应由专人每班检查1次。（JTG/T 3660：14.3.11-2） | □符合<br>□不符合 | |
| | 4.5.31 | 使用抓岩机时，应符合下列规定：<br>装渣完毕应将抓斗收拢并锁挂于机身。（JTG/T 3660：14.3.11-3） | □符合<br>□不符合 | |
| □其他 | 4.5.32 | | | |

规范性引用文件：
《公路工程施工安全技术规范》（JTG F90—2015）
《公路隧道施工技术规范》（JTG/T 3660—2020）
《公路工程建设现场安全管理标准化指南》（苏交建质〔2012〕16号）

续上表

总体评价:1. 本次检查____项,符合____项,不符合____项,符合率为____%。
　　　　2. 针对不符合项中(填序号)_____,立即整改。
　　　　3. 针对不符合项中(填序号)_____,限期____日内整改。
　　　　4. 针对__(填写停工范围)__,停工整改。
　　　　5. 整改情况于____日内,书面反馈至检查单位。
　　　　6. 其他_____


检查单位:_____　　受检单位:_____


检查人员:_____　　受检人员:_____


检查日期:_____　　签收日期:_____

# 第二节 其 他

## 4.6 防水、排水

项目标段：_____ 检查部位：_____

| 项目 | 序号 | 常见隐患涉及条款 | 检查结果 | 问题描述 |
|---|---|---|---|---|
| □消防安全 | 4.6.1 | 隧道防水板施工作业台架应设置消防器材及防火安全警示标志，并应设专人负责。照明灯具与防水板间距离不得小于0.5m，不得烘烤防水板。(JTG F90:9.8.1) | □符合<br>□不符合 | |
| □临时排水 | 4.6.2 | 抽水机排水能力应大于排水量的20%，并应有备用台数，隧道内顺坡排水沟断面应满足隧道排水需求。(JTG F90:9.8.2) | □符合<br>□不符合 | |
| | 4.6.3 | 膨胀岩、土质地层、围岩松软地段应铺砌水沟或用管槽排水；遇渗漏水面积或水量突然增加，应立即停止施工，人员撤至安全地点。(JTG F90:9.8.2) | □符合<br>□不符合 | |
| □潜在危险 | 4.6.4 | 水箱、集水坑处应挂设警示牌标识，并对设备进行挡护。(JTG F90:9.8.3) | □符合<br>□不符合 | |
| | 4.6.5 | 二次衬砌施工前，应严格按设计做好衬砌背后的防排水设施，防水层不得有影响衬砌厚度的皱褶、绷弦现象，二次衬砌背后纵向盲管，不得侵占二次衬砌结构空间。(JTG/T 3660:11.1.2) | □符合<br>□不符合 | |
| □降水方式 | 4.6.6 | 边坡、仰坡坡顶的截水沟出水口应接入周边排水沟渠。(JTG/T 3660:11.2.1) | □符合<br>□不符合 | |
| | 4.6.7 | 洞外路堑向隧道内为下坡时，路堑边沟应做成反坡，不应将洞外水排入洞内。(JTG/T 3660:11.2.1) | □符合<br>□不符合 | |
| | 4.6.8 | 隧道开挖前应对影响隧道施工和运营的地表水进行处理。(JTG/T 3660:11.2.2) | □符合<br>□不符合 | |
| | 4.6.9 | 隧道内施工废水、围岩渗水不应形成漫流和积水，应汇流集中引排。(JTG/T 3660:11.2.3) | □符合<br>□不符合 | |
| | 4.6.10 | 排水断面应满足排水需要。通过暴露的膨胀围岩、土质围岩和松软围岩地段宜采用管槽排水，或对排水沟进行浆砌、硬化。(JTG/T 3660:11.2.3) | □符合<br>□不符合 | |

续上表

| 项目 | 序号 | 常见隐患涉及条款 | 检查结果 | 问题描述 |
|---|---|---|---|---|
| □ 降水方式 | 4.6.11 | 隧道内边墙基坑、仰拱基坑积水应及时抽排。（JTG/T 3660：11.2.4） | □符合<br>□不符合 | |
| | 4.6.12 | 隧道施工为反坡排水时，应采用水泵抽水，集水坑位置不得造成围岩失稳和衬砌结构承载能力降低，不应影响隧道内运输。（JTG/T 3660：11.2.6） | □符合<br>□不符合 | |
| | 4.6.13 | 高冒水风险隧道反坡施工时，应准备一定的抢险物资、设备，宜设置两个独立的供电系统和排水管路。（JTG/T 3660：11.2.6） | □符合<br>□不符合 | |
| | 4.6.14 | 隧道浅埋地段地下水位较高，且影响隧道施工时，可采用井点降水措施，降水施工完成后，降水井应按设计要求进行回填。（JTG/T 3660：11.2.8） | □符合<br>□不符合 | |
| □ 其他 | 4.6.15 | | | |

规范性引用文件：
《公路工程施工安全技术规范》（JTG F90—2015）
《公路隧道施工技术规范》（JTG/T 3660—2020）

总体评价：1. 本次检查____项，符合____项，不符合____项，符合率为____%。
2. 针对不符合项中(填序号)_____，立即整改。
3. 针对不符合项中(填序号)_____，限期____日内整改。
4. 针对__(填写停工范围)__，停工整改。
5. 整改情况于____日内，书面反馈至检查单位。
6. 其他_____

检查单位：_____     受检单位：_____

检查人员：_____     受检人员：_____

检查日期：_____     签收日期：_____

## 4.7 通风、防尘及防有害气体

项目标段：_____　　　　检查部位：_____

| 项目 | 序号 | 常见隐患涉及条款 | 检查结果 | 问题描述 |
|---|---|---|---|---|
| □隧道通风 | 4.7.1 | 隧道施工独头掘进长度超过150m时洞内应采用机械通风。隧道施工通风应纳入工序管理，由专人负责。长及特长隧道施工应配备备用通风机或备用电源。（JTG F90:9.9.1） | □符合<br>□不符合 | |
| □风机设置 | 4.7.2 | 通风机应装有保险装置，发生故障时应自动停机。通风管沿线应每50～100m设立警示标志或色灯。通风管安装作业台架应稳定牢固，并经验收合格。（JTG F90:9.9.1） | □符合<br>□不符合 | |
| | 4.7.3 | 通风管的安装，送风式的进风口宜在洞口30m以外。（JTG/T 3660:13.1.5.2） | □符合<br>□不符合 | |
| | 4.7.4 | 通风管靠近开挖面的距离应根据开挖面大小确定，送风式通风管的送风口距开挖面不宜大于15m，排风式风管吸风口不宜大于5m。靠近开挖面的风管可移动，爆破前从掌子面处移走。（JTG/T 3660:13.1.5.4） | □符合<br>□不符合 | |
| | 4.7.5 | 主风机间歇时，受影响的工作面应停止工作。（JTG F90:9.9.1） | □符合<br>□不符合 | |
| | 4.7.6 | 空气中的一氧化碳（CO）、二氧化碳（$CO_2$）、氮氧化物（$NO_x$）等有害气体浓度不得超过允许浓度（TWA最大容许值为5，STEL最大容许值为10）。（JTG F90:9.9.2） | □符合<br>□不符合 | |
| | 4.7.7 | 钻孔作业应采用湿式凿岩，当水源缺乏、容易冻结或岩性不适于湿式凿岩时，可采用带有捕尘设备的干式凿岩，采用防尘措施后应达到规定的粉尘浓度。（JTG/T 3660:13.1.6） | □符合<br>□不符合 | |
| | 4.7.8 | 瓦斯隧道各作业面应配备瓦检仪，高瓦斯工点和瓦斯突出地段应配置高浓度瓦检仪和自动检测报警断电装置，瓦斯隧道人员聚集处应设置瓦斯自动报警仪。（JTG F90:9.11.8） | □符合<br>□不符合 | |
| | 4.7.9 | 瓦斯隧道通风设施应保持良好状态，并应配置一套备用通风装置，各工作面应独立通风。（JTG F90:9.11.8） | □符合<br>□不符合 | |
| | 4.7.10 | 瓦斯隧道风筒、风道、风门、风墙等设施应保持封闭，施工中应设专人维修和保养，不得频繁开启风门。（JTG F90:9.11.8） | □符合<br>□不符合 | |
| | 4.7.11 | 应配置两套电源供电，并应采用双电源线路，电源线不得分接隧道以外任何负荷。瓦斯隧道施工应设置灭火器、消防水池、消防砂等消防设施。（JTG F90:9.11.8） | □符合<br>□不符合 | |

续上表

| 项目 | 序号 | 常见隐患涉及条款 | 检查结果 | 问题描述 |
|---|---|---|---|---|
| ☐ 风机设置 | 4.7.12 | 应采用湿式钻孔开挖,装药前、放炮前和放炮后,爆破工、班组长和瓦斯检测员应现场检查瓦斯浓度并参加爆破全过程。(JTG F90:9.11.8) | ☐符合<br>☐不符合 | |
| | 4.7.13 | 瓦斯隧道严禁两个作业面之间串联通风。洞口20m范围内严禁明火。(JTG F90:9.11.9) | ☐符合<br>☐不符合 | |
| | 4.7.14 | 高瓦斯工区和瓦斯突出工区电气设备与作业机械必须使用防爆型。(JTG F90:9.11.10) | ☐符合<br>☐不符合 | |
| | 4.7.15 | 隧道内气温不宜高于28℃。隧道内气温高于28℃时,宜采取通风、洒水、加冰等措施降低温度。(JTG/T 3660:13.2.8) | ☐符合<br>☐不符合 | |
| ☐ 其他 | 4.7.16 | | | |

规范性引用文件:
《公路工程施工安全技术规范》(JTG F90—2015)
《公路隧道施工技术规范》(JTG/T 3660—2020)

总体评价:1. 本次检查____项,符合____项,不符合____项,符合率为____%。
   2. 针对不符合项中(填序号)_____,立即整改。
   3. 针对不符合项中(填序号)_____,限期____日内整改。
   4. 针对__(填写停工范围)__,停工整改。
   5. 整改情况于____日内,书面反馈至检查单位。
   6. 其他_____

检查单位:_____ 受检单位:_____

检查人员:_____ 受检人员:_____

检查日期:_____ 签收日期:_____

## 4.8　风、水、电供应

项目标段：＿＿＿＿＿＿＿＿＿＿＿＿＿＿　　　检查部位：＿＿＿＿＿＿＿＿＿＿＿＿＿＿

| 项目 | 序号 | 常见隐患涉及条款 | 检查结果 | 问题描述 |
|---|---|---|---|---|
| □施工供风 | 4.8.1 | 空气压缩机应设在洞口附近,当有多个洞口需集中供风时,可选在适中位置,但应靠近用风量较大的洞口。长隧道及特长隧道可将空气压缩机布设在洞内适当位置。(JTG/T 3660:12.2.1) | □符合<br>□不符合 | |
| | 4.8.2 | 空气压缩机站应有防水、降温和防雷击设施。(JTG/T 3660:12.2.1) | □符合<br>□不符合 | |
| | 4.8.3 | 压力表和安全阀应定期维护保养且每年至少校检一次。(JTG/T 3660:12.2.1) | □符合<br>□不符合 | |
| | 4.8.4 | 供风管的材质及耐风压等级应满足相应要求,供风管不得有裂纹、创伤和凹陷,管内不得留有残余物和其他脏物。(JTG F90:9.10.1-2) | □符合<br>□不符合 | |
| | 4.8.5 | 供风管应做到铺设平顺、接头严密,软管与钢风管的连接应牢固,风管应在空压机停机或关闭闸阀后拆卸。(JTG F90:9.10.1-3) | □符合<br>□不符合 | |
| | 4.8.6 | 不得在空压机风管进出口和软管旁停留人员或放置物品。(JTG F90:9.10.1-4) | □符合<br>□不符合 | |
| | 4.8.7 | 洞内高压风管不宜与电缆电线敷设在同一侧。(JTG/T 3660:12.2.4-1) | □符合<br>□不符合 | |
| | 4.8.8 | 在空气压缩机站总输出管上应设总闸阀;主管上每隔300～500m应分装闸阀。高压风管长度大于1000m时,应在管路最低处设置油水分离器,定时放出管中的积油和水。(JTG/T 3660:12.2.4-2) | □符合<br>□不符合 | |
| | 4.8.9 | 洞外地段,当高压风管长度超过100m和温度变化较大时宜安装伸缩器;靠近空气压缩机150m以内,风管的法兰盘接头宜用石棉衬垫。(JTG/T 3660:12.2.4-6) | □符合<br>□不符合 | |
| | 4.8.10 | 高压风管前端至开挖面宜保持30m距离,并用高压软管连接分风器,通向上导坑开挖面使用的软管长度不宜大于50m。分风器与凿岩机间连接的胶皮管长度,不宜大于15m。应加强对风管的保护,避免爆破飞石的破坏。(JTG/T 3660:12.2.4-7) | □符合<br>□不符合 | |
| | 4.8.11 | 高压风管不应妨碍运输、影响边沟施工。(JTG/T 3660:12.2.4-5) | □符合<br>□不符合 | |
| | 4.8.12 | 移动空压机宜设置在隧道紧急停车带、设备洞、横通道等施工干扰小的地方,设置隔离和警示标牌。(JTG/T 3660:12.2.5-1) | □符合<br>□不符合 | |

续上表

| 项目 | 序号 | 常见隐患涉及条款 | 检查结果 | 问题描述 |
|---|---|---|---|---|
| ☐ 施工供水 | 4.8.13 | 施工供水的蓄水池应设防渗漏措施和安全防护设施,且不得设于隧道正上方。(JTG F90;9.10.2) | ☐符合<br>☐不符合 | |
| | 4.8.14 | 施工现场搭设的水塔、水箱等储水设施应稳固、牢靠,并应采取防倾覆措施。(JTG F90;4.5.2) | ☐符合<br>☐不符合 | |
| | 4.8.15 | 洞内供水管不宜与电缆电线敷设在同一侧。在水池总输出管上应设总闸阀,主管上每隔300~500m应分装闸阀。(JTG/T 3660;12.3.3-1) | ☐符合<br>☐不符合 | |
| | 4.8.16 | 供水管在安装前应进行检查,有裂纹、创伤、凹陷等现象时不得使用,管内不应保留有残余物和其他脏物。(JTG/T 3660;12.3.3-1) | ☐符合<br>☐不符合 | |
| | 4.8.17 | 管路应敷设牢固、平顺,接头严密,不漏水。洞内供水管不应妨碍运输、影响边沟施工。(JTG/T 3660;12.3.3-1) | ☐符合<br>☐不符合 | |
| | 4.8.18 | 洞内水管前端至开挖面宜保持30m,并用高压软管连接分水器。洞内软管的长度不宜大于50m;分水器与凿岩机间连接的胶皮管长度,不宜大于15m。应采取措施避免爆破飞石损坏水管。(JTG/T 3660;12.3.3-7) | ☐符合<br>☐不符合 | |
| ☐ 施工供电与照明 | 4.8.19 | 施工现场开挖沟槽边缘与埋设电缆沟槽边缘的安全距离不得小于0.5m。(JTG F90;4.4.5-1) | ☐符合<br>☐不符合 | |
| | 4.8.20 | 配电箱、开关箱应装设在干燥、通风及常温场所,不得装设在存在瓦斯、烟气、潮气及其他有害介质的场所。(JTG F90;4.4.8-3) | ☐符合<br>☐不符合 | |
| | 4.8.21 | 非瓦斯隧道固定式照明电压应不大于220V,线路末端的电压降不应大于10%;手持式或移动式照明电压应不大于36V。(JTG/T 3660;12.4.2) | ☐符合<br>☐不符合 | |
| | 4.8.22 | 隧道外变电站应设置防雷击和防风装置。(JTG F90;9.10.3-3) | ☐符合<br>☐不符合 | |
| | 4.8.23 | 洞内变电站设置应符合下列规定:<br>3 变压器与周围洞壁的最小距离不应小于300mm。<br>4 应采用井下高压配电装置或相同电压等级的油开关柜,不应使用跌落式熔断器;应有防尘措施。(JTG/T 3660;12.4.7) | ☐符合<br>☐不符合 | |
| | 4.8.24 | 洞内变电站设置应符合下列规定:<br>5 应按规定设置防护栏(防护网)、灯光警告标志等安全防护措施。<br>6 高压分线部位应设明显危险警告标志。(JTG/T 3660;12.4.7) | ☐符合<br>☐不符合 | |
| | 4.8.25 | 成洞地段固定的电线路应采用绝缘良好的胶皮线架设,施工地段的临时电线路应采用橡套电缆。竖井、斜井地段应采用铠装电缆,瓦斯地段输电线应使用密封电缆。(JTG F90;9.10.3-5) | ☐符合<br>☐不符合 | |

续上表

| 项目 | 序号 | 常见隐患涉及条款 | 检查结果 | 问题描述 |
|---|---|---|---|---|
| ☐ 施工供电与照明 | 4.8.26 | 动力干线上的每一分支线,必须装设开关及保险装置。严禁在动力线路上加挂照明设施。(JTG F90:9.10.3-7) | ☐符合<br>☐不符合 | |
| | 4.8.27 | 隧道施工用电必须按设计要求设置双电源或自备电源。自备发电机组与外电线路必须电源联锁,严禁并列运行。(JTG F90:9.10.3-8) | ☐符合<br>☐不符合 | |
| | 4.8.28 | 作业地段照明电压不宜大于36V,成洞段和不作业地段宜采用220V,照明灯具宜采用冷光源。(JTG F90:9.10.3-10) | ☐符合<br>☐不符合 | |
| | 4.8.29 | 漏水地段应采用防水灯具,瓦斯地段应采用防爆灯具。(JTG F90:9.10.3-11) | ☐符合<br>☐不符合 | |
| | 4.8.30 | 洞内供电线路不得与人行道布置在同一侧。照明和动力电线路安装在同一侧时,应分层架设。电线悬挂高度应满足:400V以下不应小于2.5m,6~10kV不应小于3.5m。瓦斯地段的电缆应沿侧壁铺设,不得悬空架设。(JTG/T 3660:12.4.6-4) | ☐符合<br>☐不符合 | |
| | 4.8.31 | 36V变压器应设在安全、干燥处,机壳接地,输电线路长度不应大于100m。(JTG/T 3660:12.4.6-5) | ☐符合<br>☐不符合 | |
| | 4.8.32 | 瓦斯隧道应配置两套电源供电,并采用双电源线路,电源线不得分接隧道以外任何负荷。(JTG F90:9.11.8) | ☐符合<br>☐不符合 | |
| ☐ 其他 | 4.8.33 | | | |

规范性引用文件:
《公路工程施工安全技术规范》(JTG F90—2015)
《公路隧道施工技术规范》(JTG/T 3660—2020)

总体评价:1. 本次检查____项,符合____项,不符合____项,符合率为____%。
    2. 针对不符合项中(填序号)_____,立即整改。
    3. 针对不符合项中(填序号)_____,限期____日内整改。
    4. 针对__(填写停工范围)__,停工整改。
    5. 整改情况于____日内,书面反馈至检查单位。
    6. 其他_____

检查单位:_____  受检单位:_____

检查人员:_____  受检人员:_____

检查日期:_____  签收日期:_____

## 4.9 不良地质和特殊性岩土

项目标段：_____　　　　　　检查部位：_____

| 项目 | 序号 | 常见隐患涉及条款 | 检查结果 | 问题描述 |
|---|---|---|---|---|
| 富水软弱破碎围岩 | 4.9.1 | 采用先治水、加固，后超前支护，再开挖的施工顺序。（JTG/T 3660：16.2.6） | □符合<br>□不符合 | |
| | 4.9.2 | 严格控制开挖循环进尺，初期支护及时施作。（JTG F90：9.11.1） | □符合<br>□不符合 | |
| | 4.9.3 | 隧道洞口、辅助坑道洞口、斜(竖)井洞口进洞开挖前形成排水系统，完善排水设施。（JTG/T 3660：11.2.1） | □符合<br>□不符合 | |
| | 4.9.4 | 隧道内边墙基坑、仰拱基坑积水应及时抽排。（JTG/T 3660：11.2.4） | □符合<br>□不符合 | |
| | 4.9.5 | 富水软弱破碎围岩隧道二次衬砌应尽早施作。（JTG/T 3660：16.2.7） | □符合<br>□不符合 | |
| | 4.9.6 | 二次衬砌施工前，应严格按设计做好衬砌背后的防排水设施，防水层不得有影响衬砌厚度的皱褶、绷弦现象，二次衬砌背后纵向盲管，不得侵占二次衬砌结构空间。（JTG/T 3660：11.1.2） | □符合<br>□不符合 | |
| | 4.9.7 | 集中引排施工废水、围岩渗水，防止形成漫流和积水。（JTG/T 3660：11.2.3） | □符合<br>□不符合 | |
| | 4.9.8 | 洞口的截、排水系统做好衔接，洞中排水不得冲刷其他建筑物和农田房舍等。（JTG/T 3660：11.2） | □符合<br>□不符合 | |
| | 4.9.9 | 采用超前大管棚时，管棚钢管直径不宜小于108mm、环向间距不宜大于350mm。采用超前小导管时，钢管环向间距不宜大于300mm。（JTG/T 3660：16.2.5） | □符合<br>□不符合 | |
| 溶洞 | 4.9.10 | 采用分部开挖，当溶洞出现在隧道一侧，应先开挖该侧，待初期支护完成后，再开挖另一侧。在Ⅱ~Ⅲ级围岩中，仅出现稳定性较好的小溶洞、溶隙时，可采用全断面法开挖。（JTG/T 3660：16.3.3） | □符合<br>□不符合 | |
| | 4.9.11 | 严格控制开挖循环长度，每循环炮眼钻孔宜多打眼、打浅眼。（JTG/T 3660：16.3.3） | □符合<br>□不符合 | |
| | 4.9.12 | 掌子面应有不少于5个加深探测炮孔。加深探测炮孔深度宜比装药炮孔深3m以上，直径宜与装药炮孔相同；不得在爆破残留孔中打设加深探测跑孔。（JTG/T 3660：16.3.3） | □符合<br>□不符合 | |
| | 4.9.13 | 严格控制单段最大爆破药量，控制爆破振动。（JTG/T 3660：16.3.3） | □符合<br>□不符合 | |

续上表

| 项目 | 序号 | 常见隐患涉及条款 | 检查结果 | 问题描述 |
|---|---|---|---|---|
| □溶洞 | 4.9.14 | 处治揭露的暗河通道时,不得阻断原有过水通道,严禁向暗河通道弃渣。(JTG/T 3660:16.3.5) | □符合<br>□不符合 | |
| | 4.9.15 | 暗河位置在隧道顶部或高于隧道顶部时,丰水期禁止施工。(JTG/T 3660:16.3.5) | □符合<br>□不符合 | |
| | 4.9.16 | 施工过程中,不得截断暗河通道。(JTG/T 3660:16.3.5) | □符合<br>□不符合 | |
| □采空区 | 4.9.17 | 切实做好加固或回填处理,防止采空区垮塌或出现结构沉陷。(JTG/T 3660:16.4.2) | □符合<br>□不符合 | |
| | 4.9.18 | 及时进行封堵、疏导、引排采空区积水。(JTG/T 3660:16.4.2) | □符合<br>□不符合 | |
| | 4.9.19 | 采空区隧道爆破开挖时,应采取措施减小爆破振动。(JTG/T 3660:16.4.4) | □符合<br>□不符合 | |
| □瓦斯隧道 | 4.9.20 | 瓦斯钻爆作业工作面附近20m以内风流中甲烷浓度必须小于1%。应采用湿式钻孔。炮孔深度不应小于0.6m,岩层最小抵抗线不得小于0.3m,煤层最小抵抗线不得小于0.5m。装药前炮孔应清除干净。(JTG/T 3660:16.5.2) | □符合<br>□不符合 | |
| | 4.9.21 | 使用煤矿许用瞬发电雷管、煤矿许用毫秒延期电雷管、数码雷管,严禁使用秒及半秒级电雷管以及火雷管,不应使用普通导爆索。(JTG/T 3660:16.5.2) | □符合<br>□不符合 | |
| | 4.9.22 | 爆破网络必须采用绝缘母线单回路爆破,严禁利用轨道、金属管、金属网、水或大地等作为爆破回路,严禁将毫秒电雷管和瞬发电雷管接入同一串联网路中混合使用。(JTG/T 3660:16.5.2) | □符合<br>□不符合 | |
| | 4.9.23 | 炮孔封堵不严或不足时,不得进行爆破。(JTG/T 3660:7.4.11) | □符合<br>□不符合 | |
| | 4.9.24 | 每次爆破后,在确认甲烷浓度小于0.5%、二氧化碳浓度小于1.5%后,方可由瓦检员通知电工送电,方可允许施工人员进入工区开挖工作面作业。(JTG/T 3660:16.5.2) | □符合<br>□不符合 | |
| | 4.9.25 | 按煤系地层设防地段的二次衬砌所有空隙需充填密实,以封闭瓦斯。混凝土灌注时可适当增加灌注压力,多留排气孔、观察孔,可通过观察孔补充注浆,充填密实。排气孔、观察孔最后需进行封堵。(JTG/T 3660:16.5.4) | □符合<br>□不符合 | |
| | 4.9.26 | 检查通风设计,配备足够的备用通风设备,防止设备故障造成洞内瓦斯聚集与超限。(JTG/T 3660:16.5.5) | □符合<br>□不符合 | |

续上表

| 项目 | 序号 | 常见隐患涉及条款 | 检查结果 | 问题描述 |
|---|---|---|---|---|
| □ 瓦斯隧道 | 4.9.27 | 在开挖工作面装药前、爆破前和爆破后,爆破工、瓦检员、安全员同时检查检测放炮地点附近20m以内风流中的甲烷浓度,严格落实"一炮三检""三人联锁爆破"。(JTG/T 3660:16.5.9) | □符合<br>□不符合 | |
| | 4.9.28 | 瓦斯隧道停工后,必须撤出所有人员,切断电源,设置警示标志,禁止人、车辆进入隧道。(JTG/T 3660:16.5.11) | □符合<br>□不符合 | |
| □ 软岩地段 | 4.9.29 | 初期支护应及时施作,开挖和支护应尽早完成全断面闭合。(JTG/T 3660:16.6.2) | □符合<br>□不符合 | |
| | 4.9.30 | 上台阶钢架加工时应根据加大的断面轮廓进行,钢架接长时,应根据已经安装变形后的钢架轮廓加工;钢架宜尽早封闭成环。(JTG/T 3660:16.6.2) | □符合<br>□不符合 | |
| | 4.9.31 | 仰拱紧跟掌子面施工,仰拱与掌子面距离一般不超过2倍隧道开挖宽度。(JTG/T 3660:16.6.3) | □符合<br>□不符合 | |
| | 4.9.32 | 根据设计预留变形空间,释放弹性变形能。宜合理预留补强空间。(JTG/T 3660:16.6.4) | □符合<br>□不符合 | |
| | 4.9.33 | 二次衬砌应根据"适当释放、控制变形、适时封闭"的原则和设计要求确定施工时机。洞口段施作不宜拖后。(JTG/T 3660:16.6.6) | □符合<br>□不符合 | |
| □ 岩爆地段 | 4.9.34 | 采用光面爆破技术,使隧道开挖周壁圆顺;同时应严格控制单段最大爆破药量。(JTG/T 3660:16.7.4) | □符合<br>□不符合 | |
| | 4.9.35 | 对岩爆强烈的开挖面,应按设计施工超前锚杆锁定前方围岩。(JTG/T 3660:16.7.4) | □符合<br>□不符合 | |
| | 4.9.36 | 台车、装渣机械、运输车辆宜加装防护钢板。应在台车上装设钢丝防护网。(JTG/T 3660:16.7.4) | □符合<br>□不符合 | |
| | 4.9.37 | 遵循"以防为主、防治结合"的原则,防止施工中岩爆的发生。(JTG/T 3660:16.7.1) | □符合<br>□不符合 | |
| □ 流沙地段 | 4.9.38 | 隧道通过含水沙层地段应特别加强治水措施,防止沙层流失,防止沙土液化。(JTG/T 3660:16.8.2) | □符合<br>□不符合 | |
| | 4.9.39 | 严格控制开挖长度,防止上部两侧不均匀下沉。(JTG/T 3660:16.8.3) | □符合<br>□不符合 | |
| | 4.9.40 | 支护应及时,边挖边封闭,遇缝必堵,严防沙粒从支护缝隙中漏出。(JTG/T 3660:16.8.3) | □符合<br>□不符合 | |
| | 4.9.41 | 应观测支护的实际沉落量。及时做好调整。(JTG/T 3660:16.8.3) | □符合<br>□不符合 | |

续上表

| 项目 | 序号 | 常见隐患涉及条款 | 检查结果 | 问题描述 |
|---|---|---|---|---|
| □流沙地段 | 4.9.42 | 在流沙逸出口附近较干燥围岩处,应尽快打入锚杆或施作喷射混凝土层,加固围岩,防止逸出扩大。(JTG/T 3660:16.8.3) | □符合<br>□不符合 | |
| | 4.9.43 | 开挖地段的排水沟应浆砌,或用管、槽等将水引至洞外。(JTG/T 3660:16.8.3) | □符合<br>□不符合 | |
| | 4.9.44 | 沙层隧道仰拱应紧跟开挖面,适当缩短一次浇筑长度,及时封闭成环。(JTG/T 3660:16.8.4) | □符合<br>□不符合 | |
| □黄土 | 4.9.45 | 黄土隧道的施工应采用机械挖掘,不宜采用钻爆法施工。(JTG/T 3660:16.9.1) | □符合<br>□不符合 | |
| | 4.9.46 | 黄土隧道施工防排水严格遵守"严防进入,加快排出"的原则,在雨季前按设计做好洞顶、洞门及洞口的防排水系统。(JTG/T 3660:16.9.3) | □符合<br>□不符合 | |
| | 4.9.47 | 严格控制施工用水下渗。(JTG/T 3660:16.9.3) | □符合<br>□不符合 | |
| | 4.9.48 | 开挖施工中严格遵守"管超前、短进尺,强支护、早封闭、勤量测"的施工原则,严禁超挖。(JTG/T 3660:16.9.4) | □符合<br>□不符合 | |
| | 4.9.49 | 不得在喷射混凝土前用水冲洗开挖面。(JTG/T 3660:16.9.5) | □符合<br>□不符合 | |
| | 4.9.50 | 尽早施工二次衬砌,拱墙二次衬砌应整体灌注。(JTG/T 3660:16.9.6) | □符合<br>□不符合 | |
| □膨胀岩土 | 4.9.51 | 采用"以防为主,防、截、堵、排相结合"的防排水原则,严禁水渗流至开挖工作面。(JTG/T 3660:16.10.2) | □符合<br>□不符合 | |
| | 4.9.52 | 开挖应短进尺逐次开挖各分部断面,应依序紧跟,不得超前独进。(JTG/T 3660:16.10.3) | □符合<br>□不符合 | |
| | 4.9.53 | 隧道周壁开挖应圆顺,开挖后,应及时封闭暴露的岩体。(JTG/T 3660:16.10.3) | □符合<br>□不符合 | |
| | 4.9.54 | 开挖后,应对围岩及时采取支护措施并闭合成环。(JTG/T 3660:16.10.4) | □符合<br>□不符合 | |
| | 4.9.55 | 衬砌结构应与围岩充分密贴、及早闭合。(JTG/T 3660:16.10.6) | □符合<br>□不符合 | |
| | 4.9.56 | 膨胀土隧道洞门施工应避开雨季。(JTG/T 3660:16.10.7) | □符合<br>□不符合 | |

续上表

| 项目 | 序号 | 常见隐患涉及条款 | 检查结果 | 问题描述 |
|---|---|---|---|---|
| □寒区隧道 | 4.9.57 | 配备适应低温条件下能正常工作的施工机具,配备满足施工要求的加温设备和保温器材。(JTG/T 3660:16.11.1) | □符合<br>□不符合 | |
| | 4.9.58 | 隧道洞口设防雪墙或防雪棚,防止溜冰、冰雪垮塌或风吹雪掩埋洞口。(JTG/T 3660:16.11.2) | □符合<br>□不符合 | |
| | 4.9.59 | 寒区隧道开挖,应根据围岩级别、冻土地下冰含量确定开挖方法,严格控制爆破振动和开挖进尺。(JTG/T 3660:16.11.4) | □符合<br>□不符合 | |
| | 4.9.60 | 寒区隧道在冬期进行模筑混凝土衬砌施工时,应采取措施保证混凝土浇筑时所需温度条件。(JTG/T 3660:16.11.6) | □符合<br>□不符合 | |
| □其他 | 4.9.61 | | | |

规范性引用文件:
《公路隧道施工技术规范》(JTG/T 3660—2020)
《公路工程施工安全技术规范》(JTG F90—2015)

总体评价:1.本次检查____项,符合____项,不符合____项,符合率为____%。
    2.针对不符合项中(填序号)_____,立即整改。
    3.针对不符合项中(填序号)_____,限期____日内整改。
    4.针对__(填写停工范围)__,停工整改。
    5.整改情况于____日内,书面反馈至检查单位。
    6.其他_____

检查单位:_____ 受检单位:_____

检查人员:_____ 受检人员:_____

检查日期:_____ 签收日期:_____

# 第五篇
# 房建工程篇

# 第一节 机械设备

## 5.1 物料提升机

项目标段：_____  检查部位：_____

| 项目 | 序号 | 常见隐患涉及条款 | 检查结果 | 问题描述 |
|---|---|---|---|---|
| □ 基础 | 5.1.1 | 基础周边应有排水措施。（JGJ 88：8.1.2-4） | □符合<br>□不符合 | |
| □ 安全装置 | 5.1.2 | 自升平台应采用渐进式防坠安全器。（JGJ 88：6.1.2） | □符合<br>□不符合 | |
| | 5.1.3 | 安全停层装置应为刚性机构，吊笼停层时，安全停层装置应能可靠承担吊笼自重、额定荷载及运料人员等全部工作荷载。（JGJ 88：6.1.3） | □符合<br>□不符合 | |
| | 5.1.4 | 上限位开关：当吊笼上升至限定位置时，触发限位开关，吊笼被制停，上部越程距离不应小于3m。（JGJ 88：6.1.4-1） | □符合<br>□不符合 | |
| | 5.1.5 | 下限位开关：当吊笼下降至限定位置时，触发限位开关，吊笼被制停。（JGJ 88：6.1.4-2） | □符合<br>□不符合 | |
| | 5.1.6 | 紧急断电开关应设在便于司机操作的位置。（JGJ 88：6.1.5） | □符合<br>□不符合 | |
| □ 防护设施 | 5.1.7 | 物料提升机地面进料口应设置防护围栏，围栏高度不应小于1.8m。（JGJ 88：6.2.1-1） | □符合<br>□不符合 | |
| | 5.1.8 | 吊笼门的开启高度不应低于1.8m。（JGJ 88：4.1.8-2） | □符合<br>□不符合 | |
| | 5.1.9 | 进料口门的开启高度不应小于1.8m。（JGJ 88：6.2.1-2） | □符合<br>□不符合 | |
| | 5.1.10 | 进料口门应装有电气安全开关，吊笼应在进料口门关闭后才能启动。（JGJ 88：6.2.1-2） | □符合<br>□不符合 | |

续上表

| 项目 | 序号 | 常见隐患涉及条款 | 检查结果 | 问题描述 |
|---|---|---|---|---|
| ☐ 附墙架与缆风绳 | 5.1.11 | 当导轨架的安装高度超过设计的最大独立高度时,必须安装附墙架。(JGJ 88:8.2.1) | ☐符合<br>☐不符合 | |
| | 5.1.12 | 附墙架与导轨架及建筑结构采用刚性连接,不得与脚手架连接。(JGJ 88:8.2.2-2) | ☐符合<br>☐不符合 | |
| | 5.1.13 | 每一组四根缆风绳与导轨架的连接点应在同一水平高度,且应对称设置。(JGJ 88:8.3.1-1) | ☐符合<br>☐不符合 | |
| | 5.1.14 | 缆风绳与水平面夹角宜在45°～60°之间,并应采用与缆风绳等强度的花篮螺栓与地锚连接。(JGJ 88:8.3.1-3) | ☐符合<br>☐不符合 | |
| | 5.1.15 | 安装高度大于或等于30m时,不得使用缆风绳固定。(JGJ 88:8.3.2) | ☐符合<br>☐不符合 | |
| | 5.1.16 | 缆风绳直径不应小于8mm,安全系数不应小于3.5。(JGJ 88:5.4.5) | ☐符合<br>☐不符合 | |
| ☐ 钢丝绳 | 5.1.17 | 钢丝绳在卷筒上应整齐排列,端部应与卷筒压紧装置连接牢固。(JGJ 88:5.1.5) | ☐符合<br>☐不符合 | |
| | 5.1.18 | 吊笼处于最低位置,卷筒上钢丝绳不应少于3圈。(JGJ 88:5.1.5) | ☐符合<br>☐不符合 | |
| | 5.1.19 | 提升吊笼钢丝绳直径不应小于12mm,安全系数不应小于8。(JGJ 88:5.4.3) | ☐符合<br>☐不符合 | |
| | 5.1.20 | 当钢丝绳端部固定采用绳夹时,绳夹规格应与绳径匹配,数量不应少于3个,间距不应小于绳径6倍,夹座应安放在长绳一侧,不得正反交错设置。(JGJ 88:5.4.6) | ☐符合<br>☐不符合 | |
| ☐ 传动装置 | 5.1.21 | 物料提升机严禁使用摩擦式卷扬机。(JGJ 88:5.1.7) | ☐符合<br>☐不符合 | |
| | 5.1.22 | 钢丝绳应在卷筒上排列整齐。(JGJ 59:3.15.4.2) | ☐符合<br>☐不符合 | |
| | 5.1.23 | 曳引钢丝绳为2根及以上时,应设置曳引力平衡装置。(JGJ 88:5.2.2) | ☐符合<br>☐不符合 | |
| | 5.1.24 | 滑轮与导轨架、吊笼应采用刚性连接。(JGJ 88:5.3.3) | ☐符合<br>☐不符合 | |
| | 5.1.25 | 严禁采用钢丝绳等柔性连接或使用开口拉板式滑轮。(JGJ 88:5.3.3) | ☐符合<br>☐不符合 | |
| | 5.1.26 | 卷筒、滑轮应设置防止钢丝绳脱出装置,并应符合本规范第5.1.6条的规定。(JGJ 88:5.3.2)<br>卷扬机应设置防止钢丝绳脱出卷筒的保护装置。该装置与卷筒外缘的间隙不应大于3mm,并应有足够的强度。(JGJ 88:5.1.6) | ☐符合<br>☐不符合 | |

续上表

| 项目 | 序号 | 常见隐患涉及条款 | 检查结果 | 问题描述 |
|---|---|---|---|---|
| ☐ 安装、拆卸、验收 | 5.1.27 | 基础的位置应保证视线良好,物料提升机任意部位与建筑物或其他施工设备间的安全距离不应小于0.6m。(JGJ 88:9.1.5) | ☐符合<br>☐不符合 | |
| | 5.1.28 | 拆除作业应先挂吊具、后拆除附墙架或缆风绳及地脚螺栓。(JGJ 88:9.1.10) | ☐符合<br>☐不符合 | |
| | 5.1.29 | 拆除作业中,不得抛掷构件。(JGJ 88:9.1.10) | ☐符合<br>☐不符合 | |
| | 5.1.30 | 总监办应派员旁站特种设备的拆装过程。(省指南:3.3.1.3) | ☐符合<br>☐不符合 | |
| | 5.1.31 | 特种设备的安全操作规程应悬挂于设备操作室或主要工作场所。(省指南:3.3.1.4) | ☐符合<br>☐不符合 | |
| | 5.1.32 | 特种设备使用单位应当依法取得特种设备使用登记证书,并将登记标志置于该特种设备的显著位置。(公路水运工程安全生产监督管理办法:第十八条) | ☐符合<br>☐不符合 | |
| ☐ 其他 | 5.1.33 | | | |

规范性引用文件:
《龙门架及井架物料提升机安全技术规范》(JGJ 88—2010)
《建筑施工安全检查标准》(JGJ 59—2011)
《公路水运工程安全生产监督管理办法》(交通运输部令2017年第25号)
《公路工程建设现场安全管理标准化指南》(苏交建质〔2012〕16号)

总体评价:1. 本次检查____项,符合____项,不符合____项,符合率为____%。
    2. 针对不符合项中(填序号)_____,立即整改。
    3. 针对不符合项中(填序号)_____,限期____日内整改。
    4. 针对__(填写停工范围)__,停工整改。
    5. 整改情况于____日内,书面反馈至检查单位。
    6. 其他_____

检查单位:_____　　受检单位:_____

检查人员:_____　　受检人员:_____

检查日期:_____　　签收日期:_____

## 5.2 塔式起重机

项目标段：_____　　检查部位：_____

| 项目 | 序号 | 常见隐患涉及条款 | 检查结果 | 问题描述 |
|---|---|---|---|---|
| 工作环境 | 5.2.1 | 在最不利位置和最不利装载条件下，起重机的所有运动部分与建筑物的净距规定如下：<br>——距固定部分不小于0.05m；<br>——距任何栏杆或扶手不小于0.10m；<br>——距出入区不小于0.50m。（GB 6067.1：10.2.1） | □符合<br>□不符合 | |
| | 5.2.2 | 起重机械各运动部分的下界限线与下方的一般出入区之间的垂直距离不应小于1.7m，与通常不准人出入的下方的固定或活动部分及与栏杆顶部的垂直距离不应小于0.5m。（GB 6067.1：10.2.2） | □符合<br>□不符合 | |
| | 5.2.3 | 起重机械各运动部分的上界限线与上方的固定或活动部分之间的垂直距离，在保养区域和维修平台等处不应小于0.5m。如果不会对人员产生危险，这个距离可以减少到0.1m。（GB 6067.1：10.2.3） | □符合<br>□不符合 | |
| | 5.2.4 | 塔机的尾部与周围建筑物及其外围施工设施之间的安全距离不小于0.6m。（GB 5144：10.3） | □符合<br>□不符合 | |
| | 5.2.5 | 两台塔机之间的最小架设距离应保证处于低位塔机的起重臂端部与另一台塔机的塔身之间至少有2m的距离，处于高位塔机的最低位置的部件（吊钩升至最高点或平衡重的最低部位）与低位塔机中处于最高位置部件之间的垂直距离不应小于2m。（GB 5144：10.5） | □符合<br>□不符合 | |
| | 5.2.6 | 塔机轨道敷设应符合下列要求：<br>a）轨道应通过垫块与轨枕可靠地连接，每间隔6m应设一个轨距拉杆。钢轨接头处应有轨枕支承，不应悬空。在使用过程中轨道不应移动；<br>b）轨距允许误差不大于公称值的1/1000，其绝对值不大于6mm。（GB 5144：10.8） | □符合<br>□不符合 | |
| | 5.2.7 | 塔机轨道敷设应符合下列要求：<br>c）钢轨接头间隙不大于4mm，与另一侧钢轨接头的错开距离不小于1.5m，接头处两轨顶高度差不大于2mm；<br>d）在轨道全程中，轨道顶面任意两点的高度差应小于100mm。（GB 5144：10.8） | □符合<br>□不符合 | |

续上表

| 项目 | 序号 | 常见隐患涉及条款 | 检查结果 | 问题描述 |
|---|---|---|---|---|
| □司机室 | 5.2.8 | 司机室门、窗玻璃应使用钢化玻璃或夹层玻璃。司机室正面玻璃应设有雨刷器。(GB 5144:4.6.2) | □符合<br>□不符合 | |
| | 5.2.9 | 司机室的落地窗应设有防护栏杆。(GB 5144:4.6.7) | □符合<br>□不符合 | |
| □金属结构 | 5.2.10 | 离地面2m以上的平台和走道应用金属材料制作,并具有防滑性能。(GB 5144:4.4.2) | □符合<br>□不符合 | |
| | 5.2.11 | 平台和走道宽度不应小于500mm,局部有妨碍处可以降至400mm。(GB 5144:4.4.3) | □符合<br>□不符合 | |
| | 5.2.12 | 平台或走道的边缘应设置不小于100mm高的踢脚板。在需要操作人员穿越的地方,踢脚板的高度可以降低。(GB 5144:4.4.4) | □符合<br>□不符合 | |
| □通道与平台 | 5.2.13 | 空中走道,根据塔吊到建筑物的距离,编制专项施工方案,采用地面定型化制作,塔吊自行空中吊装的安装方式。(房屋市政工程安全生产标准化指导图册:2.3.1.7-1) | □符合<br>□不符合 | |
| | 5.2.14 | 走道采用两道16号工字钢作为主梁,12号槽钢为次梁,次梁间距不大于1m,挂钩采用12号槽钢。(房屋市政工程安全生产标准化指导图册:2.3.1.7-2) | □符合<br>□不符合 | |
| | 5.2.15 | 走道的最大跨度不宜大于7m,最大宽度不宜大于900mm,铺设3.0mm厚花纹钢板,塔吊端采用挂钩连接,楼层端搁置长度不得小于1m。(房屋市政工程安全生产标准化指导图册:2.3.1.7-3) | □符合<br>□不符合 | |
| | 5.2.16 | 走道安装时,塔吊端应略高,楼层端应略低,上翘度不得大于10°。(房屋市政工程安全生产标准化指导图册:2.3.1.7-4) | □符合<br>□不符合 | |
| | 5.2.17 | 走道应接近或在附着位置处,且两侧设置格栅防护网,固定牢固。(房屋市政工程安全生产标准化指导图册:2.3.1.7-5) | □符合<br>□不符合 | |
| □斜梯与直梯 | 5.2.18 | 高于地面2m以上的直梯应设置护圈,护圈应满足下列条件:<br>a) 直径为600~800mm;<br>b) 侧面应用3条或5条沿护圈圆周方向均布的竖向板条连接。(GB 5144:4.3.4) | □符合<br>□不符合 | |
| | 5.2.19 | 高于地面2m以上的直梯应设置护圈,护圈应满足下列条件:<br>c) 最大间距:侧面有3条竖向板条时为900mm;侧面有5条竖向板条时为1500mm;<br>d) 任何一个0.1m的范围内可以承受1000N的垂直力时,无永久变形。(GB 5144:4.3.4) | □符合<br>□不符合 | |
| | 5.2.20 | 斜梯两侧应设置栏杆,两侧栏杆的间距:主要斜梯不应小于0.6m;其他斜梯可取为0.5m。斜梯的一侧靠墙壁时,只在另一侧设置栏杆,栏杆高度不小于1m。(GB 6067.1:3.7.1.2) | □符合<br>□不符合 | |
| | 5.2.21 | 梯级踏板表面应防滑。(GB 6067.1:3.7.1.4) | □符合<br>□不符合 | |

续上表

| 项目 | | 序号 | 常见隐患涉及条款 | 检查结果 | 问题描述 |
|---|---|---|---|---|---|
| □金属结构 | □栏杆 | 5.2.22 | 在起重机上的以下部位应装设栏杆：<br>——用于进行起重机安装、拆卸、试验、维修和保养，且高于地面2m的工作部位；<br>——通往离地面高度2m以上的操作室、检修保养部位的通道；<br>——在起重机上存在跌落高度大于1m的危险通道及平台。<br>(GB 6067.1:3.8.1) | □符合<br>□不符合 | |
| | | 5.2.23 | 栏杆的设置应满足以下要求：<br>——栏杆上部表面的高度不低于1m，栏杆下部有高度不低于0.1m的踢脚板，在踢脚板与手扶栏杆之间有不少于一根的中间横杆，它与踢脚板或手扶栏杆的距离不得大于0.5m；对净高不超过1.3m的通道，手扶栏杆的高度可以为0.8m；<br>——在手扶栏杆无永久变形。(GB 6067.1:3.8.2) | □符合<br>□不符合 | |
| | | 5.2.24 | 栏杆的设置应满足以下要求：<br>——栏杆允许开口，但开口处应有防止人员跌落的保护措施；<br>——在沿建筑物墙壁或实体墙结构设置的通道上，允许用扶手代替栏杆，这些扶手的中断长度（例如为让开建筑物的柱子、门孔）不宜超过1m。(GB 6067.1:3.8.2) | □符合<br>□不符合 | |
| | □金属结构的修复与报废 | 5.2.25 | 塔机的结构件及焊缝出现裂纹时，应根据受力和裂纹情况采取加强或重新施焊等措施，并在使用中定期观察其发展。对无法消除裂纹影响的应予以报废。(GB 5144:4.7.3) | □符合<br>□不符合 | |
| | | 5.2.26 | 主要受力构件因产生塑性变形，使工作机构不能正常地安全运行时，如不能修复，应报废。(GB 6067.1:3.9.4) | □符合<br>□不符合 | |
| □零部件 | □钢丝绳 | 5.2.27 | 起升机构和非平衡变幅机构不应使用接长的钢丝绳。(GB 6067.1:4.2.1.3) | □符合<br>□不符合 | |
| | | 5.2.28 | 钢丝绳端部的固定和连接应符合如下要求：<br>绳夹连接时，钢丝绳公称直径小于或等于19mm时，绳夹数量不少于3个；钢丝绳公称直径在19～32mm时，绳夹数量不少于4个；钢丝绳公称直径在32～38mm时，绳夹数量不少于5个。（钢丝绳夹夹座应在受力绳头一边；每两个钢丝绳夹的间距不应小于钢丝绳直径的6倍。）(GB 6067.1:4.2.1.5) | □符合<br>□不符合 | |
| | | 5.2.29 | 钢丝绳端部的固定和连接应符合如下要求：<br>用编结连接时，编结长度不应小于钢丝绳直径的15倍，并且不小于300mm。(GB 6067.1:4.2.1.5) | □符合<br>□不符合 | |

续上表

| 项目 | | 序号 | 常见隐患涉及条款 | 检查结果 | 问题描述 |
|---|---|---|---|---|---|
| 零部件 | 吊钩 | 5.2.30 | 当使用条件或操作方法会导致重物意外脱钩时,应采用防脱绳带闭锁装置的吊钩;当吊钩起升过程中有被其他物品钩住的危险时,应采用安全吊钩或采取其他有效措施。(GB 6067.1:4.2.2.3) | □符合<br>□不符合 | |
| | | 5.2.31 | 在可分吊具上,应永久性地标明其自重和能起吊物品的最大质量。(GB 6067.1:4.2.2.5) | □符合<br>□不符合 | |
| | | 5.2.32 | 锻造吊钩的标志应永久、清晰。(GB 6067.1:4.2.2.7) | □符合<br>□不符合 | |
| | 卷筒 | 5.2.33 | 卷筒两侧边缘超过最外层钢丝绳的高度不应小于钢丝绳直径的2倍。(GB 5144:5.4.2) | □符合<br>□不符合 | |
| | | 5.2.34 | 钢丝绳在卷筒上的固定应安全可靠。钢丝绳在放出最大工作长度后,卷筒上的钢丝绳至少应保留3圈。(GB 5144:5.4.3) | □符合<br>□不符合 | |
| | 滑轮 | 5.2.35 | 滑轮应有防止钢丝绳脱出绳槽的装置或结构。在滑轮罩的侧板和圆弧顶板等处与滑轮本体的间隙不应超过钢丝绳公称直径的0.5倍。(GB 6067.1:4.2.5.1) | □符合<br>□不符合 | |
| | | 5.2.36 | 人手可触及的滑轮组,应设置滑轮罩壳。(GB 6067.1:4.2.5.2) | □符合<br>□不符合 | |
| 电气保护 | | 5.2.37 | 塔式起重机的金属结构、轨道、所有电气设备的金属外壳,金属线管、安全照明的变压器低压侧等均应可靠接地,接地电阻不大于4Ω,重复接地电阻不大于10Ω。(GB 5144:8.1.3) | □符合<br>□不符合 | |
| | | 5.2.38 | 起重机械所有电气设备外壳、金属导线管、金属支架及金属线槽均应根据配电网情况进行可靠接地(保护接地或保护接零)。(GB 6067.1:8.8.3) | □符合<br>□不符合 | |
| | | 5.2.39 | 严禁用起重机械金属结构和接地线作为载流零线(电气系统电压为安全电压除外)。(GB 6067.1:8.8.4) | □符合<br>□不符合 | |
| | | 5.2.40 | 塔式起重机电源进线处宜设主隔离开关,或采取其他隔离措施。隔离开关应有明显标记。(GB 5144:8.3.3) | □符合<br>□不符合 | |
| | | 5.2.41 | 电线若敷设于金属管中,则金属管应经防腐处理。如用金属线槽或金属软管代替,应有良好的防雨及防腐措施。(GB 5144:8.5.2) | □符合<br>□不符合 | |
| | | 5.2.42 | 导线的连接及分支处的室外接线盒应防水,导线孔应有护套。(GB 5144:8.5.3) | □符合<br>□不符合 | |

续上表

| 项目 | 序号 | 常见隐患涉及条款 | 检查结果 | 问题描述 |
|---|---|---|---|---|
| 安全装置 | 5.2.43 | 塔式起重机应安装起重量限制器。(GB 5144：6.1.1) | □符合<br>□不符合 | |
| | 5.2.44 | 塔式起重机应安装起重力矩限制器。(GB 5144：6.2.1) | □符合<br>□不符合 | |
| | 5.2.45 | 轨道式塔式起重机行走机构应在每个运行方向设置行程限位开关。在轨道上应安装限位开关碰铁，其安装位置应充分考虑塔式起重机的制动行程，保证塔式起重机在与止挡装置或与同一轨道上其他塔式起重机相距大于1m处完全停住，此时电缆还应有足够的富余长度。(GB 5144：6.3.1) | □符合<br>□不符合 | |
| | 5.2.46 | 小车变幅的塔式起重机，应设置小车行程限位开关。(GB 5144：6.3.2.1) | □符合<br>□不符合 | |
| | 5.2.47 | 塔式起重机应安装吊钩上极限位置的起升高度限位器。(GB 5144：6.3.3.1) | □符合<br>□不符合 | |
| | 5.2.48 | 吊钩升至起重臂下端最小距离为80cm；限位开关动作后保证小车停车后距端部缓冲装置最小距离为20cm。(JGJ 196：附录A) | □符合<br>□不符合 | |
| | 5.2.49 | 回转部分不设集电器的塔式起重机，应安装回转限位器。塔式起重机回转部分在非工作状态下应能自由旋转；对有自锁作用的回转机构，应安装安全极限力矩联轴器。(GB 5144：6.3.4) | □符合<br>□不符合 | |
| | 5.2.50 | 小车变幅的塔式起重机变幅的双向均应设置断绳保护装置。(GB 5144：6.4) | □符合<br>□不符合 | |
| | 5.2.51 | 小车变幅的塔式起重机，应设置变幅小车断轴保护装置，即使轮轴断裂，小车也不会掉落。(GB 5144：6.5) | □符合<br>□不符合 | |
| | 5.2.52 | 吊钩应设防钢丝绳脱钩的装置。(GB 5144：6.6) | □符合<br>□不符合 | |
| | 5.2.53 | 起重臂根部铰点高度大于50m的塔式起重机，应配备风速仪。(GB 5144：6.7) | □符合<br>□不符合 | |
| | 5.2.54 | 轨道式塔式起重机应安装夹轨器，使塔式起重机在非工作状态下不能在轨道上移动。(GB 5144：6.8) | □符合<br>□不符合 | |
| | 5.2.55 | 塔式起重机行走和小车变幅的轨道行程末端均需设置止挡装置。缓冲器安装在止挡装置或塔机(变幅小车)上，当塔式起重机(变幅小车)与止挡装置撞击时，缓冲器应使塔式起重机(变幅小车)较平稳地停车而不产生猛烈的冲击。(GB 5144：6.9) | □符合<br>□不符合 | |

续上表

| 项目 | 序号 | 常见隐患涉及条款 | 检查结果 | 问题描述 |
|---|---|---|---|---|
| 安全装置 | 5.2.56 | 轨道式塔式起重机的台车架上应安装排障清轨板,清轨板与轨道之间的间隙不应大于5mm。(GB 5144:6.10) | □符合<br>□不符合 | |
| | 5.2.57 | 操纵系统中应设有能对工作场地起警报作用的声响信号。(GB 5144:8.2.5) | □符合<br>□不符合 | |
| | 5.2.58 | 塔式起重机应有良好的照明。照明的供电不受停机影响。(GB 5144:8.4.1) | □符合<br>□不符合 | |
| | 5.2.59 | 塔顶高度大于30m且高于周围建筑物的塔式起重机,应在塔顶和臂架端部安装红色障碍指示灯,该指示灯的供电不应受停机的影响。(GB 5144:8.4.5) | □符合<br>□不符合 | |
| | 5.2.60 | 在正常工作或维修时,为防止异物进入或防止其运行对人员可能造成危险的零部件,应设有保护装置。起重机上外露的、有可能伤人的运动零部件,如开式齿轮、联轴器、传动轴、链轮、链条、传动带、皮带轮等,均应装设防护罩/栏。(GB 6067.1:9.6.7) | □符合<br>□不符合 | |
| | 5.2.61 | 防护罩在露天工作的起重机上的电气设备应采取防雨措施。(GB 6067.1:9.6.7) | □符合<br>□不符合 | |
| | 5.2.62 | 当塔式起重机作附着使用时,附着装置的设置和自由端高度等应符合使用说明书的规定。(JGJ 196:3.3.1) | □符合<br>□不符合 | |
| | 5.2.63 | 塔式起重机附着装置,穿墙螺杆必须两头双螺母上紧,垫片尺寸、螺栓强度符合说明书要求。(房屋市政工程安全生产标准化指导图册:2.3.1.4) | □符合<br>□不符合 | |
| | 5.2.64 | 塔式起重机附着装置,附着拉杆与耳板、框梁之间连接的销轴的开口销必须打开。(房屋市政工程安全生产标准化指导图册:2.3.1.4) | □符合<br>□不符合 | |
| 防攀爬措施 | 5.2.65 | 塔式起重机应根据当地管理部门的要求设置防攀爬措施,防止闲杂人员攀爬塔式起重机。(房屋市政工程安全生产标准化指导图册:2.3.1.8-1) | □符合<br>□不符合 | |
| | 5.2.66 | 框架采用40mm×40mm方钢,中间采用钢板网,钢丝直径或截面不小于2mm,网孔边长不大于20mm,中间通道门可翻转,下方上锁上方设置插销。(房屋市政工程安全生产标准化指导图册:2.3.1.8-2) | □符合<br>□不符合 | |

续上表

| 项目 | 序号 | 常见隐患涉及条款 | 检查结果 | 问题描述 |
|---|---|---|---|---|
| □标记、标牌与安全标志 | 5.2.67 | 起重机应在适当的位置设标记、标牌(额定起重量、制造商名称、主要性能参数等)。(GB 6067.1:10.1.1~3) | □符合<br>□不符合 | |
| | 5.2.68 | 应在起重机的合适位置或工作区域设有明显的文字安全警示标志。(GB 6067.1:10.1.4) | □符合<br>□不符合 | |
| | 5.2.69 | 采用高压供电的起重机械,应在高压供电位置及高压控制设备设置警示标志。(GB 6067.1:10.1.5) | □符合<br>□不符合 | |
| | 5.2.70 | 特种设备的安全操作规程应悬挂于设备操作室或主要工作场所。(省指南:3.3.1.4) | □符合<br>□不符合 | |
| □安装、拆卸、验收 | 5.2.71 | 总监办应派员旁站特种设备的拆装过程。(省指南:3.3.1.3) | □符合<br>□不符合 | |
| | 5.2.72 | 特种设备使用单位应当依法取得特种设备使用登记证书,并将登记标志置于该特种设备的显著位置。(公路水运工程安全生产监督管理办法:第十八条) | □符合<br>□不符合 | |
| □其他 | 5.2.73 | | | |

规范性引用文件:
《塔式起重机安全规程》(GB 5144—2006)
《起重机械安全规程 第1部分:总则》(GB 6067.1—2010)
《建筑施工塔式起重机安装、使用、拆卸安全技术规程》(JGJ 196—2010)
《公路水运工程安全生产监督管理办法》(交通运输部令2017年第25号)
《公路工程建设现场安全管理标准化指南》(苏交建质〔2012〕16号)
《房屋市政工程安全生产标准化指导图册》(建质办函〔2019〕90号)

总体评价:1. 本次检查____项,符合____项,不符合____项,符合率为____%。
    2. 针对不符合项中(填序号)_____,立即整改。
    3. 针对不符合项中(填序号)_____,限期____日内整改。
    4. 针对__(填写停工范围)__,停工整改。
    5. 整改情况于____日内,书面反馈至检查单位。
    6. 其他_____

检查单位:_____  受检单位:_____

检查人员:_____  受检人员:_____

检查日期:_____  签收日期:_____

# 第二节 安全防护

## 5.3 安全防护

项目标段：_____　　　检查部位：_____

| 项目 | 序号 | 常见隐患涉及条款 | 检查结果 | 问题描述 |
|---|---|---|---|---|
| □一般规定 | 5.3.1 | 因作业要求,临时拆除或变动安全防护设施时,必须经施工负责人同意,并采取相应的可靠措施,作业后应立即恢复。(省指南:3.4.1.4) | □符合<br>□不符合 | |
| | 5.3.2 | 项目部对检查中发现已损坏或缺失的防护设施必须及时更新和完善,危及人身安全时,必须立即停止作业。(省指南:3.4.1.5) | □符合<br>□不符合 | |
| | 5.3.3 | 施工现场需设置警戒区时,警戒区距作业区须保持安全距离。警戒区应采用移动式防护栏杆、拉警戒带等方式,并设置警示警告标志。(省指南:3.4.1.6) | □符合<br>□不符合 | |
| | 5.3.4 | 高处作业人员不得沿立杆或栏杆攀登。(JTG F90:5.7.4) | □符合<br>□不符合 | |
| □个人劳动防护 | 5.3.5 | 在有粉尘的施工作业场所,项目部应按要求为作业人员配备符合相关标准的防尘口罩,纱布口罩不得当作防尘口罩使用。(省指南:3.4.2.2-(2)-①) | □符合<br>□不符合 | |
| | 5.3.6 | 高处或高空作业人员应根据不同的作业条件合理选用相应种类的安全带,作业前必须戴好安全帽,穿好防滑鞋,佩戴安全带。(省指南:3.4.2.2-(2)-②) | □符合<br>□不符合 | |
| | 5.3.7 | 混凝土工在进行振捣作业时,应佩戴防噪声耳塞,在进行混凝土凿毛等作业时,应佩戴防尘口罩。(省指南:3.4.2.2-(2)-③) | □符合<br>□不符合 | |
| | 5.3.8 | 对眼部可能受铁屑等杂物飞溅伤害的工种,使用普通玻璃镜片受冲击后易碎,会引起佩戴者眼睛间接受伤,必须佩戴防冲击眼镜。(省指南:3.4.2.2-(2)-⑧) | □符合<br>□不符合 | |
| | 5.3.9 | 电工作业时必须戴绝缘手套,穿绝缘鞋。(省指南:3.4.2.2-(2)-⑨) | □符合<br>□不符合 | |
| | 5.3.10 | 现场人员须正确佩戴安全帽,系牢下颚带,松紧应适度。(省指南:3.4.2.3-(1)) | □符合<br>□不符合 | |
| | 5.3.11 | 应定期检查安全帽有无龟裂、下凹、裂痕和磨损等,发现有损伤情况应立即更换。任何受过重击、有裂痕的安全帽,不论有无损坏现象,均应报废。(省指南:3.4.2.3-(2)) | □符合<br>□不符合 | |

续上表

| 项目 | 序号 | 常见隐患涉及条款 | 检查结果 | 问题描述 |
|---|---|---|---|---|
| 个人劳动防护 | 5.3.12 | 安全带使用前应检查安全带缝制部分和挂钩部分以及绳带有无变质、卡环有无裂纹、卡簧弹跳性是否良好。（省指南：3.4.2.3-(4)） | □符合<br>□不符合 | |
| | 5.3.13 | 安全带除应定期检验外，使用前尚应进行检查。织带磨损、灼伤、酸碱腐蚀或出现明显变硬、发脆以及金属部件磨损出现明显缺陷或受到冲击后发生明显变形的，应及时报废。（JTG F90：5.7.8.1） | □符合<br>□不符合 | |
| | 5.3.14 | 安全带应高挂低用，并应扣牢在牢固的物体上。（JTG F90：5.7.8.2） | □符合<br>□不符合 | |
| | 5.3.15 | 安全带的安全绳不得打结使用，安全绳上不得挂钩。（JTG F90：5.7.8.3） | □符合<br>□不符合 | |
| | 5.3.16 | 缺少或不易设置安全带吊点的工作场所宜设置安全带母索。（JTG F90：5.7.8.4） | □符合<br>□不符合 | |
| | 5.3.17 | 安全带的各部件不得随意更换或拆除。（JTG F90：5.7.8.5） | □符合<br>□不符合 | |
| | 5.3.18 | 安全绳有效长度不应大于2m，有两根安全绳的安全带，单根绳的有效长度不应大于1.2m。（JTG F90：5.7.8.6） | □符合<br>□不符合 | |
| 人行通道 | 5.3.19 | 水平通道应采用型钢制作，并固定牢靠，宽度不小于1m，满铺厚度不小于5cm的脚手板，脚手板绑扎牢固，临边应设置防护栏杆、挡脚板、密目式安全网。（省指南：3.4.3.3） | □符合<br>□不符合 | |
| | 5.3.20 | 上下通道应为钢质，宽度不小于0.9m，坡度不应大于1:1。高度在6.0m以下时，可采用一字形梯道；高度在6.0m以上时，应采用之字形梯道或转梯。（省指南：3.4.3.4） | □符合<br>□不符合 | |
| | 5.3.21 | 上下通道临边应设置防护栏杆、密目式安全网。踏步间距不大于0.25m，踏步宽度不小于0.25m，宜采用花纹钢板，应优先选用专业厂家生产的定型产品。（省指南：3.4.3.4） | □符合<br>□不符合 | |
| | 5.3.22 | 钢斜梯使用应符合下列规定：<br>1 长度不宜大于5m，扶手高度宜为0.9m，踏步高度不宜大于0.2m，梯宽宜为0.6~1.1m。<br>2 长度大于5m的应设梯间平台，并分段设梯。（JTG F90：5.7.11） | □符合<br>□不符合 | |

续上表

| 项目 | 序号 | 常见隐患涉及条款 | 检查结果 | 问题描述 |
|---|---|---|---|---|
| 人行通道 | 5.3.23 | 钢直梯应符合下列规定：<br>1 攀登高度不宜大于8m，踏棍间距宜为0.3m，梯宽宜为0.6~1.1m。<br>2 高度大于2m应设护笼，护笼间距宜为0.5m，直径宜为0.75m，并设纵向连接。<br>3 高度大于8m应设梯间平台，并分段设梯。<br>4 高度大于15m应每5m设一梯间平台，平台应设防护栏杆。(JTG F90:5.7.12) | □符合<br>□不符合 | |
| | 5.3.24 | 梯脚底部应坚实，梯子的上端应有固定措施。(省指南：3.4.3.5) | □符合<br>□不符合 | |
| | 5.3.25 | 人行塔梯安装时，顶部和各节平台应满铺防滑面板并牢固固定，四周应设置安全护栏。(JTG F90:5.7.16.1) | □符合<br>□不符合 | |
| | 5.3.26 | 人行塔梯基础应稳固，四脚应垫平，并应与基础固定。(JTG F90:5.7.16.2) | □符合<br>□不符合 | |
| | 5.3.27 | 人行塔梯安装时，塔梯连接螺栓应紧固，并应采取防退扣措施。(JTG F90:5.7.16.3) | □符合<br>□不符合 | |
| | 5.3.28 | 人行塔梯高度超过5m应设连墙件。(JTG F90:5.7.16.4) | □符合<br>□不符合 | |
| | 5.3.29 | 人行塔梯安装时，用电线路不宜装设在塔梯上，必须装设时，线路与塔体间应绝缘。(JTG F90:5.7.16.5) | □符合<br>□不符合 | |
| | 5.3.30 | 人行塔梯通往作业面通道的两侧宜用钢丝网封闭。(JTG F90:5.7.16.6) | □符合<br>□不符合 | |
| | 5.3.31 | 应根据需要在爬梯口、转梯口设置人员出入的防护棚或安全通道。安全通道的设置应能保证人员出入的安全和畅通，高度不低于2.5m，宽度不小于1.5m，采用钢管，以扣件固定，上面覆盖严密固定的木板或竹胶板，木板厚度不小于30.0mm。(省指南：3.4.3.6) | □符合<br>□不符合 | |
| | 5.3.32 | 防护棚宽度应大于通道口宽度，长度应符合规范要求。(JGJ 59:3.13.3-6-3) | □符合<br>□不符合 | |
| | 5.3.33 | 建筑物高度超过24m时，通道口防护顶棚应采用双层防护。(JGJ 59:3.13.3-6-4) | □符合<br>□不符合 | |
| | 5.3.34 | 严禁在非正规通道登高或跨越。(省指南：3.4.3.8) | □符合<br>□不符合 | |
| | 5.3.35 | 在建工程的预留洞口、楼梯口、电梯井口，应有防护措施。(JGJ 59:3.13.3-5-1) | □符合<br>□不符合 | |

续上表

| 项目 | 序号 | 常见隐患涉及条款 | 检查结果 | 问题描述 |
|---|---|---|---|---|
| ☐洞口防护 | 5.3.36 | 墙面等处落地的竖向洞口、窗台高度低于800mm的竖向洞口及框架结构在浇筑完混凝土未砌筑墙体时的洞口,应按临边防护要求设置临时防护栏杆。(JGJ 80:4.2.5) | ☐符合<br>☐不符合 | |
| | 5.3.37 | 当竖向洞口短边边长小于500mm时,应采取封堵措施;当垂直洞口短边边长大于或等于500mm时,应在临空一侧设置高度不小于1.2m的防护栏杆,并应采用密目式安全立网或工具式栏板封闭,设置挡脚板。(JGJ 80:4.2.1-1) | ☐符合<br>☐不符合 | |
| | 5.3.38 | 当非竖向洞口短边边长为25~500mm时,应采用承载力满足使用要求的盖板覆盖,盖板四周搁置应均衡,且应防止盖板移位。(JGJ 80:4.2.1-2) | ☐符合<br>☐不符合 | |
| | 5.3.39 | 当非竖向洞口短边边长为500~1500mm时,应采用盖板覆盖或防护栏杆等措施,并应固定牢固。(JGJ 80:4.2.1-3) | ☐符合<br>☐不符合 | |
| | 5.3.40 | 当非竖向洞口短边边长大于或等于1500mm时,应在洞口作业侧设置高度不小于1.2m的防护栏杆,洞口应采用安全平网封闭。(JGJ 80:4.2.1-4) | ☐符合<br>☐不符合 | |
| | 5.3.41 | 施工现场人行通道、施工通道、车辆行驶等道路附近的各类孔、洞口处,应设置安全标志,夜间应设置红色警示灯。(省指南:3.4.4.3-(2)) | ☐符合<br>☐不符合 | |
| | 5.3.42 | 电梯井口应设置防护门,其高度不应小于1.5m,防护门底端距地面高度不应大于50mm。(JGJ 80:4.2.2) | ☐符合<br>☐不符合 | |
| | 5.3.43 | 电梯井道内应每隔2层且不大于10m加设一道安全平网。(JGJ 80:4.2.3) | ☐符合<br>☐不符合 | |
| | 5.3.44 | 电梯井道内的施工层上部,应设置隔离防护设施。(JGJ 80:4.2.3) | ☐符合<br>☐不符合 | |
| | 5.3.45 | 防护栏杆下方有人员通行或作业时,应在防护栏杆下边沿设置高度不小于0.18m的挡脚板,并挂密目式安全网。(省指南:3.4.4.2-(2)) | ☐符合<br>☐不符合 | |
| ☐临边防护 | 5.3.46 | 临边作业的防护栏杆应由横杆、立杆及挡脚板组成。(JGJ 80:4.3.1) | ☐符合<br>☐不符合 | |
| | 5.3.47 | 临边作业须沿周边设置防护栏杆。临水面的作业区、泥浆池及取土坑周边危险区域也必须设置防护栏杆。(省指南:3.4.4.2-(1)) | ☐符合<br>☐不符合 | |
| | 5.3.48 | 防护栏杆应为两道横杆,上杆距地面高度应为1.2m,下杆应在上杆和挡脚板中间设置;当防护栏杆高度大于1.2m时,应增设横杆,横杆间距不应大于600mm;防护栏杆立杆间距不应大于2m;挡脚板高度不应小于180mm。(JGJ 80:4.3.1-1~4) | ☐符合<br>☐不符合 | |

续上表

| 项目 | 序号 | 常见隐患涉及条款 | 检查结果 | 问题描述 |
|---|---|---|---|---|
| ☐ 临边防护 | 5.3.49 | 横杆和挡脚板应搭设在栏杆柱的内侧。所有栏杆应刷红白相间警示漆,红、白漆间距均为0.3m。(省指南:3.4.4.2-(3)) | ☐符合<br>☐不符合 | |
| | 5.3.50 | 防护栏杆的横杆及柱应采用建筑钢管,以扣件等可靠连接。(省指南:3.4.4.2-(4)) | ☐符合<br>☐不符合 | |
| | 5.3.51 | 防护栏杆立杆底端应固定牢固,当在土体上固定时,应采用预埋或打入方式固定;当在混凝土楼面、地面、屋面或墙面固定时,应将预埋件与立杆连接牢固;当在砌体上固定时,应预先埋入相应规格含有预埋件的混凝土块,预埋件应与立杆连接牢固。(JGJ 80:4.3.2) | ☐符合<br>☐不符合 | |
| | 5.3.52 | 基坑四周栏杆柱固定时,应打入地面0.5~0.7m,钢管离边口的距离不小于0.5m;当基坑周边采用板桩时,钢管可打在板桩外侧;栏杆柱在混凝土桥面或墩柱固定时,可与预埋件焊牢。必要时应加设斜撑。(省指南:3.4.4.2-(5)) | ☐符合<br>☐不符合 | |
| | 5.3.53 | 临边防护栏杆应严密、连续。(JGJ 59:3.13.3-4-2) | ☐符合<br>☐不符合 | |
| | 5.3.54 | 防护栏杆的立杆和横杆的设置、固定及连接,应确保防护栏杆在上下横杆和立杆任何部位处,均能承受任何方向1kN的外力作用。当栏杆所处位置有发生人群拥挤、物件碰撞等可能时,应加大横杆截面或加密立杆间距。(JGJ 80:4.3.4) | ☐符合<br>☐不符合 | |
| | 5.3.55 | 防护栏杆应张挂密目式安全立网或其他材料封闭。(JGJ 80:4.3.5) | ☐符合<br>☐不符合 | |
| ☐ 攀登作业 | 5.3.56 | 折梯使用时上部夹角以35°~45°为宜,设有可靠的拉撑装置。(JGJ 59:3.13.3-7-2) | ☐符合<br>☐不符合 | |
| | 5.3.57 | 当安装钢柱或钢结构时,应使用梯子或其他登高设施。当钢柱或钢结构接高时,应设置操作平台。当无电焊防风要求时,操作平台的防护栏杆高度不应小于1.2m;有电焊防风要求时,操作平台的防护栏杆高度不应小于1.8m。(JGJ 80:5.1.9) | ☐符合<br>☐不符合 | |
| | 5.3.58 | 安装屋架,应在屋脊处设置扶梯,扶梯踏步间距不应大于400mm。(JGJ 80:5.1.10) | ☐符合<br>☐不符合 | |
| | 5.3.59 | 当安装三角形屋架时,应在屋脊处设置上下的扶梯;当安装梯形屋架时,应在两端设置上下的扶梯。扶梯的踏步间距不应大于400mm。屋架弦杆安装时搭设的操作平台,应设置防护栏杆或用于作业人员拴挂安全带的安全绳。(JGJ 80:5.1.10) | ☐符合<br>☐不符合 | |

续上表

| 项目 | 序号 | 常见隐患涉及条款 | 检查结果 | 问题描述 |
|---|---|---|---|---|
| ☐攀登作业 | 5.3.60 | 深基坑施工,应设置扶梯、入坑踏步及专用载人设备或斜道等,采用斜道时,应加设间距不大于400mm的防滑条等防滑措施。严禁沿坑壁、支撑或乘运土工具上下。(JGJ 80:5.1.11) | ☐符合<br>☐不符合 | |
| | 5.3.61 | 安全网安装应系挂安全网的受力主绳,不得系挂网格绳。安装完毕应进行检查、验收。(JTG F90:5.7.7) | ☐符合<br>☐不符合 | |
| | 5.3.62 | 安全网安装或拆除应根据现场条件采取防坠落安全措施。(JTG F90:5.7.7-2) | ☐符合<br>☐不符合 | |
| | 5.3.63 | 作业面与坠落高度基准面高差超过2m且无临边防护装置时,临边应挂设水平安全网。作业面与水平安全网之间的高差不得超过3.0m,水平安全网与坠落高度基准面的距离不得小于0.2m。(JTG F90:5.7.7-3) | ☐符合<br>☐不符合 | |
| | 5.3.64 | 严禁在未固定、无防护的构件及安装中的管道上作业或通行。(JGJ 80:5.2.3) | ☐符合<br>☐不符合 | |
| ☐悬空作业 | 5.3.65 | 模板支撑体系搭设和拆卸时的悬空作业,模板支撑应按规定的程序进行,不得在连接件和支撑件上攀登上下,不得在上下同一垂直面上装拆模板。(JGJ 80:5.2.5-1) | ☐符合<br>☐不符合 | |
| | 5.3.66 | 模板支撑体系搭设和拆卸时的悬空作业,在2m以上高处搭设与拆除柱模板及悬挑式模板时,应设置操作平台。(JGJ 80:5.2.5-2) | ☐符合<br>☐不符合 | |
| | 5.3.67 | 模板支撑体系搭设和拆卸时的悬空作业,在进行高处拆模作业时应配置登高用具或搭设支架。(JGJ 80:5.2.5-3) | ☐符合<br>☐不符合 | |
| | 5.3.68 | 绑扎立柱和墙体钢筋,不得站在钢筋骨架上或攀登骨架。(JGJ 80:5.2.6-1) | ☐符合<br>☐不符合 | |
| | 5.3.69 | 在2m以上的高处绑扎柱钢筋时,应搭设操作平台。(JGJ 80:5.2.6-2) | ☐符合<br>☐不符合 | |
| | 5.3.70 | 在高处进行预应力张拉时,应搭设有防护挡板的操作平台。(JGJ 80:5.2.6-3) | ☐符合<br>☐不符合 | |
| | 5.3.71 | 浇筑高度2m以上的混凝土结构构件时,应设置脚手架或操作平台。(JGJ 80:5.2.7-1) | ☐符合<br>☐不符合 | |
| | 5.3.72 | 悬挑的混凝土梁、檐、外墙和边柱等结构施工时,应搭设脚手架或操作平台,并应设置防护栏杆,采用密目式安全立网封闭。(JGJ 80:5.2.7-2) | ☐符合<br>☐不符合 | |
| | 5.3.73 | 在坡度大于25°的屋面上作业,当无外脚手架时,应在屋檐边设置不低于1.5m高的防护栏杆,并应采用密目式安全立网全封闭。(JGJ 80:5.2.8-1) | ☐符合<br>☐不符合 | |

续上表

| 项目 | 序号 | 常见隐患涉及条款 | 检查结果 | 问题描述 |
|---|---|---|---|---|
| □悬空作业 | 5.3.74 | 在轻质型材等屋面上作业,应搭设临时走道板,不得在轻质型材上行走,安装压型板前,应采取在梁下支设安全平网或搭设脚手架等安全防护措施。(JGJ 80:5.2.8-2) | □符合<br>□不符合 | |
| | 5.3.75 | 门窗作业时,应有防坠落措施,操作人员在无安全防护措施情况下,不得站立在樘子、阳台栏板上作业。(JGJ 80:5.2.9-1) | □符合<br>□不符合 | |
| | 5.3.76 | 高处作业不得使用座板式单人吊具,不得使用自制吊篮。(JGJ 80:5.2.9-2) | □符合<br>□不符合 | |
| | 5.3.77 | 索塔、横梁等悬空作业,应形成绕索塔塔身封闭的高空作业系统,每层施工面应设置安全立网和平网,立网高度不得小于1.5m,平网应随施工高度提升,网格、网距、受力等应符合要求。(JTG F90:8.13.1.4) | □符合<br>□不符合 | |
| □交叉作业 | 5.3.78 | 交叉作业时,下层作业位置应处于上层作业的坠落半径之外。安全防护棚和警戒隔离区范围的设置应视上层作业高度确定,并应大于坠落半径。(JGJ 80:7.1.1) | □符合<br>□不符合 | |
| | 5.3.79 | 交叉作业时,坠落半径内应设置安全防护棚或安全防护网等安全隔离措施。当尚未设置安全隔离措施时,应设置警戒隔离区,人员严禁进入隔离区。(JGJ 80:7.1.2) | □符合<br>□不符合 | |
| | 5.3.80 | 处于起重机臂架回转范围内的通道,应搭设安全防护棚。(JGJ 80:7.1.3) | □符合<br>□不符合 | |
| | 5.3.81 | 施工现场人员进出的通道口,应搭设安全防护棚。(JGJ 80:7.1.4) | □符合<br>□不符合 | |
| | 5.3.82 | 不得在安全防护棚棚顶堆放物料。(JGJ 80:7.1.5) | □符合<br>□不符合 | |
| | 5.3.83 | 对不搭设脚手架和设置安全防护棚时的交叉作业,应设置安全防护网,当在多层、高层建筑外立面施工时,应在二层及每隔四层设一道固定的安全防护网,同时设一道随施工高度提升的安全防护网。(JGJ 80:7.1.7) | □符合<br>□不符合 | |
| □其他 | 5.3.84 | | | |

规范性引用文件:
《建筑施工安全检查标准》(JGJ 59—2011)
《建筑施工高处作业安全技术规范》(JGJ 80—2016)
《公路工程施工安全技术规范》(JTG F90—2015)
《公路工程建设现场安全管理标准化指南》(苏交建质〔2012〕16号)

续上表

总体评价:1. 本次检查____项,符合____项,不符合____项,符合率为____%。
    2. 针对不符合项中(填序号)_____,立即整改。
    3. 针对不符合项中(填序号)_____,限期____日内整改。
    4. 针对__(填写停工范围)__,停工整改。
    5. 整改情况于____日内,书面反馈至检查单位。
    6. 其他_____

检查单位:_____　　受检单位:_____

检查人员:_____　　受检人员:_____

检查日期:_____　　签收日期:_____

# 第三节 操作平台

## 5.4 操作平台

项目标段：_____　　　检查部位：_____

| 项目 | 序号 | 常见隐患涉及条款 | 检查结果 | 问题描述 |
|---|---|---|---|---|
| □一般规定 | 5.4.1 | 操作平台的架体结构应采用钢管、型钢及其他等效性能材料组装。平台面铺设的钢、木或竹胶合板等材质的脚手板，应符合材质和承载力要求，并应平整满铺及可靠固定。（JGJ 80：6.1.2） | □符合<br>□不符合 | |
| | 5.4.2 | 操作平台的临边应设置防护栏杆，单独设置的操作平台应设置供人上下、踏步间距不大于400mm的扶梯。（JGJ 80：6.1.3） | □符合<br>□不符合 | |
| | 5.4.3 | 应在操作平台明显位置设置标明允许负载值的限载牌及限定允许的作业人数，物料应及时转运，不得超重、超高堆放。（JGJ 80：6.1.4） | □符合<br>□不符合 | |
| | 5.4.4 | 操作平台使用中应每月不少于1次定期检查，应由专人进行日常维护工作，及时消除安全隐患。（JGJ 80：6.1.5） | □符合<br>□不符合 | |
| □移动式操作平台 | 5.4.5 | 移动式操作平台高宽比不应大于2∶1，施工荷载不应大于1.5kN/m²。（JGJ 80：6.2.1） | □符合<br>□不符合 | |
| | 5.4.6 | 移动式操作平台的轮子与平台架体连接应牢固，立柱底端离地面不得大于80mm，行走轮和导向轮应配有制动器或刹车闸等制动措施。（JGJ 80：6.2.2） | □符合<br>□不符合 | |
| | 5.4.7 | 移动式行走轮承载力不应小于5kN，制动力矩不应小于2.5N·m，移动式操作平台架体应保持垂直，不得弯曲变形，制动器除在移动情况外，均应保持制动状态。（JGJ 80：6.2.3） | □符合<br>□不符合 | |
| | 5.4.8 | 移动式操作平台移动时，操作平台上不得站人。（JGJ 80：6.2.4） | □符合<br>□不符合 | |
| | 5.4.9 | 移动式操作平台的轮子与平台架体连接应牢固，立柱底端离地面不得大于80mm，行走轮和导向轮应配有制动器或刹车闸等制动措施。（JGJ 80：6.2.2） | □符合<br>□不符合 | |

续上表

| 项目 | 序号 | 常见隐患涉及条款 | 检查结果 | 问题描述 |
|---|---|---|---|---|
| □落地式操作平台 | 5.4.10 | 落地式操作平台高度不应大于15m,高宽比不应大于3∶1。(JGJ 80:6.3.1-1) | □符合<br>□不符合 | |
| | 5.4.11 | 落地式操作平台的施工荷载不应大于2.0kN/m²;当接料平台的施工荷载大于2.0kN/m²时,应进行专项设计。(JGJ 80:6.3.1-2) | □符合<br>□不符合 | |
| | 5.4.12 | 落地式操作平台应与建筑物进行刚性连接或加设防倾措施,不得与脚手架连接。(JGJ 80:6.3.1-3) | □符合<br>□不符合 | |
| | 5.4.13 | 用脚手架搭设操作平台时,其立杆间距和步距等结构要求应符合国家现行相关脚手架规范的规定;应在立杆下部设置底座或垫板、纵向与横向扫地杆,并应在外立面设置剪刀撑或斜撑。(JGJ 80:6.3.1-4) | □符合<br>□不符合 | |
| | 5.4.14 | 操作平台应从底层第一步水平杆起逐层设置连墙件,且连墙件间隔不应大于4m,并应设置水平剪刀撑。连墙件应为可承受拉力和压力的构件,并应与建筑结构可靠连接。(JGJ 80:6.3.1-5) | □符合<br>□不符合 | |
| | 5.4.15 | 落地式操作平台一次搭设高度不应超过相邻连墙件以上两步。(JGJ 80:6.3.4) | □符合<br>□不符合 | |
| | 5.4.16 | 落地式操作平台拆除应由上而下逐层进行,严禁上下同时作业,连墙件应随施工进度逐层拆除。(JGJ 80:6.3.5) | □符合<br>□不符合 | |
| | 5.4.17 | 落地式操作平台检查验收应符合下列规定:<br>1 操作平台的钢管和扣件应有产品合格证;<br>2 搭设前应对基础进行检查验收,搭设中应随施工进度按结构层对操作平台进行检查验收;<br>3 遇6级以上大风、雷雨、大雪等恶劣天气及停用超过1个月,恢复使用前,应进行检查。(JGJ 80:6.3.6) | □符合<br>□不符合 | |
| □悬挑式操作平台 | 5.4.18 | 悬挑式操作平台的设置应符合下列规定:<br>1 操作平台的搁置点、拉结点、支撑点应设置在稳定的主体结构上,且应可靠连接;<br>2 严禁将操作平台设置在临时设施上;<br>3 操作平台的结构应稳定可靠,承载力应符合设计要求。(JGJ 80-6.4.1) | □符合<br>□不符合 | |
| | 5.4.19 | 悬挑式操作平台的悬挑长度不宜大于5m,均布荷载不应大于5.5kN/m²,集中荷载不应大于15kN,悬挑梁应锚固固定。(JGJ 80:6.4.2) | □符合<br>□不符合 | |
| | 5.4.20 | 采用斜拉方式的悬挑式操作平台,平台两侧的连接吊环应与前后两道斜拉钢丝绳连接,每一道钢丝绳应能承载该侧所有荷载。(JGJ 80:6.4.3) | □符合<br>□不符合 | |

续上表

| 项目 | 序号 | 常见隐患涉及条款 | 检查结果 | 问题描述 |
|---|---|---|---|---|
| □悬挑式操作平台 | 5.4.21 | 采用支承方式的悬挑式操作平台,应在钢平台下方设置不少于两道斜撑,斜撑的一端应支承在钢平台主结构钢梁下,另一端应支承在建筑物主体结构。(JGJ 80:6.4.4) | □符合<br>□不符合 | |
| | 5.4.22 | 采用悬臂梁式的操作平台,应采用型钢制作悬挑梁或悬挑桁架,不得使用钢管,其节点应是螺栓或焊接的刚性节点。(JGJ 80:6.4.5) | □符合<br>□不符合 | |
| | 5.4.23 | 悬挑式操作平台应设置4个吊环,吊运时应使用卡环,不得使用吊钩直接钩挂吊环。吊环应按通用吊环或起重吊环设计,并应满足强度要求。(JGJ 80:6.4.6) | □符合<br>□不符合 | |
| | 5.4.24 | 悬挑式操作平台安装时,钢丝绳应采用专用的钢丝绳夹连接,钢丝绳夹数量应与钢丝绳直径相匹配,且不得少于4个。建筑物锐角、利口周围系钢丝绳处应加衬软垫物。(JGJ 80:6.4.7) | □符合<br>□不符合 | |
| | 5.4.25 | 悬挑式操作平台的外侧应略高于内侧;外侧应安装防护栏杆并应设置防护挡板全封闭。(JGJ 80:6.4.8) | □符合<br>□不符合 | |
| | 5.4.26 | 人员不得在悬挑式操作平台吊运、安装时上下。(JGJ 80:6.4.9) | □符合<br>□不符合 | |
| | 5.4.27 | 悬挑式物料钢平台的制作、安装应编制专项施工方案,并应进行设计计算。(JGJ 59:3.13.3-10-1) | □符合<br>□不符合 | |
| | 5.4.28 | 钢平台两侧必须安装固定的防护栏杆,并应在平台明显处设置荷载限定标牌。(JGJ 59:3.13.3-10-4) | □符合<br>□不符合 | |
| | 5.4.29 | 钢平台台面、钢平台与建筑结构间铺板应严密、牢固。(JGJ 59:3.13.3-10-5) | □符合<br>□不符合 | |
| □其他 | 5.4.30 | | | |

规范性引用文件:
《建筑施工高处作业安全技术规范》(JGJ 80—2016)
《建筑施工安全检查标准》(JGJ 59—2011)

续上表

总体评价:1. 本次检查____项,符合____项,不符合____项,符合率为____%。
    2. 针对不符合项中(填序号)_____,立即整改。
    3. 针对不符合项中(填序号)_____,限期____日内整改。
    4. 针对__(填写停工范围)__,停工整改。
    5. 整改情况于____日内,书面反馈至检查单位。
    6. 其他_____

检查单位:_____　　受检单位:_____

检查人员:_____　　受检人员:_____

检查日期:_____　　签收日期:_____

# 第四节 临 时 用 电

## 5.5 临时用电

项目标段：＿＿＿＿＿＿＿＿＿＿＿＿＿　　　　检查部位：＿＿＿＿＿＿＿＿＿＿＿＿＿

| 项目 | 序号 | 常见隐患涉及条款 | 检查结果 | 问题描述 |
|---|---|---|---|---|
| □一般规定 | 5.5.1 | 建筑施工现场临时用电工程专用的电源中性点直接接地的220/380V三相四线制低压电力系统，必须采用三级配电系统。（JGJ 46：1.0.3-1） | □符合<br>□不符合 | |
| | 5.5.2 | 建筑施工现场临时用电工程专用的电源中性点直接接地的220/380V三相四线制低压电力系统，必须采用TN-S接零保护系统。（JGJ 46：1.0.3-2） | □符合<br>□不符合 | |
| | 5.5.3 | 建筑施工现场临时用电工程专用的电源中性点直接接地的220/380V三相四线制低压电力系统，必须采用二级漏电保护系统。（JGJ 46：1.0.3-3） | □符合<br>□不符合 | |
| □配电设施 | 5.5.4 | 室内配置砂箱和可用于扑灭电气火灾的灭火器。（JGJ 46：6.1.4-10） | □符合<br>□不符合 | |
| | 5.5.5 | 配电室的照明分别设置正常照明和事故照明。（JGJ 46：6.1.4-12） | □符合<br>□不符合 | |
| □外电线路防护 | 5.5.6 | 在建工程不得在外电架空线路正下方施工、搭设作业棚、建造生活设施或堆放构件、架具、材料及其他杂物等。（JGJ 46：4.1.1） | □符合<br>□不符合 | |
| | 5.5.7 | 在建工程（含脚手架）的周边与1kV以内外电架空线路的边线之间最小安全操作距离为4m；1～10kV外电架空线路的边线之间最小安全操作距离为6m；与35～110kV外电架空线路的边线之间最小安全操作距离为8m。（JGJ 46：4.1.2） | □符合<br>□不符合 | |
| | 5.5.8 | 施工现场的机动车道与架空线路交叉时，1kV以内外电架空线路与路面最小垂直距离为6m；1～10kV外电架空线路与路面最小垂直距离为7m。（JGJ 46：4.1.3） | □符合<br>□不符合 | |
| | 5.5.9 | 起重机与1kV以内外电架空线路边线之间垂直及水平方向最小安全距离为1.5m；与10kV外电架空线路边线之间水平方向最小安全距离为2m，垂直方向为3m；与35kV外电架空线路边线之间水平方向最小安全距离为3.5m，垂直方向为4m。（JGJ 46：4.1.4） | □符合<br>□不符合 | |

续上表

| 项目 | 序号 | 常见隐患涉及条款 | 检查结果 | 问题描述 |
|---|---|---|---|---|
| ☐ 外电线路防护 | 5.5.10 | 起重机与110kV外电架空线路的边线之间水平方向最小安全距离为4m,垂直方向为5m;与220kV外电架空线路的边线之间水平方向最小安全距离为6m,垂直方向为6m;与330kV外电架空线路的边线之间水平方向最小安全距离为7m,垂直方向为7m;与500kV外电架空线路的边线之间水平方向最小安全距离为8.5m,垂直方向为8.5m。(JGJ 46:4.1.4) | ☐符合<br>☐不符合 | |
| | 5.5.11 | 在建工程(含脚手架)、施工现场机动车道、起重机与架空线路安全距离不足,应采取绝缘隔离防护措施,并应悬挂醒目的警告标志。(JGJ 46:4.1.6) | ☐符合<br>☐不符合 | |
| ☐ 配电线路 | 5.5.12 | 架空线必须架设在专用电杆上,严禁架设在树木、脚手架及其他设施上。(JGJ 46:7.1.2) | ☐符合<br>☐不符合 | |
| | 5.5.13 | 电缆中必须包含全部工作芯线和用作保护零线或保护线的芯线。需要三相四线制配电的电缆线路必须采用五芯电缆。五芯电缆必须包含淡蓝、绿/黄两种颜色绝缘芯线。淡蓝色芯线必须用作N线;绿/黄双色芯线必须用作PE线,严禁混用。(JGJ 46:7.2.1) | ☐符合<br>☐不符合 | |
| | 5.5.14 | 电缆线路应采用埋地或架空敷设,严禁沿地面明设,并应避免机械损伤和介质腐蚀。埋地电缆路径应设方位标志。(JGJ 46:7.2.3) | ☐符合<br>☐不符合 | |
| | 5.5.15 | 电缆直接埋地敷设的深度不应小于0.7m,并应在电缆紧邻上、下、左、右侧均匀敷设不小于50mm厚的细砂,然后覆盖砖或混凝土板等硬质保护层。(JGJ 46:7.2.5) | ☐符合<br>☐不符合 | |
| | 5.5.16 | 埋地电缆在穿越建筑物、构筑物、道路、易受机械损伤、介质腐蚀场所及引出地面从2.0m高到地下0.2m处,必须加设防护套管,防护套管内径不应小于电缆外径的1.5倍。(JGJ 46:7.2.6) | ☐符合<br>☐不符合 | |
| ☐ 配电箱及开关箱 | 5.5.17 | 配电箱、开关箱应装设在干燥、通风及常温场所,不得装设在有严重损伤作用的瓦斯、烟气、潮气及其他有害介质中,亦不得装设在易受外来固体物撞击、强烈振动、液体浸溅及热源烘烤场所。否则,应予清除或做防护处理。(JGJ 46:8.1.5) | ☐符合<br>☐不符合 | |
| | 5.5.18 | 总配电箱以下可设若干分配电箱;分配电箱以下可设若干开关箱。总配电箱应设在靠近电源的区域,分配电箱应设在用电设备或负荷相对集中的区域,分配电箱与开关箱的距离不得超过30m,开关箱与其控制的固定式用电设备的水平距离不宜超过3m。(JGJ 46:8.1.2) | ☐符合<br>☐不符合 | |
| | 5.5.19 | 每台用电设备必须有各自专用的开关箱,严禁用同一个开关箱直接控制2台及2台以上用电设备(含插座)。(JGJ 46:8.1.3) | ☐符合<br>☐不符合 | |

续上表

| 项目 | 序号 | 常见隐患涉及条款 | 检查结果 | 问题描述 |
|---|---|---|---|---|
| 配电箱及开关箱 | 5.5.20 | 动力配电箱与照明配电箱宜分别设置。当合并设置为同一配电箱时,动力和照明应分路配电;动力开关箱与照明开关箱必须分设。(JGJ 46:8.1.4) | □符合<br>□不符合 | |
| | 5.5.21 | 配电箱、开关箱应装设端正、牢固。固定式配电箱、开关箱的中心点与地面的垂直距离应为1.4~1.6m。移动式配电箱、开关箱应设在坚固、稳定的支架上。其中心点与地面的垂直距离宜为0.8~1.6m。(JGJ 46:8.1.8) | □符合<br>□不符合 | |
| | 5.5.22 | 配电箱、开关箱内的电器(含插座)应按其规定位置紧固在电器安装板上,不得歪斜和松动。(JGJ 46:8.1.10) | □符合<br>□不符合 | |
| | 5.5.23 | 配电箱的电器安装板上必须分设N线端子板和PE线端子板。N线端子板必须与金属电器安装板绝缘;PE线端子板必须与金属电器安装板做电气连接。进出线中的N线必须通过N线端子板连接,PE线必须通过PE线端子板连接。(JGJ 46:8.1.11) | □符合<br>□不符合 | |
| | 5.5.24 | 配电箱、开关箱的金属箱体、金属电器安装板以及电器正常不带电的金属底座、外壳等必须通过PE线端子板与PE线做电气连接,金属箱门与金属箱体必须通过采用编织软铜线做电气连接。(JGJ 46:8.1.13) | □符合<br>□不符合 | |
| | 5.5.25 | 配电箱、开关箱外形结构应能防雨、防尘。(JGJ 46:8.1.17) | □符合<br>□不符合 | |
| | 5.5.26 | 开关箱中漏电保护器的额定漏电动作电流不应大于30mA,额定漏电动作时间不应大于0.1s。使用于潮湿或有腐蚀介质场所的漏电保护器应采用防溅型产品,其额定漏电动作电流不应大于15mA,额定漏电动作时间不应大于0.1s。(JGJ 46:8.2.10) | □符合<br>□不符合 | |
| | 5.5.27 | 总配电箱中漏电保护器的额定漏电动作电流应大于30mA,额定漏电动作时间应大于0.1s,但其额定漏电动作电流与额定漏电动作时间的乘积不应大于30mA·s。(JGJ 46:8.2.11) | □符合<br>□不符合 | |
| | 5.5.28 | 配电箱、开关箱的电源进线端严禁采用插头和插座做活动连接。(JGJ 46:8.2.15) | □符合<br>□不符合 | |
| | 5.5.29 | 配电箱、开关箱应有名称、用途、分路标记及系统接线图。(JGJ 46:8.3.1) | □符合<br>□不符合 | |
| | 5.5.30 | 对配电箱、开关箱进行定期维修、检查时,必须将其前一级相应的电源隔离开关分闸断电,并悬挂"禁止合闸,有人工作"停电标志牌,严禁带电作业。(JGJ 46:8.3.4) | □符合<br>□不符合 | |
| | 5.5.31 | 配电箱、开关箱内不得放置任何杂物,并应保持整洁。(JGJ 46:8.3.8) | □符合<br>□不符合 | |
| | 5.5.32 | 漏电保护器每天使用前应启动漏电试验按钮试跳一次,试跳不正常时严禁继续使用。(JGJ 46:8.3.10) | □符合<br>□不符合 | |

续上表

| 项目 | 序号 | 常见隐患涉及条款 | 检查结果 | 问题描述 |
|---|---|---|---|---|
| 接地与防雷 | 5.5.33 | 当施工现场与外电线路共用同一供电系统时,电气设备的接地、接零保护应与原系统保持一致。不得一部分设备做保护接零,另一部分设备做保护接地。采用TN系统做保护接零时,工作零线(N线)必须通过总漏电保护器,保护零线(PE线)必须由电源进线零线重复接地处或总漏电保护器电源侧零线处,引出形成局部TN-S接零保护系统。(JGJ 46:5.1.2) | □符合<br>□不符合 | |
| | 5.5.34 | 保护零线必须采用绝缘导线。配电装置和电动机械相连接的PE线应为截面不小于2.5mm²的绝缘多股铜线。手持式电动工具的PE线应为截面不小于1.5mm²的绝缘多股铜线。(JGJ 46:5.1.9) | □符合<br>□不符合 | |
| | 5.5.35 | TN系统中的保护零线除必须在配电室或总配电箱处做重复接地外,还必须在配电系统的中间处和末端处做重复接地。(JGJ 46:5.3.2) | □符合<br>□不符合 | |
| | 5.5.36 | 在TN系统中,保护零线每一处重复接地装置的接地电阻值不应大于10Ω。在工作接地电阻值允许达到10Ω的电力系统中,所有重复接地的等效电阻值不应大于10Ω。(JGJ 46:5.3.2) | □符合<br>□不符合 | |
| | 5.5.37 | 每一接地装置的接地线应采用2根及以上导体,在不同点与接地体做电气连接。不得采用铝导体做接地体或地下接地线。垂直接地体宜采用角钢、钢管或光面圆钢,不得采用螺纹钢。接地可利用自然接地体,但应保证其电气连接和热稳定。(JGJ 46:5.3.4) | □符合<br>□不符合 | |
| | 5.5.38 | 移动式发电机供电的用电设备,其金属外壳或底座应与发电机电源的接地装置有可靠的电气连接。(JGJ 46:5.3.5) | □符合<br>□不符合 | |
| | 5.5.39 | 做防雷接地机械上的电气设备,所连接的PE线必须同时做重复接地,同一台机械电气设备的重复接地和机械的防雷接地可共用同一接地体,但接地电阻应符合重复接地电阻值的要求。(JGJ 46:5.4.7) | □符合<br>□不符合 | |
| 使用与维护 | 5.5.40 | 配电箱、开关箱箱门应配锁,并应由专人负责。(JGJ 46:8.3.2) | □符合<br>□不符合 | |
| | 5.5.41 | 配电箱、开关箱应定期检查、维修。检查、维修人员必须是专业电工;检查、维修时必须按规定穿、戴绝缘鞋、手套,必须使用电工绝缘工具,并应做检查、维修工作记录。(JGJ 46:8.3.3) | □符合<br>□不符合 | |
| 其他 | 5.5.42 | | | |

续上表

| 规范性引用文件：<br>《施工现场临时用电安全技术规范》(JGJ 46—2005) |
|---|
| 总体评价：1. 本次检查____项，符合____项，不符合____项，符合率为____%。<br>　　　　　2. 针对不符合项中(填序号)_____,立即整改。<br>　　　　　3. 针对不符合项中(填序号)_____,限期____日内整改。<br>　　　　　4. 针对 __(填写停工范围)__ ,停工整改。<br>　　　　　5. 整改情况于____日内，书面反馈至检查单位。<br>　　　　　6. 其他_____ |

检查单位：_____　　受检单位：_____

检查人员：_____　　受检人员：_____

检查日期：_____　　签收日期：_____

# 第五节　模板、支架、脚手架

## 5.6　模　　板

项目标段：＿＿＿＿＿＿＿＿＿＿＿＿　　　　检查部位：＿＿＿＿＿＿＿＿＿＿＿＿

| 项目 | 序号 | 常见隐患涉及条款 | 检查结果 | 问题描述 |
|---|---|---|---|---|
| 模板构造与安装 | 5.6.1 | 模板安装前应对模板和配件进行挑选、检测,不合格者应剔除,并应运至工地指定地点堆放。(JGJ 162:6.1.1-3) | □符合<br>□不符合 | |
| | 5.6.2 | 模板安装时木杆、钢管、门架等支架立柱不得混用。(JGJ 162:6.1.2-1) | □符合<br>□不符合 | |
| | 5.6.3 | 竖向模板和支架立柱支承部分安装在基土上时,应加设垫板,垫板应有足够强度和支承面积,且应中心承载。基土应坚实,并应有排水措施。(JGJ 162:6.1.2-2) | □符合<br>□不符合 | |
| | 5.6.4 | 模板及其支架在安装过程中,必须设置有效防倾覆的临时固定设施。(JGJ 162:6.1.2-4) | □符合<br>□不符合 | |
| | 5.6.5 | 安装上层模板及其支架,上层支架立柱应对准下层支架立柱,并应在立柱底铺设垫板。(JGJ 162:6.1.2-6) | □符合<br>□不符合 | |
| | 5.6.6 | 拼装高度为2m以上的竖向模板,不得站在下层模板上拼装上层模板。安装过程中应设置临时固定设施。(JGJ 162:6.1.4) | □符合<br>□不符合 | |
| | 5.6.7 | 当支架立柱成一定角度倾斜,或其支架立柱的顶表面倾斜时,应采取可靠措施确保支点稳定,支撑底脚必须有防滑移的可靠措施。(JGJ 162:6.1.6) | □符合<br>□不符合 | |
| | 5.6.8 | 除设计图另有规定者外,所有垂直支架柱应保证其垂直。(JGJ 162:6.1.7) | □符合<br>□不符合 | |
| | 5.6.9 | 对梁和板安装二次支撑前,其上不得有施工荷载,支撑的位置必须正确。安装后所传给支撑或连接件的荷载不应超过其允许值。(JGJ 162:6.1.8) | □符合<br>□不符合 | |
| | 5.6.10 | 梁和板的立柱,其纵横向间距相等或成倍数。(JGJ 162:6.1.9-1) | □符合<br>□不符合 | |

注:项目一列左侧为"模板构造与安装",序号一列左侧为"一般规定"。

续上表

| 项目 | 序号 | 常见隐患涉及条款 | 检查结果 | 问题描述 |
|---|---|---|---|---|
| □模板构造与安装 / □一般规定 | 5.6.11 | 满堂支撑架的可调底座、可调托撑螺杆伸出长度不宜超过300mm,插入立杆内的长度不得小于150mm。(JGJ 130:6.9.6) | □符合<br>□不符合 | |
| | 5.6.12 | 已承受荷载的支架和附件,不得随意拆除或移动。(JGJ 162:6.1.10) | □符合<br>□不符合 | |
| | 5.6.13 | 安装模板时,安装所需各种配件应置于工具箱或工具袋内,严禁散放在模板或脚手板上;安装所用工具应系挂在作业人员身上或置于所佩戴的工具袋中,不得掉落。(JGJ 162:6.1.12) | □符合<br>□不符合 | |
| | 5.6.14 | 基准面以上2m安装模板应搭设脚手架或施工平台。(JTG F90:5.2.13-5) | □符合<br>□不符合 | |
| | 5.6.15 | 木料应堆放在下风向,离火源不得小于30m,且料场四周应设置灭火器材。(JGJ 162:6.1.15) | □符合<br>□不符合 | |
| | 5.6.16 | 模板应按设计方案设置纵、横、斜向支撑和水平拉杆,拉杆不得焊接。(JTG F90:5.2.11) | □符合<br>□不符合 | |
| □普通模板构造与安装 | 5.6.17 | 当深度超过2m时,操作人员应设梯上下。(JGJ 162:6.3.1-1) | □符合<br>□不符合 | |
| | 5.6.18 | 距基槽(坑)上口边缘1m内不得堆放模板。向基槽(坑)内运料应使用起重机、溜槽或绳索;运下的模板严禁立放在基槽(坑)土壁上。(JGJ 162:6.3.1-2) | □符合<br>□不符合 | |
| | 5.6.19 | 现场拼装柱模时,应适时地安设临时支撑进行固定,严禁将大片模板系在柱子钢筋上。(JGJ 162:6.3.2-1) | □符合<br>□不符合 | |
| | 5.6.20 | 若为整体预组合柱模,吊装时应采用卡环和柱模连接,不得采用钢筋钩代替。(JGJ 162:6.3.2-3) | □符合<br>□不符合 | |
| | 5.6.21 | 柱模校正后,应采用斜撑或水平撑进行四周支撑,以确保整体稳定。当高度超过4m时,应群体或成列同时支模,并应将支撑连成一体,形成整体框架体系。当需单根支模时,柱宽大于500mm应每边在同一高程上设置不得少于2根斜撑或水平撑。下端尚应有防滑移的措施。(JGJ 162:6.3.2-4) | □符合<br>□不符合 | |
| | 5.6.22 | 角柱模板的支撑,还应在里侧设置能承受拉力和压力的斜撑。(JGJ 162:6.3.2-5) | □符合<br>□不符合 | |
| | 5.6.23 | 当墙模板采用散拼定型模板支模时,应自下而上进行,必须在下一层模板全部紧固后,方可进行上一层安装。当下层不能独立安设支撑件时,应采取临时固定措施。(JGJ 162:6.3.3-1) | □符合<br>□不符合 | |
| | 5.6.24 | 当采用预拼装的大块墙模板进行支模安装时,严禁同时起吊2块模板。(JGJ 162:6.3.3-2) | □符合<br>□不符合 | |

续上表

| 项目 | | 序号 | 常见隐患涉及条款 | 检查结果 | 问题描述 |
|---|---|---|---|---|---|
| 模板构造与安装 | 普通模板构造与安装 | 5.6.25 | 安装电梯井内墙模前,必须在板底下200mm处牢固地满铺一层脚手板。(JGJ 162:6.3.3-3) | □符合<br>□不符合 | |
| | | 5.6.26 | 墙模板拼接时的U形卡应正反交替安装,间距不得大于300mm;2块模板对接接缝处的U形卡应满装。(JGJ 162:6.3.3-6) | □符合<br>□不符合 | |
| | | 5.6.27 | 对拉螺栓与墙模板应垂直。(JGJ 162:6.3.3-7) | □符合<br>□不符合 | |
| | | 5.6.28 | 当墙模板外面无法设置支撑时,应在里面设置能承受拉力和压力的支撑。多排并列且间距不大的墙模板,当其与支撑互成一体时,应采取措施,防止灌筑混凝土时引起邻近模板变形。(JGJ 162:6.3.3-8) | □符合<br>□不符合 | |
| | | 5.6.29 | 安装独立梁模板时应设安全操作平台,并严禁操作人员站在独立梁底模或柱模支架上操作及上下通行。(JGJ 162:6.3.4-1) | □符合<br>□不符合 | |
| | | 5.6.30 | 独立梁和整体楼盖梁结构底模与横楞应拉结好,横楞与支架、立柱应连接牢固。(JGJ 162:6.3.4-2) | □符合<br>□不符合 | |
| | | 5.6.31 | 当侧模高度多于2块时,应采取临时固定措施。(JGJ 162:6.3.4-3) | □符合<br>□不符合 | |
| | | 5.6.32 | 独立梁和整体楼盖梁结构单片预组合梁模,应按设计吊点试吊无误后,方可正式吊运安装,侧模与支架支撑稳定后方准摘钩。(JGJ 162:6.3.4-5) | □符合<br>□不符合 | |
| | | 5.6.33 | 当楼板或平台板预组合模板采用桁架支模时,桁架与支点的连接应固定牢靠,桁架支承应采用平直通长的型钢或木方。(JGJ 162:6.3.5-1) | □符合<br>□不符合 | |
| | | 5.6.34 | 当楼板或平台板模板预组合模板块较大时,应加钢楞后方可吊运。当组合模板为错缝拼配时,板下横楞应均匀布置,并应在模板端穿插销。(JGJ 162:6.3.5-2) | □符合<br>□不符合 | |
| | | 5.6.35 | 楼板或平台板模板单块模就位安装,必须待支架搭设稳固、板下横楞与支架连接牢固后进行。(JGJ 162:6.3.5-3) | □符合<br>□不符合 | |
| | | 5.6.36 | 安装圈梁、阳台、雨篷及挑檐等模板时,其支撑应独立设置,不得支搭在施工脚手架上。(JGJ 162:6.3.6-1) | □符合<br>□不符合 | |
| | | 5.6.37 | 安装悬挑结构模板时,应搭设脚手架或悬挑工作台,并应设置防护栏杆和安全网。作业处的下方不得有人通行或停留。(JGJ 162:6.3.6-2) | □符合<br>□不符合 | |

续上表

| 项目 | 序号 | 常见隐患涉及条款 | 检查结果 | 问题描述 |
|---|---|---|---|---|
| ☐ 模板拆除 | 5.6.38 | 拆模前应检查所使用的工具有效和可靠,扳手等工具必须装入工具袋或系挂在身上。(JGJ 162:7.1.6) | ☐符合<br>☐不符合 | |
| | 5.6.39 | 模板的拆除工作应设专人指挥。作业区应设围栏,其内不得有其他工种作业,并应设专人负责监护。拆下的模板、零配件严禁抛掷。(JGJ 162:7.1.7) | ☐符合<br>☐不符合 | |
| ☐一般要求 | 5.6.40 | 拆模的顺序和方法应按模板的设计规定进行。当设计无规定时,可采取先支的后拆、后支的先拆、先拆非承重模板、后拆承重模板,并应从上而下进行拆除。拆下的模板不得抛扔,应按指定地点堆放。(JGJ 162:7.1.8) | ☐符合<br>☐不符合 | |
| | 5.6.41 | 高处拆除模板时,严禁使用大锤和撬棍,操作层上临时拆下的模板堆放不能超过3层。(JGJ 162:7.1.10) | ☐符合<br>☐不符合 | |
| | 5.6.42 | 在提前拆除互相搭连并涉及其他后拆模板的支撑时,应补设临时支撑。拆模时,应逐块拆卸,不得成片撬落或拉倒。(JGJ 162:7.1.11) | ☐符合<br>☐不符合 | |
| | 5.6.43 | 拆模如遇中途停歇,应将已拆松动、悬空、浮吊的模板或支架进行临时支撑牢固或相互连接稳固。对活动部件必须一次拆除。(JGJ 162:7.1.12) | ☐符合<br>☐不符合 | |
| | 5.6.44 | 遇6级或6级以上大风时,应暂停室外的高处作业。雨、雪、霜后应先清扫施工现场,方可进行工作。(JGJ 162:7.1.14) | ☐符合<br>☐不符合 | |
| | 5.6.45 | 模板、支架的拆除应设立警戒区,非作业人员不得进入。(JTG F90:5.2.14-6) | ☐符合<br>☐不符合 | |
| ☐普通模板拆除 | 5.6.46 | 拆除条形基础、杯形基础、独立基础或设备基础的模板和支撑杆件等应随拆随运,不得在离槽(坑)上口边缘1m以内堆放。(JGJ 162:7.3.1-2) | ☐符合<br>☐不符合 | |
| | 5.6.47 | 拆除条形基础、杯形基础、独立基础或设备基础的模板时,应先拆内外木楞、再拆木面板;钢模板应先拆钩头螺栓和内外钢楞,后拆U形卡和L形插销,拆下的钢模板应妥善传递或用绳钩放置地面,不得抛掷。拆下的小型零配件应装入工具袋内或小型箱笼内,不得随处乱扔。(JGJ 162:7.3.1-3) | ☐符合<br>☐不符合 | |
| | 5.6.48 | 柱模拆除应分别采用分散拆和分片拆两种方法。<br>分散拆除的顺序应为:拆除拉杆或斜撑、自上而下拆除柱箍或横楞、拆除竖楞,自上而下拆除配件及模板、运走分类堆放、清理、拔钉、钢模维修、刷防锈油或脱模剂、入库备用。<br>分片拆除的顺序应为:拆除全部支撑系统、自上而下拆除柱箍及横楞、拆掉柱角U形卡、分2片或4片拆除模板、原地清理、刷防锈油或脱模剂、分片运至新支模地点备用。(JGJ 162:7.3.2-1) | ☐符合<br>☐不符合 | |

续上表

| 项目 | | 序号 | 常见隐患涉及条款 | 检查结果 | 问题描述 |
|---|---|---|---|---|---|
| 模板拆除 | 普通模板拆除 | 5.6.49 | 柱子拆下的模板及配件不得向地面抛掷。(JGJ 162:7.3.2-2) | □符合<br>□不符合 | |
| | | 5.6.50 | 墙模分散拆除顺序应为：<br>拆除斜撑或斜拉杆、自上而下拆除外楞及对拉螺栓、分层自上而下拆除木楞或钢楞及零配件和模板、运走分类堆放、拔钉清理或清理检修后刷防锈油或脱模剂、入库备用。(JGJ 162:7.3.3-1) | □符合<br>□不符合 | |
| | | 5.6.51 | 拆除每一大块墙模的最后两个对拉螺栓后，作业人员应撤离大模板下侧，以后的操作均应在上部进行。(JGJ 162:7.3.3-3) | □符合<br>□不符合 | |
| | | 5.6.52 | 梁、板模板应先拆梁侧模，再拆板底模，最后拆除梁底模，并应分段分片进行，严禁成片撬落或成片拉拆。(JGJ 162:7.3.4-1) | □符合<br>□不符合 | |
| | | 5.6.53 | 拆除梁、板模板时，严禁站在已拆或松动的模板上进行拆除作业。(JGJ 162:7.3.4-2) | □符合<br>□不符合 | |
| | | 5.6.54 | 拆除梁、板模板时，严禁用铁棍或铁锤乱砸，已拆下的模板应妥善传递或用绳钩放至地面。(JGJ 162:7.3.4-3) | □符合<br>□不符合 | |
| | | 5.6.55 | 拆除梁、板模板时，严禁作业人员站在悬臂结构边缘敲拆下面的底模。(JGJ 162:7.3.4-4) | □符合<br>□不符合 | |
| | □安全管理 | 5.6.56 | 安装和拆除模板时，操作人员应佩戴安全帽、系安全带、穿防滑鞋。(JGJ 162:8.0.2) | □符合<br>□不符合 | |
| | | 5.6.57 | 在高处安装和拆除模板时，周围应设安全网或搭脚手架，并应加设防护栏杆。在临街面及交通要道地区，尚应设警示牌，派专人看管。(JGJ 162:8.0.6) | □符合<br>□不符合 | |
| | | 5.6.58 | 作业时，模板和配件不得随意堆放，模板应放平放稳，严防滑落。脚手架或操作平台上临时堆放的模板不宜超过3层，连接件应放在箱盒或工具袋中，不得散放在脚手板上。(JGJ 162:8.0.7) | □符合<br>□不符合 | |
| | | 5.6.59 | 模板安装时，上下应有人接应，随装随运，严禁抛掷。且不得将模板支撑在门窗框上，也不得将脚手板支撑在模板上，并严禁将模板与上料井架及有车辆运行的脚手架或操作平台支成一体。(JGJ 162:8.0.13) | □符合<br>□不符合 | |
| | | 5.6.60 | 支模过程中如遇中途停歇，应将已就位模板或支架连接稳固，不得浮搁或悬空。拆模中途停歇时，应将已松扣或已拆松的模板、支架等拆下运走，防止构件坠落或作业人员扶空坠落伤人。(JGJ 162:8.0.14) | □符合<br>□不符合 | |

续上表

| 项目 | 序号 | 常见隐患涉及条款 | 检查结果 | 问题描述 |
|---|---|---|---|---|
| ☐ 安全管理 | 5.6.61 | 作业人员严禁攀登模板、斜撑杆、拉条或绳索等,不得在高处的墙顶、独立梁或在其模板上行走。(JGJ 162:8.0.15) | ☐符合<br>☐不符合 | |
| | 5.6.62 | 在大风地区或大风季节施工时,模板应有抗风的临时加固措施。(JGJ 162:8.0.18) | ☐符合<br>☐不符合 | |
| | 5.6.63 | 当钢模板高度超过15m时,应安设避雷设施,避雷设施的接地电阻不得大于4Ω。(JGJ 162:8.0.19) | ☐符合<br>☐不符合 | |
| | 5.6.64 | 当遇大雨、大雾、沙尘、大雪或6级以上大风等恶劣天气时,应停止露天高处作业。5级及以上风力时,应停止高空吊运作业。雨、雪停止后,应及时清除模板和地面上的积水及冰雪。(JGJ 162:8.0.20) | ☐符合<br>☐不符合 | |
| | 5.6.65 | 使用后的木模板应拔除铁钉,分类进库,堆放整齐。若为露天堆放,顶面应遮防雨篷布。(JGJ 162:8.0.21) | ☐符合<br>☐不符合 | |
| ☐ 其他 | 5.6.66 | | | |

规范性引用文件:
《建筑施工模板安全技术规范》(JGJ 162—2016)
《公路工程施工安全技术规范》(JTG F90—2015)
《建筑施工扣件式钢管脚手架安全技术规范》(JGJ 130—2011)

总体评价:1. 本次检查____项,符合____项,不符合____项,符合率为____%。
    2. 针对不符合项中(填序号)_____,立即整改。
    3. 针对不符合项中(填序号)_____,限期____日内整改。
    4. 针对__(填写停工范围)__,停工整改。
    5. 整改情况于____日内,书面反馈至检查单位。
    6. 其他_____

检查单位:_____  受检单位:_____

检查人员:_____  受检人员:_____

检查日期:_____  签收日期:_____

## 5.7 支　　架

项目标段：_____　　　　检查部位：_____

| 项目 | | 序号 | 常见隐患涉及条款 | 检查结果 | 问题描述 |
|---|---|---|---|---|---|
| □普通支架 | □支架立柱构造与安装 | 5.7.1 | 所有夹具、螺栓、销子和其他配件应处在闭合或拧紧的位置。(JGJ 162:6.2.2-3) | □符合<br>□不符合 | |
| | | 5.7.2 | 多层悬挑结构模板的上下立柱应保持在同一条垂直线上。(JGJ 162:6.2.6-1) | □符合<br>□不符合 | |
| | | 5.7.3 | 多层悬挑结构模板的立柱应连续支撑,并不得少于3层。(JGJ 162:6.2.6-2) | □符合<br>□不符合 | |
| | □支架立柱拆除 | 5.7.4 | 当拆除钢楞、木楞、钢桁架时,应在其下面临时搭设防护支架,使所拆楞梁及桁架先落在临时防护支架上。(JGJ 162:7.2.1) | □符合<br>□不符合 | |
| | | 5.7.5 | 当立柱的水平拉杆超出2层时,应首先拆除2层以上的拉杆。当拆除最后一道水平拉杆时,应和拆除立柱同时进行。(JGJ 162:7.2.2) | □符合<br>□不符合 | |
| | | 5.7.6 | 当拆除4~8m跨度的梁下立柱时,应先从跨中开始,对称地分别向两端拆除。拆除时,严禁采用连梁底板向旁侧一片拉倒的拆除方法。(JGJ 162:7.2.3) | □符合<br>□不符合 | |
| | | 5.7.7 | 拆除平台、楼板下的立柱时,作业人员应站在安全处。(JGJ 162:7.2.5) | □符合<br>□不符合 | |
| □扣件式钢管满堂支撑架 | □水平杆 | 5.7.8 | 两根相邻纵向水平杆的接头不应设置在同步或同跨内;不同步或不同跨两个相邻接头在水平方向错开的距离不应小于500mm;各接头中心至最近主节点的距离不应大于纵距的1/3。(JGJ 130:6.2.1-2) | □符合<br>□不符合 | |
| | | 5.7.9 | 搭接长度不应小于1m,应等间距设置3个旋转扣件固定;端部扣件盖板边缘至搭接纵向水平杆杆端的距离不应小于100mm。(JGJ 130:6.2.1-2) | □符合<br>□不符合 | |
| | | 5.7.10 | 满堂支撑架步距与立杆伸出顶层水平杆中心线至支撑点的长度不应超过0.5m。满堂支撑架搭设高度不宜超过30m。(JGJ 130:6.9.1) | □符合<br>□不符合 | |
| | □立杆 | 5.7.11 | 脚手架必须设置纵、横向扫地杆。纵向扫地杆应采用直角扣件固定在距钢管底端不大于200mm处的立杆上。横向扫地杆应采用直角扣件固定在紧靠纵向扫地杆下方的立杆上。(JGJ 130:6.3.2) | □符合<br>□不符合 | |

续上表

| 项目 | | 序号 | 常见隐患涉及条款 | 检查结果 | 问题描述 |
|---|---|---|---|---|---|
| ☐扣件式钢管满堂支撑架 | ☐立杆 | 5.7.12 | 脚手架立杆基础不在同一高度上时,必须将高处的纵向扫地杆向低处延长两跨与立杆固定;高低差不应大于1m。靠边坡上方的立杆轴线到边坡的距离不应小于500mm。(JGJ 130:6.3.3) | ☐符合<br>☐不符合 | |
| | | 5.7.13 | 单、双排脚手架底层步距均不应大于2m。(JGJ 130:6.3.4) | ☐符合<br>☐不符合 | |
| | | 5.7.14 | 单排、双排与满堂脚手架立杆接长除顶层顶步外,其余各层各步接头必须采用对接扣件连接。(JGJ 130:6.3.5) | ☐符合<br>☐不符合 | |
| | | 5.7.15 | 当立杆采用对接接长时,立杆的对接扣件应交错布置,两根相邻立杆的接头不应设置在同步内,同步内隔一根立杆的两个相隔接头在高度方向错开的距离不宜小于500mm;各接头中心至主节点的距离不宜大于步距的1/3。(JGJ 130:6.3.6-1) | ☐符合<br>☐不符合 | |
| | | 5.7.16 | 当立杆采用搭接接长时,搭接长度不应小于1m,并应采用不少于2个旋转扣件固定。端部扣件盖板的边缘至杆端距离不应小于100mm。(JGJ 130:6.3.6-2) | ☐符合<br>☐不符合 | |
| | | 5.7.17 | 满堂支撑架的可调底座、可调托撑螺杆伸出长度不宜超过300mm,插入立杆内的长度不得小于150mm。(JGJ 130:6.9.6) | ☐符合<br>☐不符合 | |
| | ☐剪刀撑 | 5.7.18 | 剪刀撑斜杆的接长应采用搭接或对接,搭接长度不应小于1m,并应采用不少于2个旋转扣件固定。端部扣件盖板的边缘至杆端距离不应小于100mm。(JGJ 130:6.6.2-2) | ☐符合<br>☐不符合 | |
| | | 5.7.19 | 剪刀撑斜杆应用旋转扣件固定在与之相交的横向水平杆的伸出端或立杆上,旋转扣件中心线至主节点的距离不应大于150mm。(JGJ 130:6.6.2-3) | ☐符合<br>☐不符合 | |
| | | 5.7.20 | 满堂支撑架应根据架体的类型设置剪刀撑,并应符合下列规定:<br>1 普通型:<br>1)在架体外侧周边及内部纵、横向每5~8m,应由底至顶设置连续竖向剪刀撑,剪刀撑宽度应为5~8m;<br>2)在竖向剪刀撑顶部交点平面应设置连续水平剪刀撑。当支撑高度超过8m,或施工总荷载大于15kN/m²,或集中线荷载大于20kN/m的支撑架,扫地杆的设置层应设置水平剪刀撑。水平剪刀撑至架体底平面距离与水平剪刀撑间距不宜超过8m。(JGJ 130:6.9.3) | ☐符合<br>☐不符合 | |

续上表

| 项目 | | 序号 | 常见隐患涉及条款 | 检查结果 | 问题描述 |
|---|---|---|---|---|---|
| □扣件式钢管满堂支撑架 | □剪刀撑 | 5.7.21 | 满堂支撑架应根据架体的类型设置剪刀撑,并应符合下列规定:<br>2 加强型:<br>1)当立杆纵、横间距为0.9m×0.9m~1.2m×1.2m时,在架体外侧周边及内部纵、横向每4跨(且不大于5m),应由底至顶设置连续竖向剪刀撑,剪刀撑宽度应为4跨。<br>2)当立杆纵、横间距为0.6m×0.6m~0.9m×0.9m(含0.6m×0.6m、0.9m×0.9m)时,在架体外侧周边及内部纵、横向每5跨(且不小于3m),应由底至顶设置连续竖向剪刀撑,剪刀撑宽度应为5跨。<br>3)当立杆纵、横间距为0.4m×0.4m~0.6m×0.6m(含0.4m×0.4m)时,在架体外侧周边及内部纵、横向每3~3.2m应由底至顶设置连续竖向剪刀撑,剪刀撑宽度应为3~3.2m。<br>4)在竖向剪刀撑顶部交点平面应设置水平剪刀撑,水平剪刀撑至架体底平面距离与水平剪刀撑间距不宜超过6m,剪刀撑宽度应为3~5m。(JGJ 130:6.9.3) | □符合<br>□不符合 | |
| | | 5.7.22 | 竖向剪刀撑斜杆与地面的倾角应为45°~60°,水平剪刀撑与支架纵(或横)向夹角应为45°~60°。(JGJ 130:6.9.4) | □符合<br>□不符合 | |
| | □连墙件 | 5.7.23 | 当满堂支撑架高宽比大于2或2.5时,满堂支撑架应在支架的四周和中部与结构柱进行刚性连接,连墙件水平间距为6~9m,竖向间距应为2~3m。在无结构柱部位应采取预埋钢管等措施与建筑结构进行刚性连接,在有空间部位,满堂支撑架宜超出顶部加载区投影范围向外延伸布置2~3跨。支架架高宽比不应大于3。(JGJ 130:6.9.7) | □符合<br>□不符合 | |
| □盘扣式模板支撑架 | □水平杆 | 5.7.24 | 当标准型(B型)立杆荷载设计值大于40kN,或重型(Z型)立杆荷载设计值大于65kN时,脚手架顶层步距应比标准步距缩小0.5m。(JGJ 231:6.1.5) | □符合<br>□不符合 | |
| | | 5.7.25 | 支撑架可调底座丝杆插入立杆长度不得小于150mm,丝杆外露长度不宜大于300mm,作为扫地杆的最底层水平杆中心线距离可调底座的底板不应大于550mm。(JGJ 231:6.2.5) | □符合<br>□不符合 | |
| | □立杆 | 5.7.26 | 支撑架可调托撑伸出顶层水平杆或双槽托梁中心线的悬臂长度不应超过650mm,且丝杆外露长度不应超过400mm,可调托撑插入立杆或双槽托梁长度不得小于150mm。(JGJ 231:6.2.4) | □符合<br>□不符合 | |

续上表

| 项目 | 序号 | 常见隐患涉及条款 | 检查结果 | 问题描述 |
|---|---|---|---|---|
| □盘扣式模板支撑架 / □斜杆与剪刀撑 | 5.7.27 | 对标准步距为1.5m的支撑架,应根据支撑架搭设高度、支撑架型号及立杆轴向力设计值($N$)进行竖向斜杆布置,竖向斜杆布置形式选用应符合以下要求：<br>(1)标准型$N$≤25kN,搭设高度≤16m时,间隔3跨设置竖向斜杆;标准型$N$≤40kN,搭设高度≤8m时,间隔2跨设置竖向斜杆,搭设高度≤16m时,间隔1跨设置竖向斜杆;标准型$N$>40kN,搭设高度≤16m时,间隔1跨设置竖向斜杆;<br>(2)重型$N$≤40kN,搭设高度≤16m时,间隔3跨设置竖向斜杆,标准型$N$≤65kN,搭设高度≤8m时,间隔2跨设置竖向斜杆,搭设高度≤16m时,间隔1跨设置竖向斜杆;标准型$N$>65kN,搭设高度≤16m时,间隔1跨设置竖向斜杆。(JGJ 231:6.2.2) | □符合<br>□不符合 | |
| | 5.7.28 | 当支撑架搭设高度大于16m时,顶层步距内应每跨布置竖向斜杆。(JGJ 231:6.2.3) | □符合<br>□不符合 | |
| | 5.7.29 | 当支撑架搭设高度超过8m、周围有既有建筑结构时,应沿高度每间隔4个~6个步距与周围已建成的结构进行可靠拉结。(JGJ 231:6.2.6) | □符合<br>□不符合 | |
| | 5.7.30 | 支撑架应沿高度每间隔4个~6个标准步距应设置水平剪刀撑,并应符合现行行业标准《建筑施工扣件式钢管脚手架安全技术规范》(JGJ 130)中钢管水平剪刀撑的有关规定。(JGJ 231:6.2.7) | □符合<br>□不符合 | |
| | 5.7.31 | 当以独立塔架形式搭设支撑架时,应沿高度每间隔2个~4个步距与相邻的独立塔架水平拉结。(JGJ 231:6.2.8) | □符合<br>□不符合 | |
| □通道 | 5.7.32 | 当支撑架架体内设置与单支水平杆同宽的人行通道时,可间隔抽除第一层水平杆和斜杆形成施工人员进出通道,与通道正交的两侧立杆间应设置竖向斜杆;当支撑架架体内设置与单支水平杆不同宽人行通道时,应在通道上部架设支撑横梁,横梁的型号及间距应依据荷载确定。通道相邻跨支撑横梁的立杆间距应根据计算设置,通道周围的支撑架应连成整体。洞口顶部应铺设封闭的防护板,相邻跨应设置安全网。通行机动车的洞口,应设置安全警示和防撞设施。(JGJ 231:6.2.9) | □符合<br>□不符合 | |
| □其他 | 5.7.33 | | | |

规范性引用文件：
《建筑施工扣件式钢管脚手架安全技术规范》(JGJ 130—2011)
《建筑施工承插型盘扣式钢管支架安全技术规程》(JGJ 231—2021)
《建筑施工模板安全技术规范》(JGJ 162—2016)

续上表

总体评价：1. 本次检查＿＿项，符合＿＿项，不符合＿＿项，符合率为＿＿％。
2. 针对不符合项中(填序号)＿＿＿＿＿＿＿＿＿＿＿＿＿＿＿＿，立即整改。
3. 针对不符合项中(填序号)＿＿＿＿＿＿＿＿＿＿＿，限期＿＿日内整改。
4. 针对 （填写停工范围） ，停工整改。
5. 整改情况于＿＿日内，书面反馈至检查单位。
6. 其他＿＿＿＿＿＿＿＿

检查单位：＿＿＿＿＿＿＿＿　　受检单位：＿＿＿＿＿＿＿＿

检查人员：＿＿＿＿＿＿＿＿　　受检人员：＿＿＿＿＿＿＿＿

检查日期：＿＿＿＿＿＿＿＿　　签收日期：＿＿＿＿＿＿＿＿

## 5.8 扣件式钢管脚手架

项目标段：＿＿＿＿＿＿＿＿＿＿＿＿＿＿　　　检查部位：＿＿＿＿＿＿＿＿＿＿＿＿

| 项目 | 序号 | 常见隐患涉及条款 | 检查结果 | 问题描述 |
|---|---|---|---|---|
| □设计尺寸 | 5.8.1 | 作业脚手架的宽度不应小于0.8m,且不宜大于1.2m。作业层高度不应小于1.7m,且不宜大于2.0m。(GB 51210:8.2.1) | □符合<br>□不符合 | |
| □架体构造　□纵向水平杆 | 5.8.2 | 纵向水平杆应设置在立杆内侧,单根杆长度不应小于3跨。(JGJ 130:6.2.1-1) | □符合<br>□不符合 | |
| | 5.8.3 | 两根相邻纵向水平杆的接头不应设置在同步或同跨内;不同步或不同跨两个相邻接头在水平方向错开的距离不应小于500mm;各接头中心至最近主节点的距离不应大于纵距的1/3。(JGJ 130:6.2.1-2) | □符合<br>□不符合 | |
| | 5.8.4 | 搭接长度不应小于1m,应等间距设置3个旋转扣件固定;端部扣件盖板边缘至搭接纵向水平杆杆端的距离不应小于100mm。(JGJ 130:6.2.1-2) | □符合<br>□不符合 | |
| | 5.8.5 | 当使用冲压钢脚手板、木脚手板、竹串片脚手板时,纵向水平杆应作为横向水平杆的支座,用直角扣件固定在立杆上;当使用竹笆脚手板时,纵向水平杆应采用直角扣件固定在横向水平杆上,并应等间距设置,间距不应大于400mm。(JGJ 130:6.2.1-3) | □符合<br>□不符合 | |
| □横向水平杆 | 5.8.6 | 作业层上非主节点处的横向水平杆,宜根据支承脚手板的需要等间距设置,最大间距不应大于纵距的1/2。(JGJ 130:6.2.2-1) | □符合<br>□不符合 | |
| | 5.8.7 | 当使用冲压钢脚手板、木脚手板、竹串片脚手板时,双排脚手架的横向水平杆两端均应采用直角扣件固定在纵向水平杆上;单排脚手架的横向水平杆的一端应用直角扣件固定在纵向水平杆上,另一端应插入墙内,插入长度不应小于180mm。(JGJ 130:6.2.2-2) | □符合<br>□不符合 | |
| | 5.8.8 | 当使用竹笆脚手板时,双排脚手架的横向水平杆的两端,应用直角扣件固定在立杆上;单排脚手架的横向水平杆的一端,应用直角扣件固定在立杆上,另一端插入墙内,插入长度不应小于180mm。(JGJ 130:6.2.2-3) | □符合<br>□不符合 | |
| | 5.8.9 | 主节点处必须设置一根横向水平杆,用直角扣件扣接且严禁拆除。(JGJ 130:6.2.3) | □符合<br>□不符合 | |

续上表

| 项目 | 序号 | 常见隐患涉及条款 | 检查结果 | 问题描述 |
|---|---|---|---|---|
| 架体构造 / 脚手板 | 5.8.10 | 作业层脚手板应铺满、铺稳、铺实。（JGJ 130：6.2.4-1） | □符合<br>□不符合 | |
| | 5.8.11 | 冲压钢脚手板、木脚手板、竹串片脚手板等，应设置在三根横向水平杆上。当脚手板长度小于2m时，可采用两根横向水平杆支承，但应将脚手板两端与横向水平杆可靠固定，严防倾翻。脚手板的铺设应采用对接平铺或搭接铺设。脚手板对接平铺时，接头处应设两根横向水平杆，脚手板外伸长度应取130～150mm，两块脚手板外伸长度的和不应大于300mm；脚手板搭接铺设时，接头应支在横向水平杆上，搭接长度不应小于200mm，其伸出横向水平杆的长度不应小于100mm。（JGJ 130：6.2.4-2） | □符合<br>□不符合 | |
| | 5.8.12 | 竹笆脚手板应按其主竹筋垂直于纵向水平杆方向铺设，且应对接平铺，四个角应用直径不小于1.2mm的镀锌钢丝固定在纵向水平杆上。（JGJ 130：6.2.4-3） | □符合<br>□不符合 | |
| | 5.8.13 | 作业层端部脚手板探头长度应取150mm，其板的两端均应固定于支承杆件上。（JGJ 130：6.2.4-4） | □符合<br>□不符合 | |
| 架体构造 / 立杆 | 5.8.14 | 脚手架必须设置纵、横向扫地杆。纵向扫地杆应采用直角扣件固定在距钢管底端不大于200mm处的立杆上。横向扫地杆应采用直角扣件固定在紧靠纵向扫地杆下方的立杆上。（JGJ 130：6.3.2） | □符合<br>□不符合 | |
| | 5.8.15 | 脚手架立杆基础不在同一高度上时，必须将高处的纵向扫地杆向低处延长两跨与立杆固定；高低差不应大于1m。靠边坡上方的立杆轴线到边坡的距离不应小于500mm。（JGJ 130：6.3.3） | □符合<br>□不符合 | |
| | 5.8.16 | 单、双排脚手架底层步距均不应大于2m。（JGJ 130：6.3.4） | □符合<br>□不符合 | |
| | 5.8.17 | 单排、双排与满堂脚手架立杆接长除顶层顶步外，其余各层各步接头必须采用对接扣件连接。（JGJ 130：6.3.5） | □符合<br>□不符合 | |
| | 5.8.18 | 当立杆采用对接接长时，立杆的对接扣件应交错布置，两根相邻立杆的接头不应设置在同步内，同步内隔一根立杆的两个相隔接头在高度方向错开的距离不宜小于500mm；各接头中心至主节点的距离不宜大于步距的1/3。（JGJ 130：6.3.6-1） | □符合<br>□不符合 | |

续上表

| 项目 | | 序号 | 常见隐患涉及条款 | 检查结果 | 问题描述 |
|---|---|---|---|---|---|
| ☐架体构造 | ☐立杆 | 5.8.19 | 当立杆采用搭接接长时,搭接长度不应小于1m,并应采用不少于2个旋转扣件固定。端部扣件盖板的边缘至杆端距离不应小于100mm。(JGJ 130:6.3.6-2) | ☐符合<br>☐不符合 | |
| | | 5.8.20 | 脚手架立杆顶端栏杆宜高出女儿墙上端1m,宜高出檐口上端1.5m。(JGJ 130:6.3.7) | ☐符合<br>☐不符合 | |
| | ☐连墙件 | 5.8.21 | 双排落地脚手架搭设高度不大于50m时,连墙件设置密度不大于"三步三跨",每根连墙件覆盖面积不大于40$m^2$。(JGJ 130:6.4.2-1) | ☐符合<br>☐不符合 | |
| | | 5.8.22 | 双排悬挑脚手架搭设高度大于50m时,连墙件设置密度不大于"两步三跨",每根连墙件覆盖面积不大于27$m^2$。(JGJ 130:6.4.2-2) | ☐符合<br>☐不符合 | |
| | | 5.8.23 | 单排脚手架搭设高度不大于24m时,连墙件设置密度不大于"三步三跨",每根连墙件覆盖面积不大于40$m^2$。(JGJ 130:6.4.2-3) | ☐符合<br>☐不符合 | |
| | | 5.8.24 | 连墙件应靠近主节点设置,偏离主节点的距离不应大于300mm。(JGJ 130:6.4.3-1) | ☐符合<br>☐不符合 | |
| | | 5.8.25 | 连墙件应从底层第一步纵向水平杆处开始设置,当该处设置有困难时,应采用其他可靠措施固定。(JGJ 130:6.4.3-2) | ☐符合<br>☐不符合 | |
| | | 5.8.26 | 连墙件应优先采用菱形布置,或采用方形、矩形布置。(JGJ 130:6.4.3-3) | ☐符合<br>☐不符合 | |
| | | 5.8.27 | 开口型脚手架的两端必须设置连墙件,连墙件的垂直间距不应大于建筑物的层高,并且不应大于4m。(JGJ 130:6.4.4) | ☐符合<br>☐不符合 | |
| | | 5.8.28 | 连墙件中的连墙杆应呈水平设置,当不能水平设置时,应向脚手架一端下斜连接。(JGJ 130:6.4.5) | ☐符合<br>☐不符合 | |
| | | 5.8.29 | 连墙件必须采用可承受拉力和压力的构造。对高度24m以上的双排脚手架,应采用刚性连墙件与建筑物连接。(JGJ 130:6.4.6) | ☐符合<br>☐不符合 | |
| | | 5.8.30 | 当脚手架下部暂不能设连墙件时应采取防倾覆措施。当搭设抛撑时,抛撑应采用通长杆件,并用旋转扣件固定在脚手架上,与地面的倾角应在45°~60°之间;连接点中心至主节点的距离不应大于300mm。抛撑应在连墙件搭设后方可拆除。(JGJ 130:6.4.7) | ☐符合<br>☐不符合 | |

续上表

| 项目 | 序号 | 常见隐患涉及条款 | 检查结果 | 问题描述 |
|---|---|---|---|---|
| 架体构造 / 门洞 | 5.8.31 | 单、双排脚手架门洞宜采用上升斜杆、平行弦杆桁架结构形式,斜杆与地面的倾角应在45°~60°之间。(JGJ 130:6.5.1) | □符合<br>□不符合 | |
| | 5.8.32 | 单排脚手架门洞处,应在平面桁架的每一节间设置一根斜腹杆;双排脚手架门洞处的空间桁架,除下弦平面外,应在其余5个平面内设置一根斜腹杆。(JGJ 130:6.5.2) | □符合<br>□不符合 | |
| | 5.8.33 | 单排脚手架过窗洞时应增设立杆或增设一根纵向水平杆。(JGJ 130:6.5.3) | □符合<br>□不符合 | |
| | 5.8.34 | 门洞桁架下的两侧立杆应为双管立杆,副立杆高度应高于门洞口1~2步。(JGJ 130:6.5.4) | □符合<br>□不符合 | |
| | 5.8.35 | 门洞桁架中伸出上下弦杆的杆件端头,均应增设一个防滑扣件,该扣件宜紧靠主节点处的扣件。(JGJ 130:6.5.5) | □符合<br>□不符合 | |
| 架体构造 / 剪刀撑与横向斜撑 | 5.8.36 | 双排脚手架应设置剪刀撑与横向斜撑,单排脚手架应设置剪刀撑。(JGJ 130:6.6.1) | □符合<br>□不符合 | |
| | 5.8.37 | 每道剪刀撑宽度不应小于4跨,且不应小于6m,斜杆与地面的倾角应在45°~60°之间。(JGJ 130:6.6.2.1) | □符合<br>□不符合 | |
| | 5.8.38 | 剪刀撑斜杆的接长应采用搭接或对接,搭接长度不应小于1m,并应采用不少于2个旋转扣件固定。端部扣件盖板的边缘至杆端距离不应小于100mm。(JGJ 130:6.6.2-2) | □符合<br>□不符合 | |
| | 5.8.39 | 剪刀撑斜杆应用旋转扣件固定在与之相交的横向水平杆的伸出端或立杆上,旋转扣件中心线至主节点的距离不应大于150mm。(JGJ 130:6.6.2-3) | □符合<br>□不符合 | |
| | 5.8.40 | 高度在24m及以上的双排脚手架应在外侧全立面连续设置剪刀撑;高度在24m以下的单、双排脚手架,均必须在外侧两端、转角及中间间隔不超过15m的立面上,各设置一道剪刀撑,并应由底至顶连续设置。(JGJ 130:6.6.3) | □符合<br>□不符合 | |
| | 5.8.41 | 横向斜撑应在同一节间,由底至顶呈之字形连续布置,斜撑宜采用旋转扣件固定在与之相交的横向水平杆的伸出端上,旋转扣件中心线至主节点的距离不宜大于150mm。当斜撑在1跨内跨越2个步距时,宜在相交的纵向水平杆处,增设一根横向水平杆,将斜撑固定在其伸出端上。(JGJ 130:6.6.4-1) | □符合<br>□不符合 | |
| | 5.8.42 | 高度在24m以下的封闭型双排脚手架可不设横向斜撑,高度在24m以上的封闭型脚手架,除拐角应设置横向斜撑外,中间应每隔6跨距设置一道。(JGJ 130:6.6.4-2) | □符合<br>□不符合 | |
| | 5.8.43 | 开口型双排脚手架的两端均必须设置横向斜撑。(JGJ 130:6.6.5) | □符合<br>□不符合 | |

续上表

| 项目 | | 序号 | 常见隐患涉及条款 | 检查结果 | 问题描述 |
|---|---|---|---|---|---|
| 架体构造 | 斜道 | 5.8.44 | 斜道应附着外脚手架或建筑物设置。(JGJ 130:6.7.2-1) | □符合<br>□不符合 | |
| | | 5.8.45 | 运料斜道宽度不应小于1.5m,坡度不应大于1:6;人行斜道宽度不应小于1m,坡度不应大于1:3。(JGJ 130:6.7.2-2) | □符合<br>□不符合 | |
| | | 5.8.46 | 拐弯处应设置平台,其宽度不应小于斜道宽度。(JGJ 130:6.7.2-3) | □符合<br>□不符合 | |
| | | 5.8.47 | 斜道两侧及平台外围均应设置栏杆及挡脚板;栏杆高度应为1.2m,挡脚板高度不应小于180mm。(JGJ 130:6.7.2-4) | □符合<br>□不符合 | |
| | | 5.8.48 | 运料斜道两端、平台外围和端部均应设置连墙件;每两步应加设水平斜杆;应设置剪刀撑和横向斜撑。(JGJ 130:6.7.2-5) | □符合<br>□不符合 | |
| | | 5.8.49 | 脚手板横铺时,应在横向水平杆下增设纵向支托杆,纵向支托杆间距不应大于500mm。(JGJ 130:6.7.3-1) | □符合<br>□不符合 | |
| | | 5.8.50 | 脚手板顺铺时,接头应采用搭接,下面的板头应压住上面的板头,板头的凸棱处应采用三角木填顺。(JGJ 130:6.7.3-2) | □符合<br>□不符合 | |
| | | 5.8.51 | 人行斜道和运料斜道的脚手板上应每隔250~300mm设置一根防滑木条,木条厚度应为20~30mm。(JGJ 130:6.7.3-3) | □符合<br>□不符合 | |
| | 满堂脚手架 | 5.8.52 | 满堂脚手架搭设高度不宜超过36m;满堂脚手架施工层不得超过1层。(JGJ 130:6.8.2) | □符合<br>□不符合 | |
| | | 5.8.53 | 满堂脚手架立杆接长接头必须采用对接扣件连接。(JGJ 130:6.8.3) | □符合<br>□不符合 | |
| | | 5.8.54 | 满堂脚手架应在架体外侧四周及内部纵、横向每6~8m由底至顶设置连续竖向剪刀撑。当架体搭设高度在8m以下时,应在架顶部设置连续水平剪刀撑;当架体搭设高度在8m及以上时,应在架体底部、顶部及竖向间隔不超过8m分别设置连续水平剪刀撑。水平剪刀撑宜在竖向剪刀撑斜杆相交平面设置。剪刀撑宽度应为6~8m。(JGJ 130:6.8.4) | □符合<br>□不符合 | |
| | | 5.8.55 | 剪刀撑应用旋转扣件固定在与之相交的水平杆或立杆上,旋转扣件中心线至主节点的距离不宜大于150mm。(JGJ 130:6.8.5) | □符合<br>□不符合 | |

续上表

| 项目 | | 序号 | 常见隐患涉及条款 | 检查结果 | 问题描述 |
|---|---|---|---|---|---|
| □架体构造 | □满堂脚手架 | 5.8.56 | 满堂脚手架的高宽比不宜大于3,当高宽比大于2时,应在架体的外侧四周和内部水平间隔6~9m,竖向间隔4~6m设置连墙件与建筑结构拉结,当无法设置连墙件时,应采取设置钢丝绳张拉固定等措施。(JGJ 130:6.8.6) | □符合<br>□不符合 | |
| | | 5.8.57 | 满堂脚手架应设爬梯,爬梯踏步间距不得大于300mm。(JGJ 130:6.8.9) | □符合<br>□不符合 | |
| | | 5.8.58 | 满堂脚手架操作层支撑脚手板的水平杆间距不应大于1/2跨距。(JGJ 130:6.8.10) | □符合<br>□不符合 | |
| | □型钢悬挑脚手架 | 5.8.59 | 型钢悬挑梁宜采用双轴对称截面的型钢。悬挑钢梁型号及锚固件应按设计确定,钢梁截面高度不应小于160mm。悬挑梁尾端应在两处及以上固定于钢筋混凝土梁板结构上。锚固型钢悬挑梁的U形钢筋拉环或锚固螺栓直径不宜小于16mm。(JGJ 130:6.10.2) | □符合<br>□不符合 | |
| | | 5.8.60 | 用于锚固的U形钢筋拉环或螺栓应采用冷弯成型。U形钢筋拉环、锚固螺栓与型钢间隙应用钢楔或硬木楔楔紧。(JGJ 130:6.10.3) | □符合<br>□不符合 | |
| | | 5.8.61 | 锚固螺栓应预埋或穿越建筑物主体结构,其数量应不少于2个,直径应由设计确定;螺栓应设置双螺母,螺杆露出螺母应不少于3扣和10mm。锚固螺栓穿越主体结构设置时应增设钢垫板,钢垫板尺寸应不小于100mm×100mm×8mm。(DGJ32/J 121:3.2.7-3) | □符合<br>□不符合 | |
| | | 5.8.62 | 每个型钢悬挑梁外端宜设置钢丝绳或钢拉杆与上一层建筑结构斜拉结。钢丝绳与建筑结构拉结的吊环应使用HPB235级钢筋。(JGJ 130:6.10.4) | □符合<br>□不符合 | |
| | | 5.8.63 | 钢梁悬挑长度小于或等于1800mm时,宜设置一根钢筋拉杆;悬挑长度大于1800mm且小于或等于3000mm时,宜设置内外两根钢筋拉杆。钢筋拉杆的水平夹角应不小于45°。(DGJ32/J 121:3.2.7-4) | □符合<br>□不符合 | |
| | | 5.8.64 | 悬挑钢梁悬挑长度应按设计确定,固定段长度不应小于悬挑段长度的1.25倍。型钢悬挑梁固定端应采用2个(对)及以上U形钢筋拉环或锚固螺栓与建筑结构梁板固定,U形钢筋拉环或锚固螺栓应预埋至混凝土梁、板底层钢筋位置,并应与混凝土梁、板底层钢筋焊接或绑扎牢固。(JGJ 130:6.10.5) | □符合<br>□不符合 | |
| | | 5.8.65 | 当型钢悬挑梁与建筑结构采用螺栓钢压板连接固定时,钢压板尺寸不应小于100mm×10mm(宽×厚);当采用螺栓角钢压板连接时,角钢的规格不应小于63mm×63mm×6mm。(JGJ 130:6.10.6) | □符合<br>□不符合 | |

续上表

| 项目 | | 序号 | 常见隐患涉及条款 | 检查结果 | 问题描述 |
|---|---|---|---|---|---|
| □架体构造 | □型钢悬挑脚手架 | 5.8.66 | 型钢悬挑梁悬挑端应设置能使脚手架立杆与钢梁可靠固定的定位点,定位点离悬挑梁端部不应小于100mm。(JGJ 130:6.10.7) | □符合<br>□不符合 | |
| | | 5.8.67 | 锚固位置设置在楼板上时,楼板的厚度不宜小于120mm。如果楼板的厚度小于120mm应采取加固措施。(JGJ 130:6.10.8) | □符合<br>□不符合 | |
| | | 5.8.68 | 悬挑梁间距应按悬挑架架体立杆纵距设置,每一纵距设置一根。(JGJ 130:6.10.9) | □符合<br>□不符合 | |
| | | 5.8.69 | 悬挑架的外立面剪刀撑应自下而上连续设置。(JGJ 130:6.10.10) | □符合<br>□不符合 | |
| | | 5.8.70 | 分段悬挑的钢管脚手架立杆、剪刀撑等杆件,在分段处应全部断开,不得上下连续设置。(DGJ32/J 121:3.3.71) | □符合<br>□不符合 | |
| | | 5.8.71 | 脚手架外立面应采用2000目/100cm² 密目网全封闭围护。钢管脚手架及其与建筑物之间空挡的底部必须严密封闭,宜满铺木制脚手板,木脚手板拼缝应紧密,与脚手架绑扎牢固;当采用满铺竹笆片脚手板时,底部应采用2000目/100cm² 密目网兜底封闭。上部脚手架内侧空挡处,应沿高度每隔4个步高设置30mm×30mm平网封闭。(DGJ32/J 121:3.3.8) | □符合<br>□不符合 | |
| | | 5.8.72 | 脚手架钢管宜采用$\phi$48mm钢管,不同规格的钢管严禁混合使用。(DGJ32/J 121:3.3.1) | □符合<br>□不符合 | |
| □施工管理 | □施工准备 | 5.8.73 | 新、旧扣件均应进行防锈处理。(JGJ 130:8.1.3) | □符合<br>□不符合 | |
| | | 5.8.74 | 扣件有裂缝、变形、螺栓出现滑丝的严禁使用。(JGJ 130:8.1.4) | □符合<br>□不符合 | |
| | | 5.8.75 | 脚手板的检查应符合下列规定:<br>1)脚手板不得有裂纹、开焊与硬弯;<br>2)新、旧脚手板均应涂防锈漆;<br>3)应有防滑措施。<br>4)不得使用扭曲变形、劈裂、腐朽的脚手板。(JGJ 130:8.1.5) | □符合<br>□不符合 | |
| | | 5.8.76 | 可调托撑的检查应符合下列规定:<br>3 可调托撑支托板厚不应小于5mm,变形不应大于1mm;<br>4 严禁使用有裂缝的支托板、螺母。(JGJ 130:8.1.7) | □符合<br>□不符合 | |
| | | 5.8.77 | 经检验合格的构配件应按品种、规格分类,堆放整齐、平稳,堆放场地不得有积水。(JGJ 130:7.1.3) | □符合<br>□不符合 | |

续上表

| 项目 | 序号 | 常见隐患涉及条款 | 检查结果 | 问题描述 |
|---|---|---|---|---|
| □施工管理 / □地基与基础 | 5.8.78 | 脚手架的搭设场地应平整、坚实,场地排水应顺畅,不应有积水。(GB 51210:9.0.3) | □符合<br>□不符合 | |
| | 5.8.79 | 立杆垫板或底座底面高程宜高于自然地坪50~100mm。(JGJ 130:7.2.3) | □符合<br>□不符合 | |
| □施工管理 / □搭设 | 5.8.80 | 单、双排脚手架必须配合施工进度搭设,一次搭设高度不应超过相邻连墙件以上两步;如果超过相邻连墙件以上两步,无法设置连墙件时,应采取撑拉固定等措施与建筑结构拉结。(JGJ 130:7.3.1) | □符合<br>□不符合 | |
| | 5.8.81 | 底座安放应符合下列规定:<br>1 底座、垫板均应准确地放在定位线上;<br>2 垫板应采用长度不少于2跨、厚度不小于50mm、宽度不小于200mm的木垫板。(JGJ 130:7.3.3) | □符合<br>□不符合 | |
| | 5.8.82 | 脚手架开始搭设立杆时,应每隔6跨设置一根抛撑,直至连墙件安装稳定后,方可根据情况拆除。(JGJ 130:7.3.4-2) | □符合<br>□不符合 | |
| | 5.8.83 | 当架体搭设至有连墙件的主节点时,在搭设完该处的立杆、纵向水平杆、横向水平杆后,应立即设置连墙件。(JGJ 130:7.3.4-3) | □符合<br>□不符合 | |
| | 5.8.84 | 脚手架纵向水平杆应随立杆按步搭设,并应采用直角扣件与立杆固定。(JGJ 130:7.3.5-1) | □符合<br>□不符合 | |
| | 5.8.85 | 双排脚手架横向水平杆的靠墙一端至墙装饰面的距离不应大于100mm。(JGJ 130:7.3.6-2) | □符合<br>□不符合 | |
| | 5.8.86 | 脚手架连墙件的安装应随脚手架搭设同步进行,不得滞后安装。(JGJ 130:7.3.8-1) | □符合<br>□不符合 | |
| | 5.8.87 | 当单、双排脚手架施工操作层高出相邻连墙件以上两步时,应采取确保脚手架稳定的临时拉结措施,直到上一层连墙件安装完毕后再根据情况拆除。(JGJ 130:7.3.8-2) | □符合<br>□不符合 | |
| | 5.8.88 | 脚手架剪刀撑与双排脚手架横向斜撑应随立杆、纵向和横向水平杆等同步搭设,不得滞后安装。(JGJ 130:7.3.9) | □符合<br>□不符合 | |
| | 5.8.89 | 扣件螺栓拧紧扭力矩不应小于40N·m,且不应大于65N·m。(JGJ 130:7.3.11-2) | □符合<br>□不符合 | |
| | 5.8.90 | 在主节点处固定横向水平杆、纵向水平杆、剪刀撑、横向斜撑等用的直角扣件、旋转扣件的中心点的相互距离不应大于150mm。(JGJ 130:7.3.11-3) | □符合<br>□不符合 | |

续上表

| 项目 | | 序号 | 常见隐患涉及条款 | 检查结果 | 问题描述 |
|---|---|---|---|---|---|
| □施工管理 | □搭设 | 5.8.91 | 对接扣件开口应朝上或朝内。（JGJ 130：7.3.11.4） | □符合<br>□不符合 | |
| | | 5.8.92 | 各杆件端头伸出扣件盖板边缘的长度不应小于100mm。（JGJ 130：7.3.11-5） | □符合<br>□不符合 | |
| | | 5.8.93 | 作业脚手架的作业层上应满铺脚手板，并应采取可靠的连接方式与水平杆固定。当作业层边缘与建筑物间隙大于150mm时，应采取防护措施。作业层外侧应设置栏杆和挡脚板（GB 51210：8.2.8） | □符合<br>□不符合 | |
| | □拆除 | 5.8.94 | 单、双排脚手架拆除作业必须由上而下逐层进行，严禁上下同时作业；连墙件必须随脚手架逐层拆除，严禁先将连墙件整层或数层拆除后再拆脚手架；分段拆除高差大于两步时，应增设连墙件加固。（JGJ 130：7.4.2） | □符合<br>□不符合 | |
| | | 5.8.95 | 当脚手架拆至下部最后一根长立杆的高度（约6.5m）时，应先在适当位置搭设临时抛撑加固后，再拆除连墙件。当单、双排脚手架采取分段、分立面拆除时，对不拆除的脚手架两端，应设置连墙件和横向斜撑加固。（JGJ 130：7.4.3） | □符合<br>□不符合 | |
| | | 5.8.96 | 架体拆除作业应设专人指挥，当有多人同时操作时，应明确分工，统一行动，且应具有足够的操作面。（JGJ 130：7.4.4） | □符合<br>□不符合 | |
| | | 5.8.97 | 卸料时各构配件严禁抛掷至地面。（JGJ 130：7.4.5） | □符合<br>□不符合 | |
| □安全管理 | | 5.8.98 | 扣件式钢管脚手架安装与拆除人员必须是经考核合格的专业架子工。架子工应持证上岗。（JGJ 130：9.0.1） | □符合<br>□不符合 | |
| | | 5.8.99 | 搭拆脚手架人员必须戴安全帽、系安全带、穿防滑鞋。（JGJ 130：9.0.2） | □符合<br>□不符合 | |
| | | 5.8.100 | 钢管上严禁打孔。（JGJ 130：9.0.4） | □符合<br>□不符合 | |
| | | 5.8.101 | 作业层上的施工荷载应符合设计要求，不得超载。不得将模板支架、缆风绳、泵送混凝土和砂浆的输送管等固定在架体上；严禁悬挂起重设备，严禁拆除或移动架体上安全防护设施。（JGJ 130：9.0.5） | □符合<br>□不符合 | |
| | | 5.8.102 | 当有六级强风及以上风、浓雾、雨或雪天气时应停止脚手架搭设与拆除作业。雨、雪后上架作业应有防滑措施，并应扫除积雪。（JGJ 130：9.0.8） | □符合<br>□不符合 | |
| | | 5.8.103 | 脚手板应铺设牢靠、严实，并应用安全网双层兜底。施工层以下每隔10m应用安全网封闭。（JGJ 130：9.0.11） | □符合<br>□不符合 | |

续上表

| 项目 | 序号 | 常见隐患涉及条款 | 检查结果 | 问题描述 |
|---|---|---|---|---|
| ☐ 安全管理 | 5.8.104 | 作业脚手架外侧和支撑脚手架作业层栏杆应采用密目式安全网或其他措施全封闭防护。密目式安全网应为阻燃产品。(GB 51210:11.2.4) | ☐符合<br>☐不符合 | |
| | 5.8.105 | 在脚手架使用期间,严禁拆除下列杆件:<br>1 主节点处的纵、横向水平杆,纵、横向扫地杆;<br>2 连墙件。(JGJ 130:9.0.13) | ☐符合<br>☐不符合 | |
| | 5.8.106 | 当在脚手架使用过程中开挖脚手架基础下的设备基础或管沟时,必须对脚手架采取加固措施。(JGJ 130:9.0.14) | ☐符合<br>☐不符合 | |
| | 5.8.107 | 临街搭设脚手架时,外侧应有防止坠物伤人的防护措施。(JGJ 130:9.0.16) | ☐符合<br>☐不符合 | |
| | 5.8.108 | 搭拆脚手架时,地面应设围栏和警戒标志,并应派专人看守,严禁非操作人员入内。(JGJ 130:9.0.19) | ☐符合<br>☐不符合 | |
| | 5.8.109 | 作业脚手架同时满载作业的层数不应超过2层。(GB 51210:11.2.6) | ☐符合<br>☐不符合 | |
| | 5.8.110 | 在脚手架作业层上进行电焊、气焊和其他动火作业时,应采取防火措施,并应设专人监护。(GB 51210:11.2.7) | ☐符合<br>☐不符合 | |
| ☐ 其他 | 5.8.111 | | | |

规范性引用文件：
《建筑施工脚手架安全技术统一标准》(GB 51210—2016)
《建筑施工扣件式钢管脚手架安全技术规范》(JGJ 130—2011)
《建筑施工悬挑式钢管脚手架安全技术规程》(DGJ32/J 121—2011)

总体评价：1. 本次检查____项,符合____项,不符合____项,符合率为____%。
    2. 针对不符合项中(填序号)_____,立即整改。
    3. 针对不符合项中(填序号)_____,限期____日内整改。
    4. 针对__(填写停工范围)__,停工整改。
    5. 整改情况于____日内,书面反馈至检查单位。
    6. 其他_____

检查单位：_____  受检单位：_____

检查人员：_____  受检人员：_____

检查日期：_____  签收日期：_____

## 5.9 盘扣式钢管脚手架

项目标段：＿＿＿＿＿＿＿＿＿＿＿＿＿＿＿＿　　　检查部位：＿＿＿＿＿＿＿＿＿＿＿＿＿＿＿＿

| 项目 | 序号 | 常见隐患涉及条款 | 检查结果 | 问题描述 |
|---|---|---|---|---|
| □双排外脚手架 / □设计尺寸 | 5.9.1 | 作业架的高宽比宜控制在3以内；当作业架高宽比大于3时，应设置抛撑或缆风绳等抗倾覆措施。（JGJ 231：6.3.1） | □符合<br>□不符合 | |
| □作业层 | 5.9.2 | 应满铺脚手板。（JGJ 231：7.5.3-1） | □符合<br>□不符合 | |
| | 5.9.3 | 双排外作业架外侧应设挡脚板和防护栏杆，防护栏杆可在每层作业面立杆的0.5m和1.0m的连接盘处布置两道水平杆，并应在外侧满挂密目安全网。（JGJ 231：7.5.3-2） | □符合<br>□不符合 | |
| | 5.9.4 | 作业层与主体结构间的空隙应设置水平防护网。（JGJ 231：7.5.3-3） | □符合<br>□不符合 | |
| | 5.9.5 | 当采用钢脚手板时，钢脚手板的挂钩应稳固扣在水平杆上，挂钩应处于锁住状态。（JGJ 231：7.5.3-4） | □符合<br>□不符合 | |
| □立杆 | 5.9.6 | 当立杆处于受拉状态时，立杆的套管连接接长部位应采用螺栓连接。（JGJ 231：7.5.6） | □符合<br>□不符合 | |
| | 5.9.7 | 作业架立杆应定位准确，并应配合施工进度搭设，双排外作业架一次搭设高度不应超过最上层连墙件两步，且自由高度不应大于4m。（JGJ 231：7.5.1） | □符合<br>□不符合 | |
| | 5.9.8 | 连墙件的设置应符合下列规定：<br>1 连墙件应采用可承受拉、压荷载的刚性杆件，并应与建筑主体结构和架体连接牢固；<br>2 连墙件应靠近水平杆的盘扣节点设置；<br>3 同一层连墙件宜在同一水平面，水平间距不应大于3跨；连墙件之上架体的悬臂高度不得超过2步；<br>4 在架体的转角处或开口型双排脚手架的端部应按楼层设置，且竖向间距不应大于4m；<br>5 连墙件宜从底层第一道水平杆处开始设置；<br>6 连墙件宜采用菱形布置，也可采用矩形布置；<br>7 连墙点应均匀分布；<br>8 当脚手架下部不能搭设连墙件时，宜外扩搭设多排脚手架并设置斜杆，形成外侧斜面状附加梯形架。（JGJ 231：6.3.6） | □符合<br>□不符合 | |

续上表

| 项目 | | 序号 | 常见隐患涉及条款 | 检查结果 | 问题描述 |
|---|---|---|---|---|---|
| □双排外脚手架 | □斜杆与剪刀撑 | 5.9.9 | 双排作业架的外侧立面上应设置竖向斜杆,并应符合下列规定:<br>1 在脚手架的转角处、开口型脚手架端部应由架体底部至顶部连续设置斜杆;<br>2 应每隔不大于4跨设置一道竖向或斜向连续斜杆;当架体搭设高度在24m以上时,应每隔不大于3跨设置一道竖向斜杆;<br>3 竖向斜杆应在双排作业架外侧相邻立杆间由底至顶连续设置。(JGJ 231:6.3.5) | □符合<br>□不符合 | |
| | | 5.9.10 | 加固件、斜杆应与作业架同步搭设。当加固件、斜撑采用扣件钢管时,应符合现行行业标准《建筑施工扣件式钢管脚手架安全技术规范》(JGJ 130)的有关规定。(JGJ 231:7.5.4) | □符合<br>□不符合 | |
| | | 5.9.11 | 当设置双排外作业架人行通道时,应在通道上部架设支撑横梁,横梁截面大小应按跨度以及承受的荷载计算确定,通道两侧作业架应加设斜杆,洞口顶部应铺设封闭的防护板,两侧应设置安全网;通行机动车的洞口,应设置安全警示和防撞设施。(JGJ 231:6.3.4) | □符合<br>□不符合 | |
| □施工管理 | | 5.9.12 | 经验收合格的构配件应按品种、规格分类码放,并应标挂数量、规格铭牌。构配件堆放场地应排水畅通、无积水。(JGJ 231:7.1.3) | □符合<br>□不符合 | |
| | | 5.9.13 | 模板支架及脚手架搭设场地必须平整、坚实、有排水措施。(JGJ 231:7.1.5) | □符合<br>□不符合 | |
| | □地基与基础 | 5.9.14 | 土层地基上的立杆下应采用可调底座和垫板,垫板的长度不宜少于2跨。(JGJ 231:7.3.1) | □符合<br>□不符合 | |
| | | 5.9.15 | 当地基高差较大时,可利用立杆节点位差配合可调底座进行调整。(JGJ 231:7.3.3) | □符合<br>□不符合 | |
| | | 5.9.16 | 脚手架基础应按专项施工方案进行施工,并应按基础承载力要求进行验收,脚手架应在地基基础验收合格后搭设。(JGJ 231:7.3.1) | □符合<br>□不符合 | |
| | | 5.9.17 | 双排外作业架连墙件应随脚手架高度上升,在规定位置处同步设置,不得滞后安装和任意拆除。(JGJ 231:7.5.2) | □符合<br>□不符合 | |
| | | 5.9.18 | 水平杆及斜杆插销安装完成后,应采用锤击方法抽查插销,连续下沉量不应大于3mm。(JGJ 231:7.4.7) | □符合<br>□不符合 | |
| | | 5.9.19 | 作业架顶层的外侧防护栏杆高出顶层作业层的高度不应小于1500mm。(JGJ 231:7.5.5) | □符合<br>□不符合 | |
| | | 5.9.20 | 作业架应分段搭设、分段使用,应经验收合格后方可使用。(JGJ 231:7.5.7) | □符合<br>□不符合 | |

续上表

| 项目 | | 序号 | 常见隐患涉及条款 | 检查结果 | 问题描述 |
|---|---|---|---|---|---|
| □施工管理 | □拆除 | 5.9.21 | 当作业架拆除时,应划出安全区,应设置警戒标志,并应派专人看管。(JGJ 231:7.5.9) | □符合<br>□不符合 | |
| | | 5.9.22 | 作业架应经单位工程负责人确认并签署拆除许可令后,方可拆除。(JGJ 231:7.5.8) | □符合<br>□不符合 | |
| | | 5.9.23 | 拆除前应清理脚手架上的器具、多余的材料和杂物。(JGJ 231:7.5.10) | □符合<br>□不符合 | |
| | | 5.9.24 | 作业架拆除应按先装后拆、后装先拆的原则进行,不应上下同时作业。双排外脚手架连墙件应随脚手架逐层拆除,分段拆除的高度差不应大于两步。当作业条件限制,出现高度差大于两步时,应增设连墙件加固。(JGJ 231:7.5.11) | □符合<br>□不符合 | |
| | | 5.9.25 | 支架搭设作业人员应正确佩戴安全帽、安全带和防滑鞋。(JGJ 231:9.0.1) | □符合<br>□不符合 | |
| | | 5.9.26 | 不得在脚手架基础影响范围内进行挖掘作业。(JGJ 231:9.0.8) | □符合<br>□不符合 | |
| | | 5.9.27 | 架体门洞、过车通道,应设置明显警示标识及防超限栏杆。(JGJ 231:9.0.11) | □符合<br>□不符合 | |
| | | 5.9.28 | 在脚手架或模板支架上进行电气焊作业时,必须有防火措施和专人监护。(JGJ 231:9.0.9) | □符合<br>□不符合 | |
| □其他 | | 5.9.29 | | | |

规范性引用文件:
《建筑施工承插型盘扣式钢管支架安全技术规程》(JGJ 231—2021)

续上表

总体评价：1. 本次检查____项，符合____项，不符合____项，符合率为____%。
    2. 针对不符合项中(填序号)_____，立即整改。
    3. 针对不符合项中(填序号)_____，限期____日内整改。
    4. 针对__(填写停工范围)__，停工整改。
    5. 整改情况于____日内，书面反馈至检查单位。
    6. 其他_____

检查单位：_____  受检单位：_____

检查人员：_____  受检人员：_____

检查日期：_____  签收日期：_____

# 第六节 钢结构吊装

## 5.10 钢结构吊装

项目标段：_____     检查部位：_____

| 项目 | 序号 | 常见隐患涉及条款 | 检查结果 | 问题描述 |
|---|---|---|---|---|
| □人员 | 5.10.1 | 起重机司机、起重机指挥等特种作业人员必须持特种作业操作资格证上岗。严禁非起重机驾驶人员驾驶、操作起重机。（JGJ 276:3.0.2;TSG Z6001:附录 A） | □符合<br>□不符合 | |
| □吊索吊具 | 5.10.2 | 吊索的绳环或两端的绳套可采用压接接头，压接接头的长度不应小于钢丝绳直径的 20 倍，且不应小于 300mm。（JGJ 276:4.3.1-3） | □符合<br>□不符合 | |
| | 5.10.3 | 钢丝绳端部的固定和连接应符合如下要求：<br>绳夹连接时，钢丝绳公称直径小于或等于 19mm 时，绳夹数量不少于 3 个；钢丝绳公称直径在 19～32mm 时，绳夹数量不少于 4 个；钢丝绳公称直径在 32～38mm 时，绳夹数量不少于 5 个。（钢丝绳夹夹座应在受力绳头一边；每两个钢丝绳夹的间距不应小于钢丝绳直径的 6 倍。）（GB 6067.1:4.2.1.5） | □符合<br>□不符合 | |
| | 5.10.4 | 钢丝绳端部的固定和连接应符合如下要求：<br>用编结连接时，编结长度不应小于钢丝绳直径的 15 倍，并且不小于 300mm。（GB 6067.1:4.2.1.5） | □符合<br>□不符合 | |
| | 5.10.5 | 一台起重设备的两个主吊钩起吊同一重物时，两钩升降应协调，两吊索开口度不应大于 60°，且每个钩的吊重不得大于其额定负荷。卸扣使用时不得超过规定载荷，严禁钢丝绳在卸扣两侧起重。（部指南:12.2-(8)） | □符合<br>□不符合 | |
| | 5.10.6 | 起重机的吊钩和吊环严禁补焊。当出现下列情况之一时，应予更换：<br>①表面有裂纹、破口；<br>②钩尾和螺纹部分等危险截面及钩颈有永久变形。（部指南:12.2-(9)） | □符合<br>□不符合 | |

续上表

| 项目 | 序号 | 常见隐患涉及条款 | 检查结果 | 问题描述 |
|---|---|---|---|---|
| 一般规定 | 5.10.7 | 钢构件应按规定的吊装顺序配套供应,装卸时,装卸机械不得靠近基坑行走。(JGJ 276:6.1.1) | □符合<br>□不符合 | |
| | 5.10.8 | 钢构件的堆放场地应平整,构件应放平、放稳,避免变形。(JGJ 276:6.1.2) | □符合<br>□不符合 | |
| | 5.10.9 | 柱底灌浆应在柱校正完或底层第一节钢框架校正完,并紧固地脚螺栓后进行。(JGJ 276:6.1.3) | □符合<br>□不符合 | |
| | 5.10.10 | 作业前应检查操作平台、脚手架和防风设施。(JGJ 276:6.1.4) | □符合<br>□不符合 | |
| | 5.10.11 | 柱、梁安装完毕后,在未设置浇筑楼板用的压型钢板时,应在钢梁上铺设适量吊装和接头连接作业时用的带扶手的走道板。压型钢板应随铺随焊。(JGJ 276:6.1.5) | □符合<br>□不符合 | |
| | 5.10.12 | 吊装程序应符合施工组织设计的规定。缆风绳或溜绳的设置应明确,对不规则构件的吊装,其吊点位置,捆绑、安装、校正和固定方法应明确。(JGJ 276:6.1.6) | □符合<br>□不符合 | |
| 钢结构吊装 高层钢结构吊装 | 5.10.13 | 钢柱吊装安装前,应在钢柱上将登高扶梯和操作挂篮或平台等固定好。(JGJ 276:6.3.1-1) | □符合<br>□不符合 | |
| | 5.10.14 | 钢柱起吊时,柱根部不得着地拖拉。(JGJ 276:6.3.1-2) | □符合<br>□不符合 | |
| | 5.10.15 | 钢柱吊装时,柱应垂直,严禁碰撞已安装好的构件。(JGJ 276:6.3.1-3) | □符合<br>□不符合 | |
| | 5.10.16 | 钢柱吊装就位时,应待临时固定可靠后方可脱钩。(JGJ 276:6.3.1-4) | □符合<br>□不符合 | |
| | 5.10.17 | 钢梁吊装前应按规定装好扶手杆和扶手安全绳。(JGJ 276:6.3.2-1) | □符合<br>□不符合 | |
| | 5.10.18 | 钢梁吊装应采用两点吊。水平桁架的吊点位置,应保证起吊后桁架水平,并应加设安全绳。(JGJ 276:6.3.2-2) | □符合<br>□不符合 | |
| | 5.10.19 | 钢梁校正完毕,应及时进行临时固定。(JGJ 276:6.3.2-3) | □符合<br>□不符合 | |
| | 5.10.20 | 剪力墙板吊装应符合下列规定:<br>1 当先吊装框架后吊装墙板时,临时搁置应采取可靠的支撑措施。<br>2 墙板与上部框架梁组合后吊装时,就位后应立即进行侧面和底部的连接。(JGJ 276:6.3.3) | □符合<br>□不符合 | |
| | 5.10.21 | 框架的整体校正,应在主要流水区段吊装完成后进行。(JGJ 276:6.3.4) | □符合<br>□不符合 | |

续上表

| 项目 | 序号 | 常见隐患涉及条款 | 检查结果 | 问题描述 |
|---|---|---|---|---|
| 钢结构吊装 / 轻型钢结构和门式刚架吊装 | 5.10.22 | 轻型钢结构的组装应在坚实平整的拼装台上进行。组装接头的连接板应平整。（JGJ 276;6.4.1-1） | □符合<br>□不符合 | |
| | 5.10.23 | 轻型钢结构屋盖系统吊装应按屋架→屋架垂直支撑→檩条、檩条拉杆→屋架间水平支撑→轻型屋面板的顺序进行。（JGJ 276;6.4.1-2） | □符合<br>□不符合 | |
| | 5.10.24 | 轻型钢结构吊装时,檩条的拉杆应预先张紧,屋架上弦水平支撑应在屋架与檩条安装完毕后拉紧。（JGJ 276;6.4.1-3） | □符合<br>□不符合 | |
| | 5.10.25 | 轻型钢结构屋盖系统构件安装完后,应对全部焊缝接头进行检查,对点焊和漏焊的进行补焊或修正后,方可安装轻型屋面板。（JGJ 276;6.4.1-4） | □符合<br>□不符合 | |
| | 5.10.26 | 轻型门式刚架可采用一点绑扎,但吊点应通过构件重心,中型和重型门式刚架应采用两点或三点绑扎。（JGJ 276;6.4.2-1） | □符合<br>□不符合 | |
| | 5.10.27 | 门式刚架就位后的临时固定,除在基础杯口打入8个楔子楔紧外,悬臂端应采用工具式支撑架在两面支撑中固。在支撑架顶与悬臂端底部之间,应采用千斤顶或对角楔垫实,并在门式刚架间作可靠的临时固定后方可脱钩。（JGJ 276;6.4.2-2） | □符合<br>□不符合 | |
| | 5.10.28 | 门式刚架支撑架应经过设计计算,且应便于移动并有足够的操作平台。（JGJ 276;6.4.2-3） | □符合<br>□不符合 | |
| | 5.10.29 | 第一榀门式刚架应采用缆风或支撑作临时固定,以后各榀可用缆风、支撑或屋架校正器作临时固定。（JGJ 276;6.4.2-4） | □符合<br>□不符合 | |
| | 5.10.30 | 已校正好的门式刚架应及时装好柱间永久支撑。当柱间支撑设计少于两道时,应另增设两道以上的临时柱间支撑,并应沿纵向均匀分布。（JGJ 276;6.4.2-5） | □符合<br>□不符合 | |
| | 5.10.31 | 门式刚架基础杯口二次灌浆的混凝土强度应达到75%及以上方可吊装屋面板。（JGJ 276;6.4.2-6） | □符合<br>□不符合 | |
| 网架吊装 / 一般规定 | 5.10.32 | 在施工前应进行试拼及试吊,确认无问题后方可正式吊装。（JGJ 276;7.1.7） | □符合<br>□不符合 | |
| | 5.10.33 | 当网架采用在施工现场拼装时,小拼应先在专门的拼装架上进行。高空总拼应采用预拼装或其他保证精度措施,总拼的各个支承点应防止出现不均匀下沉。（JGJ 276;7.1.8） | □符合<br>□不符合 | |

续上表

| 项目 | 序号 | 常见隐患涉及条款 | 检查结果 | 问题描述 |
|---|---|---|---|---|
| □网架吊装 | 5.10.34 | 当采用悬挑法施工时,应在拼成可承受自重的结构体系后,方可逐步扩展。(JGJ 276:7.2.1) | □符合<br>□不符合 | |
| | 5.10.35 | 当搭设拼装支架时,支架上支撑点的位置应设在网架下弦的节点处。支架应验算其承载力和稳定性,必要时应试压,并应采取措施防止支柱下沉。(JGJ 276:7.2.2) | □符合<br>□不符合 | |
| □高空散装法安装 | 5.10.36 | 拼装应从建筑物一端以两个三角形同时进行,两个三角形相交后,按人字形逐榀向前推进,最后在另一端正中闭合。(JGJ 276:7.2.3) | □符合<br>□不符合 | |
| | 5.10.37 | 第一榀网架块体就位后,应在下弦中竖杆下方用方木上放千斤顶支顶,同时在上弦和相邻柱间应绑两根杉杆作临时固定。其他各块就位后应采用螺栓与已固定的网架块体固定,同时下弦应采用方木上放千斤顶顶住。(JGJ 276:7.2.4) | □符合<br>□不符合 | |
| | 5.10.38 | 每榀网架块体应用经纬仪校正其轴线偏差;高程偏差应采用下弦节点处的千斤顶校正。(JGJ 276:7.2.5) | □符合<br>□不符合 | |
| | 5.10.39 | 网架块体安装过程中,连接块体的高强度螺栓应随安装随紧固。(JGJ 276:7.2.6) | □符合<br>□不符合 | |
| | 5.10.40 | 网架块体全部安装完毕并经全面质量检查合格后,方可拆除千斤顶和支杆。(JGJ 276:7.2.7) | □符合<br>□不符合 | |
| □高空滑移法安装 | 5.10.41 | 应利用已建结构作为高空拼装平台。当无建筑物可供利用时,应在滑移端设置宽度大于两个节间的拼装平台。滑移时应在两端滑轨外侧搭设走道。(JGJ 276:7.4.1) | □符合<br>□不符合 | |
| | 5.10.42 | 网架平移用的轨道接头处应焊牢,轨道高程允许偏差应为10mm。网架上的导轮与导轨之间应预留10mm间隙。(JGJ 276:7.4.3) | □符合<br>□不符合 | |
| | 5.10.43 | 网架两侧应采用相同的滑轮及滑轮组;两侧的卷扬机应选用同型号、同规格产品,并应采用同类型、同规格的钢丝绳,并在卷筒上预留同样的钢丝绳圈数。(JGJ 276:7.4.4) | □符合<br>□不符合 | |
| | 5.10.44 | 网架滑移时,两侧应同步前进。当同步差达30mm时,应停机调整。(JGJ 276:7.4.5) | □符合<br>□不符合 | |
| | 5.10.45 | 网架全部就位后,应采用千斤顶将网架支座抬起,抽去轨道后落下,并将网架支座与梁面预埋钢板焊接牢靠。(JGJ 276:7.4.6) | □符合<br>□不符合 | |

续上表

| 项目 | 序号 | 常见隐患涉及条款 | 检查结果 | 问题描述 |
|---|---|---|---|---|
| ☐ 警戒监护 | 5.10.46 | 吊装作业应设警戒区,警戒区不得小于起吊物坠落影响范围。(JTG F90:5.6.4) | ☐符合<br>☐不符合 | |
| | 5.10.47 | 起重机与其他设备或固定建筑物的最小距离应在0.5m以上。(省指南:3.3.2.8) | ☐符合<br>☐不符合 | |
| | 5.10.48 | 吊装中的焊接作业,应有严格的防火措施,并应设专人看护。在作业部位下面周围10m范围内不得有人。(JGJ 276:3.0.21) | ☐符合<br>☐不符合 | |
| | 5.10.49 | 警戒区应设专人监护。(JGJ 59:3.18.4-4) | ☐符合<br>☐不符合 | |
| ☐ 维护保养 | 5.10.50 | 高处检修作业,应设安全通道梯子、支架、吊台或吊架。夜间检修的作业场所,应有足够亮度的照明灯具。(省指南:3.3.1.6) | ☐符合<br>☐不符合 | |
| ☐ 其他 | 5.10.51 | | | |

规范性引用文件:
《建筑施工起重吊装工程安全技术规范》(JGJ 276—2012)
《起重机械安全规程 第1部分:总则》(GB 6067.1—2010)
《公路工程施工安全技术规范》(JTG F90—2015)
《建筑施工安全检查标准》(JGJ 59—2011)
《特种设备作业人员考核规则》(TSG Z6001—2019)
《公路工程建设现场安全管理标准化指南》(苏交建质〔2012〕16号)
交通运输部《公路水运工程施工安全标准化指南》

总体评价:1. 本次检查____项,符合____项,不符合____项,符合率为____%。
　　　　　2. 针对不符合项中(填序号)_____,立即整改。
　　　　　3. 针对不符合项中(填序号)_____,限期____日内整改。
　　　　　4. 针对__(填写停工范围)__,停工整改。
　　　　　5. 整改情况于____日内,书面反馈至检查单位。
　　　　　6. 其他_____

检查单位:_____　　受检单位:_____

检查人员:_____　　受检人员:_____

检查日期:_____　　签收日期:_____

# 引用相关法律法规、规范、文件名录

［1］ 国务院令第593号　公路安全保护条例
［2］ 交通运输部令2017年第25号　公路水运工程安全生产监督管理办法
［3］ 国家市场监督管理总局公告2018年第12号　餐饮服务食品安全操作规范
［4］ 苏交规〔2014〕7号　江苏省公路施工路段管理办法
［5］ 交通运输部　公路水运工程施工安全标准化指南
［6］ 交通运输部　"两区三厂"建设安全标准化指南
［7］ 苏交建质〔2012〕16号　公路工程建设现场安全管理标准化指南
［8］ 建质办函〔2019〕90号　房屋市政工程安全生产标准化指导图册
［9］ JTG F90—2015　公路工程施工安全技术规范
［10］ JTG/T 3610—2019　公路路基施工技术规范
［11］ JTG/T 3650—2020　公路桥涵施工技术规范
［12］ JTG/T 3660—2020　公路隧道施工技术规范
［13］ DB32/T 2618—2014　江苏省高速公路建设工程施工安全技术规程
［14］ JTG H30—2015　公路养护安全作业规程
［15］ CJJ 248—2016　城市梁桥拆除工程安全技术规范
［16］ CJJ/T 281—2018　桥梁悬臂浇筑施工技术标准
［17］ JGJ 46—2005　施工现场临时用电安全技术规范
［18］ GB 50194—2014　建设工程施工现场供用电安全规范
［19］ JGJ 276—2012　建筑施工起重吊装安全技术规范
［20］ GB 6067.1—2010　起重机械安全规程　第1部分：总则
［21］ GB 26469—2011　架桥机安全规程
［22］ GB/T 26470—2011　架桥机通用技术条件
［23］ GB 5144—2006　塔式起重机安全规程
［24］ JGJ 196—2010　建筑施工塔式起重机安装、使用、拆卸安全技术规程
［25］ GB/T 14406—2011　通用门式起重机
［26］ GB 50278—2010　起重设备安装工程施工及验收规范
［27］ JGJ 160—2016　施工现场机械设备检查技术规范
［28］ JGJ 33—2012　建筑机械使用安全技术规程
［29］ JGJ 231—2010　建筑施工承插型盘扣式钢管支架安全技术规程
［30］ JGJ 130—2011　建筑施工扣件式钢管脚手架安全技术规范
［31］ DGJ32/J 121—2011　建筑施工悬挑式钢管脚手架安全技术规程
［32］ GB 51210—2016　建筑施工脚手架安全技术统一标准
［33］ JGJ 80—2016　建筑施工高处作业安全技术规范
［34］ GB/T 3608—2008　高处作业分级
［35］ JGJ 59—2011　建筑施工安全检查标准
［36］ GB 50720—2011　建设工程施工现场消防安全技术规范
［37］ JGJ 180—2009　建筑施工土石方工程安全技术规范
［38］ GB 50497—2009　建筑基坑工程监测技术规范

［39］JGJ 120—2012　建筑基坑支护技术规程
［40］JGJ 311—2013　建筑深基坑工程施工安全技术规范
［41］JGJ/T 195—2018　液压爬升模板工程技术标准
［42］JGJ/T 188—2009　施工现场临时建筑物技术规程
［43］GB/T 51295-2018　钢围堰工程技术标准
［44］GB/T 50214—2013　组合钢模板技术规范
［45］GB 15630—1995　消防安全标志设置要求
［46］GB 26557—2011　吊笼有垂直导向的人货两用施工升降机
［47］JGJ 215—2010　建筑施工升降机安装、使用、拆卸安全技术规程
［48］JGJ 348—2014　建筑工程施工现场标志设置技术规程
［49］JGJ 88—2010　龙门架及井架物料提升机安全技术规范
［50］GB/T 10051.3—2010　起重吊钩　第3部分：锻造吊钩使用检查
［51］TSG Z6001—2019　特种设备作业人员考核规则
［52］GB 51004—2015　建筑地基基础工程施工规范
［53］JTG F40—2017　公路沥青路面施工技术规范
［54］GB 6722—2014　爆破安全规程
［55］GB/T 5668—2017　旋耕机
［56］GB/T 13333—2018　混凝土泵
［57］QC/T 718—2013　混凝土泵车
［58］JTG D63—2007　公路桥涵地基与基础设计规范
［59］GB 10827.1—2014　工业车辆　安全要求和验证　第1部分：自行式工业车辆（除无人驾驶车辆、伸缩臂式叉车和载运车）
［60］GB/T 5143—2008　工业车辆　护顶架　技术要求和试验方法